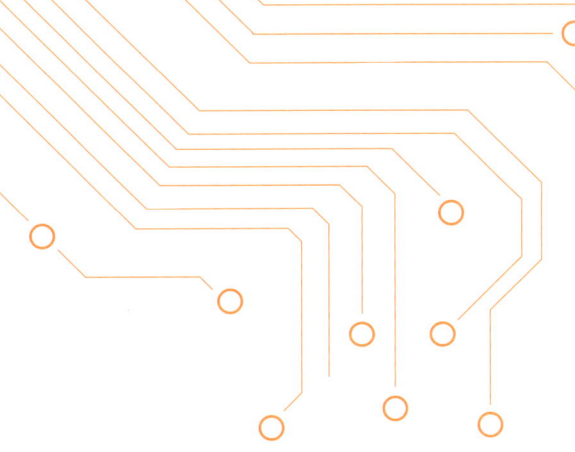

辽宁省职业教育『十四五』规划教材

模拟电子技术

（第二版）

MONI DIANZI JISHU

主　编　李福军　刘立军
副主编　吴丹阳　胡晓娇　邵　甲　洪　亮
主　审　吴东波

新形态
教材

中国教育出版传媒集团

高等教育出版社·北京

内容提要

本书是辽宁省职业教育"十四五"规划教材,是电类专业基础课程新形态一体化教材,也是辽宁省高等职业院校"双高"建设数字化平台资源共享课程的配套教材。

本书以模拟电子技术的典型项目为载体,按项目任务模式进行编写,每个项目中涵盖必需的相关知识点。全书共有五个项目,包括直流稳压电源的制作、扩音器的制作、集成运放燃气报警器的制作、音频功率放大器的制作和函数信号发生器的制作。

为方便教学,本书配套 PPT 教学课件、习题参考答案等丰富的数字化教学资源,其中部分资源(彩色图片、动画、微课、操作视频、互动测试等)以二维码链接形式在书中的相关知识点中呈现,方便学生利用移动设备随扫随学。

本书可作为高等职业教育、成人教育的电子、电气、通信、自动化、机电一体化、计算机等专业的"模拟电子技术"课程教材,也可供从事相应工作的工程技术人员参考使用。

图书在版编目(CIP)数据

模拟电子技术 / 李福军,刘立军主编. -- 2 版. -- 北京 : 高等教育出版社,2024. 12. -- ISBN 978-7-04 -063341-2

Ⅰ. TN710

中国国家版本馆 CIP 数据核字第 20248LE552 号

策划编辑 谢永铭　　责任编辑 谢永铭　　封面设计 张文豪　　责任印制 高忠富

出版发行	高等教育出版社	网　　址	http://www.hep.edu.cn
社　　址	北京市西城区德外大街 4 号		http://www.hep.com.cn
邮政编码	100120	网上订购	http://www.hepmall.com.cn
印　　刷	上海新艺印刷有限公司		http://www.hepmall.com
开　　本	787mm×1092mm　1/16		http://www.hepmall.cn
印　　张	16.75	版　　次	2018 年 10 月第 1 版
字　　数	395 千字		2024 年 12 月第 2 版
购书热线	010-58581118	印　　次	2024 年 12 月第 1 次印刷
咨询电话	400-810-0598	定　　价	40.00 元

本书如有缺页、倒页、脱页等质量问题,请到所购图书销售部门联系调换

版权所有　侵权必究
物 料 号　63341-00

配套学习资源及教学服务指南

二维码链接资源

本书配套**微课**、**动画**等学习资源，在书中以二维码链接形式呈现。使用手机扫描书中的二维码即可查看，随时随地获取学习内容，享受学习新体验。

打开书中附有二维码的页面　　　**扫描二维码**　　　**查看相应资源**

在线自测

本书提供在线交互自测，在书中以二维码链接形式呈现。使用手机扫描书中对应的二维码即可进行自测，根据提示选填答案，完成自测确认提交后即可获得参考答案。自测可重复进行。

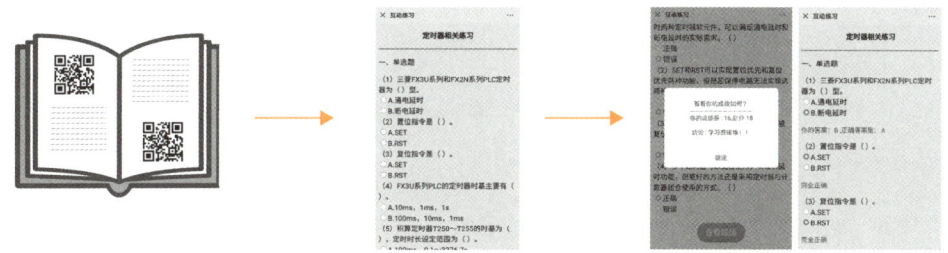

打开书中附有二维码的页面　　　**扫描二维码开始答题**　　　**提交后查看自测结果**

教师教学资源索取

本书配有与课程相关的教学资源，例如，教学课件、参考答案等。选用教材的教师，可扫描以下二维码，关注微信公众号"高职智能制造教学研究"，点击"教学服务"中的"资源下载"，或在电脑端访问网址（101.35.126.6），注册认证后下载相关资源。

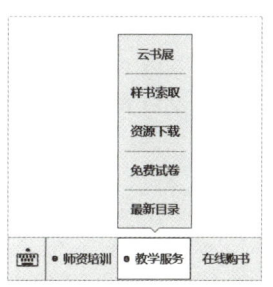

★如您有任何问题，可加入工科类教学研究中心QQ群：240616551。

本书二维码资源列表

所属	页码	类型	说　明	所属	页码	类型	说　明
项目2	107	图片	模拟示波器	项目3	166	实操演示	迟滞电压比较器的测试
	107	图片	数字示波器		170	实操演示	反相比例放大电路的测试
	110	视频	信号发生器的使用		170	实操演示	同相比例放大电路的测试
	110	视频	数字示波器的使用		173	图片	蜂鸣器
	110	实操演示	共射放大电路的测试		174	图片	MQ-5型气敏传感器
	112	图片	中频变压器(中周)		175	图片	手工焊接与检修操作
	115	互动测试	增益的概念		177	仿真演示	集成运放应用电路仿真测试
	122	图片	色环电阻识别		179	文本	自测题3参考答案
	123	图片	驻极体传声器	项目4	182	知识延伸	达林顿晶体管的发展历程
	127	文本	自测题2参考答案		183	动画	达林顿晶体管
项目3	129	动画	零点漂移现象		187	拓展课堂	百年风雨奋斗路,畅想中国最强音——功率放大器
	136	互动测试	集成运放的概念		191	图片	散热片
	138	图片	LM324集成运放		195	图片	LM386集成功放
	143	动画	负反馈的作用		195	图片	集成功放电路
	145	动画	电压电流反馈的判别		199	图片	贴片电阻
	146	动画	串并联反馈的判别		199	图片	贴片电容
	146	动画	负反馈组态的判断		200	图片	SMT生产线
	156	动画	集成运放的传输特性		202	图片	功率三极管
	156	动画	理想集成运放的"虚短"与"虚断"		206	文本	自测题4参考答案
	158	微课	比例运算放大器	项目5	210	动画	振荡电路选频的实质
	160	实操演示	反相比例加法电路的测试		215	微课	认识RC正弦波振荡电路
	162	实操演示	积分电路的测试		216	仿真演示	RC正弦波振荡器的波形仿真测试
	163	实操演示	微分电路的测试		216	仿真演示	RC正弦波振荡频率的仿真测试
	164	微课	电压比较器		222	实操演示	LC正弦波振荡电路的测试
	164	动画	过零比较器		223	图片	石英晶振
	165	实操演示	过零比较器的测试		223	图片	贴片晶振
	166	动画	空调温控器——迟滞电压比较器		232	视频	RC正弦波振荡电路

前言
PREFACE

本书是辽宁省职业教育"十四五"规划教材,是电类专业基础课程新形态一体化教材,也是辽宁省高等职业院校"双高"建设数字化平台资源共享课程的配套教材。

电子技术日新月异,新知识、新技术、新工艺不断涌现。但不论电子技术如何发展,其基本理论与基本技能都是遵循同样认知规律的。授之以鱼不如授之以渔,教会学生电子技术的基本知识,并培养学生会思考、会学习、会应用,才能使学生适应电子技术飞速发展的时代要求。根据高等职业教育培养的是面向生产第一线的高级应用技术型人才的教育目标,本书在力求涵盖学生应掌握的基本知识和技能的基础上,采用项目导向和任务驱动的编写方法,围绕相应实用电子产品制作展开内容组织和编写。

本书的主要特点如下:

(1) 通过典型、实用的项目制作及大量的电路测试(含仿真)的形式,使学生初步建立感观认识,然后对操作结果及出现的问题进行讨论、分析、研究,并得出结论。

(2) 有利于学生在做中学,渐进式加深理解和巩固知识点,逐步提高自身的电子技术应用能力和创新制作的应用技能。

(3) 在重点难点之处提出"想一想"等关键问题,变学生被动学习为主动思考学习。通过"知识延伸""实用资料""学做实例""技能训练"和"项目制作"等栏目及时将理论知识与实际电子产品制作相结合,引入新技术应用,实现工学结合。

本书第一版自 2018 年出版以来,得到了全国广大高等职业院校师生的认可和好评。随着高等职业教育人才培养目标改革和教学模式的创新,结合电子技术及其应用的不断发展进步,需要对第一版教材进行修订。本书第二版基本保留了第一版的主要内容和特色,重点修订的内容如下:

(1) 在关键知识点处融入思政元素,激发学生爱国主义情怀,培养学生大国工匠精神。

(2) 针对电子技术与器件的实际发展和运用,重点加强和补充了负反馈、集成运放应用、振荡器及波形发生器等课程资源的相关内容。

(3) 增加了典型电路的实验操作视频、仿真视频,使学生能更直观地体验到学习的乐趣。

本书层次清晰严谨,语言通俗易懂,内容丰富实用,图文并茂。编者丰富的实践与教学经验,使本书具有很强的应用特色。全书共分为五个教学项目,按照"以全面素质为基础、以能力为本位、以学生为主体、以职业技能为主线"的总体设计要求,以使学生掌握电子技术的基本技术和操作技能为基本目标,紧紧围绕工作任务完成的需要来选择和组织课程内容;以完成工作任务为主线,链接相应的理论知识和实训技能,融"教、学、做"为一体,适合边教、边学、边做的教学方法。为方便教学,本书配套 PPT 教学课件、习题参考答案等教学资源,其中部分资源(彩色图片、动画、微课、操作视频、互动测试等)以二维码链接形式在书中的相关知识点处呈现,方便学生利用移动设备随扫随学。

本书由辽宁机电职业技术学院李福军、刘立军担任主编,由辽宁机电职业技术学院吴丹阳,浙江宁翔职业技术学院胡晓娇、邵甲,辽宁机电职业技术学院洪亮担任副主编。其中,李福军编写了项目 1,并对全书进行统稿;刘立军编写了项目 2;吴丹阳编写了项目 3 和参考答案;胡晓娇、邵甲编写了项目 4 和附录;洪亮编写了项目 5。

本书为校企合作教材,在本书的前期调研及编写过程中得到了丹东华通测控有限公司、北京启研博创科技有限公司的大力支持与帮助,丹东华通测控有限公司吴东波高级工程师担任主审,对本书的项目设计提出了宝贵的建议,北京启研博创科技有限公司提供了电子实验系统,在此一并表示感谢!

由于编者的能力水平有限,书中难免存在差错和疏漏之处,欢迎使用本书的师生及其他读者给予批评指正(编者电子邮箱: lifujun0415@163.com)。

编　者

目录
CONTENTS

课 程 导 言

电子技术是 19 世纪末、20 世纪初开始发展起来的新兴技术,也是近代科学技术发展的一个重要标志。电子技术的主要研究对象是电能形态的各种转换、控制、分配、传输和应用,其研究成果和产品涵盖了轻工、电信等工业产业中所有的电子设备、数字信息系统和通信系统。近年来,随着信息时代的到来,高新技术迅猛发展,电子技术显得更加重要。在现今社会的各个领域中,电子技术都作出了巨大的贡献,起到了不可替代的作用。

视频:课程导入

在学习电子技术之前,首先要了解一下电子技术的有关概念及学习方法。

一、电信号

1. 信号

信号是指能反映一定事物消息的信息,也就是说任何能承载某种消息的物理量都可以当作信号。如古代利用烽火台产生的狼烟传递军情,现代通信技术利用基站发射的电磁波传递信息等。

2. 电信号

电信号主要是指随时间变化的电压(u)、电流(i)信号,即 $u = f(t)$ 或 $i = f(t)$。

在工业现场和实际应用中,通过传感器可将非电物理量转换成与其紧密相关的电压或电流信号。如热敏电阻可将温度转换成电流信号,压力传感器可将压力转换成电压信号,话筒(麦克风)可将声音转换成音频电信号等。

二、电信号的分类与特点

在电子电路中,电信号主要分为模拟信号和数字信号两大类。

1. 模拟信号

模拟信号是指在时间和数值上都是连续的电信号,如图 0 - 1a 所示。

2. 数字信号

数字信号是指在时间和数值上都是离散的电信号,如图 0 - 1b 所示。

3. 电信号的特点

(1) 模拟信号的优点是直观地反映了信号的原貌;其缺点是数值精确度要求较高,易受干扰而产生失真。

(2) 数字信号的优点是抗干扰性强,可加密,便于计算机运算和处理;缺点是不能直观地反映信号的原貌。

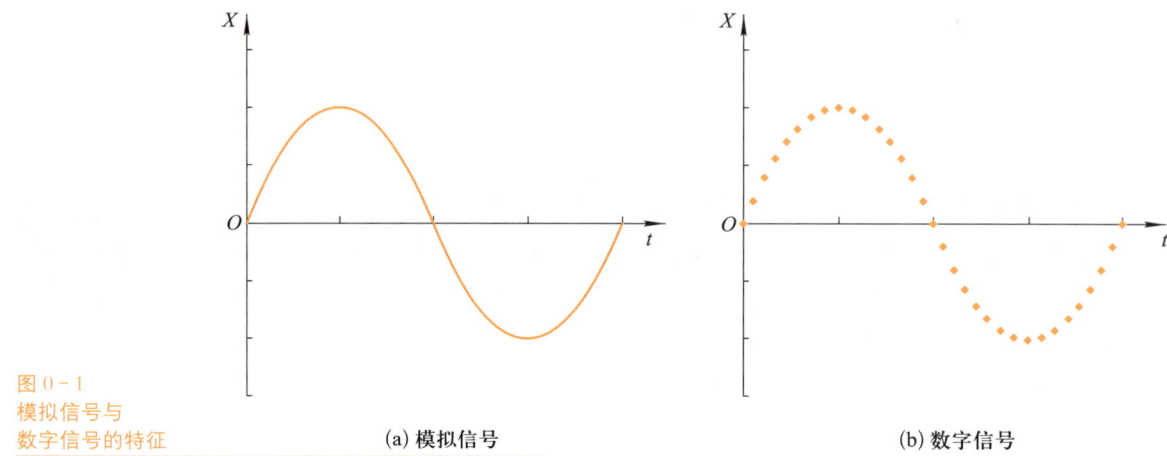

图 0 - 1
模拟信号与
数字信号的特征

(a) 模拟信号　　　　　　　　　　　(b) 数字信号

三、电子电路系统

电子电路系统是指由多个基本单元电路组成,实现较复杂工作的电路控制装置。电子电路系统主要有模拟电路系统和模数混合电路系统两大类,如图 0 - 2 所示。

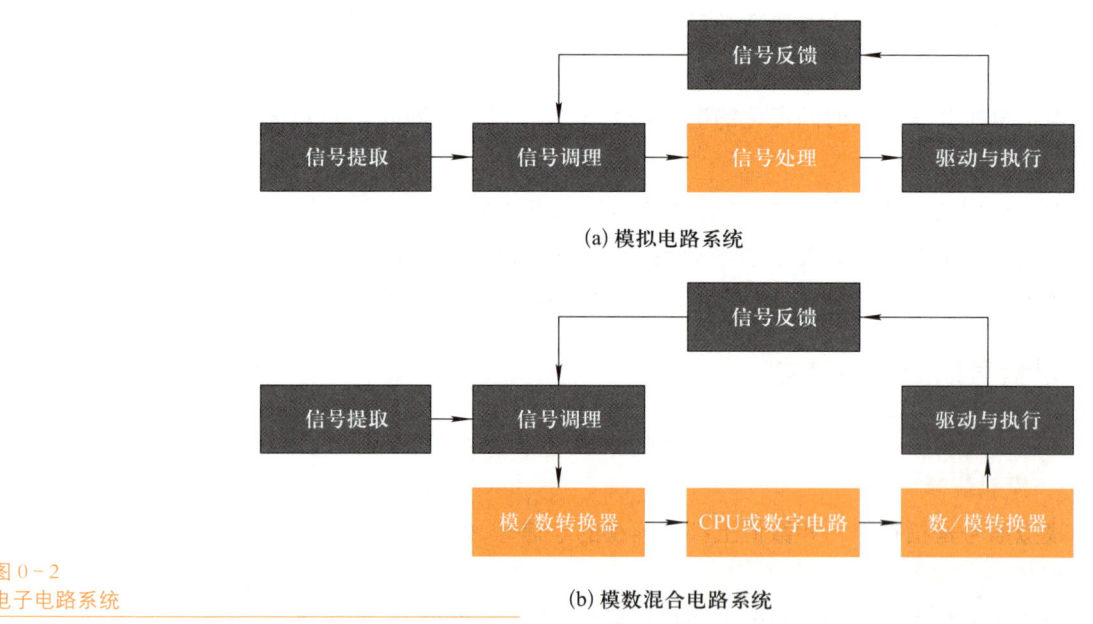

(a) 模拟电路系统

(b) 模数混合电路系统

图 0 - 2
电子电路系统

随着电子技术的发展,尤其是计算机的出现,电子电路系统的应用也出现了相应的变化。以机械加工生产为例,其控制过程演变如图 0 - 3 所示。在 20 世纪 70 年代到 80 年代,机械加工生产主要以人工配合电动机控制为主,如图 0 - 3a 所示;20 世纪 90 年代以后,由于计算机的出现,逐步取代了人工,实现了自动控制,如图 0 - 3b 所示。

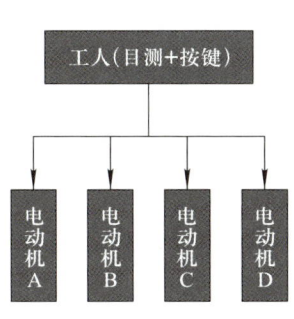

(a) 人工配合电动机控制　　　(b) 自动控制

图 0 - 3
机械加工生产的控制过程演变

四、本课程的特点与学习方法

模拟电子技术紧贴工业生产和日常生活的实际应用,具有较强的理论性和实践性,在学习过程中要多联系身边的生活实例,重在消化理解,举一反三,切忌死记硬背。

1. 工程性

模拟电子技术最直观反映在实际工业现场中各种信号的处理,具有较强的工程性,工程性主要包括以下三个方面。

(1) 定性分析来研究电路的可行性,即以总体分析电路的功能为主,以定量计算电路的具体参数为辅,定量计算要为定性分析服务。

(2) 定量计算允许存在一定的误差,即学会"近似"原则。

(3) 解决不同电路问题需要不同的等效模型,即学会"等效"原则。

2. 实践性

模拟电子技术并不只局限在书本上的知识,学习时一定要理论结合实际,突出实践应用,强调动手能力。学生应主要掌握的基本技能有:常规仪器设备的使用方法,常用电子元器件的特性与识别检测,电子电路的测试方法,故障诊断与排除的方法。

3. 理实一体化

(1) 理论

要求重点掌握的基础知识,包括基本概念,基本电路和基本分析方法。

① 基本概念:包括半导体、放大、静态工作点、耦合、运放、负反馈、振荡等。

② 基本电路:包括放大电路、滤波电路、运算电路、振荡电路等。

③ 基本分析方法:包括公式法、图解法、微变等效电路法等。

(2) 实践操作

要求重点掌握的基本操作如下。

实操演示:模拟电子技术实验教学系统

① 元器件识别与检测。

② 基本电路的安装与调试,学会看电路图。

③ 电路的计算机仿真。

④ 典型电子电路的实验操作训练。

(3) 拓展提高

学生可利用课余时间参加兴趣小组,进行家电维修、科技制作、电子竞赛等活动,这样能大大激发学习兴趣,较快地提高电子技术综合技能。

思考题

1. 什么是电信号? 为什么要将非电的物理量转换成相关的电信号?

2. 模拟信号与数字信号有什么区别? 模拟信号有什么优点?

3. 模拟电路系统由哪些部分组成?

项目 **1** 直流稳压电源的制作

项目引入

部分电工电子设备需要稳定的直流供电,如计算机、电视机、手机、直流电机等。当由交流电网给它们供电时,需要通过直流稳压电源把电网供给的交流电转换为稳定的直流电。直流稳压电源的 3D 仿真如图 1–1 所示,其组成结构及应用如图 1–2 所示。如图 1–2a 所示,直流稳压电源一般由电源变压器(降压)、整流电路、滤波电路和稳压电路等几部分组成;如图 1–2b 所示,手机充电器就是一个直流稳压电源,它先将 220 V 交流电转换为 5 V 直流电,再给手机充电。

图 1–1
直流稳压电源的 3D 仿真

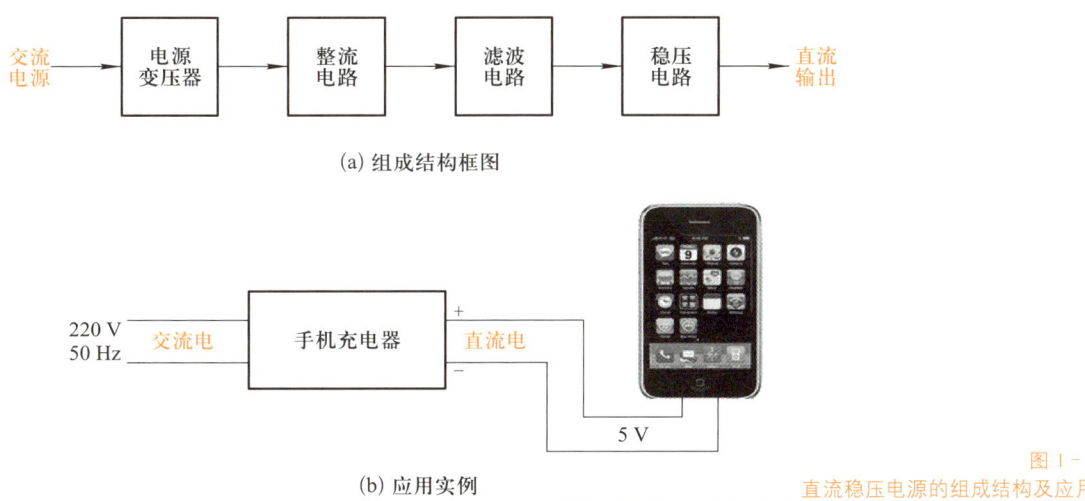

(a) 组成结构框图

(b) 应用实例

图 1–2
直流稳压电源的组成结构及应用

直流稳压电源各个部分的工作原理是什么？什么样的元器件可以构成这样的电路？通过本项目的学习,这些问题都会迎刃而解。此外,本项目还介绍了 Multisim 10 电子仿真软件,可对有关电路进行仿真研究。本项目要完成以下 4 个学习任务:

任务 1　二极管的认识与选择

任务 2　单相整流滤波电路的分析

任务 3　稳压电路的应用

任务 4　基于三端式集成稳压器的直流稳压电源设计

 学习目标

根据直流稳压电源的组成,本项目的主要学习目标为:

1. 掌握半导体特性,PN 结的形成及导电特性,二极管的应用。

2. 掌握半波整流电路、单相桥式整流电路、滤波电路的电路图及工作原理。

3. 掌握三端式集成稳压器的类型及应用电路。

4. 熟悉 Multisim 10 电子仿真软件的操作及使用方法。

 应知理论

任务 1　二极管的认识与选择

任务目标

1. 了解半导体基本知识,掌握 PN 结的形成及导电特性。

2. 掌握二极管结构和符号、伏安特性、主要参数、理想等效。

3. 掌握二极管的应用电路。

4. 学会用万用表检测二极管。

一、半导体基本知识

1. 半导体材料的基本特性

根据导电性能的不同,物质大体可分为导体、绝缘体和半导体三大类。通常将很容易导电、电阻率较小的物质(如铜、铝等),称为导体;将很难导电、电阻率很大的物质(如塑料、玻璃、陶瓷等),称为绝缘体;将导电能力和电阻率介于导体和绝缘体之间的物质称为**半导体**,如硅、锗、砷化镓等。与导体和绝缘

体相比,半导体材料的发现是最晚的,直到 20 世纪 30 年代,当材料的提纯技术改进以后,一向不为人知的半导体材料才真正被学术界认可,并应用于电子技术中。

半导体材料之所以能得到广泛应用,主要原因是由于其导电能力会随着温度、光照的变化或掺入杂质的多少发生显著的变化,这就是半导体不同于导体和绝缘体的特殊性质。

(1) 热敏性

温度对半导体的导电能力有显著影响,半导体的导电能力随着温度的升高而迅速增加,将这种特性称为热敏性。例如纯净的锗从 20℃升高到 30℃时,它的电阻率几乎减小为原来的 1/2。而一般金属导体的电阻率则变化较小,比如铜,当温度同样升高 10℃时,它的电阻率几乎不变。

(2) 光敏性

半导体的导电能力随光照的变化有显著改变的特性叫作光敏性。一种硫化镉薄膜在暗处时,其电阻为几十兆欧,受光照后,电阻可以下降到几十千欧,只有原来的 1‰。自动控制系统中用的光电二极管和光敏电阻,就是利用半导体的光敏性制成的,而金属导体在阳光下或在暗处,其电阻率一般没有什么变化。

(3) 杂敏性

所谓杂敏性就是半导体的导电能力因掺入适量杂质而发生很大的变化的特性。在硅中,只要掺入几亿分之一的硼,电阻率就会下降到原来的几万分之一。利用半导体的杂敏性,可以制造出各种性能的半导体器件,而金属导体即使掺入几千分之一的杂质,对其电阻率也几乎没有什么影响。

半导体材料之所以具有上述特性,根本原因在于其特殊的原子结构和导电机理。

2. 本征半导体

半导体按其是否掺入杂质可分为本征半导体和杂质半导体两类。

常用的半导体材料是单晶硅(Si)和单晶锗(Ge)。所谓单晶,是指整块晶体中的原子按一定规则整齐地排列着的晶体。无杂质的纯净单晶半导体称为**本征半导体**。

(1) 本征半导体的原子结构

电子以不同的距离在原子核外分层排布,距原子核越远,电子的能量越高,最外层的电子被称为价电子,物质的化学性质就是由价电子的数目决定的。

目前所用的半导体材料主要是硅和锗,硅和锗的外层电子都是 4 个,它们都是四价元素,硅和锗的原子结构简化模型如图 1-3 所示。硅和锗晶体的最终结构是四面体,每个硅或锗原子周围都有 4 个邻近的硅或锗原子,分布在两个原子间的价电子构成共价键,硅和锗晶体的四面体结构如图 1-4 所示。

拓展课堂:翼起,向未来——太阳能电池

👁 **想一想**

半导体材料区别于一般导体材料的特性有哪些?

图 1-3
硅和锗的原子结构简化模型

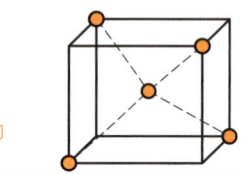

图 1-4
硅和锗晶体的
四面体结构

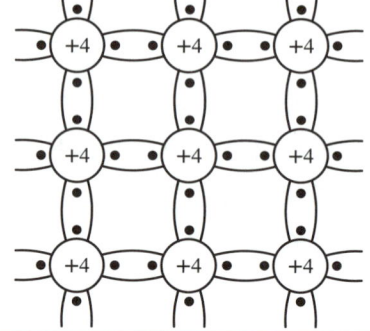

图 1-5
硅和锗晶体
结构平面图

硅和锗晶体的四面体结构一般用二维的结构平面图来表示,图 1-5 所示是硅和锗晶体结构平面图。在晶体结构中,通过电子运动,每一个半导体原子最外层的四个价电子与相邻的四个半导体原子的各一个价电子组成四对共价键,并按规律排列,图中原子间的每条线代表一共价键。

本征半导体在热力学温度 $T = 0\,\text{K}$ ($-273\,℃$),且无外部激发能量时,每个电子都处于最低能量状态,所有的电子都被束缚在共价键中,整个晶体中没有可以导电的自由电子,所以,绝对零度时的本征半导体是"绝缘体"。

(2) 本征激发

一般来说,共价键中的价电子不完全像绝缘体中价电子所受束缚那样强,当价电子在外部能量(如光照、升温、电磁场激发等)作用下,一部分价电子就可能挣脱共价键的束缚成为自由电子,这一过程叫作**本征激发**。自由电子是带负电荷的粒子,它是本征半导体中的一种载流子。在外电场作用下,自由电子将逆着电场方向运动而形成电流。载流子的这种运动叫作漂移,所形成的电流叫作**漂移电流**。价电子脱离共价键的束缚成为自由电子后,在原来的共价键中便留下一个空位,这个空位叫作**空穴**。空穴很容易被邻近共价键中跳过来的价电子填补上,于是在邻近共价键中又出现新的空穴,这个空穴再被别处共价键中的价电子填补。这样,在半导体中出现了价电子填补空穴的运动。在外部能量的作用下,填补空穴的价电子作定向移动,形成漂移电流。价电子填补空穴的运动无论在形式上还是在效果上,都相当于空穴在与价电子运动方向相反的方向上运动。为了区分这两种不同的运动,把后一种运动叫作空穴运动,空穴被看作带正电荷的带电粒子,称为空穴载流子。图 1-6 所示是半导体中的两种载流子。

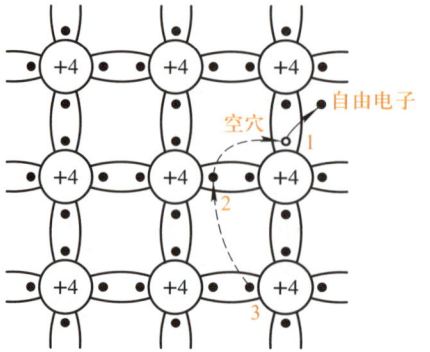

图 1-6
半导体中的
两种载流子

综上所述,本征半导体中存在两种载流子:带负电荷的自由电子和带正电荷的空穴。它们是成对出现的,也叫作电子空穴对。由于两者电荷量相等,极性相反,所以本征半导体是电中性的。本征半导体在外界的作用下,自由电子形成电子电流,空穴形成空穴电流,两种载流子的运动方向相反。

另外需要指出的是,价电子在热运动中获得能量产生了电子空穴对,这种现象称为**激发**;同时自由电子在运动中与空穴相遇,使电子空穴对消失,这种现象称为**复合**。在一定温度下,载流子的产生过程和复合过程是相对平衡的,载流子的浓度是一定的。本征半导体中载流子的浓度,除了与半导体材料本身的性质有关以外,还与温度有关。随着温度的升高,本征半导体中载流子的浓度基本上呈指数规律增加。因此,半导体载流子浓度对温度十分敏感。

3. 掺杂半导体

在本征半导体中人为地掺入少量其他元素(称杂质),可以使半导体的导电能力发生显著的变化。例如,在硅本征半导体中掺入百万分之一的其他元素,其导电能力可增加约 1 000 000 倍。利用这一特性,可以制成各种性能不同的半导体器件,使得半导体材料的用途大大增加。掺入杂质的本征半导体叫作**掺杂半导体**。根据掺入杂质性质的不同,掺杂半导体可分为两种:电子型(N 型)半导体和空穴型(P 型)半导体。两种掺杂半导体如图 1－7 所示。

👁 **问题的提出**

为什么要对半导体进行掺杂?

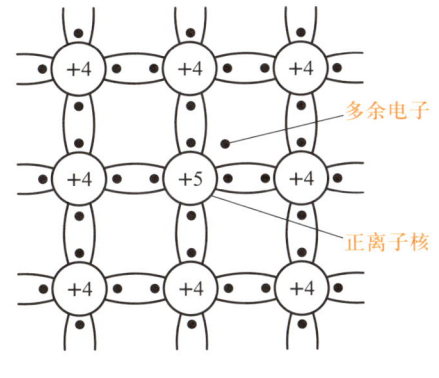

(a) N型半导体

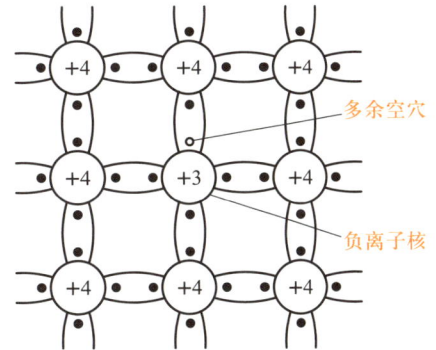

(b) P型半导体

图 1－7　两种掺杂半导体

(1) N 型半导体

在本征半导体中掺入正五价元素(如磷、砷),使每一个五价元素原子取代一个四价元素原子在晶体中的位置,可以形成 N 型半导体。掺入的元素原子有五个价电子,其中有四个与硅原子结合成共价键,余下的一个不在共价键之内,掺入的五价元素原子对它的束缚力很小。因此只需较小的能量便可激发而成为自由电子。由于掺入的五价元素原子很容易贡献出一个自由电子,故称其为"施主杂质"。掺入的五价元素原子提供一个电子(成为自由电子)后,它本身因失去电子而成为正离子,但是整个半导体仍然呈现电中性。

这种杂质半导体以自由电子导电为主,因而称为 N 型半导体。在 N 型半导体中,由于自由电子是多数,故 N 型半导体中的自由电子为多数载流子(简称多子),而空穴为少数载流子(简称少子)。N 型半导体如图 1－7a 所示。

(2) P 型半导体

当本征半导体中掺入正三价杂质元素(如硼、镓)时,三价元素原子为形成四对共价键,常吸引附近半导体原子的价电子,从而产生一个空穴和一个负离子,故这种杂质半导体的多数载流子是空穴,因为空穴带正电,所以称为 P 型半导体。除了多数载流子空穴外,P 型半导体还存在由本征激发产生的电子空穴对,可形成少数载流子自由电子。由于所掺入的杂质元素原子易于接受相邻的半导体原子的价电子成为负离子,故称为"受主杂质"。在 P 型半导体中,由于空穴是多数,故 P 型半导体中的空穴为多子,而自由电子为少子。P 型半导体如图 1－7b 所示。

P 型半导体和 N 型半导体均属于非本征半导体,其中多子的浓度主要取决于掺入的杂质元素原子的浓度,少子的浓度主要取决于温度。而 P 型半导体和 N 型半导体所产生的离子,不能在外电场作用下作漂移运动,不参与导电,不属于载流子。

二、PN 结

如果将一块半导体的一侧掺杂成为 P 型半导体,而另一侧掺杂成为 N 型半导体,则在二者的交界处将形成一个 PN 结。

1. PN 结的形成

PN 结的形成如图 1－8 所示。在 P 型和 N 型半导体结合后,在其交界面两侧,由于自由电子和空穴的浓度相差悬殊,自由电子和空穴都要从浓度高的地方向浓度低的地方扩散,如图 1－8a 所示。N 区中的多子(自由电子)要向 P 区扩散,同时 P 区中的多子(空穴)也要向 N 区扩散,当电子和空穴相遇时,将发生复合而消失。扩散的结果使 P 区留下了负离子区,N 区留下了正离子区。这些不能移动的带电粒子在 P 区和 N 区交界面附近,形成一个很薄的**空间电荷区**。扩散越强,空间电荷区越宽。在出现了空间电荷区以后,由于正负电荷之间的相互作用,在空间电荷区就形成了一个**内电场**,内电场的方向是由 N 区指向 P 区,如图 1－8b 所示。显然,内电场的方向与多子扩散运动的方向相反,它是阻止扩散的。但是,内电场将促使少子的漂移运动,漂移运动的方向正好与扩散运动的方向相反。当漂移运动达到和扩散运动相等,即扩散电流等于漂移电流时,二者便处于动态平衡状态,如图 1－8c 所示。此时空间电荷区的宽度一定,内电场一定,就形成了所谓的 **PN 结**。PN 结很薄,只有几微米到几十微米。在室温下,硅材料 PN 结内电场的电位差为 0.7 V 左右,锗材料为 0.3 V 左右。

动画:PN 结的形成

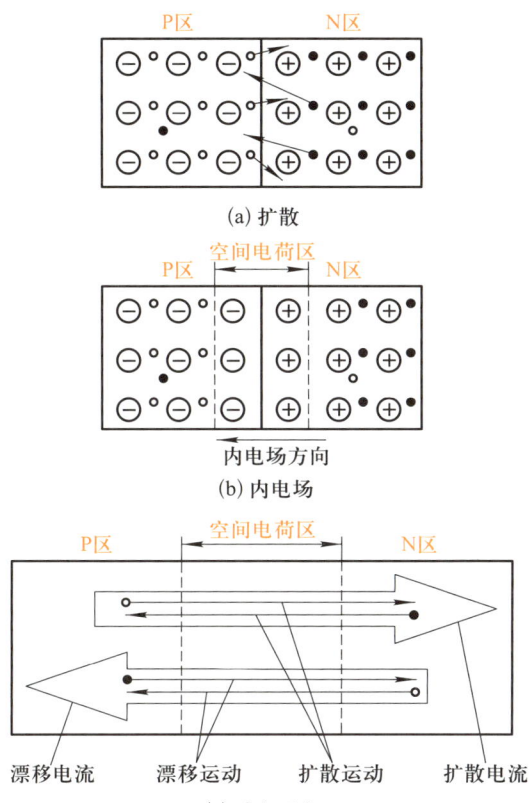

(a) 扩散

空间电荷区

P区　　　　N区

内电场方向

(b) 内电场

空间电荷区

P区　　　　　　　N区

漂移电流　　漂移运动　　扩散运动　　扩散电流

(c) 动态平衡

图1-8　PN结的形成

◉ **想一想**

　PN结是如何形成的?在PN结的形成过程中存在哪两种运动?

2. PN结的单向导电性

在PN结的两端引出电极,P区的一端称为正极(或阳极),N区的一端称为负极(或阴极)。在PN结的两端外加不同极性的电压时,PN结表现出截然不同的导电能力,称为PN结的单向导电性。

(1) PN结正向偏置

当外加电压使PN结的正极电位高于负极时,称PN结外加正向电压或PN结正向偏置(简称正偏),如图1-9所示。此时,外加电场 E_{out} 与内电场 E_{in} 的方向相反,其作用是增强扩散运动而削弱漂移运动。所以,外电场驱使P区的多子(空穴)进入空间电荷区抵消一部分负空间电荷,也使N区的多子(自由电子)进入空间电荷区抵消一部分正空间电荷,其结果是使空间电荷区变窄,PN结呈现低电阻(只有几百欧);同时,由于扩散运动占主导,形成较大的正向电流 I(mA级)。此时PN结导通,相当于开关的闭合状态。由于PN结导通时,其电位差只有零点几伏,且呈现低电阻,所以应该在其所在回路中串联一个限流电阻 R,以防止PN结因电流过大而损坏。

(2) PN结反向偏置

当外加电压使PN结的正极电位低于负极时,称PN结外加反向电压或

动画:二极管的单向导电性

11

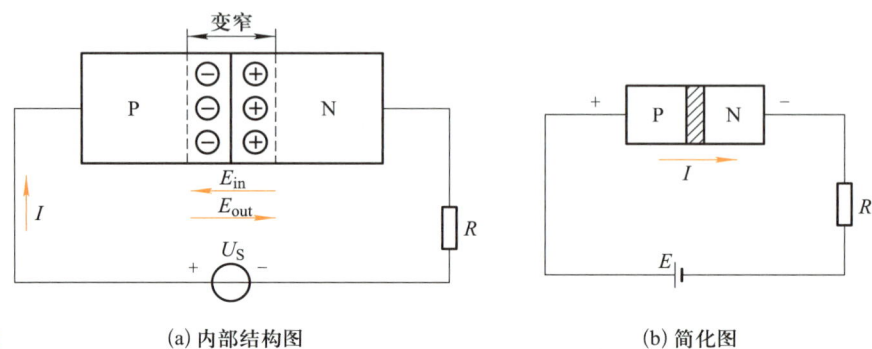

图 1-9　PN 结正向偏置　　　　　(a) 内部结构图　　　　　　　　　　(b) 简化图

PN 结反向偏置(简称反偏),如图 1-10 所示。此时,外加电场 E_{out} 与内电场 E_{in} 的方向一致,并与内电场一起阻止扩散运动而促进漂移运动,其结果是使空间电荷区变宽,PN 结呈现高电阻(一般为几千欧到几百千欧)。同时,由于漂移运动占主导,而少子由本征激发产生,数量极少,因而由少子形成的反向电流 I_S 很小(μA 级),近似分析时可忽略不计。此时 PN 结截止,相当于开关的断开状态。在一定温度下,当外加反向电压超过某个值(零点几伏)后,反向电流将不再随外加反向电压的增大而增大,所以又称 I_S 为反向饱和电流。

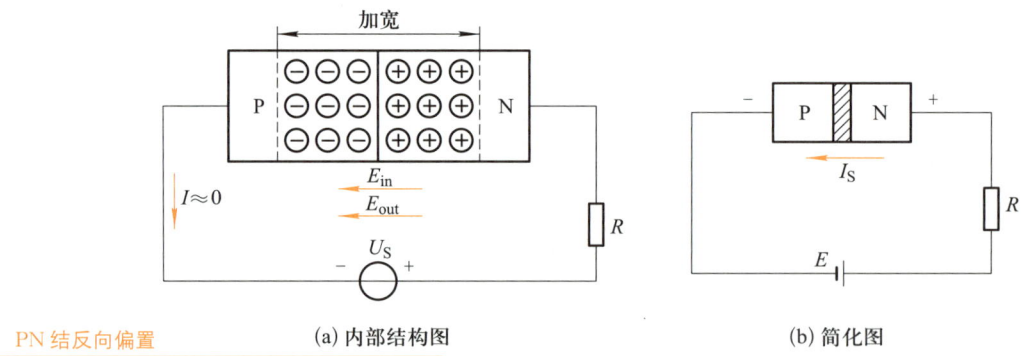

图 1-10　PN 结反向偏置　　　　　(a) 内部结构图　　　　　　　　　　(b) 简化图

> **重要结论**
>
> 　PN 结的单向导电性可概括为:正向导通,反向截止。

综上所述,PN 结正偏时,正向电阻很小,正向电流 I 较大,呈导通状态;PN 结反偏时,反向电阻很大,反向电流 I_S 非常小,呈截止状态。这就是 PN 结的**单向导电性**,它是所有二极管应用电路的基础。

(3) PN 结的反向击穿

当 PN 结的反向电压增大到一定数值时,反向电流会突然快速增大,此现象称为 PN 结的反向击穿。此时,PN 结的单向导电性被破坏。反向击穿分为电击穿和热击穿,电击穿又包括雪崩击穿和齐纳击穿。PN 结热击穿后电流很大,电压又很高,消耗在 PN 结上的功率很大,容易使 PN 结发热,把 PN 结烧毁。

电击穿可被利用(如稳压二极管),而热击穿须尽量避免。

三、二极管的认识

1. 二极管的结构和符号

在一个 PN 结的两端加上电极引线并用外壳封装起来,就构成了半导体二极管,简称二极管。由 P 型半导体引出的电极,叫作正极(或阳极),由 N 型半导体引出的电极,叫作负极(或阴极)。

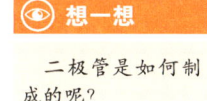

👁 **想一想**

二极管是如何制成的呢?

二极管的结构和符号如图 1-11 所示。在二极管的符号中,箭头指向为正向电流方向,二极管的文字符号一般用 VD 表示。

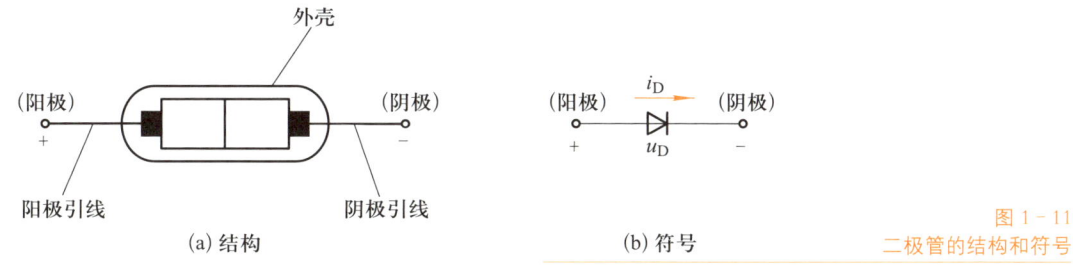

(a) 结构　　　　　　　　(b) 符号

图 1-11
二极管的结构和符号

二极管按制造工艺可分为点接触型、面接触型和平面型三大类,二极管的管芯结构如图 1-12 所示。

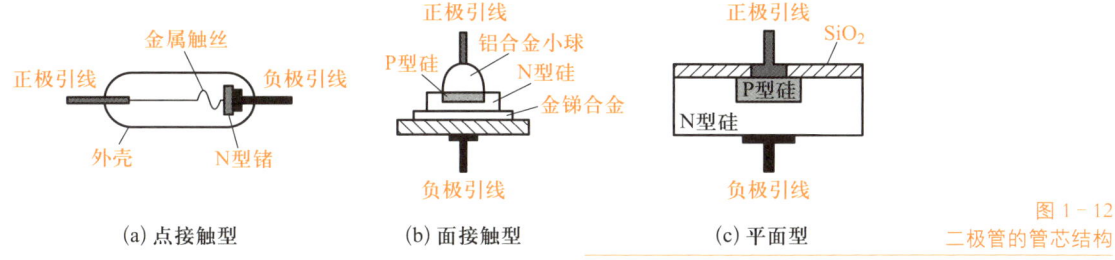

(a) 点接触型　　　(b) 面接触型　　　(c) 平面型

图 1-12
二极管的管芯结构

点接触型二极管一般为锗管,它的 PN 结面积很小,不能通过较大电流,但高频性能好,一般用于高频和小功率场合下的工作,也可用作数字电路中的开关元件,常用的有国产 2AP 型、2AK 型。面接触型二极管一般为硅管,它的 PN 结面积较大,能允许通过较大的电流,但由于其结电容也大,所以一般用于较低频率的整流电路中,常用的有国产 2CZ 型、2CP 型。平面型二极管一般用于集成电路制造工艺中,它的 PN 结面积可大可小,可用在高频整流和开关电路中。

二极管实物示例如图 1-13 所示。

二极管的种类和型号很多。例如国产二极管 2CP10,其中"2"表示二极管,"C"表示采用 N 型硅材料为基片,"P"表示普通用途管(P 为汉语拼音首字

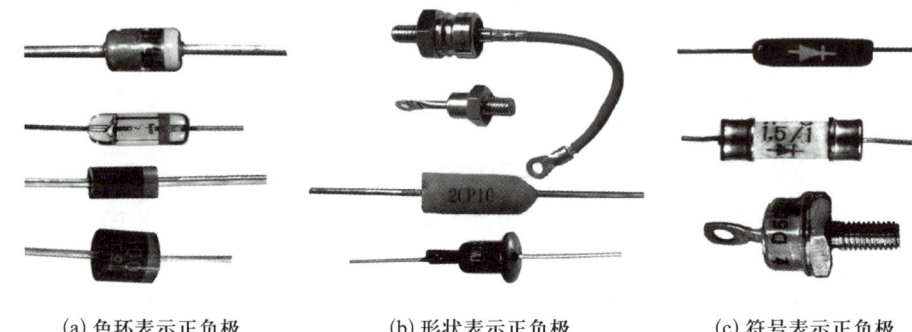

图 1-13
二极管实物示例

(a) 色环表示正负极　　　　(b) 形状表示正负极　　　　(c) 符号表示正负极

母），"10"为产品性能序号；又如 2DZ8，其中"D"表示由 P 型硅材料作为基片，"Z"表示整流管。关于二极管等半导体分立器件型号的命名方法可参见附录 A 的有关内容。

2. 二极管的伏安特性

动画：二极管
的伏安特性

所谓伏安特性，是指二极管两端电压 U 和流过二极管电流 I 的关系，可用伏安特性曲线来表示。二极管的伏安特性曲线如图 1-14 所示，可分为正向特性和反向特性两部分。人们常利用伏安特性曲线来形象地描述二极管的单向导电性。

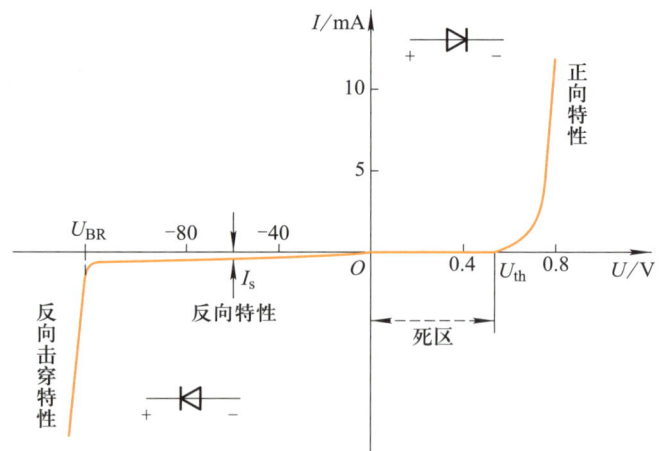

图 1-14
二极管的伏安特性曲线

（1）正向特性

二极管外加正向电压时，电流和电压的关系称为正向特性。由图 1-14 可见，当二极管外加的正向电压较小时，正向电流很小（几乎为零），二极管呈现很大的电阻，这一部分称为死区，相应的 U_{th} 电压命名为**死区电压**（硅二极管的死区电压约为 0.5 V，锗二极管约为 0.1 V）。当正向电压超过死区电压后，内电场被大大削弱，电流增长很快，二极管电阻变得很小。二极管正向导通时，硅管的压降一般为 0.6～0.8 V，锗管则为 0.1～0.3 V。

（2）反向特性

二极管外加反向电压时,电流和电压的关系称为反向特性。由图 1-14 可见,在常温下,二极管的反向电流 I_S 很小,而且在相当宽的反向电压范围内,I_S 几乎不变。因此,称此电流 I_S 为二极管的反向饱和电流。

（3）反向击穿特性

由图 1-14 可见,当外加反向电压的值增大到 U_{BR} 时,反向电压稍有增大,反向电流将急剧增大,这种现象称为**反向击穿**。U_{BR} 为反向击穿电压。利用二极管的反向击穿特性,可以做成稳压二极管(调整二极管),但普通二极管一般不允许工作在反向击穿区。

> 👁 **注意**
>
> 二极管正向导通时,要特别注意它的正向电流不能超过最大值,否则将烧坏 PN 结。

▍仿真演示▍
二极管伏安特性的仿真测试

（1）二极管正向偏置

在 Multisim 10 的环境下,绘制如图 1-15 所示的二极管正向偏置仿真电路图。

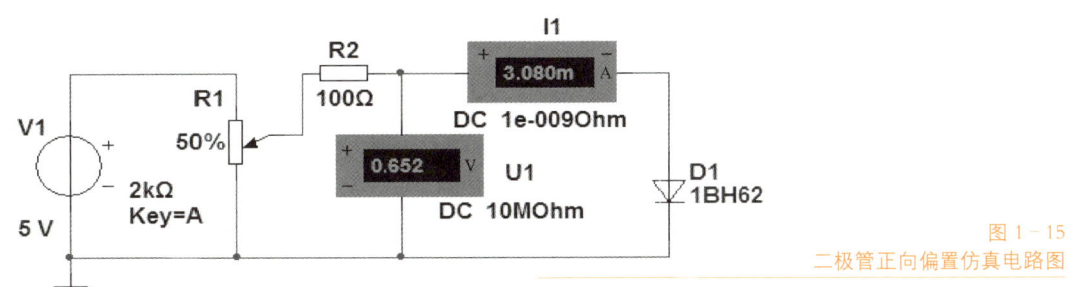

图 1-15
二极管正向偏置仿真电路图

启动仿真开关,然后敲击键盘上的[A]键,可依次改变 R_1 的百分比([A]键增加,[Shift]+[A]键减小),将电表显示的参数记录于表 1-1 中。

表 1-1　二极管正向偏置测试参数

参　数	R_1						
	10%	20%	30%	40%	50%	70%	90%
U/V	0.414	0.543	0.593	0.625	0.652	0.710	0.804
I/mA	0.308	1.086	1.744	2.371	3.080	5.365	13

（2）二极管反向偏置

在 Multisim 10 的环境下,绘制如图 1-16 所示的二极管反向偏置仿真电路图。

启动仿真开关,然后敲击键盘上的[A]键,可依次改变 R_1 的百分比,将电表显示的参数记录于表 1-2 中。

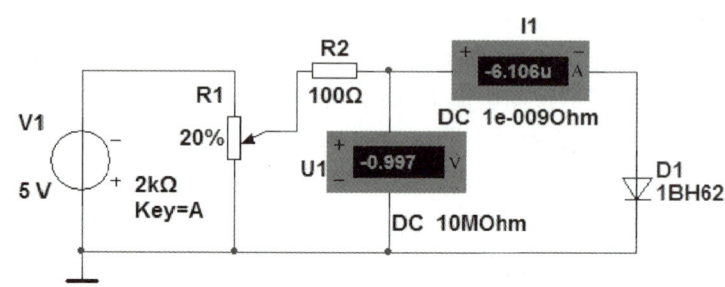

图 1–16
二极管反向偏置仿真电路图

表 1–2　二极管的反向导电性测试参数

参　数	R_1						
	10%	20%	30%	40%	50%	70%	90%
U/V	− 0.498	− 0.997	− 1.496	− 1.995	− 2.495	− 3.245	− 4.497
$I/\mu A$	− 5.884	− 6.106	− 5.995	− 5.995	− 5.773	− 6.217	− 6.217

（3）根据仿真结果画出伏安特性曲线

想一想

通过仿真实验,可以得出什么结论?

从表 1–1 可以看出,流过二极管的电流随着外加正向电压的增大而增大;从表 1–2 可以看出,当二极管外加反向电压时,流过二极管的反向电流非常小,且变化不大,从而验证了二极管的单向导电性。

课堂演示
二极管的单向导电性

二极管单向导电性小实验如图 1–17 所示,其电路由两节干电池、一个二极管、一个小灯泡构成。当二极管正向导通时,形成较大的正向电流,灯泡亮;若将二极管反接,则二极管截止,灯泡不亮。

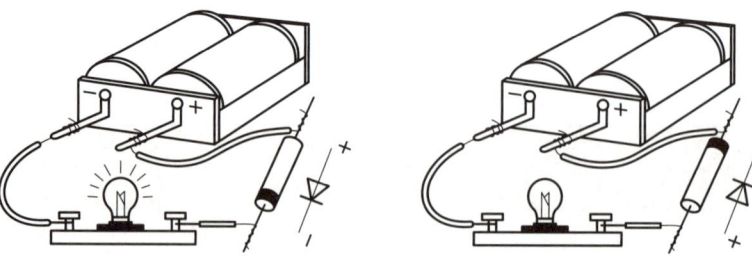

图 1–17
二极管的单向导电性小实验　　　　　　　　（a）正向导通　　　　　　　　（b）反向截止

3. 二极管的温度特性

实验表明,随着温度升高,二极管的正向管压降会减小,正向伏安特性曲线左移,即其正向管压降具有负的温度系数(约为 − 2 mV/℃);温度升高,反向饱和电流会增大,反向伏安特性曲线下移,温度每升高 10℃,反向电流约增大

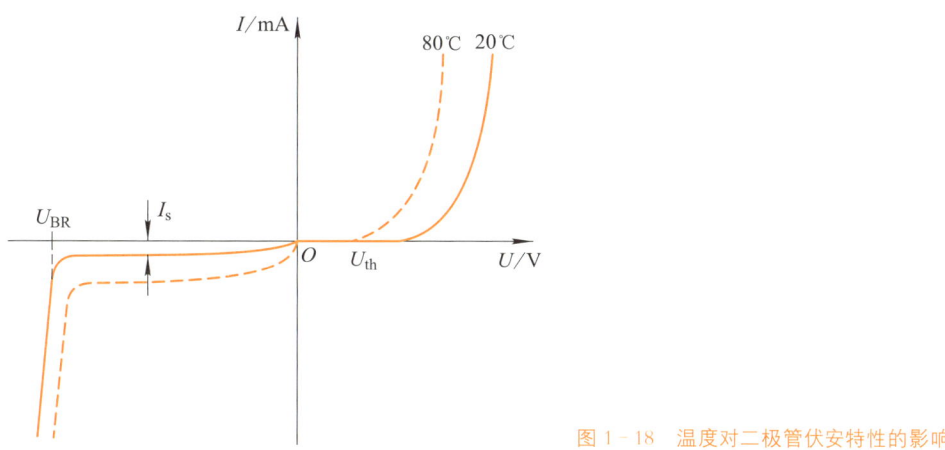

一倍。如图 1-18 所示为温度对二极管伏安特性的影响。

4. 理想二极管

有时为了讨论方便,在一定条件下,可以把二极管的伏安特性理想化,即认为二极管的死区电压和导通电压都等于零。这样的二极管称为**理想二极管**。

这里主要介绍比较简单的理想等效模型和恒压模型分析法。

(1) 理想等效模型

在电路中,若二极管导通时的正向压降远小于和它串联的元器件的电压,二极管截止时反向电流远小于与之并联的元器件的电流,那么可以忽略管子的正向管压降和反向电流,把二极管理想化为一个开关,当二极管正向偏置(导通)时,正向管压降为 0 V,相当于开关闭合;当二极管反向偏置(截止)时,认为它的电阻为无穷大,反向电流为零,相当于开关断开,二极管的理想等效模型如图 1-19 所示,其中图 1-19a 中的虚线表示实际二极管的伏安特性曲线。在实际电路中,当电源电压远大于二极管的正向管压降时,利用此法来近似分析是可行的,但稍有一些误差。

> ● 问题的提出
>
> 为什么要对二极管进行理想化处理?

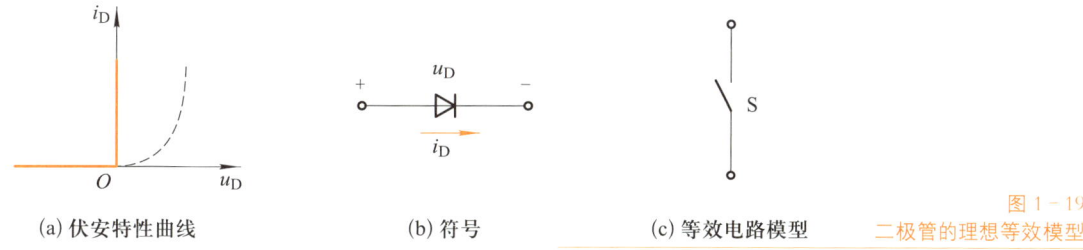

(a) 伏安特性曲线　　　　(b) 符号　　　　(c) 等效电路模型

图 1-19
二极管的理想等效模型

(2) 恒压模型

在电路中,若二极管导通时的正向管压降不能忽略,但可以忽略二极管的导通电阻,并且认为正向管压降是恒定且不随电流而改变的(对于硅管,其典型值为 0.7 V;对于锗管,其典型值为 0.3 V),那么可以把这个导通时的二极管等效成一个理想二极管与一个直流电压源的串联电路模型,即二极管的恒压模型,如图 1-20 所示。不过,只有当二极管的电流 i_D 近似等于或大于 1 mA 时,这个模型才是正确的。恒压模型提供了较为合理的近似,因此应用较广。

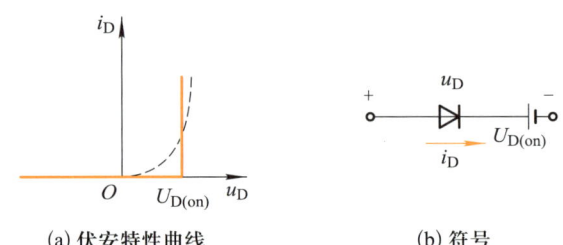

图 1-20 二极管的恒压模型   (a) 伏安特性曲线   (b) 符号

5. 二极管的主要参数

👁 **问题的提出**

为了使二极管在电路中能安全可靠地工作,在选择和使用二极管的时候,要注意它的哪些参数呢?

二极管的特性除用伏安特性曲线表示外,还可用一些数据来说明,这些数据就是二极管的参数。二极管的参数都可从半导体器件手册中查出,下面介绍几个常用的主要参数。

(1) 最大整流电流 I_F

最大整流电流是指二极管长时间使用时,允许流过二极管的最大正向平均电流。当电流超过这个值时,二极管会因过热而烧坏,使用时务必注意。

(2) 反向峰值电压 U_{RM}

反向峰值电压是保证二极管不被击穿而得出的,一般是反向击穿电压的一半或三分之二。

(3) 反向峰值电流 I_{RM}

反向峰值电流是指在二极管上加反向峰值电压时的反向电流值。反向峰值电流大,说明单向导电性能差,并且受温度的影响大。

(4) 反向电流 I_R

反向电流是指二极管未击穿时的反向电流值。室温时,在规定的反向电压下,测出的反向电流 I_R 为几十纳安,但受温度影响大。

(5) 二极管的直流电阻

二极管的直流电阻指加在二极管两端的直流电压与流过二极管的直流电流的比值。二极管的正向电阻较小,为几欧到几千欧;反向电阻很大,一般可达几百千欧以上。

(6) 最高工作频率 f_M

最高工作频率是二极管工作频率的上限值。当电路的工作频率超过 f_M 时,二极管失去单向导电性。

(7) 最大浪涌电流 I_{FSM}

最大浪涌电流指二极管允许流过的过量正向电流,是二极管抗瞬态电流冲击的一个参数。它不是正常电流,而是瞬时电流,这个值相当大。

知识链接

Multisim 10 电子仿真软件介绍

1. 软件简介

Multisim 10 是美国 NI 公司推出的电子电路仿真软件的经典版本。Multisim 10 提供了全面集成化的设计环境,便于用户完成从原理图设计输入、电路仿真分析到电路功能测试等工作。当改变电路连接或改变元器件参数,并对电路进行仿真时,可以清楚地观察到各种变化对电路性能的影响。

Multisim 10 有如下特点。

(1) 直观的图形界面,便于创建电路。Multisim 可以在计算机屏幕上模仿实验室的工作台,绘制电路图需要的元器件、电路仿真需要的测试仪器均可直接从屏幕上选取。

(2) 软件仪器的控制面板外形和操作方式都与实物相似,可以实时显示测量结果。

(3) 软件带有丰富的电路元器件库,提供多种强大的电路分析方法。

(4) 作为设计工具,它可以同其他流行的电路分析、设计和制板软件交换数据。

Multisim 10 是一款优秀的电子技术训练工具,利用它提供的虚拟仪器可以用比实验室中更灵活的方式进行电路实验,仿真电路的实际运行情况,熟悉常用电子仪器测量方法。

这里仅向大家简介 Multisim 10 基本界面及其功能,若要深入学习 Multisim 10,应参考有关资料。

2. Multisim 10 基本界面及其功能

Multisim 10 安装完成之后,就可以在其界面环境下进行电子电路的设计与仿真。双击桌面上的 Multisim 10 快捷图标,将出现如图 1-21 所示的 Multisim 10 工作界面。

(1) 菜单栏

Multisim 10 的界面与所有的 Windows 应用程序类似,其菜单栏位于界面的上方,由 12 个菜单组成,如图 1-22 所示。通过这些菜单可以对 Multisim 10 的所有功能进行操作。

① 文件菜单(File):用于管理所创建的电路文件,如打开、保存、打印等。

② 编辑菜单(Edit):用于在电路绘制过程中,对电路和元器件进行各种技术性处理,如复制、粘贴、删除、翻转元器件等操作。

③ 显示菜单(View):用于确定仿真界面上显示的内容以及电路图的缩放和元器件的查找。

④ 放置菜单(Place):提供在电路窗口内放置元器件、连接点、总线和文字等命令。

⑤ MCU 菜单:执行单片机命令。

⑥ 仿真菜单(Simulate):提供电路仿真设置与操作命令。

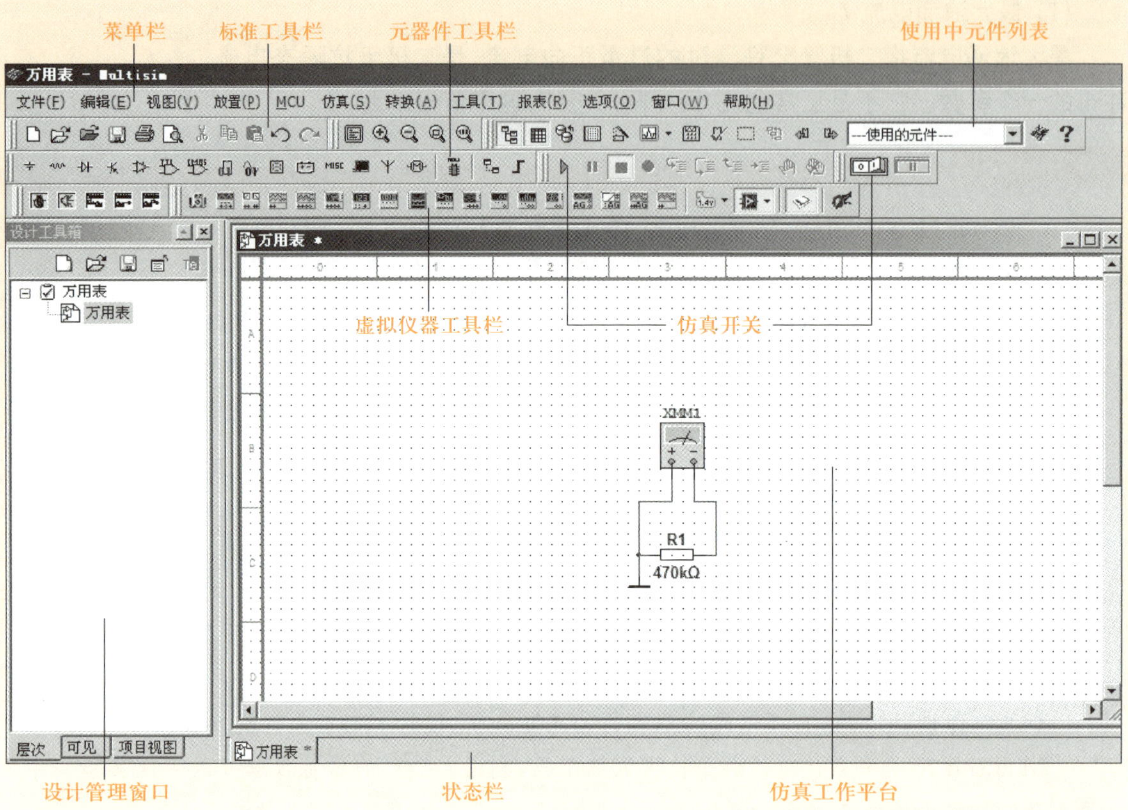

菜单栏　　标准工具栏　　　元器件工具栏　　　　　　　　　　　　　使用中元件列表

虚拟仪器工具栏　　　　　　　仿真开关

设计管理窗口　　　　　　　　　　状态栏　　　　　　　仿真工作平台

图 1-21　Multisim 10 工作界面

图 1-22　菜单栏

⑦ 传送菜单(Transfer)：提供仿真结果传递给其他软件处理的命令。

⑧ 工具菜单(Tools)：主要用于编辑或管理元器件和元件库。

⑨ 报告菜单(Reports)：可对当前电路产生各种报告。

⑩ 选项菜单(Options)：用于定制电路的界面和电路某些功能的设定。

⑪ 窗口菜单(Windows)：用于控制 Multisim 10 窗口显示。

⑪ 帮助菜单(Help)：帮助菜单主要为用户提供在线技术帮助和使用指导。

（2）标准工具栏

标准工具栏如图 1-23 所示，它包含了常用的文件操作和编辑操作，方便完成原理图设计工作。若工具栏被隐藏，则可通过"视图"→"工具栏"菜单命令选择打开。

图 1-23　标准工具栏

标准工具栏中的按钮从左到右依次为新建、打开、打开实例文件、保存、打印、预览、剪切、复制、粘贴、撤销、重做、全屏显示、放大、缩小、区域放大、缩放至页面大小、项目浏览器、数据表格视图、数据库管理器、打开面包板、创建元件向导、图示仪/分析列表、后期处理、电气规则检查、捕获屏幕、调整至父图、从 Ultiboard 返回注释、向前注释至 Ultiboard、当前使用元件列表和帮助。

（3）仿真开关

仿真开关主要用于仿真过程的控制。仿真开关共有两处：标准工具栏下方右侧是仿真的运行（绿色箭头）、暂停（黑色两竖条）和停止（红色方块）等按钮；这些按钮的右面还有停止、运行和暂停按钮，两处按钮功能完全一样，如图 1‑24 所示。

图 1‑24　仿真开关

（4）图形注释工具栏

如图 1‑25 所示，图形注释工具栏可通过执行"视图"→"工具栏"→"图形注释"命令打开。图形注释工具栏主要用于在电路中放置各种图形，工具栏中的按钮从左到右依次为放置图形、放置多边形、放置弧形、放置椭圆、放置矩形、放置线段、放置直线、放置文本和放置注释。

图 1‑25　图形注释工具栏

（5）元器件工具栏

元器件工具栏如图 1‑26 所示，该工具栏中的按钮从左到右依次为电源库、基本元器件库、二极管库、三极管库、运算放大器库、TTL 元件库、CMOS 元件库、数字元件库、混合元件库、指示元件库、电源类元件库、其他元件库、高级外围器件库、RF 射频元件库、机电类元件库、单片机器件库、放置分层模块、放置总线。

图 1‑26　元器件工具栏

（6）虚拟元器件工具栏

通过执行"视图"→"工具栏"→"虚拟"命令可显示虚拟元器件工具栏，

> **● 注意**
>
> 仿真开关只有在原理图输入完毕，且连接虚拟仪器后（没连接虚拟仪器时开关为灰色，即不可用），用鼠标单击它，才可运行或停止仿真。

如图 1‑27 所示,虚拟元器件可以自行设置任意参数。单击每个按钮可以打开相应的工具栏,利用工具栏可以放置各种虚拟元器件。该工具栏中的按钮从左到右依次为 3D 元件工具栏、模拟元件工具栏、基本元件工具栏、二极管工具栏、三极管工具栏、测量元件工具栏、其他元件工具栏、电源工具栏、额定元件工具栏、信号源工具栏。

图 1‑27 虚拟元器件工具栏

(7) 虚拟仪器工具栏

虚拟仪器工具栏如图 1‑28 所示,它包含了虚拟电子测试和电子仿真设计中所需的各种仪器仪表,也是 Multisim 10 最具特色的地方。

图 1‑28 虚拟仪器工具栏

该工具栏中的按钮从左到右依次为数字万用表、函数信号发生器、功率表、双踪示波器、4踪示波器、波特图仪、频率计、字信号发生器、逻辑分析仪、逻辑转换器、I‑V 特性分析仪、失真度分析仪、频谱分析仪、网络分析仪、安捷伦函数发生器、安捷伦万用表、安捷伦示波器、泰克示波器、实时测量探针、LabVIEW 测试仪、NI ELVISmx Instruments、电流检测探针。

(8) 状态栏

在电路窗口中电路标签的下方就是状态栏,主要用于显示当前的操作及鼠标所指条目的有关信息。

(9) 电路元器件的属性视窗

单击标准工具栏的属性视窗按钮，即可对当前电路文件进行元器件属性统计并显示相应窗口,还可以通过该窗口改变部分或全部元器件的属性。

四、特殊二极管及其应用

除了上述普通二极管外,还有一些特殊二极管,如稳压二极管、发光二极管和光电二极管等,下面仅对它们作简单的介绍。

1. 稳压二极管

(1) 稳压二极管的稳压作用

稳压二极管是一种特殊的半导体二极管,它在电路中与适当阻值的电阻配合后能起稳定电压的作用,其符号如图 1‑29a 所示。稳压二极管与普通二极管的主要区别在于其工作在 PN 结的**反向击穿状态**,通过在制造过程中的工艺措施和使用时限制反向电流的大小,能保证稳压二极管在反向击穿状态下不会因过热而损坏。稳压二极管的伏安特性曲线如图 1‑29b 所示。与普通二极管的伏安特性相比,稳压二极管的反向特性曲线比较陡。从稳压二极管的反向特性曲线可以看出,当反向电压较小时,反向电流几乎为零,当反向电压增高到击穿电压 U_Z(即稳定电压)时,反向电流 I_Z(工作电流)会急剧增大,稳压二极管反向击穿。在外加反向电压撤除后,稳压二极管又恢复正常,即它的反向击穿是可逆的。

从反向特性曲线上可以看出,当稳压二极管工作于反向击穿区时,电流虽然在很大范围内变化(ΔI_Z),但其两端的电压变化却很小(ΔU_Z),利用这一特性可以起到稳定电压的作用。如果稳压二极管的反向电流超过允许值,则它将会因过热而损坏,因此与稳压二极管配合的电阻要适当,才能起稳压作用。常用稳压电路如图 1-29c 所示。

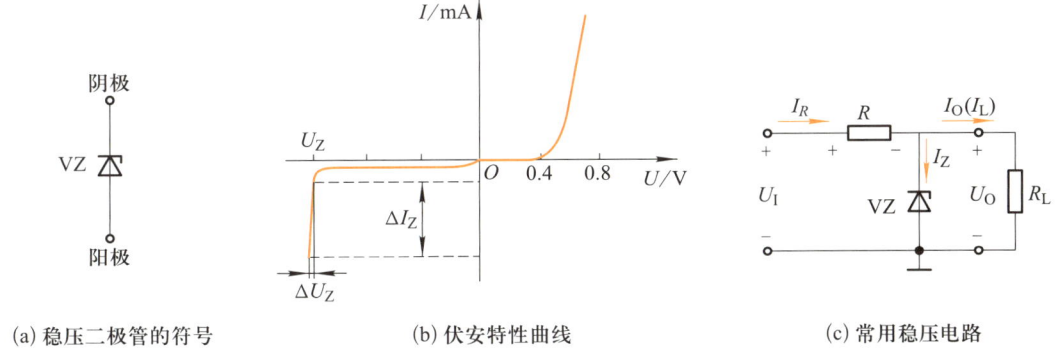

(a) 稳压二极管的符号   (b) 伏安特性曲线   (c) 常用稳压电路

图 1-29　稳压二极管的符号、伏安特性曲线、稳压电路

稳压二极管正常工作的条件有两个,一是工作在反向击穿状态,二是稳压二极管中的电流要在稳定电流和最大允许电流之间。当稳压二极管正偏时,它相当于一个普通二极管。图 1-29c 为常用稳压电路,当 U_I 或 R_L 变化时,稳压二极管中的电流 I_Z 的变化 ΔI_Z 较大,但在一定范围内,其端电压 U_Z 的变化 ΔU_Z 却很小,因此起到了稳定输出电压的作用。

(2) 稳压二极管的主要参数

为了正确使用稳压二极管,在选择和使用稳压二极管的时候,应考虑以下主要参数。

① 稳定电压 U_Z:U_Z 指稳压二极管的稳压值。由于稳定电压的值取决于制造时的掺杂浓度,所以同一型号稳压二极管的稳压值也可能略有不同。例如,2CW15 型稳压二极管的稳压值 U_Z 在 7.0~8.5 V 之间,2CW18 型稳压二极管的稳压值 U_Z 在 10~12 V 之间。

② 稳定电流 I_Z:I_Z 指稳压二极管工作电压等于稳定电压 U_Z 时的工作电流。稳压二极管的稳定电流只是一个参考数值,设计选用时要根据具体情况(例如工作电流的变化范围)来考虑。

③ 最大允许电流 I_{ZM}：I_{ZM} 是指稳压二极管允许通过的最大反向电流，$I > I_{ZM}$ 时管子会因过热而损坏。对每一种型号的稳压二极管都规定有一个最大允许电流 I_{ZM}。

④ 动态电阻 r_z：r_z 是指稳压二极管在正常工作范围内，稳压二极管两端电压的变化量与相应电流变化量的比值，即

$$r_z = \frac{\Delta U_z}{\Delta I_z}$$

稳压二极管的反向伏安特性曲线越陡，则动态电阻越小，稳压性能越好。

⑤ 最大允许耗散功率 P_{ZM}：P_{ZM} 指管子不致发生热击穿的最大功率损耗，即

$$P_{ZM} = U_z I_{ZM}$$

稳压二极管在电路中的主要作用是稳压和限幅，也可和其他电路配合构成欠压或过压保护、报警环节等电路。

🔒 **例 1-1** 电路如图 1-30 所示，其中 VZ_1 的稳压值为 5 V，VZ_2 的稳压值为 10 V，它们的正向电压均为 0.7 V，求各电路的输出电压值 U_O。

解： 图 1-30a 中，VZ_1、VZ_2 串联在电路中，VZ_1 正向连接处于导通状态，VZ_2 反向连接处于稳压状态，其两端电压为稳压值 10 V，因此输出电压 $U_O = (0.7 + 10)V = 10.7 V$。

图 1-30b 中，VZ_1、VZ_2 串联在电路中，两个稳压二极管均正向连接而导通，因此输出电压 $U_O = (0.7 + 0.7)V = 1.4 V$。

图 1-30c 中，VZ_1、VZ_2 并联反向连接于电路中，当 VZ_1 处于稳压状态时，VZ_2 因两端电压小于稳压值而处于截止状态。因此输出电压 $U_O = 5 V$。

图 1-30d 中，VZ_1、VZ_2 并联在电路中，VZ_2 因正向连接而导通，相应的 VZ_1 因两端电压小于稳压值而处于截止状态。因此输出电压 $U_O = 0.7 V$。

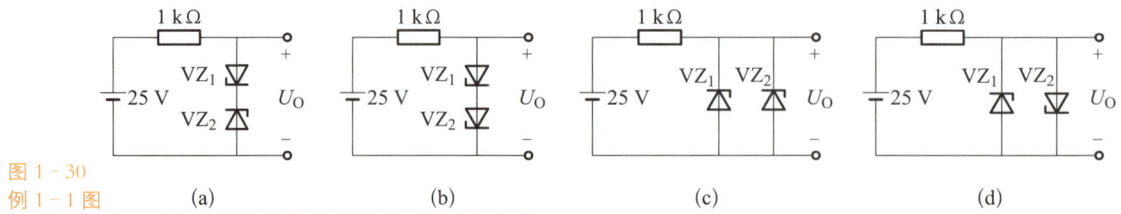

图 1-30
例 1-1 图 (a) (b) (c) (d)

2. 光电二极管

光电二极管又称光敏二极管，它的管壳上有一个玻璃口，以便接受光照，如图 1-31 所示。光电二极管的伏安特性曲线及符号如图 1-32 所示，其特点是在电路中一般处于反向工作状态。当没有光照射时，光电二极管的伏安特性与普通二极管一样，其反向电阻很大，PN 结流过的反向电流很小；当光线照

射到它的 PN 结时,可以成对地产生自由电子和空穴,使半导体中少数载流子的浓度提高,从而使反向电流增加,因此它的反向电流随光照强度增大而线性增大。如果光的强度(单位 lx)发生改变,电子空穴对的浓度也相应改变,光电流强度也随之改变。由此可见,光电二极管能将光信号转变为电信号输出。

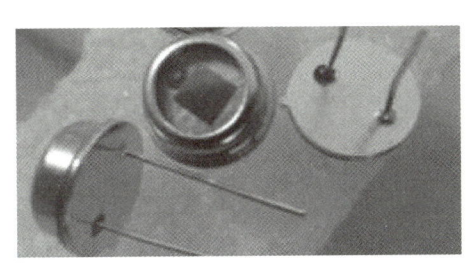

图 1 - 31　光电二极管实物

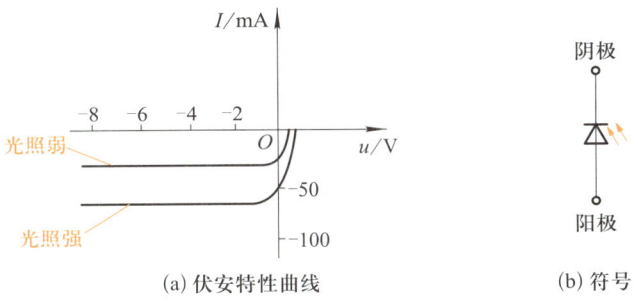

(a) 伏安特性曲线

(b) 符号

图 1 - 32　光电二极管的伏安特性曲线及符号

光电二极管的主要参数如下。

① 暗电流:指无光照时的反向饱和电流,一般小于 $1\ \mu A$。

② 光电流:指在额定光照强度下的反向电流,一般为几十毫安。

③ 灵敏度:指在给定波长(如 $0.9\ \mu m$)的单位光功率时,光电二极管产生的光电流,一般大于等于 $0.5\ \mu A/\mu W$。

④ 峰值波长:使光电二极管具有最高响应灵敏度(光电流最大)的光波长。一般光电二极管的峰值波长在可见光和红外线范围内。

⑤ 响应时间:指加定量光照后,光电流达到稳定值的 63% 所需要的时间,一般为零点几微秒。

光电二极管作为光控元件可用于各种物体检测、光电控制、自动报警等场合。当制成大面积的光电二极管时,可将其当作一种能源而称之为光电池。此时它不需要外加电源,能够直接把光能变成电能。

3. 发光二极管

发光二极管是一种将电能直接转换成光能的半导体固体显示器件,简称 LED(light emitting diode)。发光二极管是由一个 PN 结构成的,它封装在透明塑料壳内,外形有正方形、矩形和圆形等。发光二极管的驱动电压低、工作电流小,具有体积小、可靠性高、耗电省和寿命长等优点,广泛用于信号指示等电路中。在电子技术中常用的数码管,就是用发光二极管按一定规则排列组成的。

发光二极管的原理与光电二极管相反。发光二极管正向偏置时会发光,这是由于电子与空穴直接复合时放出能量的结果。不同半导体材料制造的发光二极管可发出不同颜色的光,如磷砷化镓(GaAsP)材料发红光或黄光,磷化镓(GaP)材料发红光或绿光,氮化镓(GaN)材料发蓝光,碳化硅(SiC)材料发黄

图片:发光二极管

光,砷化镓(GaAs)材料发不可见的红外线。发光二极管实物如图1-33所示。

发光二极管的符号和驱动电路如图1-34所示。它的伏安特性和普通二极管相似,死区电压为0.9~1.1 V,其正向工作电压为1.5~2.5 V,工作电流为5~15 mA。反向击穿电压较低,一般小于10 V。

图1-33
发光二极管实物

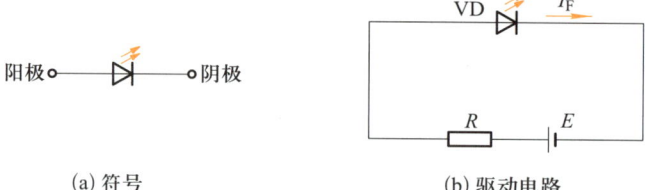

图1-34
发光二极管的符号和驱动电路　　　　(a) 符号　　　　(b) 驱动电路

拓展课堂:追忆光影,展中国新貌——LED

🔒 **例1-2** LED的驱动电路如图1-34b所示。已知$E=5$ V,LED正常发光时的正向管压降$U_F=2.2$ V,工作电流$I_F=13$ mA,试分析电阻R的作用并计算其阻值。

解: 由于LED的正向管压降较低,允许流过的工作电流较小,故其驱动电路中必须串入限流电阻R。R的阻值可按下面的公式计算

$$R = \frac{E - U_F}{I_F} = \frac{(5 - 2.2)\text{V}}{13 \text{ mA}} \approx 0.215 \text{ k}\Omega = 215 \ \Omega$$

通过查询器件手册或网络资料,根据电阻的系列值,R可选取220 Ω。

发光二极管应用广泛,例如光电耦合器(简称光耦)、电视遥控器等都是其应用的典型实例。光电耦合器如图1-35所示,其内部有一个发光二极管(VD_1)和光敏三极管(VQ_1),可完成"电—光—电"的转换,能对输入、输出电信号起到电气隔离作用,输出信号对输入端无影响,具有抗干扰能力强、无触点、使用寿命长、传输效率高等特点。电视遥控器内的发光二极管发出红外线,通过电视机窗口的光敏二极管接收,从而实现对电视机的光—电控制。

图片:光电耦合器

👁 **想一想**

在现实生活中,还有哪些特殊二极管的应用实例?

图1-35
光电耦合器

(a) 实物图

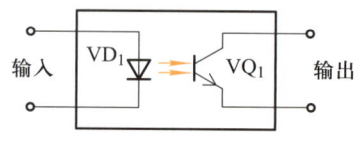
(b) 图形符号

五、二极管的应用

二极管的应用范围很广,大部分是利用它的单向导电性。下面介绍几种常见应用电路。

1. 限幅

利用二极管的单向导电性,将输入电压限定在要求的范围之内,叫作限幅。

例 1 - 3 在如图 1 - 36a 所示的电路中,已知输入电压 $u_i = 10\sin\omega t$ V,电源电动势 $E = 5$ V,二极管为理想元件,试画出输出电压 u_o 的波形。

解: 根据二极管的单向导电特性可知:

当 $u_i \leqslant 5$ V 时,二极管 VD 截止,相当于开路,因电阻 R 中无电流流过,故输出电压与输入电压相等,即 $u_i = u_o$。

当 $u_i > 5$ V 时,二极管 VD 导通,相当于短路,故输出电压等于电源电动势,即 $u_o = E = 5$ V。所以,在输出电压 u_o 的波形中,5 V 以上的波形均被削去,输出电压被限制在 5 V 以内,输入与输出电压波形如图 1 - 36b 所示。在这里,二极管起限幅作用。

仿真演示:二极管限幅电路的仿真测试

动画:二极管的限幅作用

> **注意**
>
> 作图时,u_o 和 u_i 的波形在时间轴上要对齐,这样才能正确反映 u_o 随 u_i 的变化过程。

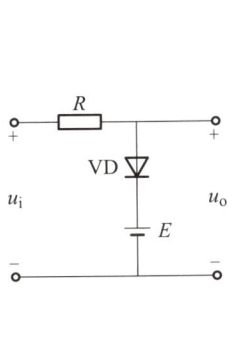

(a) 电路

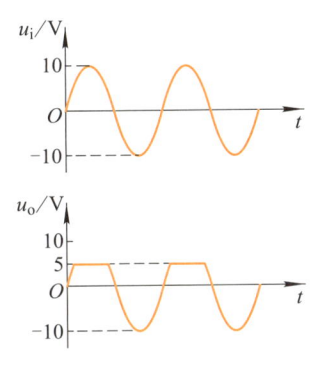

(b) 输入与输出电压波形

图 1 - 36　例 1 - 3 图

2. 钳位

钳位是指将某点的电位钳制在一个固定的电压值上,利用二极管的单向导电性在电路中可以起到钳位的作用。钳位作用主要应用于数字电路的分立门电路中。

例如,如图 1 - 37 所示的钳位电路中,二极管均为理想二极管,输入端 A 的电位 $U_A = 3$ V,输入端 B 的电位 $U_B = 0$ V,电阻 R 接 - 12 V 电源。

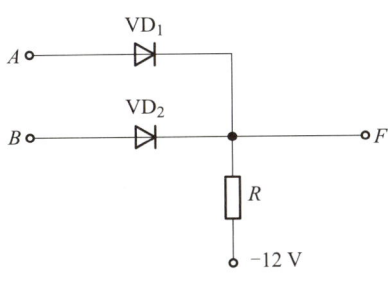

图 1 - 37　钳位电路

图片：整流二极管

因为 $U_A > U_B$，所以二极管 VD_1 优先导通，则输出端 F 的电位为 $U_F = U_A = 3\ V$。当 VD_1 导通后，VD_2 上加的是反向电压，VD_2 因而截止。

这里的二极管 VD_1 起钳位作用，把 F 端的电位钳位在 3 V；VD_2 起隔离作用，把输入端 B 和输出端 F 隔离开来。

3. 整流

二极管的整流作用就是把交流电变成脉动的直流电，是直流稳压电源的重要组成部分。具体内容将在任务 2 中介绍。

▍实用资料 ▍

1N 系列二极管及其参数

1N 系列二极管采用的是美国电子元件的命名方法：1 代表有一个 PN 结为二极管，2 代表有两个 PN 结为三极管；N 是美国电子工业协会注册标志。1N 系列为硅整流二极管。1N 系列常用二极管的主要参数见表 1-3。

表 1-3 1N 系列常用二极管的主要参数

型号	反向峰值电压 U_{RM}/V	最大整流电流 I_F/A	正向浪涌峰值电流 I_{FSM}/A	正向管压降 U_F/V	反向电流 I_R/uA	最高工作频率 f_M/kHz	外形封装
1N4001	50						
1N4002	100						
1N4003	200						
1N4004	400	1	30	≤1	<5	3	DO-41
1N4005	600						
1N4006	800						
1N4007	1 000						
1N5201	100						
1N5202	200						
1N5203	300						
1N5204	400	2	100	≤1	<10	3	DO-15
1N5205	500						
1N5206	600						
1N5207	800						
1N5208	1 000						
1N5401	100						
1N5402	200						
1N5403	300	3	150	≤0.8	<10	3	DO-27
1N5404	400						
1N5405	500						

续　表

型　号	反向峰值电压 U_{RM}/V	最大整流电流 I_F/A	正向浪涌峰值电流 I_{FSM}/A	正向管压降 U_F/V	反向电流 I_R/uA	最高工作频率 f_M/kHz	外形封装
1N5406	600						
1N5407	800	3	150	≤0.8	<10	3	DO－27
1N5408	1 000						

▎技能训练▎
二极管的识别与检测

1. 训练目的

(1) 了解二极管的类型、外观和相关标识。

(2) 掌握二极管的万用表检测法。

(3) 掌握特殊二极管的识别与检测。

2. 设备与器件

各种类型的二极管,万用表。

3. 原理与测试方法

(1) 二极管的型号识别法

我国半导体器件的型号是按器件的材料、性能和类别来命名的,一般由 5 个部分组成。我国二极管型号的命名方法见表 1－4。

表 1－4　我国二极管型号的命名方法

第 一 部 分	第 二 部 分	第 三 部 分	第 四 部 分	第 五 部 分
用阿拉伯数字表示器件的电极数目	用汉语拼音字母表示器件的材料和极性	用汉语拼音字母表示器件的类别	用阿拉伯数字表示登记顺序号	用汉语拼音字母表示规格号

二极管型号的第一部分(数字"2")表示二极管;第二部分,即数字"2"后的第一个字母表示所用的半导体材料,A、B 表示锗材料二极管,C、D 表示硅材料二极管;第三部分表示二极管类型,即数字"2"后面的第二个字母表示二极管类型,如 P 小信号管、V 检波管、W 稳压管、C 变容管、Z 整流管等;第四部分的数字表示序号;第五部分的字母表示规格号。具体可参见附录 A。

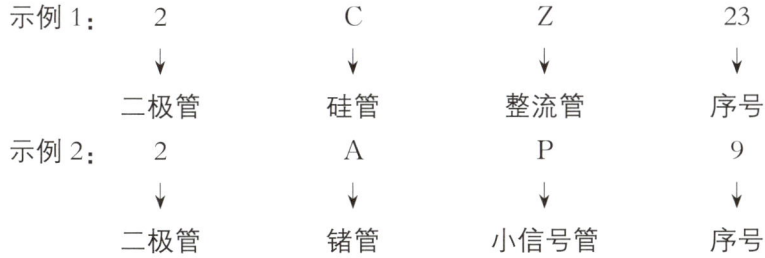

示例 1：　2 → 二极管　C → 硅管　Z → 整流管　23 → 序号

示例 2：　2 → 二极管　A → 锗管　P → 小信号管　9 → 序号

二极管正负极、规格、功能和制造材料一般可以通过管壳上的标志和查阅手册来判断,小功率二极管的 N 极(负极),大多采用色环表示,如图 1-38 所示。少部分二极管也有采用符号"P""N"来确定二极管极性的。如果管壳上无符号或标志不清,就需要用万用表来检测。二极管在电路中常用"VD"加数字表示,如:VD_3 表示编号为 3 的二极管。

图 1-38
用色环表示二极管的负极

色环

(2) 二极管的万用表检测法

二极管的万用表检测法主要是判断其正负极和质量好坏。操作的基本方法和步骤如下:

① 首先将万用表量程调至 $R\times100$ 或 $R\times1\,k$ 挡($R\times1$ 挡因其电流较大,一般不用,而 $R\times10\,k$ 挡的电压过高,易使管子击穿),再将两表笔分别接触二极管的两个电极,测得一个电阻值,交换电极再测一次,从而得到两个电阻值。一般来说,表针摆动幅度较大的为正向电阻(小于 $5\,k\Omega$),表针摆动幅度较小的为反向电阻(大于 $500\,k\Omega$),如图 1-39 所示。测量时,以测得较小的正向电阻值为准,与黑表笔相连的是二极管正极,与红表笔相连的是二极管负极(指针式万用表置于电阻挡时,黑表笔连接表内电池正极,红表笔连接表内电池负极)。

图片:指针式万用表

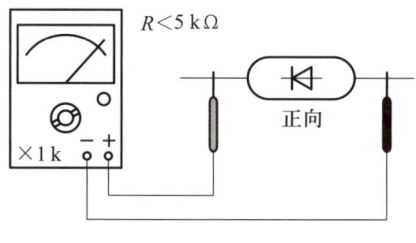
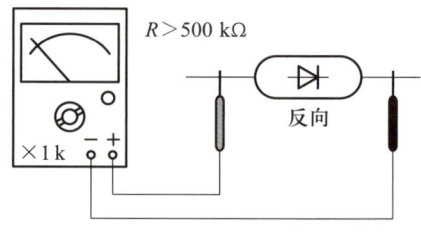

图 1-39 二极管的极性判断
(a) 测量正向电阻   (b) 测量反向电阻

注意

用数字式万用表检测二极管时,红表笔接二极管的正极,黑表笔接二极管的负极,此时测得的阻值才是二极管的正向导通阻值,这与指针式万用表的表笔接法刚好相反。

② 二极管的材料及二极管的质量好坏也可以从其正、反向阻值中判断出来。性能好的二极管,一般反向电阻比正向电阻大几百倍。如两次测得的正、反向电阻均很小或等于零,则说明管子内部已击穿或短路;如果正、反向电阻均很大或接近于无穷大,说明管子内部已开路;如果正、反向电阻值相差不大,说明管子性能变差,出现上述三种情况的二极管均不能使用。一般硅材料二极管的正向电阻为几千欧,而锗材料二极管的正向电阻为几百欧。判断二极管的好坏,关键是看它有无单向导电性能,正向电阻越小,反向电阻越大,二极管的质量就越好。

(3) 特殊二极管的识别与检测

① 发光二极管的正、负极可从引脚长短来识别,长脚为正,短脚为负。用

万用表检测发光二极管的方法如图 1-40 所示。将万用表的量程调至 $R \times 10\,\mathrm{k}$ 挡,黑表笔接正极,红表笔接负极,此时发光二极管点亮,所测电阻较小;反之,调换表笔,发光二极管不亮,所测电阻较大。

动画:二极管的识别与检测

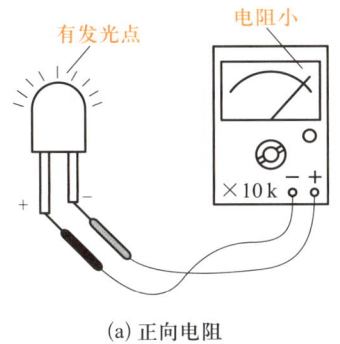

有发光点　电阻小

(a) 正向电阻

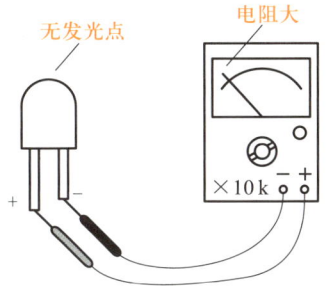

无发光点　电阻大

(b) 反向电阻

图 1-40
用万用表检测发光二极管的方法

② 用万用表检测光电二极管的方法如图 1-41 所示。将万用表调至 $50\,\mu\mathrm{A}$ 挡,用红表笔接光电二极管的正极,黑表笔接负极,在白炽灯光照射下(不能用荧光灯),随着光源接近,光照增强,若其电流增加,表明光电二极管完好。这个电流值可达数十至数百微安。

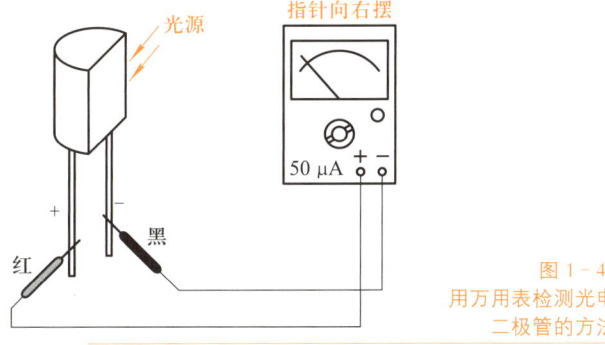

光源　指针向右摆

红　黑

图 1-41
用万用表检测光电二极管的方法

4. 实训报告及思考

记录测试结果,写出实训报告,并思考下列问题:

(1) 用万用表检测二极管的正向电阻和反向电阻时,为什么测得的阻值不同?

(2) 为什么不能用 $R \times 1$ 或 $R \times 10\,\mathrm{k}$ 挡测试普通二极管?

(3) 为什么要用 $R \times 10\,\mathrm{k}$ 挡检测发光二极管?

知识点检测 1

1. 杂质半导体中多数载流子的浓度取决于(　　)。

A. 温度　　　　　　　　B. 杂质浓度　　　　　　C. 电子空穴对数目

2. 在电场作用下,空穴与自由电子运动形成的电流方向(　　)。

A. 相同　　　　　　　　　　　　　B. 相反

3. 光敏二极管应在(　　)下工作。

A. 正向电压　　　　　　　　　　　B. 反向电压

4. 下列哪一种半导体材料的热敏性突出(　　)。

A. 本征半导体　　　　B. N 型半导体　　　　C. P 型半导体

5. 稳压二极管的工作区是在其伏安特性曲线的(　　　)。

A. 正向特性区　　　　B. 反向特性区　　　　C. 反向击穿区

6. P 型半导体中空穴多于电子,则 P 型半导体呈现的电性为(　　　)。

A. 正电　　　　　　　B. 负电　　　　　　　C. 电中性

7. PN 结加上正向电压时(　　　),加上反向电压时(　　　)。

A. 截止　　　　　　　B. 导通　　　　　　　C. 不变

8. 在本征半导体中加入(　　　)元素,可形成 N 型半导体;加入(　　　)元素,可形成 P 型半导体。

A. 五价　　　　　　　B. 四价　　　　　　　C. 三价

9. 当温度升高时,二极管的反向饱和电流将(　　　)。

A. 增大　　　　　　　B. 不变　　　　　　　C. 减小

任务 2　单相整流滤波电路的分析

任务目标

1. 了解和掌握半波整流电路的原理和结论。
2. 掌握单相桥式整流电路的原理和结论。
3. 掌握整流二极管的选择原则,滤波电路的作用及选取原则。

在现代工农业生产和日常生活中,广泛地使用着交流电。然而在一些必须使用直流电的场合,如工业上的电解和电镀等,就需要利用整流设备将交流电转化为直流电。

利用二极管的单向导电性可以将交流电转换为单向脉动的直流电,这一过程称为**整流**,这种电路就称为整流电路。常见的整流电路有半波整流电路和全波整流电路。

一、单相半波整流电路分析

1. 电路组成

基本的单相半波整流电路如图 1-42a 所示,实物连接示意图如图 1-42b 所示,电路中核心器件是二极管 VD,T 为电源变压器,它的作用是将交流电网电压 u_1 变成整流电路要求的交流电压 $u_2 = \sqrt{2}U_2 \sin \omega t$, R_L 是要求直流供电的负载电阻。

2. 工作原理分析

交流电压 u_2 作用在二极管 VD 与负载 R_L 串联的电路上。在交流电压 u_2

动画:单相半波整流电路

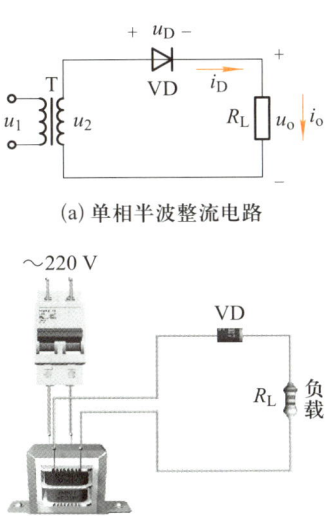

(a) 单相半波整流电路

(b) 实物连接示意图

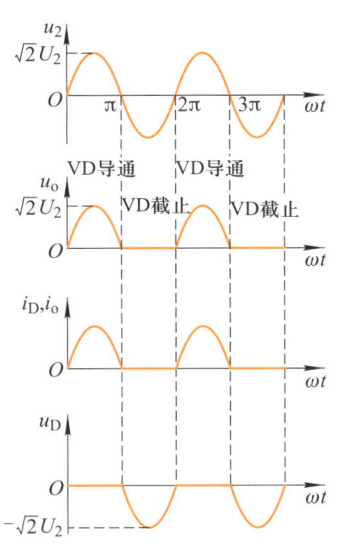

(c) 单相半波整流电路的波形图

图 1-42
单相半波整流电路及波形图

的正半周时,二极管 VD 上的电压正向偏置,二极管导通。如果忽略二极管正向管压降,则负载 R_L 上的电压 u_o 与交流电压 u_2 的正半波相等,即正半周的电压全部作用在负载上;当交流电压 u_2 变成负半周时,二极管工作在反向电压下,二极管截止,电路中没有电流,负载 R_L 上没有电压,交流电压 u_2 的负半周全部作用在二极管上。单相半波整流电路的波形图如图 1-42c 所示。

如果交流电压为正弦波,即 $u_2 = \sqrt{2}U_2\sin\omega t$,将二极管 VD 视为一个理想元器件,即正向导通时管压降为零、反向时电阻为无穷大。单相半波整流电路的整流输出电压 u_o 的平均值 U_o 为

$$U_o = \frac{1}{T}\int_0^{\frac{T}{2}} u_2 \,\mathrm{d}t = \frac{1}{T}\int_0^{\frac{T}{2}} \sqrt{2}U_2\sin\omega t \,\mathrm{d}t = 0.45U_2 \qquad (1-1)$$

则输出电流

$$I_o = \frac{U_o}{R_L} = 0.45\frac{U_2}{R_L}$$

单相半波整流电路中作用在二极管上的最大反向电压 U_{RM} 等于被整流的交流电压 u_2 的最大值,即 $U_{RM} = \sqrt{2}U_2$。

整流二极管的主要参数是流过二极管的正向电流的平均值和二极管所允许承受的最大反向工作电压。即

① 二极管的正向电流的平均值

$$I_D = I_o = \frac{0.45U_2}{R_L} \qquad (1-2)$$

33

② 二极管所允许承受的最大反向工作电压

$$U_{DRM} = \sqrt{2}U_2 \qquad\qquad (1-3)$$

所以,选择半波整流电路中的整流二极管时,应满足:$I_{FM} > I_o$,$U_{RM} > \sqrt{2}U_2$。

3. 单相半波整流电路的特点

(1) 优点　单相半波整流电路结构简单,所用元器件少。

(2) 缺点　单相半波整流电路只利用了交流电源的半个周期,整流效率低,输出电压脉动大,输出直流电压小。

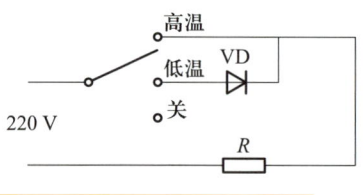

图 1 - 43
恒温控制开关示意图

单相半波整流电路仅适用于整流电流较小(几十毫安)和对电压稳定性要求不高的应用场合。例如电饭煲、电褥子等电器中的低(恒)温挡中都会采用一个二极管进行半波整流,通过降低电源利用率实现恒温控制,恒温控制开关如图 1 - 43 所示。

🔒 **例 1 - 4**　在如图 1 - 44 所示的电路中,负载电阻 $R_L = 200\ \Omega$,电压 $u_2 = 25\sqrt{2}\sin 314t\ \text{V}$。求输出电压的平均值 U_o 及电流的平均值 I_o,并为该电路选择一个二极管。

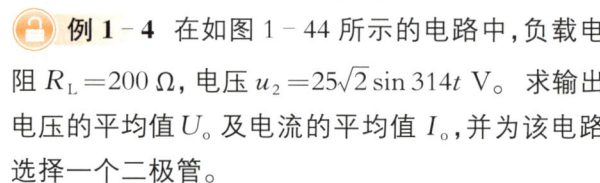

图 1 - 44　例 1 - 4 图

解: 首先计算整流输出电压的平均值 U_o 和电流平均值 I_o。由式(1 - 1)可得

$$U_o = 0.45U_2 = 0.45 \times 25\ \text{V} = 11.25\ \text{V}$$

$$I_o = \frac{U_o}{R_L} = \frac{11.25\ \text{V}}{200\ \Omega} = 0.056\ 25\ \text{A} \approx 56.3\ \text{mA}$$

根据上面计算的结果可知,通过二极管的电流平均值为 56.3 mA,二极管工作时承受的最大反向电压 $U_{DRM} = 25\sqrt{2}\ \text{V} \approx 35.4\ \text{V}$。根据这两个数值,可通过查阅半导体二极管手册,选择二极管型号,使选择的二极管最大反向电压、最大整流电流值大于等于实际工作值即可。为此本例可选型号为 1N4001 的二极管,1N4001 的参数值 $I_F = 1\ \text{A}$、$U_{RM} = 50\ \text{V}$ 均可以满足要求。

二、单相桥式整流电路分析

1. 电路组成

单相桥式整流电路如图 1 - 45 所示,这里的图 1 - 45a、b、c 是它的三种常见画法。电路中四只整流二极管 $VD_1 \sim VD_4$ 接成电桥的形式,故称为**桥式整流电路**。

动画:单相桥式整流电路

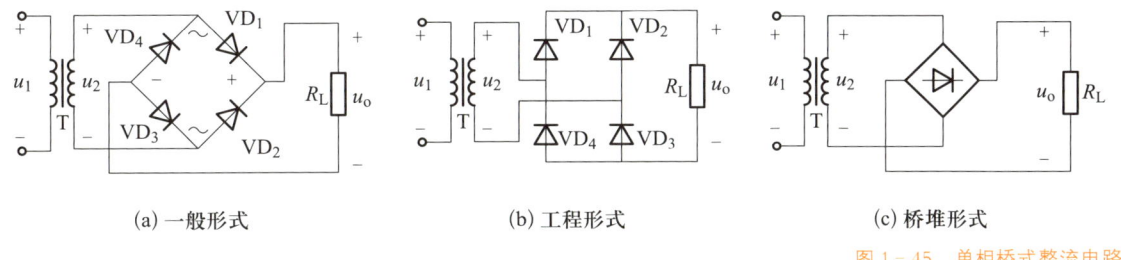

(a) 一般形式　　　　　(b) 工程形式　　　　　(c) 桥堆形式

图 1-45　单相桥式整流电路

2. 工作原理分析

单相桥式整流电路原理图如图 1-46a 所示,其实物连接示意图如图 1-46b 所示。在电源电压 u_2 的正、负半周(设 a 端为正,b 端为负时是正半周)内电流通路分别如图 1-46a 所示的实线和虚线箭头表示。

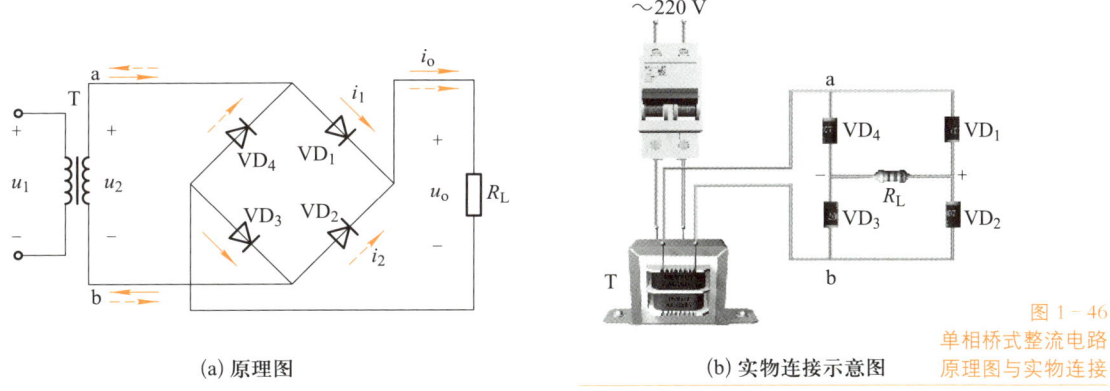

(a) 原理图　　　　　　　　　　　　(b) 实物连接示意图

图 1-46
单相桥式整流电路
原理图与实物连接

(1) 在 u_2 的正半周,即 a 点为正,b 点为负时,VD_1、VD_3 承受正向电压而导通,此时有电流流过 R_L,电流路径为 a→VD_1→R_L→VD_3→b,此时 VD_2、VD_4 因反偏而截止,负载 R_L 上得到一个半波电压,电压、电流波形如图 1-47 中的 0～π 段所示。若略去二极管的正向管压降,则 $u_o \approx u_2$。

(2) 电压、电流波形在 u_2 的负半周,即 a 点为负,b 点为正时,VD_1、VD_3 因反偏而截止,VD_2、VD_4 正偏而导通,此时有电流流过 R_L,电流路径为 b→VD_2→R_L→VD_4→a。这时 R_L 上得到一个与 0～π 段相同的半波电压,电压、电流波形如图 1-47 中的 π～2π 段所示,若略去二极管的正向管压降,$u_o \approx -u_2$。电流 i_o 的波形与 u_o 的波形相同。显然,它们都是单方向的全波脉动波形。

单相桥式整流输出电压 u_o 的平均值为

$$U_o = \frac{1}{\pi}\int_0^\pi \sqrt{2}U_2 \sin \omega t \, \mathrm{d}\omega t = \frac{2\sqrt{2}}{\pi}U_2 \approx 0.9U_2 \qquad (1-4)$$

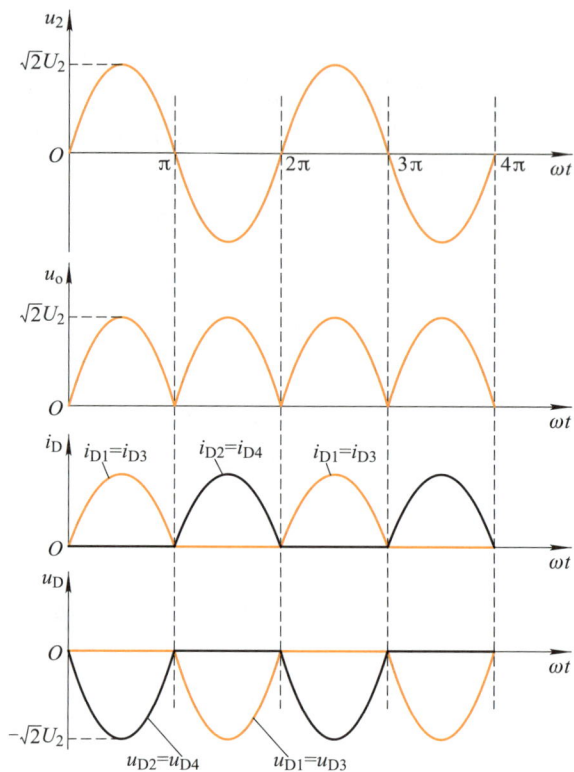

图 1-47　单相桥式整流电路波形图

负载中的电流的平均值为

$$I_\text{o} = \frac{0.9U_2}{R_\text{L}} \tag{1-5}$$

在桥式整流电路中,二极管 VD_1、VD_3 和 VD_2、VD_4 是两两轮流导通的,所以流经每个二极管的平均电流为

$$I_\text{D} = \frac{1}{2}I_\text{o} = \frac{0.45U_2}{R_\text{L}} \tag{1-6}$$

二极管在截止时管子承受的最大反向电压可从图 1-47 看出。在 U_2 的正半周时,VD_1、VD_3 导通,VD_2、VD_4 截止。此时 VD_2、VD_4 所承受到的最大反向电压均为 U_2 的最大值,即

$$U_\text{DRM} = \sqrt{2}U_2 \tag{1-7}$$

同理,在 U_2 的负半周时,VD_1、VD_3 也承受同样大小的反向电压。

想一想

半波整流与全波整流有什么区别?

桥式整流电路的优点是输出电压高,纹波电压较小,二极管所承受的最大反向电压较低,同时,因电源变压器在正负半周内都有电流供给负载,电源变压器得到充分的利用,效率较高。因此,这种电路在半导体整流电路中得到了

广泛的应用。

目前,部分小功率桥式整流电路的四只整流二极管,被接成桥式电路后封装成一个整流器件,称"硅桥"或"桥堆",使用方便,因而整流电路也常简化为如图 1-45c 所示的桥堆形式。

三、滤波电路

整流电路虽将交流电变为直流电,但输出的却是脉动电压。这种大小变动的脉动电压,除了含有直流分量外,还含有不同频率的交流分量,这就远不能满足大多数电子设备对电源的要求。为了改善整流电压的脉动程度,提高其平滑性,在整流电路中都要加**滤波电路**。滤波电路利用电抗性元件对交、直流阻抗的不同,实现滤波功能。电容 C 对直流开路,对交流阻抗小,所以 C 应该并联在负载两端。电感 L 对直流阻抗小,对交流阻抗大,因此 L 应与负载串联。经过滤波电路后,输出电压既可保留直流分量,又可过滤掉一部分交流分量,改变了交直流成分的比例,减小了电路的脉动系数,改善了直流电压的质量。

下面介绍几种常用的滤波电路。

1. 电容滤波电路

电容滤波电路是最简单的滤波电路,它是在整流电路的输出端与负载并联一个电容 C 而组成的。半波整流电容滤波电路如图 1-48a 所示。

图片:整流桥堆

图片:贴片桥堆

⊙ 问题的提出

为什么要进行滤波?

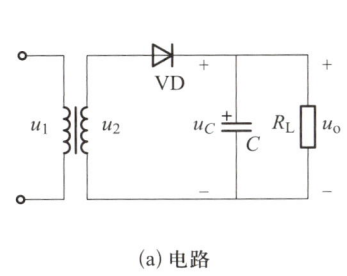

(a) 电路

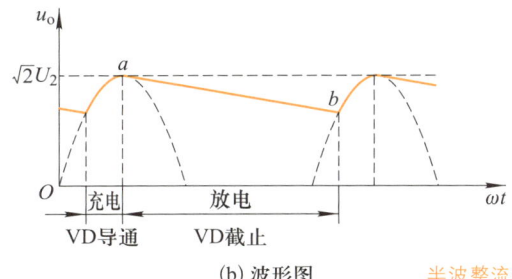

(b) 波形图

图 1-48
半波整流电容滤波电路及其波形

电容滤波电路是通过电容器的充电、放电来过滤掉输出电压的交流分量的。如图 1-48b 所示的波形图中细虚线波形为半波整流电路的波形。并入电容 C 后,在 $u_2 > 0$ 时,VD 导通,电源在向 R_L 供电的同时,又向 C 充电储能,由于充电时间常数很小(绕组电阻和二极管的正向电阻都很小),充电很快,输出电压 u_o 随 u_2 上升,其输出电压为 $u_o = u_2$。当 $u_C = U_{2m} = \sqrt{2} U_2$ 后,u_2 开始下降 $u_2 < u_C$,VD 反偏截止,由电容 C 向 R_L 放电,放的时间常数为

$$\tau_d = R_L C$$

由于放电的时间常数较大,放电较慢,输出电压 u_o 随 u_C 按指数规律缓慢

微课:电容滤波电路

下降,其输出电压为 $u_o = u_C$,如图 1-48b 中的 ab 实线段。放电过程一直持续到下一个 u_2 的正半波,当 $u_2 > u_C$ 时 C 又被充电,$u_o = u_2$ 又上升。直到 $u_2 < u_C$,VD 又截止,C 又放电,如此不断地充电、放电,使负载获得如图 1-48 中实线所示的 u_o 波形。由波形可见,半波整流接电容滤波后,输出电压的脉动程度大为减小,直流分量明显提高。C 值一定,当 $R_L = \infty$(即空载)时,$U_o = \sqrt{2}U_2 \approx 1.4U_2$,在波形图中由水平虚线标出;当 $R_L \neq \infty$ 时,由于电容 C 向 R_L 放电,输出电压 U_o 将随之降低。总之,R_L 愈小,输出电压愈低。因此,电容滤波只适合在小电流,且负载变动不大的电子设备中使用。通常,加电容滤波后的输出电压工程估算取值为

半波整流: $$U_o = U_2 \tag{1-8}$$

桥式(全波)整流: $$U_o = 1.2U_2 \tag{1-9}$$

为了达到上式的取值关系,获得比较平直的输出电压,一般要求为

$$R_L C \geq (3 \sim 5)\frac{T}{2} \tag{1-10}$$

式中,T 是电源交流电的周期。

在选择二极管时须注意:在负载功率不变的条件下,电路将会在二极管上形成较大的冲击电流,即浪涌电流,容易使管子损坏。这个问题是在二极管选择时必须要考虑的,一般可按 $I_D = (2 \sim 3)I_o$ 来选择。

在半波整流电路中,要考虑到最严重的输出端开路的情况。当电容器上已经充有变压器二次电压 u_2 的最大值 U_{2m},而 u_2 恰处在负半周的幅值时,这时二极管承受了 $2\sqrt{2}U_2$ 的反向工作电压。它与无滤波电容时相比,增大了一倍。

对于单相桥式整流电路而言,无论有无滤波电容,二极管的最高反向工作电压都是 $\sqrt{2}U_2$。

关于滤波电容值的选取应视负载电流的大小而定,一般在几十微法到几千微法之间,电容器的耐压值应大于输出电压的最大值。滤波电容通常采用极性电容器。

在实际的电源设计中,滤波电容的一般选用原则是:$C \geq 2.5T/R_L$。其中,C 为滤波电容,单位为 F;T 为周期,单位为 s;R_L 为负载电阻,单位为 Ω。

> **注意**
>
> 具有电容滤波的整流电路中的二极管,其最高反向工作电压对半波和全波整流电路来说是不相等的。

当然,这只是一般的选用原则,在实际的应用中,如条件(空间和成本)允许,可选取 $C \geq 5T/R_L$。

🔒 **例 1-5** 单相桥式整流电容滤波电路如图 1-49 所示。交流电源频率

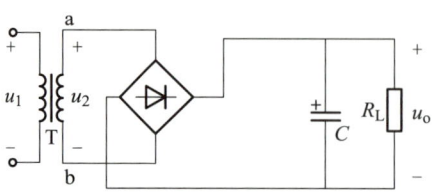

图 1-49
例 1-5 图

$f = 50\ \text{Hz}$，负载电阻 $R_L = 120\ \Omega$，要求直流电压 $U_o = 30\ \text{V}$，试选择整流元件及滤波电容。

解：(1) 选择整流二极管

① 流过二极管的平均电流

$$I_D = \frac{1}{2} I_o = \frac{1}{2} \frac{U_o}{R_L} = \frac{1}{2} \times \frac{30\ \text{V}}{120\ \Omega} = 125\ \text{mA}$$

因为 $U_o = 1.2 U_2$，所以交流电压有效值

$$U_2 = \frac{U_o}{1.2} = \frac{30}{1.2}\ \text{V} = 25\ \text{V}$$

② 二极管承受的最高反向工作电压

$$U_{DRM} = \sqrt{2} U_2 = \sqrt{2} \times 25\ \text{V} \approx 35\ \text{V}$$

可以选用 4 个 $I_{FM} \geqslant I_D$，$U_{RM} \geqslant U_{DRM}$ 的二极管。

(2) 选择滤波电容 C

取 $R_L C = 2.5T$，而 $T = \frac{1}{f} = \frac{1}{50}\ \text{s} = 0.02\ \text{s}$，所以

$$C = \frac{1}{R_L} \times 2.5 \times T = \frac{1}{120} \times 2.5 \times 0.02\ \text{F} \approx 417 \times 10^{-6}\ \text{F} = 417\ \mu\text{F}$$

查电容标称系列值，可选用 $C = 470\ \mu\text{F}$、耐压值为 50 V 的电解电容。

2. 电感滤波电路

桥式整流电感滤波电路是在桥式整流电路和负载电阻 R_L 间串入一个电感器 L 而成的，如图 1 - 50 所示。利用电感的储能作用可以减小输出电压的纹波，从而得到比较平滑

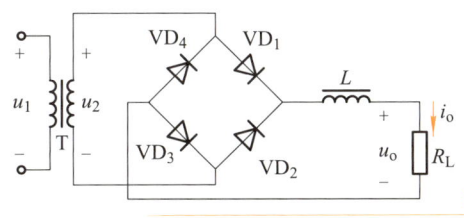

图 1 - 50
桥式整流电感滤波电路

的直流电。当忽略电感器 L 的电阻时，负载上输出的平均电压和纯电阻(不加电感)负载相同，即

$$U_o = 0.9 U_2$$

电感滤波电路的特点是，峰值电流很小，输出特性比较平坦。其缺点是由于铁心的存在，电路笨重、体积大、易引起电磁干扰。电感滤波电路一般只适用于大电流的场合。

3. 复式滤波电路

在滤波电容 C 之前串联一个电感 L，便构成了 LC 滤波电路。如图 1 - 51a 所示。这样可使输出至负载 R_L 上的电压的交流成分进一步降低。该电路适

用于高频或负载电流较大且要求脉动很小的电子设备中。

为了进一步提高整流输出电压的平滑性,可以在 LC 滤波电路之前再并联一个滤波电容 C_1,这就构成了 πLC 滤波电路,如图 1-51b 所示。

由于带有铁心的电感线圈体积大、价格高,因此常用电阻 R 来代替电感 L,这便构成了 πRC 滤波电路,如图 1-51c 所示。只要适当选择 R 和 C_2 的参数,在负载两端可以获得脉动极小的直流电压。πRC 滤波电路在小功率电子设备中被广泛采用。

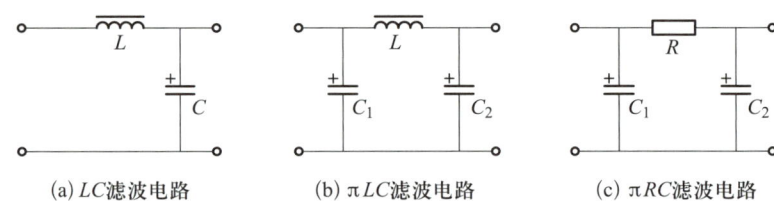

图 1-51 复式滤波电路　　　(a) LC滤波电路　　　　(b) πLC滤波电路　　　　(c) πRC滤波电路

‖ 技能训练 ‖
桥式整流电容滤波电路的仿真及调试

1. 训练目的

(1) 掌握桥式整流电容滤波电路的 Multisim 10 仿真测试方法。

(2) 结合 Multisim 10 的仿真测试,掌握桥式整流电容滤波电路的调试方法。

(3) 研究负载电阻的变化对滤波的影响。

2. 原理方法

(1) 电路图

桥式整流电容滤波电路如图 1-52 所示。

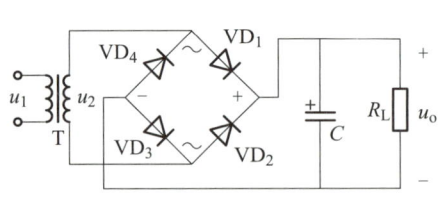

图 1-52 桥式整流电容滤波电路　　　(a) 原理图　　　　　　(b) 元器件布置图

(2) 桥式整流电容滤波电路的估算分析

无滤波时　　　　　　　　　　$U_o = 0.9 U_2$

有滤波时　　　　　　　　　　$U_o = 1.2 U_2$

调节负载电阻 R_L，观察输出波形的变化。

（3）预习要求

① 复习桥式整流电路、电容滤波电路的工作原理。

② 复习示波器、万用表的使用方法。

3. 仪器与设备

（1）计算机（装有 Multisim 10 软件）。

（2）虚拟仪器、元器件：可调工频电源、双踪示波器、交流毫伏表、直流电压表、电位器（200 Ω）。

4. 训练内容

（1）桥式整流电容滤波电路的仿真测试

在 Multisim 10 环境下，组成桥式整流电容滤波电路如图 1‐53 所示。

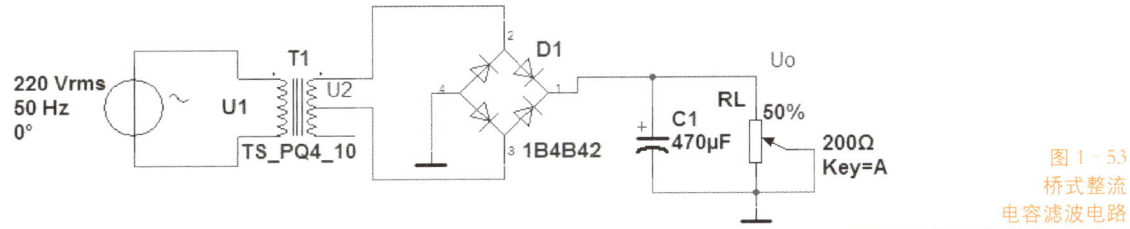

图 1‐53
桥式整流
电容滤波电路

① 取 $R_L = 200\ \Omega$（滑动变阻器调整为 100%），去掉滤波电容 C_1。启动仿真按钮，用万用表测量 U_1、U_2 及 U_o，其中 XMM1、XMM2 设置为交流电压挡，XMM3 设置为直流电压挡，测量结果如图 1‐54 所示。

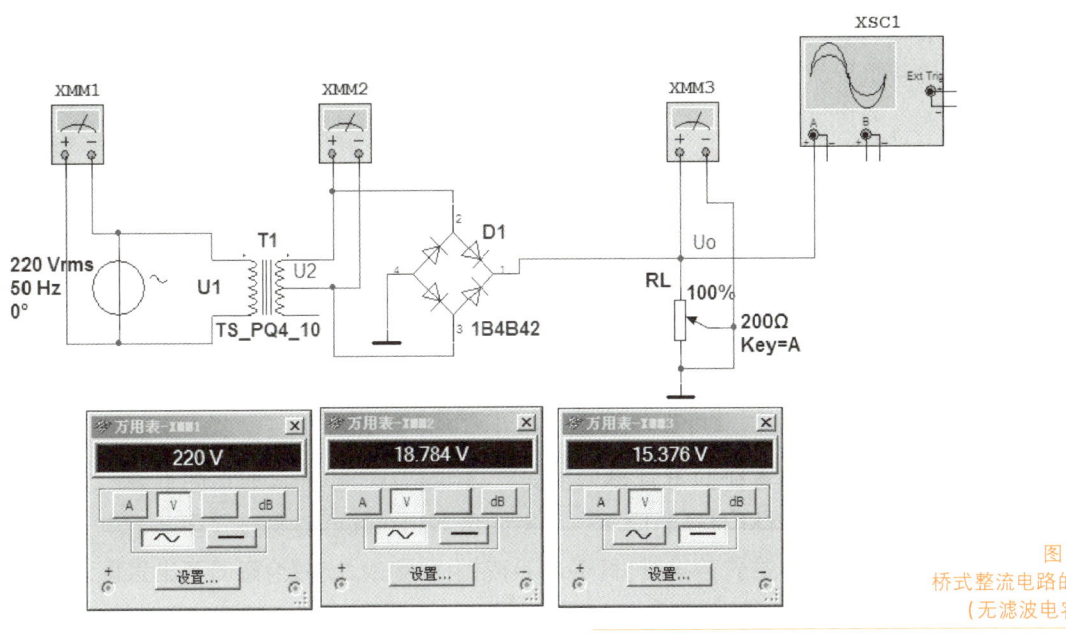

图 1‐54
桥式整流电路的测量
（无滤波电容 C_1）

41

然后用示波器观察 U_o 的波形,如图 1-55 所示。

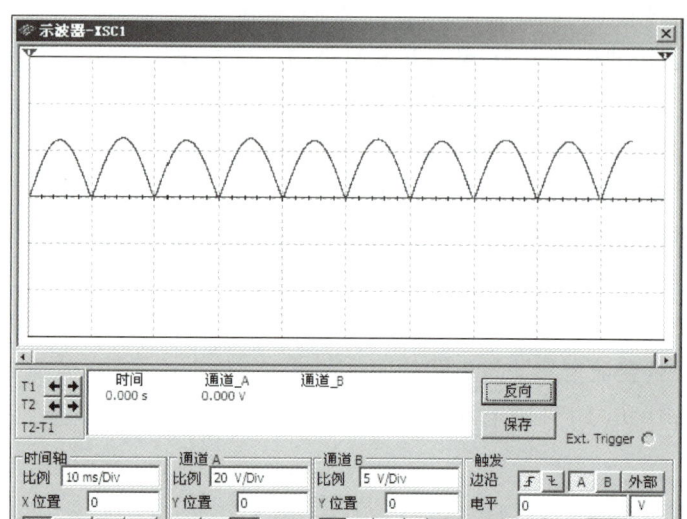

通过仿真可以看出, U_o 的输出波形符合桥式整流现象, $U_o = (15.376/18.784)U_2 \approx 0.82U_2$,与理论上 $U_o = 0.9U_2$ 较接近。

② 取 $R_L = 200\ \Omega$ (滑动变阻器调整为 100%),加上滤波电容($C_1 = 470\ \mu\text{F}$),如图 1-56 所示。重复内容①的有关操作,此时 $U_o = (23.642/18.701)U_2 \approx 1.26U_2$ 。

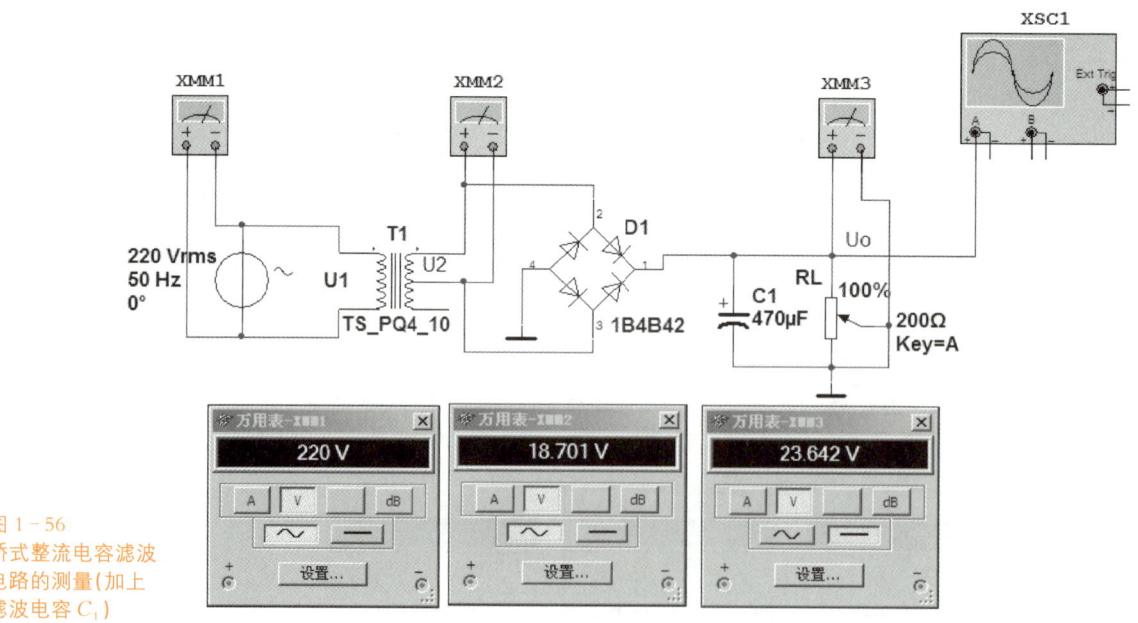

用示波器观察 U_o 的波形,如图 1-57 所示。

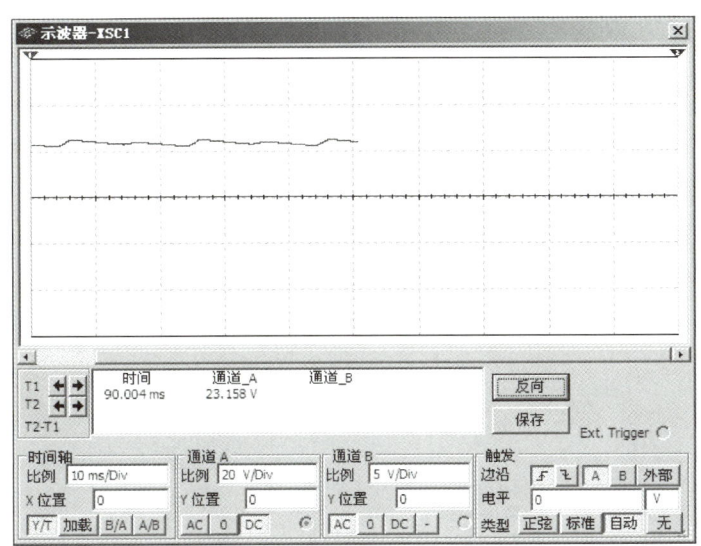

图 1-57
桥式整流电容滤波
电路输出仿真波形
(加上滤波电容 C_1)

③ 取 $R_L = 100\,\Omega$（变动变阻器调整为 50%），$C_1 = 470\,\mu\text{F}$ 不变，如图 1-58 所示。重复内容①的有关操作，此时 $U_o = (23.024/18.303)U_2 \approx 1.26U_2$。

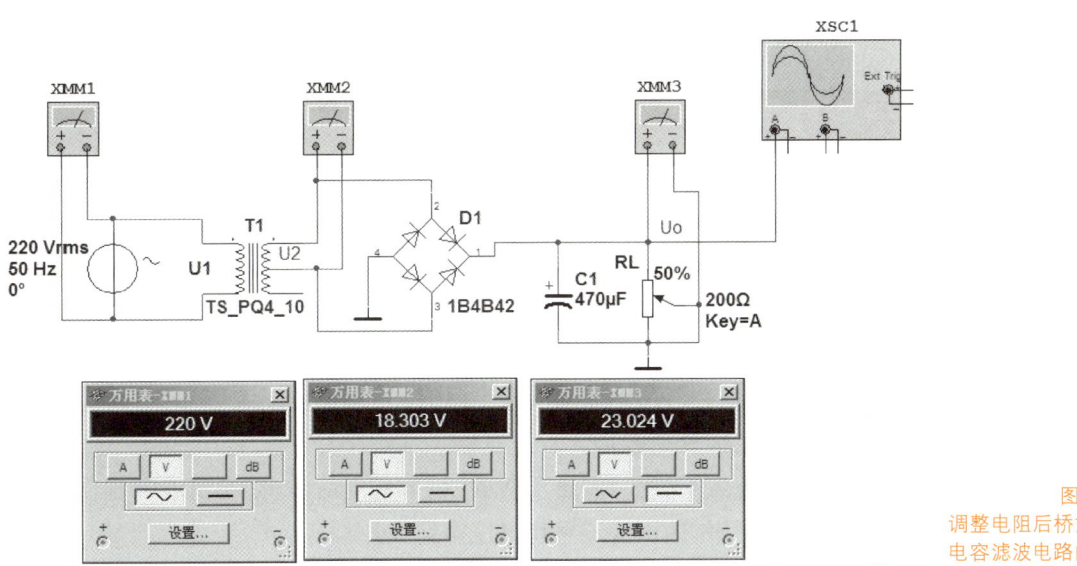

图 1-58
调整电阻后桥式整流
电容滤波电路的测量

用示波器观察 U_o 的波形，如图 1-59 所示。

通过仿真可以看出，训练内容②、③为桥式整流有滤波的情况，尽管负载电阻 R_L 减小，波形发生了变化（纹波变大），但始终 $U_o \approx 1.26U_2$，与理论上 $U_o = 1.2U_2$ 接近。

（2）真实电路的调试

按图 1-52 连接实际电路，接上 220 V 交流电源。

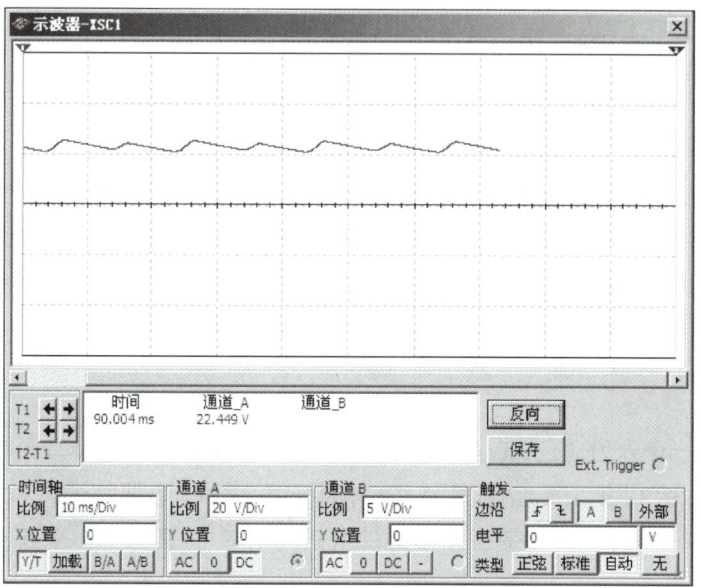

图 1-59
调整电阻后的桥式整流电容
滤波电路输出仿真波形

① 测量以上三种电路的输出电压,并观察、记录输出波形,记录数据于表 1-5 中。

表 1-5　桥式整流电容滤波电路输出值及波形

电 路 形 式	理论输出值	测量输出值	输出波形
$R_L = 200\,\Omega$			
$R_L = 200\,\Omega,\ C = 470\,\mu F$			
$R_L = 100\,\Omega,\ C = 470\,\mu F$			

② 研究电容是否接入与输出的关系。

断开滤波电容 C,用示波器观察电阻 R_L 两端的电压波形,此时 R_L 两端的电压波形为一全波整流波形。

接入滤波电容 C,用示波器观察 R_L 两端的电压波形,在滤波电容作用下,输出电压较为平滑,输出直流平均电压得到提升。

5. 实训报告

对表 1-5 所测结果进行全面分析,总结桥式整流电路、电容滤波电路的特点。

(1) 根据表 1-5 所测数据,计算桥式整流电路、电容滤波的输出电压,并进行分析。

(2) 分析并讨论实验中电阻的变化对输出电压的影响。

(3) 分析并讨论出现的故障及其排除方法。

想一想

通过仿真实验,还能得出什么结论?

知识点检测 2

1. 整流的目的是(　　　)。

A. 将交流电变为直流电　　　　　　　B. 将高频变为低频

C. 将正弦波变为方波

2. 在单相桥式整流电路中,若有一只整流二极管接反,则(　　　)。

A. 输出电压约为 $2U_D$　　　　　　　B. 变为半波整流

C. 整流二极管将因电流过大而烧坏

3. 直流稳压电源中滤波电路的目的是(　　　)。

A. 将交流变为直流　　　　　　　　　B. 将高频变为低频

C. 将交、直流混合量中的交流成分过滤掉

4. 分别默画出下列电路的电路图,并写出各自的输出电压 U_o。

(1) 半波整流;

(2) 半波整流加电容滤波;

(3) 桥式整流;

(4) 桥式整流加电容滤波。

互动测试:整流滤波电路的输出电压

任务 3 稳压电路的应用

任务目标

1. 了解稳压电路的作用及其主要技术指标。

2. 掌握稳压二极管稳压电路的工作原理。

3. 掌握三端式集成稳压器的不同类型及其系列值。

一、稳压电路的种类与技术指标

1. 稳压电路及其种类

滤波后整流电路的电压仍然会随着电网的波动和负载的变化而变化,为了稳定输出电压,一般还需在滤波电路和负载之间加入一个稳压环节,即稳压电路。能实现稳压作用的电路通常有稳压二极管稳压电路、串联型稳压电路、线性集成稳压电路和开关集成稳压电路等。

2. 稳压电路的主要技术指标

稳压电路的技术指标分为两种:一种是特性指标,包括允许输入电压、输出电压、输出电流及输出电压调节范围等;另一种是质量指标,用来衡量输出直流电压的稳定程度,包括稳压系数(或电压调整率)、纹波电压(纹波系数)及

温度系数等。

① 输出电压 U_O：输出电压是指稳压电路的各工作参数符合规定时的输出电压值。对于固定输出稳压电路，它是常数；对于可调式输出稳压电路，它是输出电压调节范围。

② 最大输出电流 I_{om}：最大输出电流是指稳压电路能够保持输出电压不变的最大电流。

③ 最小输入、输出电压差($U_I - U_O$)：它是指稳压电路能正常工作时的输入电压与输出电压之间的最小电压差值。

④ 稳压系数 S_v：稳压系数是指在负载不变的情况下，稳压电路输出电压的相对变化量与输入电压的相对变化量(电网电压波动)之比，即

$$S_v = \frac{\dfrac{\Delta U_O}{U_O}}{\dfrac{\Delta U_I}{U_I}} \times 100\% \qquad (1-11)$$

稳压系数 S_v 反映了稳压电路保持输出电压稳定的能力，S_v 越小，输出电压越稳定。由于工程上常把电网电压波动 ±10% 作为极限条件，因此将此时的输出电压相对变化量作为衡量稳压电路的一个重要指标，称为电压调整率。稳压系数和电压调整率均说明输入电压变化对输出电压的影响，因此只需考虑其中之一即可。

⑤ 纹波电压：纹波电压是指叠加在输出电压上的交流电压分量。用示波器观测其峰峰值，一般为毫伏量级，也可用交流毫伏表测量其有效值，但因纹波不是正弦波，所以有一定的误差。

二、稳压二极管稳压电路

1. 稳压电路结构

用一个限流电阻 R 和一个稳压二极管 VZ 就可以构成最简单的稳压电路，如图 1-60a 所示虚线框内所示。稳压二极管工作在反向击穿区(如图 1-60b 所示)，其输入电压 U_I 为桥式整流电容滤波电路的输出电压，稳压二极管两端电压为输出电压 U_O，负载电阻 R_L 与稳压二极管 VZ 并联，故称为并联型稳压电路。

2. 稳压二极管稳压电路的工作原理

稳压二极管稳压电路的工作原理主要从以下两个方面来分析。

(1) 当输入电压变化时的稳压

根据图 1-60a 可知

$$U_O = U_Z = U_I - U_R = U_I - I_R R \quad (I_R = I_O + I_Z)$$

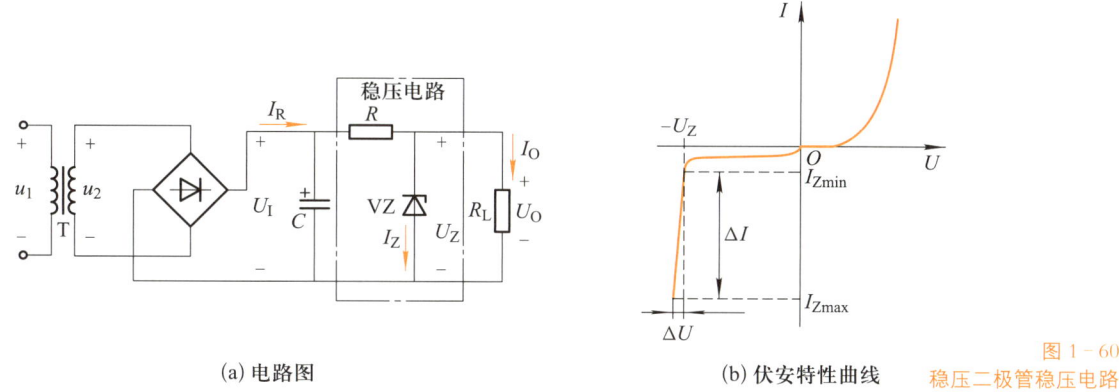

(a) 电路图　　　　　　　　　　　　(b) 伏安特性曲线

图 1 - 60
稳压二极管稳压电路

例如,当电网电压升高而使输入电压 U_I 上升时,必然引起 U_O 的增大,即 U_Z 增大,从而使 I_Z 增大,I_R 增大,使 U_R 增大,从而使输出电压 U_O 减小。这一稳压过程可概括如下:

$$U_I \uparrow \rightarrow U_O \uparrow \rightarrow U_Z \uparrow \rightarrow I_Z \uparrow \rightarrow I_R \uparrow \rightarrow U_R \uparrow \rightarrow U_O \downarrow$$

这里 U_O 减小应理解为由于输入电压 U_I 的增加,在稳压二极管的调节下,使 U_O 的增大没有那么明显而已。U_O 还是要增大一点的,这是一个有差调节系统。

(2) 当负载变化时如何稳压

例如,当负载电阻 R_L 减小而使输出电流 I_O 增大时,必然引起 I_R 的增大,即 U_R 增大,从而使 $U_Z = U_O$ 减小,I_Z 随之减小。I_Z 的减小必然使 I_R 减小,则 U_R 随之减小,从而使输出电压 U_O 增大。这一稳压过程可概括如下:

$$R_L \downarrow \rightarrow I_O \uparrow \rightarrow I_R \uparrow \rightarrow U_R \uparrow \rightarrow U_Z \downarrow (U_O \downarrow) \rightarrow I_Z \downarrow \rightarrow I_R \downarrow \rightarrow U_R \downarrow \rightarrow U_O \uparrow$$

3. 稳压电阻的计算

稳压电阻 R 将稳压二极管电流的变化转换为电压的变化,从而起到调节作用,同时 R 也是限流电阻。稳压电阻的计算如下:

(1) 当输入电压最小,负载电流最大时,流过稳压二极管的电流最小。此时 I_Z 不应小于 I_{Zmin},由此可计算出稳压电阻的最大值,实际选用的稳压电阻应小于最大值。即

$$R_{max} = \frac{U_{Imin} - U_Z}{I_{Zmin} + I_{Lmax}} \tag{1-12}$$

(2) 当输入电压最大,负载电流最小时,流过稳压二极管的电流最大。此时 I_Z 不应超过 I_{Zmax},由此可以计算出稳压电阻的最小值。即

$$R_{min} = \frac{U_{Imax} - U_Z}{I_{Zmax} + I_{Lmin}} \tag{1-13}$$

（3）稳压电阻 R 的取值范围为

$$R_{\min} < R < R_{\max} \tag{1-14}$$

 例 **1-6** 在图 1-60a 所示的稳压二极管稳压电路中,已知稳压二极管的稳定电压 U_Z 为 6 V,最小稳定电流 $I_{Z\min}$ 为 5 mA,最大稳定电流 $I_{Z\max}$ 为 25 mA,负载电阻 $R_L = 600\ \Omega$,输入电压 $U_I = 10$ V,求解限流电阻 R 的取值范围。

解：根据已知条件

$$I_Z = (5 \sim 25)\,\text{mA}$$

$$I_L = \frac{U_Z}{R_L} = \frac{6\ \text{V}}{600\ \Omega} = 0.01\ \text{A} = 10\ \text{mA}$$

$$I_R = I_Z + I_L = (15 \sim 35)\,\text{mA}$$

$$U_R = U_I - U_O = (10 - 6)\,\text{V} = 4\ \text{V}$$

则

$$R_{\max} = \frac{U_R}{I_{R\min}} = \frac{4\ \text{V}}{15 \times 10^{-3}\ \text{A}} \approx 227\ \Omega$$

$$R_{\min} = \frac{U_R}{I_{R\max}} = \frac{4\ \text{V}}{35 \times 10^{-3}\ \text{A}} \approx 114\ \Omega$$

所以限流电阻 R 的取值范围为 114～227 Ω。

> **注意**
>
> 稳压二极管在使用时一定要串入限流电阻,不能使它的功率超过规定值,否则会造成损坏。

三、三端式集成稳压器

图片：三端式集成稳压器

将稳压电路的主要元器件甚至全部元器件制作在一块硅基片上,这种用集成电路形式制造出来的稳压电路称为**集成稳压器**。它具有工作性能稳定可靠、体积小、使用方便、价格低廉等特点。目前国内外已生产出各种类型的集成稳压器多达几百个品种,在实际工程中,三端式集成稳压器以其结构简单得到了广泛的应用。

三端式集成稳压器的封装有金属壳封装和塑料壳封装两种形式,它们都有三个引脚,分别是输入端、输出端和公共端。国产三端式集成稳压器已实现标准化和系列化,按照它们的性能和用途不同,可分成三端固定输出式集成稳压器和三端可调输出式集成稳压器两大类。前者的输出电压是固定不变的,后者可在外电路上对输出电压进行连续调节。

1. 三端固定输出式集成稳压器

（1）三端固定输出式集成稳压器的外形封装、引脚排列及符号

三端固定输出式集成稳压器分为 CW7800 和 CW7900 两大系列。CW7800 系列输出为正电压,CW7900 系列输出为负电压,其外形封装、引脚排列及电路符号如图 1-61 和图 1-62 所示。

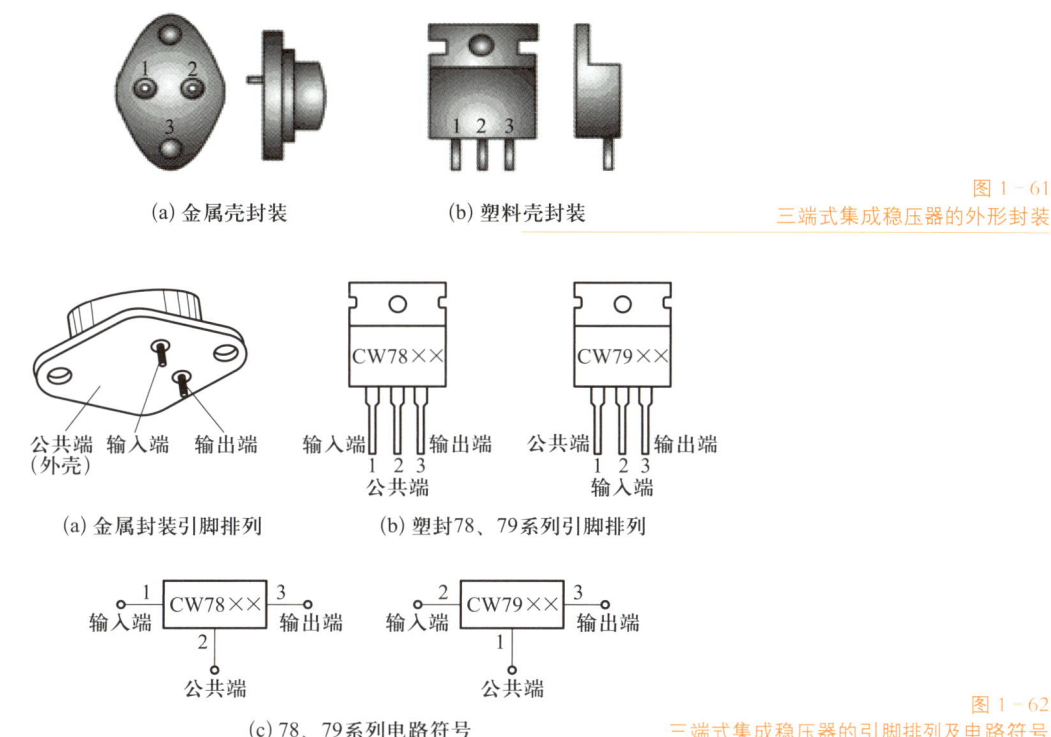

(a) 金属壳封装　　　　(b) 塑料壳封装

图 1 - 61
三端式集成稳压器的外形封装

(a) 金属封装引脚排列　　　(b) 塑封78、79系列引脚排列

(c) 78、79系列电路符号

图 1 - 62
三端式集成稳压器的引脚排列及电路符号

(2) 三端固定输出式集成稳压器的系列值

① CW78××系列是三端固定正电压输出的集成稳压器,其输出电压有 5 V、6 V、9 V、12 V、15 V、18 V、24 V 七挡系列值。

三端固定正电压输出的集成稳压器按最大输出电流的不同又分为 CW78L××系列(0.1 A)、CW78M××系列(0.5 A)、CW78××系列(1.5 A)、CW78T××系列(3 A)和 CW78H××系列(5 A)等。

例如,CW7812 表示输出电压为正 12 V,最大输出电流为 1.5 A。

② CW79××系列是三端固定负电压输出的集成稳压器,其输出电压有 −5 V、−6 V、−9 V、−12 V、−15 V、−18 V、−24 V 七挡系列值;电流挡等方面与 CW78××系列相同。

(3) 三端固定输出式集成稳压器的型号及其意义

三端固定输出式集成稳压器型号中的××表示它的输出电压值,有 ±5 V、±6 V、±9 V、±12 V、±15 V、±18 V、±24 V 这七种,型号的具体组成示例如下:

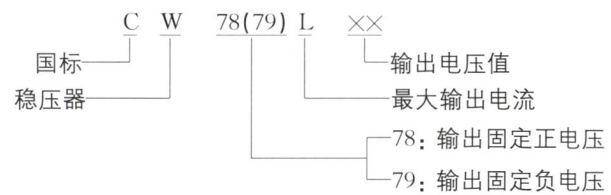

CW　78(79)　L　××

国标
稳压器
78:输出固定正电压
79:输出固定负电压
最大输出电流
输出电压值

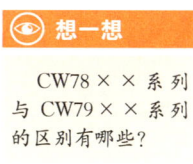

想一想

CW78××系列与 CW79××系列的区别有哪些?

2. 三端可调输出式集成稳压器

(1) 三端可调输出式集成稳压器的外形及电路符号

三端可调输出式集成稳压器有输出为正电压的 CW117、CW217、CW317 系列和输出为负电压的 CW137、CW237、CW337 系列,其外形及电路符号如图 1-63 所示。这种集成稳压器有 3 个引脚,即电压输入端 U_I、电压输出端 U_O 和调整端 ADJ,它没有公共接地端,而是利用调整端通过接电阻接地。

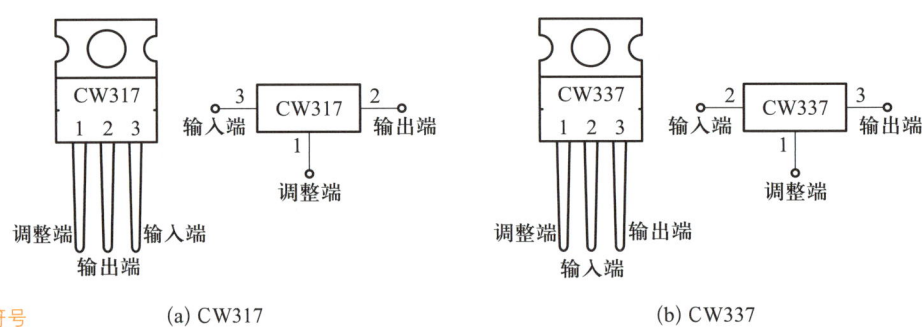

图 1-63
三端可调输出式集成
稳压器的外形及电路符号

(a) CW317

(b) CW337

(2) 三端可调输出式集成稳压器的特点

三端可调输出式集成稳压器不仅输出电压可调,其性能指标也优于三端固定输出式集成稳压器,具有安全可靠、稳压精度高、输出纹波小等优点。它的主要特点是输入电流几乎全部流到输出端,调整端(ADJ)的电流非常小,用很少的外接元器件就可以组成精密可调的稳压电路,其输出电压一般为 1.25～37 V 或 -37～-1.25 V 连续可调。

CW117、CW217、CW317 系列和 CW137、CW237、CW337 系列按其输出电流不同,又分为 0.1 A、0.5 A、1.5 A 等。例如,CW317L 输出电压 1.2～37 V,输出电流 0.1 A;CW317H 输出电压 1.2～37 V,输出电流为 5 A;CW317 输出电压 1.2～37 V,输出电流为 1.5 A。CW337L 输出电压 -37～-1.2 V,输出电流为 0.1 A;CW337M 输出电压 -37～-1.2 V,输出电流为 0.5 A;CW337 输出电压 -37～-1.2 V,输出电流为 1.5 A 等。

(3) 三端可调输出式稳压器型号及其意义

三端可调输出式稳压器型号组成示例如下:

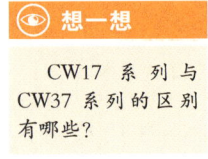

想一想

CW17 系列与 CW37 系列的区别有哪些?

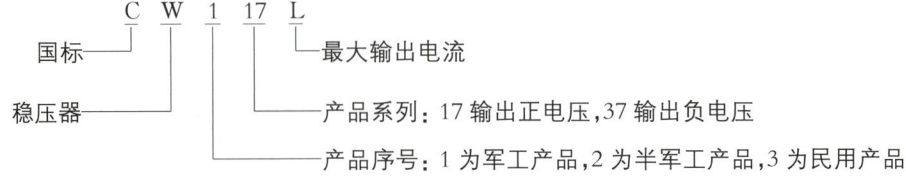

▌实用资料▐
三端式集成稳压器的系列、型号和技术指标

部分国内和国外生产的三端式集成稳压器的系列、型号和技术指标见表
1-6 和表 1-7 所示。

表 1-6　三端固定输出式集成稳压器国产型号与国外产品对照表

序号	产品名称	国产型号	生产厂商					
			NSC （美国）	MOTOROLA （美国）	FSC （美国）	SGS （意大利）	NEC （日本）	TOSHIBA （日本）
1	三端固定正电压 集成稳压器	CW78××	LM78××	MC78××	μA78××	L78××	μPC78××	TA78××
2	三端固定正电压 集成稳压器	CW78M××	LM78M××	MC78M××	μA78M××	L78M××		TA78××
3	三端固定正电压 集成稳压器	CW78L××	LM78L××	MC78L××	μA78L××			
4	三端固定负电压 集成稳压器	CW79××	LM79××	MC79××	μA79××	L79××	μPC79××	TA79××
5	三端固定负电压 集成稳压器	CW79M××	LM79M××	MC79M××	μA79M ××			TA79M××
6	三端固定负电压 集成稳压器	CW79L××	LM79L××	MC79L××				
7	三端可调正电压 集成稳压器	CW117	LM117	LM117	μA117	L117	μPC117	TA117
8	三端可调正电压 集成稳压器	CW117M	LM117	LM117M				
9	三端可调正电压 集成稳压器	CW117	LM117M	LM117L				
10	三端可调负电压 集成稳压器	CW137	LM137	LM137			μPC137	TA137
11	三端可调负电压 集成稳压器	CW137M	LM137M	LM137M				
12	三端可调负电压 集成稳压器	CW137L	LM137L					
13	五端可调正电压 集成稳压器	CW200				L200		
14	脉宽调制型 开关稳压器	CW1524	LM15244					

表 1-7 三端可调输出式集成稳压器型号及相关参数

特 点	国 产 型 号	最大输出电流/A	输出电压/V	对应国外型号
输出正电压	CW117L/217L/317L	0.1	1.2～37	LM117L/217L/317L
	CW117M/217M/317M	0.5	1.2～37	LM117M/217M/317M
	CW117/217/317	1.5	1.2～37	LM117/217/317
	CW117HV/217HV/317HV	1.5	1.2～57	LM117HV/217HV/317HV
	CW150/250/350	3	1.2～33	LM150/250/350
	CW138/238/338	5	1.2～32	LM138/238/338
	CW196/296/396	10	1.25～15	LM196/296/396
输出负电压	CW137L/237L/337L	0.1	−1.2～−37	LM137L/237L/337L
	CW137M/237M/337M	0.5	−1.2～−37	LM137M/237M/337M
	CW137/237/337	1.5	−1.2～−37	LM137/237/337

知识点检测 3

1. CW78L05 型三端式集成稳压器的输出电压为(   )。

A. 8 V   B. 5 V   C. −5 V

2. CW78L05 型三端式集成稳压器的输出电流为(   )。

A. 0.5 A   B. 1.5 A   C. 0.1 A

3. CW79××系列三端式集成稳压器的 1 端是(   )。

A. 输入端   B. 公共端   C. 输出端

4. CW78××、79××系列三端式集成稳压器的输出电压是(   )。

A. 固定的   B. 可调的   C. 负电压

5. CW79M05 型三端式集成稳压器的输出电流为(   )。

A. 0.1 A   B. 0.5 mA   C. 0.5 A

6. CW317 型三端式集成稳压器,其输出电压的调整范围是(   )。

A. 1～7 V   B. 1.25～37 V   C. 10～15 V

任务 4　基于三端式集成稳压器的直流稳压电源设计

任务目标

1. 掌握基于三端固定输出式集成稳压器的直流稳压电源的设计方法。

2. 掌握基于三端可调输出式集成稳压器的直流稳压电源的设计方法。

一、基于三端固定输出式集成稳压器的直流稳压电源设计

1. 直流稳压电源的设计步骤

一般情况下,直流稳压电源的设计应以实用为主,采用模块化设计,尽量采用现成的元器件。直流稳压电源的一般组成框图如图 1-64 所示。

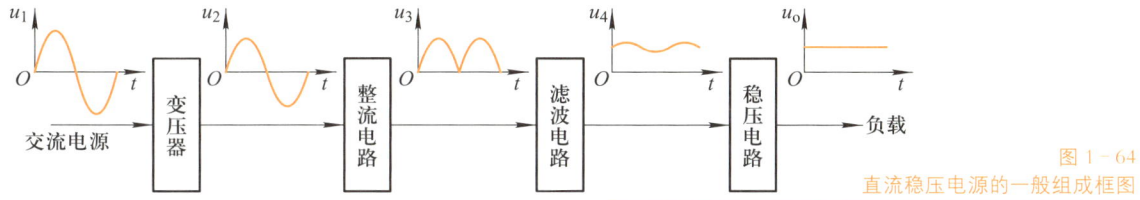

图 1-64
直流稳压电源的一般组成框图

直流稳压电源的设计是根据其输出电压 U_O、输出电流 I_O 等性能指标要求,正确地确定出变压器、整流二极管、滤波电路和集成稳压器所用元器件的性能参数,从而合理地选择这些元器件。直流稳压电源的设计主要应考虑以下三个步骤:

(1) 根据稳压电源的输出电压 U_O、最大输出电流 I_{Omax},确定稳压器的型号及电路形式。

(2) 根据稳压器的输入电压 U_I,确定电源变压器二次电压 u_2 的有效值 U_2;根据稳压电源的最大输出电流 I_{Omax},确定流过电源变压器二次侧的电流 I_2 和电源变压器二次侧的功率 P_2;然后根据所确定的参数,选择电源变压器。

(3) 确定整流二极管的正向平均电流 I_D、整流二极管的最大反向电压 U_{RM} 和滤波电容的电容值和耐压值。根据所确定的参数,选择整流二极管和滤波电容。

动画:直流稳压电源的构造及原理

2. 直流稳压电源设计实例

🔒 **例 1-7** 某电子设备要求提供直流正电压 $U_O = 15$ V,直流电流 $I_O \leqslant$ 1 A。 交流电源用的是工频市电 50 Hz、220 V,采用单相桥式整流电容滤波电路,试选择电路中的元器件。

解: (1) 选择稳压器

选用三端固定输出式集成稳压器 CW7815。

(2) 确定电源变压器

U_I 和 U_O 之间存在电压差,即 $|U_I - U_O| \approx 3 \sim 5$ V,所以可得本设计的输入直流电压为 $U_I = (3 \sim 5$ V$) + 15$ V,取 $U_I = 20$ V。

根据

$$U_I = 1.2 U_2 = 20 \text{ V}$$

可得

图片:电源变压器

$$U_2 = \frac{20}{1.2} \text{V} \approx 16 \text{ V}$$

式中,U_2 为变压器二次电压交流有效值。

再根据输出电流 $I_O \leqslant 1 \text{ A}$,计算出变压器的功率 $P = 16 \text{ W}$。实际可选择 220 V 的电源变压器,二次输出电压在 15~18 V 范围内,功率为 20~25 W 即可。选择电源变压器时可查阅相关手册,手册中一般给出相应的标称系列。

(3)确定整流二极管或桥堆

整流二极管或桥堆的反向峰值电压 $U_{RM} > 2\sqrt{2}U_2 \approx 45 \text{ V}$。反向峰值电压可取 50 V,故选择满足 $I_O = 1 \text{ A}$,$U_{RM} > 50 \text{ V}$ 的整流二极管或桥堆即可。在此选用整流二极管 1N4001 或 1N4002 就能满足。

(4)确定滤波电容器

$$R_L \geqslant \frac{U_O}{I_O} = \frac{15 \text{ V}}{1 \text{ A}} = 15 \text{ } \Omega$$

这里取 $R_L = 15 \text{ } \Omega$。

由式 $R_L C \geqslant (3 \sim 5)\dfrac{T}{2} = (3 \sim 5)\dfrac{1}{2f}$,可得

$$C \geqslant (3 \sim 5)\frac{1}{2f} \cdot \frac{1}{R_L} = (3 \sim 5) \times \frac{1}{1\,500}\text{F}$$

取 $C = 3 \times \dfrac{1}{1\,500}\text{F} = 2 \times 10^{-3} \text{ F} = 2\,000 \text{ } \mu\text{F}$,查电容标称系列值,选用 $C = 2\,200 \text{ } \mu\text{F}$、耐压值为 50 V 的电解电容。

综上设计可得直流稳压电源电路原理图如图 1-65a 所示,元器件布置如图 1-65b 所示。图中 C_1 用于抑制稳压器芯片自激,应尽量靠近稳压器的引脚;C_2 用于限制稳压器芯片高频带宽,减小高频噪声。C_1 一般为 0.33 μF,C_2 一般为 1 μF。

当需要正、负两组电源输出时,可采用 CW78×× 系列和 CW79×× 系列三端集成稳压器各一块,按如图 1-66 所示进行接线,即可得到正、负对称的两组电源输出。

3. 提高输出电压

在实际应用中,还可在原电路的基础上,通过外接一些元器件来提高输出电压,进而实现固定稳压值以外的电压值。提高输出电压电路如图 1-67 所示,图中 $U_{××}$ 为三端式集成稳压器额定输出电压值。

由图 1-67a 可得电路的输出电压为 $U_O = U_{××} + U_Z$;在图 1-67b 中,R_2 中流过的电流为

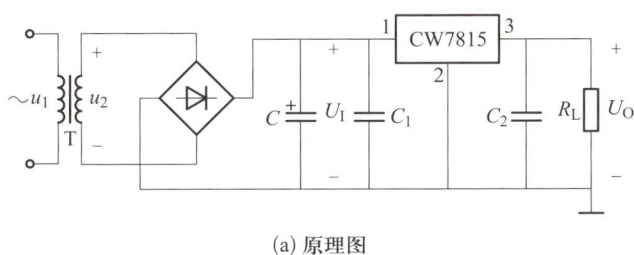

(a) 原理图

(b) 元器件布置图

图 1 - 65
基于三端固定输出式集成
稳压器的直流稳压电源电路

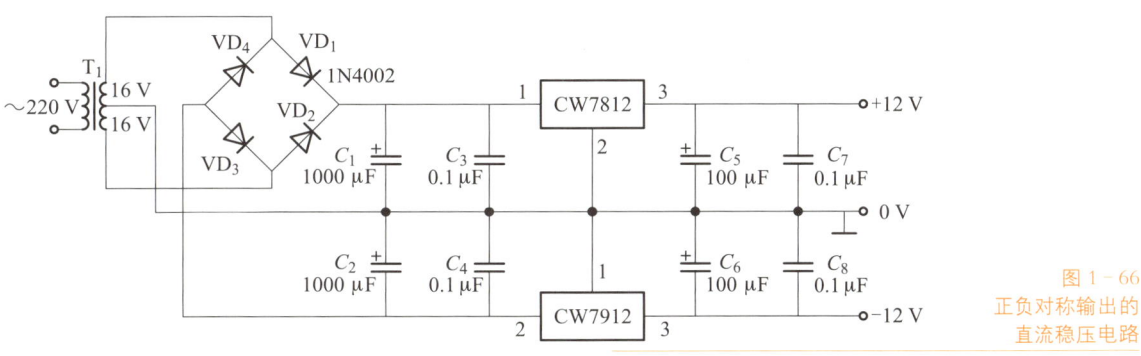

图 1 - 66
正负对称输出的
直流稳压电路

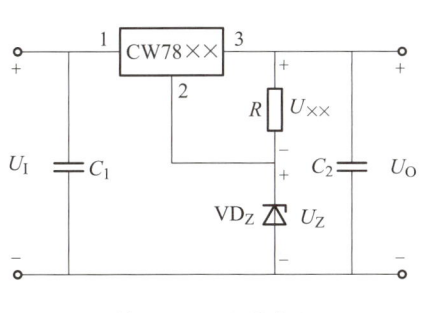

(a) 用稳压二极管实现

(b) 用分压电阻实现

图 1 - 67
提高输出电压电路

$$I_2 = I_Q + I_1 = I_Q + \frac{U_{xx}}{R_1}$$

忽略稳压器的静态电流 I_Q（一般为 $5\sim8$ mA），通常要求

$$\frac{U_{xx}}{R_1} \geqslant 5I_Q$$

则输出电压为

$$U_O \approx \left(1 + \frac{R_2}{R_1}\right)U_{xx}$$

合理选择电阻值 R_1、R_2，输出即可提高到所需要的电压值。

二、基于三端可调输出式集成稳压器的直流稳压电源设计

1. 基准电压源电路

如图 1-68 所示是由 CW317 组成的基准电压源电路，输出端和调整端之间是非常稳定的基准电压 $U_{REF} = 1.25$ V，输出电流可达 1.5 A。图中 R_L 为泄放电阻，若最小负载电流取 5 mA，则可以计算出 R_L 的最大值

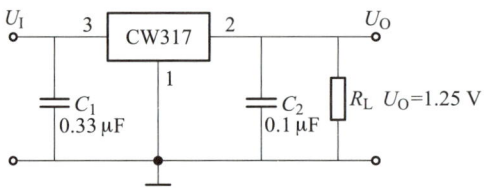

$$R_{Lmax} = \frac{U_{REF}}{I_{Rmin}} = \frac{1.25 \text{ V}}{0.005 \text{ A}} = 250 \text{ } \Omega$$

实际取值可略小于 250 Ω，如取 240 Ω。

图 1-68
由 CW317 组成的
基准电压源电路

2. 基于三端可调输出式集成稳压器的直流稳压电路的设计实例

例如要设计并制作一个连续可调直流稳压电源，主要技术指标要求如下：可调输出电压为 $U_O = +3 \sim +9$ V，最大输出电流为 $I_{Omax} = 800$ mA，输出电压变化量为 $\Delta U_O \leqslant 15$ mV，稳压系数 $S_v \leqslant 0.003$。

（1）根据设计所要求的性能指标，选择集成正电压输出的三端可调输出式稳压器 CW317。合理选择 CW317 的特性参数：输出电压可调范围为 $1.2\sim37$ V，输出负载电流为 1.5 A，输入与输出的压差为 $\Delta U = U_I - U_O = 3 \sim 40$ V。

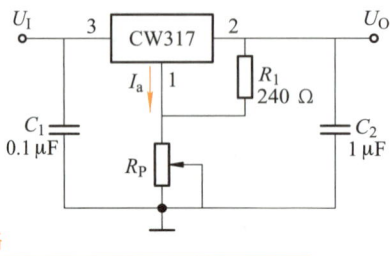

CW317 只需外接两个电阻（R_1 和 R_P）来确定输出电压，R_P 一般使用精密电位器。为了使电路正常工作，CW317 的输出电流不应小于 5 mA，调节端的电流 I_a 约为 50 μA，其典型应用电路如图 1-69 所示。电路中 C_1 用于预防自激振荡产生，C_2 用来改善输出电压波形。输出电压为

图 1-69
CW317 的典型应用电路

$$U_{\mathrm{O}} = U_{\mathrm{REF}} + \frac{U_{\mathrm{REF}}}{R_1} R_{\mathrm{P}} + I_{\mathrm{a}} R_{\mathrm{P}} \approx 1.25 \times \left(1 + \frac{R_{\mathrm{P}}}{R_1}\right) \mathrm{V}$$

为了减小 R_{P} 上的纹波电压,可并联一个 $10\ \mu\mathrm{F}$ 电容 C。但是,在输出短路时,C 将向稳压器调整端放电,为了保护稳压器,可加二极管 VD_2,提供一个放电回路,如图 $1-70$ 所示,VD_1 用于输入端短路时,起保护作用。

总体设计的电路如图 $1-71$ 所示。

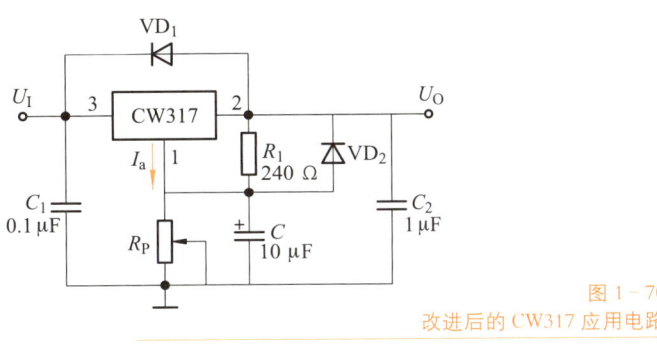

图 $1-70$
改进后的 CW317 应用电路

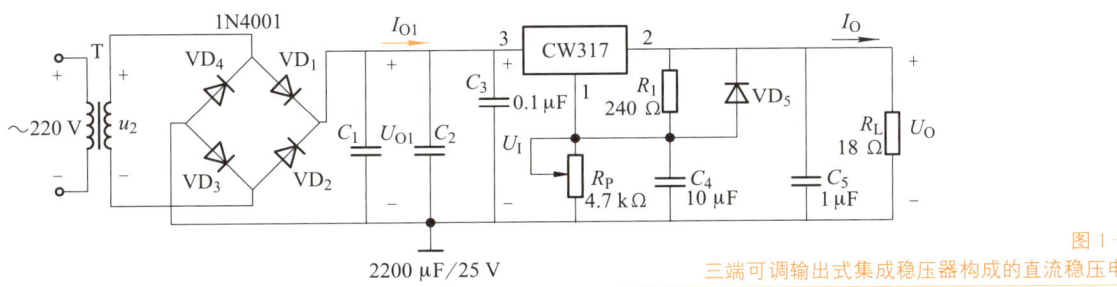

图 $1-71$
三端可调输出式集成稳压器构成的直流稳压电路

(2) 选择电源变压器

① 确定二次电压 U_2

根据性能指标要求

$$U_{\mathrm{Omin}} = 3\ \mathrm{V},\ U_{\mathrm{Omax}} = 9\ \mathrm{V}$$

因为 $U_1 - U_{\mathrm{Omax}} \geqslant (U_1 - U_{\mathrm{O}})_{\min},\ U_1 - U_{\mathrm{Omin}} \leqslant (U_1 - U_{\mathrm{O}})_{\max}$

其中 $(U_1 - U_{\mathrm{O}})_{\min} = 3\ \mathrm{V},\ (U_1 - U_{\mathrm{O}})_{\max} = 40\ \mathrm{V}$

所以 $12\ \mathrm{V} \leqslant U_1 \leqslant 43\ \mathrm{V}$

U_1 可在此范围内可任选,如选择

$$U_1 = 14\ \mathrm{V} = U_{\mathrm{O1}}$$

根据 $U_{\mathrm{O1}} = 1.2 U_2$

可得变压的二次电压

$$U_2 = \frac{U_{\mathrm{O1}}}{1.2} \approx 12\ \mathrm{V}$$

② 选择变压器的功率

变压器的输出功率

$$P_{\mathrm{O}} > I_2 U_2 > I_{\mathrm{Omax}} U_2 = 0.8 \times 12 \text{ W} = 9.6 \text{ W}$$

可选择输入电压 220 V,功率为 10～20 W 的电源变压器。选择电源变压器时可查阅相关手册,手册中一般给出相应的标称系列。

(3) 选择整流电路中的二极管

因为变压器的二次电压 $U_2 = 12$ V,所以桥式整流电路中的二极管承受的最高反向电压为

$$\sqrt{2} U_2 \approx 17 \text{ V}$$

桥式整流电路中二极管承受的最高平均电流为

$$\frac{I_{\mathrm{O}}}{2} = \frac{0.8}{2} \text{ A} = 0.4 \text{ A}$$

查阅手册,选择整流二极管 1N4001,其参数为:反向击穿电压 $U_{\mathrm{BR}} = 50$ V > 17 V,最大整流电流 $I_{\mathrm{F}} = 1$ A > 0.4 A。

(4) 滤波电路中滤波电容的选择

滤波电容的大小可用下式求得

$$C = \frac{I_{\mathrm{O}} t}{\Delta U_{\mathrm{I}}} \tag{1-15}$$

式中　I_{O}——负载输出电流;

　　　t——工频交流电的周期;

　　ΔU_{I}——可调三端集成稳压器 CW317 输入电压的变化值。

① 求 ΔU_{I}

根据稳压电路的稳压系数 S_{v} 的定义

$$S_{\mathrm{v}} = \frac{\dfrac{\Delta U_{\mathrm{O}}}{U_{\mathrm{O}}}}{\dfrac{\Delta U_{\mathrm{I}}}{U_{\mathrm{I}}}} \times 100\%$$

设计要求　　　　$\Delta U_{\mathrm{O}} \leqslant 15 \text{ mV}$, $S_{\mathrm{v}} \leqslant 0.003$,

$$U_{\mathrm{O}} = +3 \sim +9 \text{ V}, \ U_{\mathrm{I}} = 14 \text{ V}。$$

代入上式,则可求得

$$\Delta U_{\mathrm{I}} \leqslant 7.8 \text{ V}$$

② 滤波电容 C

设定 $I_{\mathrm{O}} = I_{\mathrm{Omax}} = 0.8$ A, $t = 0.02$ s, 根据式(1-15)可求得

$$C = \frac{I_O t}{\Delta U_I} \geqslant \frac{0.8\ \text{A} \times 0.02\ \text{s}}{7.8\ \text{V}} \approx 0.002\ 051\ \text{F} = 2\ 051\ \mu\text{F}$$

这里取 $C = 2\ 200\ \mu\text{F}$。

电路中滤波电容承受的最高电压为 $\sqrt{2} U_2 \approx 17\ \text{V}$，所以选择 $2\ 200\ \mu\text{F}$ 且耐压值为 $25\ \text{V}$ 电容器。

因为大容量电解电容有一定的绕制分布电感，易引起自激振荡，形成高频干扰，所以稳压器的输入、输出端常并入瓷介质小容量电容用来抵消电感效应，抑制高频干扰。

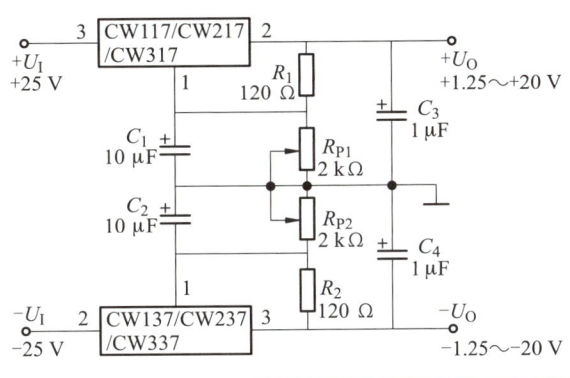

图 1-72　正负对称输出的可调稳压电路

若在图 1-68 所示电路的基础上，配上由 CW137（或 CW237、CW337）组成的负电源电路，即可构成正负对称输出的可调稳压电源，如图 1-72 所示。该电源输出电压调节范围为 $\pm 1.25 \sim \pm 20\ \text{V}$，输出电流为 $1\ \text{A}$。

知识点检测 4

1. 集成三端稳压器的 U_I 和 U_O 之间存在电压差为（　　）。

A. $1 \sim 3\ \text{V}$ 　　　　B. $3 \sim 5\ \text{V}$ 　　　　C. $4 \sim 6\ \text{V}$

2. 正负对称输出的直流稳压电源若采用一个变压器，应为（　　）。

A. 有中间抽头　　　B. 无中间抽头　　　C. 无要求

3. 三端可调输出式集成稳压器 CW137 能输出（　　）。

A. 正电压　　　　　B. 负电压　　　　　C. 大电压

4. 三端可调输出式集成稳压器 CW317 能输出（　　）。

A. 正电压　　　　　B. 负电压　　　　　C. 大电压

 **应会制作**

【项目制作】　正负对称输出直流稳压电源的制作与调试

1. 设计内容及要求

（1）设计正负对称输出直流稳压电源

具体指标为：输出电压 $U_O = \pm 15\ \text{V}$，最大输出电流 $I_{O\max} = 1\ \text{A}$。

（2）制作要求

① 画出实际设计电路原理图。

② 列出元器件清单及参数选择。

③ 元器件的预处理及元器件的检测。

④ 基于印制电路板的元器件焊接与电路装配。

⑤ 在制作过程中发现问题并能解决问题。

⑥ 集成稳压器的特点和性能指标的测试方法。

2. 设计原理及具体电路

如图 1-73 所示是用桥式整流、电容滤波、三端式集成稳压器 CW7815 和 CW7915 组成的具有 ±15 V 输出的直流稳压电源电路原理图。

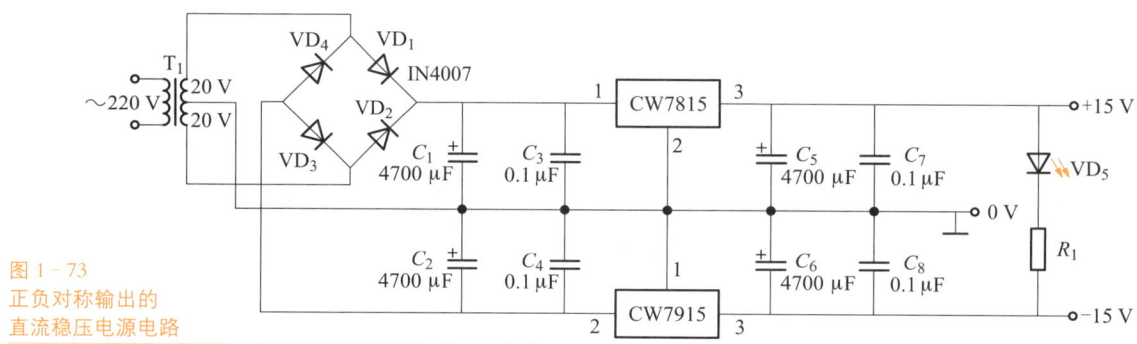

图 1-73
正负对称输出的
直流稳压电源电路

变压器 T_1 一次侧接交流 220 V，二次绕组中间有抽头，为双 20 V 输出。整流桥和电容 C_1、C_2、C_5、C_6 组成桥式整流、电容滤波电路。在 C_1、C_2 两端有 18 V 左右不稳定的直流电压，经三端式集成稳压器稳压，在 CW7815 输出端有 +15 V 的稳定直流电压，在 CW7915 输出端有 -15 V 的稳定直流电压。C_3、C_4 用来防止电路自激振荡，C_7、C_8 用来改善负载瞬态响应，防止负载变化时，输出电压产生较大的变动。

3. 元器件选择

变压器 T_1 可选用额定功率为 40 W、输出双交流 20 V 的电源变压器；整流桥的 $VD_1 \sim VD_4$ 均采用 1N4007 型整流二极管；三端式集成稳压器选用 CW7815、CW7915，可外加散热器；C_1、C_2、C_5、C_6 选用 4 700 μF/25 V 的电解电容；C_3、C_4、C_7、C_8 选用 100 nF 的瓷片电容。

4. 实践制作工具及仪器仪表

电烙铁 1 把，普通万用表 1 只，示波器 1 台，直流稳压电源 1 台，焊锡丝、导线若干。

5. 实践制作过程

（1）识读电路原理图和印制电路板图。

（2）在印制电路板上找到相对应元器件的位置，再将元器件引脚按尺寸要

图片：瓷片电容

求弯曲成形。

（3）采用边插装边焊接的方法依次正确插装、焊接好元器件（注意发光二极管、电解电容的正、负极）。

（4）安装变压器，再用电烙铁焊接好变压器（注意，此时不要急于把变压器的一次侧和交流电源相连）。安装焊接完毕的电路实物图如图1-74所示。

（5）检查焊接的电路中元器件是否有假焊、漏焊，以及元器件的极性是否正确。

（6）通电试验，观察电路通电情况。

动画：手工焊接五步法

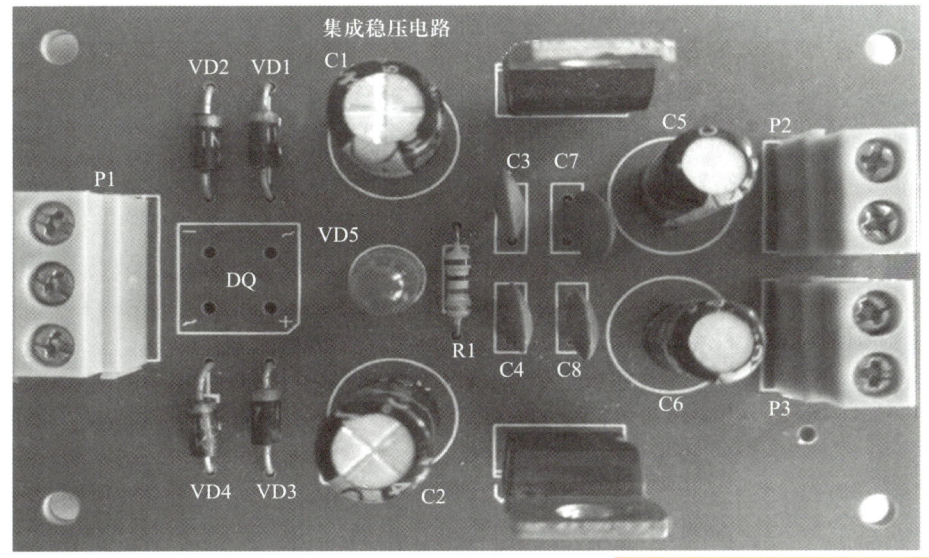

图1-74
电路实物图

6. 调试与检测

（1）测在路直流电阻

在路直流电阻的测量，在不通电的情况下进行。

用万用表电阻挡测变压器一次电阻为_____，二次电阻为_____。

（2）通电调测

当测得各在路直流电阻正常时，即可认为电路中无明显的短路现象，可用单手操作法进行通电调测。这样可以有效地避免因双手操作不慎而引起的电击等意外事故。

① 变压器部分

用万用表交流电压挡，选择合适量程测电源变压器的电压。测得一次电压为____V，二次电压为____V。

② 整流滤波部分

用万用表直流电压挡测整流滤波部分的电压，即电容 C_1 和 C_2 两引脚之间的电压 $U_{C_1} = $ _____V；$U_{C_2} = $ _____V。

注意

②、③步骤操作时,黑表笔接测试的零电位参考点。

想一想

直流稳压电源常见故障及排除方法有哪些?

图片:6S 要求

③ 稳压部分

将万用表直流电压挡搭接于输出端,测量稳压电路输出电压,即电容 C_5 和 C_6 两引脚之间的电压 $U_{C_5} = $_____ V,$U_{C_6} = $_____ V。

7. 编写项目制作报告

按要求进行电路的调试,做好记录,完成项目报告。项目报告应包括设计思路、电路原理分析、原理图、装配图、调试情况及存在的问题、解决方法等。

8. 项目制作考核与评价

正负对称输出直流电压的制作与调试考核见表 1-8。

表 1-8　正负对称输出直流电压的制作与调试考核

任务内容	配分	评 分 标 准		自评	互评	教师评
准备工作	20	① 核对元器件总数	5 分			
		② 元器件读数测量	10 分			
		③ 质量鉴定	5 分			
电路的装配	50	① 分立元器件焊接	20 分			
		② 集成器件焊接	15 分			
		③ 导线焊接	15 分			
电路的调试	20	① 调试前的检查	4 分			
		② 通电观察,测试有关电压	10 分			
		③ 故障排除	6 分			
安全、文明操作	10	违反一次	扣 5 分			
定额时间为 2 学时,超过时间扣 10 分						
开始时间		结束时间		总评分		

知识归纳

1. 运载电荷的粒子称为载流子。半导体中有两种载流子:自由电子和空穴。在半导体中用掺杂的方法可以得到两种导电类型的半导体: P 型半导体和 N 型半导体。P 型半导体主要靠空穴导电,N 型半导体主要靠自由电子导电。

2. P 型半导体和 N 型半导体相结合形成 PN 结,它是载流子扩散运动和漂移运动相平衡的结果。PN 结具有单向导电性,外加正向电压时,呈现很小的正向电阻,有较大的正向电流,为导通状态;反之,外加反向电压时,为截止状态。

3. 二极管是由半导体材料通过特殊掺杂工艺形成的 PN 结制成的,其基本特性是单向导电性。

4. 二极管在电子电路中的应用很广泛,在分析或计算二极管电路时,为了方便,通常将特性曲线为非线性的二极管转换成在不同条件下的各种线性电路模型。其中理想等效模型最简单,而恒压模型应用最普遍。普通二极管通常多用于交变信号的钳位、限幅、整流、稳压、元器件保护等。

5. 各种特殊二极管都是利用二极管的不同特性,通过特定的工艺制造出来的。它们各具特色,广泛地应用于各种不同场合。例如,利用击穿特性制造的稳压二极管,常用于稳定直流电压;用化合物制成的发光二极管常用来做显示器件等。

6. 直流稳压电源由电源变压器、整流电路、滤波电路和稳压电路组成。整流电路将交流电压变为脉动的直流电压,滤波电路可减小脉动使直流电压平滑,稳压电路的作用是在电网电压波动或负载电流变化时保持输出电压基本不变。

7. 整流电路有半波和全波两种,最常用的是单相桥式整流电路。分析整流电路时,应分别判断在变压器二次电压正、负半周两种情况下二极管的工作状态,从而得到负载两端电压、二极管两端电压及电流波形,并由此得到输出电压和电流的平均值,以及二极管的最大整流平均电流和所能承受的最高反向电压。

8. 滤波电路的作用是利用储能元器件滤去脉动直流电压中的交流成分,使输出电压趋于平滑。常用的滤波电路有电容滤波电路、电感滤波电路、各种复式滤波电路。

当负载电流较小、对滤波的要求又不很高时,可采用电容与负载 R_L 并联的方式实现滤波。这种电容滤波电路的特点是结构简单并能提高输出电压。

当负载电流较大时,可采用电感与负载 R_L 串联的方式实现滤波。电感滤波电路的特点是负载电流越大,滤波效果越好。但是电感与电容相比,体积大、较笨重。

若对滤波要求较高时,可采用由 LC 元件或 RC 元件组成的复合式滤波电路。

9. 集成稳压器仅有输入端、输出端和公共端(调整端)三个引脚。集成稳压器具有体积小、可靠性高、温度特性好、稳压性能好、安装调试方便等突出的优点,并且经过适当的设计并接外接电路后,可以扩展其性能和功能,因此已被广泛采用。

 自测题 1

1. 什么是本征半导体？什么是杂质半导体？它们各有什么特征？
2. 掺杂半导体中多数载流子和少数载流子是如何产生的？

3. 什么是 PN 结的击穿现象？击穿有哪两种？击穿是否意味着 PN 结损坏？为什么？

4. 二极管电路如图 1－75 所示，判断图中的二极管是导通还是截止，并求出各电路输出端的电压 U_O。

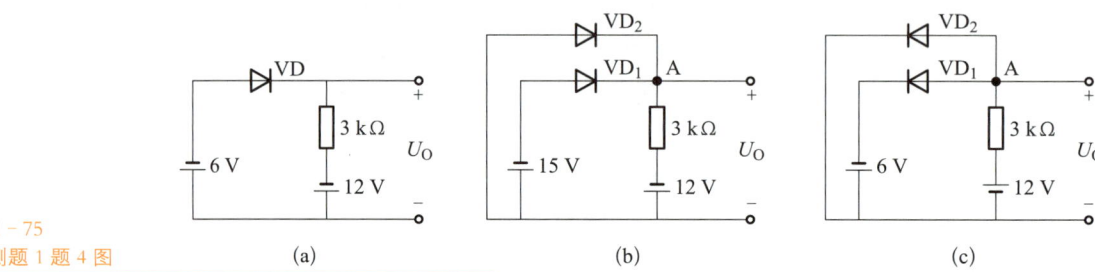

图 1－75
自测题 1 题 4 图

(a)　　　　　　(b)　　　　　　(c)

5. 二极管电路如图 1－76 所示。输入波形 $u_i＝U_{im}\sin\omega t$，$U_{im}＞U_R$，二极管的导通管压降可忽略，试画出输出电压 $u_{o1}\sim u_{o4}$ 的波形图。

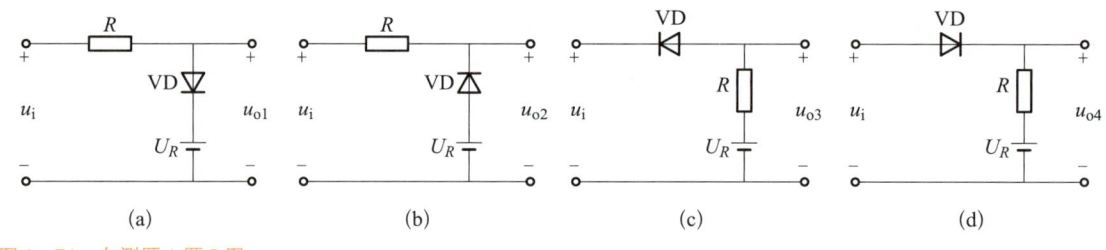

(a)　　　　　(b)　　　　　(c)　　　　　(d)

图 1－76　自测题 1 题 5 图

6. 利用稳压二极管组成的简单稳压电路如图 1－77 所示。R 为限流电阻，试定性说明 R_L 变动或 U_I 变动时，U_O 基本恒定的理由。

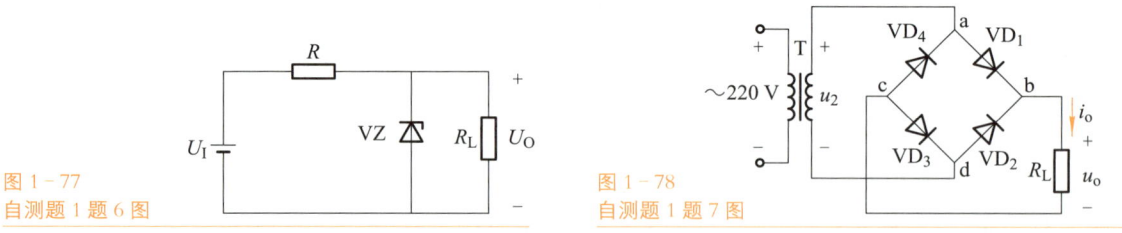

图 1－77
自测题 1 题 6 图

图 1－78
自测题 1 题 7 图

7. 单相桥式整流电路如图 1－78 所示。试说明当某只二极管断路时电路的工作情况，并画出此时负载电压波形。

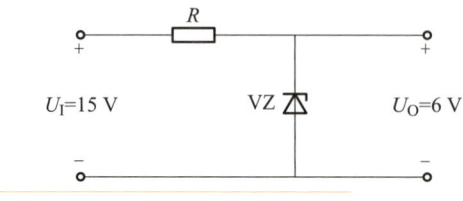

图 1－79
自测题 1 题 8 图

8. 已知稳压二极管的稳定电压 $U_Z＝6\,V$，稳定电流的最小值 $I_{Zmin}＝5\,mA$，最大功耗 $P_{Zmax}＝150\,mW$。试求图 1－79 所示电路中电阻 R 的取值范围。

9. 现有两只稳压二极管,它们的稳定电压分别为 6 V 和 8 V,正向导通管压降为 0.7 V。试问:

(1) 若将它们串联相接,则可得到几种稳压值? 各为多少?

(2) 若将它们并联相接,则又可得到几种稳压值? 各为多少?

10. 在图 1−80 所示电路中,发光二极管导通管压降 $U_D =$ 1.5 V,正向电流在 5～15 mA 时才能正常工作。试问:

(1) 开关 S 在什么位置时发光二极管才能发光?

(2) R 的取值范围是多少?

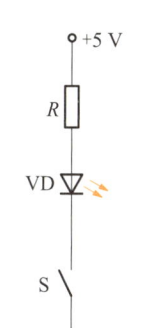

图 1−80
自测题 1 题 10 图

11. 分别判断图 1−81 所示各电路能否作为滤波电路,并简述理由。

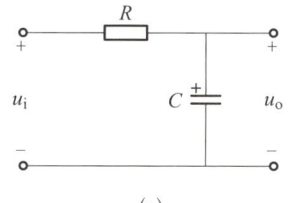
(a)

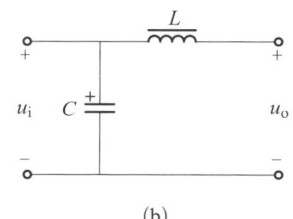
(b)

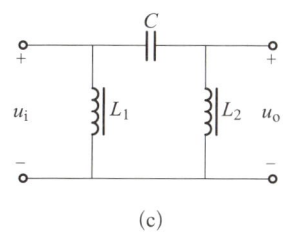
(c)

图 1−81
自测题 1 题 11 图

12. 在图 1−82 所示的桥式整流电容滤波电路中,$U_2 = 20$ V,$R_L = 40$ Ω,$C = 1\,000\ \mu F$,试问:

(1) 正常时 U_o 为多大?

(2) 如果电路中有一个二极管开路,U_o 又为多大?

(3) 如果测得 U_o 为下列数值,电路可能出现了什么故障? ① $U_o = 18$ V; ② $U_o = 28$ V; ③ $U_o = 9$ V。

13. 在如图 1−82 所示电路中,已知交流电频率 50 Hz,负载电阻 R_L 为 200 Ω,直流输出电压 U_o 为 15 V。求:

(1) 直流负载电流 I_o;

(2) 二极管的整流电流 I_D 和承受的最高反向电压 U_{RM};

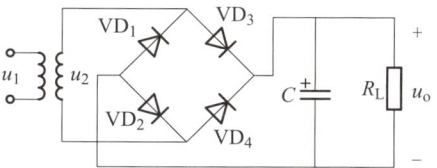

图 1−82
自测题 1 题 12 图

(3) 选择滤波电容的容量。

14. 电路如图 1−83 所示。合理连线,使其构成 5 V 的直流电源。

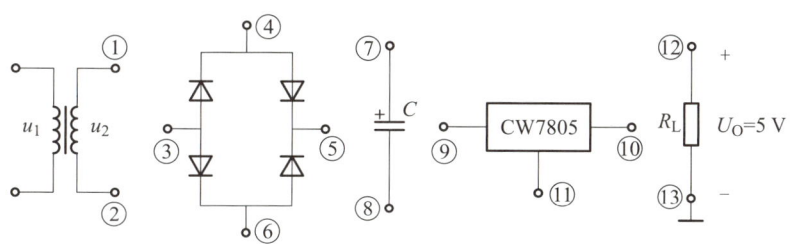

文本:自测题 1 参考答案

图 1−83
自测题 1 题 14 图

项目 **2** 扩音器的制作

 项目引入

如图 2-1 所示为一个扩音器电路及其结构框图,该电路能将微弱的声音信号放大,并通过扬声器发出悦耳的声音,稍加改动后还可作助听器使用。从图 2-1 中可以看出,电路的核心是三极管,电路的主要功能是电信号的放大。那么,这个电路的工作原理是什么? 三极管又是如何实现放大作用的呢? 相信完成本项目的学习,就会找到这些问题的答案。

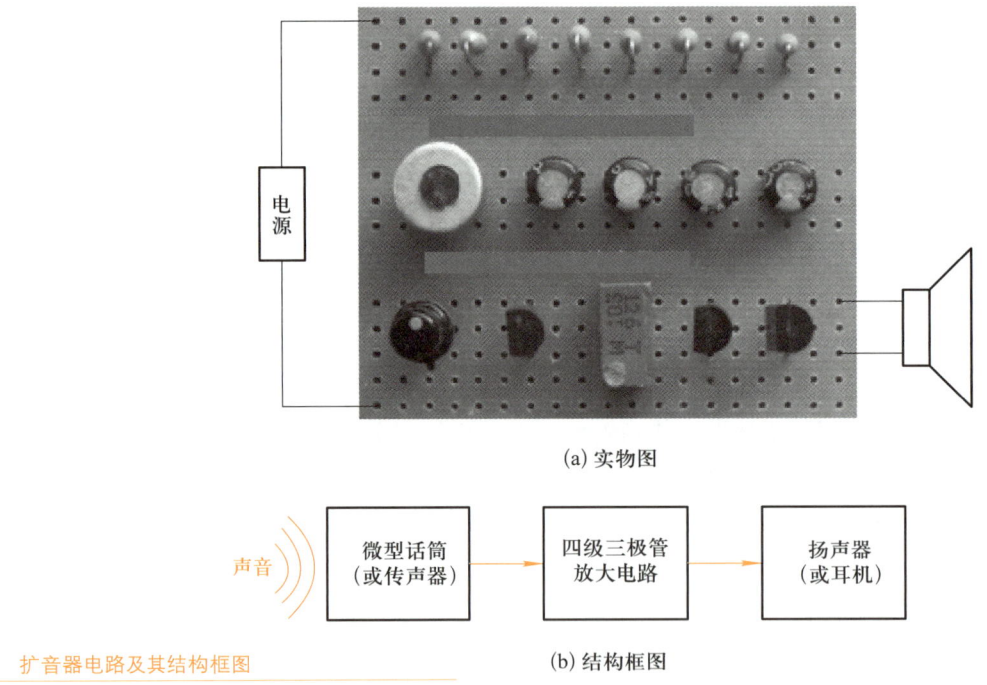

(a) 实物图

声音 —— 微型话筒(或传声器) → 四级三极管放大电路 → 扬声器(或耳机)

(b) 结构框图

图 2-1 扩音器电路及其结构框图

通过本项目的学习能使同学们建立起模拟放大电路的基本认识,为今后学习其他项目打下必要的基础。如果条件允许还可以制作出实物并进行调试,促进学习的兴趣。本项目要完成以下 3 个学习任务:

任务 1　三极管的认识与选择

任务 2　三极管基本放大电路的认识

任务 3　多级放大电路的认识

学习目标

三极管构成的放大电路有共射、共集、共基这三种基本组态,其中共射放大电路应用最为广泛,对它的分析与应用也是整个模拟电路学习的基础和重点。本项目通过扩音器的制作展开学习,要达到的主要目标为:

1. 掌握三极管的识别、特性及测试方法。
2. 掌握放大的概念,放大电路的结构、原理和分析方法。
3. 掌握基本放大电路的分析方法及其重要指标的估算方法。
4. 了解多级放大电路及其应用。

任务 1　三极管的认识与选择

任务目标

1. 了解三极管的内部结构、管型及分类。
2. 掌握三极管的电流分配关系及其内部载流子运动规律。
3. 掌握三极管的伏安特性。
4. 了解三极管主要参数及其选用方法。
5. 掌握三极管的识别与检测方法。

拓展课堂:晶体管的诞生与发展

一、三极管的认识

晶体三极管是由两个 PN 结构成的三端半导体器件,简称为**三极管**或**晶体管**。三极管在模拟电路中主要起放大信号的作用,是电子电路中最为重要的核心器件。由于三极管有两种载流子(电子和空穴)参与导电,所以又叫作**双极型晶体管**。

想一想

三极管与二极管在结构上有哪些区别呢?

1. 三极管的结构、符号及类型

常见的三极管实物如图 2-2 所示。

三极管的结构与符号如图 2-3 所示。在一块半导体基片上经过特殊的工艺制成两个互为反向的 PN 结,并从相应区域引出三个电极,分别称为三极管的基极 b、集电极 c 和发射极 e,其中基极和发射极之间的 PN 结称为发射结,基极和集电极之间的 PN 结称为集电结,如图 2-3a 所示。根据中间的公共区域是 P 区还是 N 区,三极管的管型又分为 NPN 型和 PNP 型两大类,三极管的符号如图 2-3b 所示。三极管的文字符号一般用 VT 表示。

图片:贴片三极管

知识延伸：双极型晶体管与单极型晶体管的区别

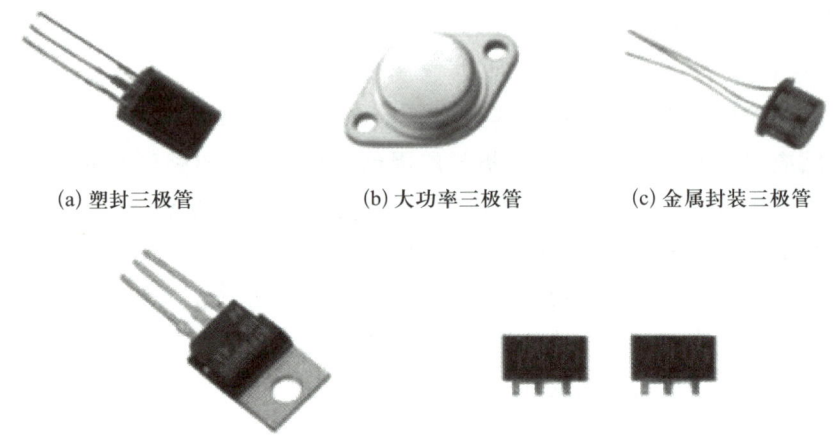

(a) 塑封三极管　　　　(b) 大功率三极管　　　　(c) 金属封装三极管

(d) 一般功率三极管　　　　　　(e) 贴片三极管

图 2-2　常见的三极管实物

注意

三极管的三个区是有区别的：一般基区做得很薄（仅有 1 μm 至几十微米厚），发射区多子浓度很高，集电结截面积大于发射结截面积。

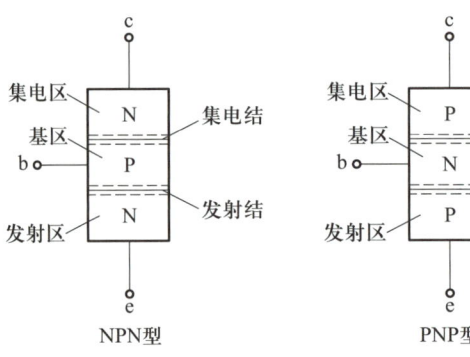

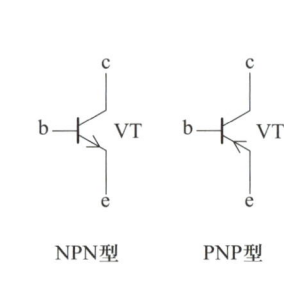

(a) 结构　　　　　　　　　　(b) 符号

图 2-3　三极管的结构与符号

三极管有硅管和锗管之分，这是根据基片材料来划分的，用硅基片制成的三极管称为硅管（如 3D 系列），用锗基片制成的三极管称为锗管（如 3A 系列），目前生产和使用的多为硅管。根据三极管的功能特性又可分为普通管、功率管、低频管、高频管等，三极管等半导体分立器件型号命名方法参见附录 A。

2. 三极管的电流分配关系和放大作用分析

在生产和科学实验中，从传感器获得的现场电信号一般都很微弱，只有经放大后才能作进一步的处理，或使之具有足够的能量来推动电器的执行机构。三极管能够控制能量的转换，将输入的微小变化不失真地放大输出。三极管只能对**变化量**进行放大，放大是模拟电路最基本的功能。

（1）三极管的电流分配关系

为了定量地了解三极管的电流分配关系和放大原理，先搭接如图 2-4 所示的电路并进行测试。图 2-4 中虚线框部分分别标出了输入回路和输出回路，由于发射极是两个回路的公共端，所以该电路称为**共发射极放大电路**。

想一想

为什么三极管具有电信号的放大作用呢？

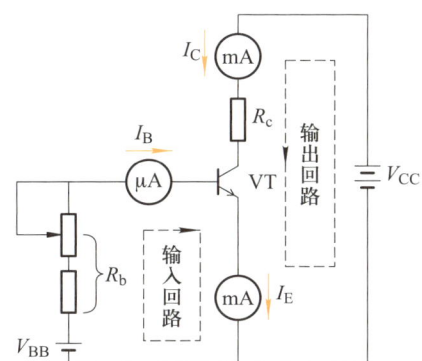

图 2-4　共发射极放大电路

通过改变基极电阻 R_b，基极电流 I_B、集电极电流 I_C 和发射极电流 I_E 都将发生变化，三极管各极电流分配关系实验数据见表 2-1。

表 2-1　三极管各极电流分配关系实验数据

I_B/mA	0	0.02	0.03	0.04	0.05	0.06
I_C/mA	0.01	1.4	2.3	3.2	4	4.7
I_E/mA	0.01	1.42	2.33	3.24	4.05	4.76
$\bar{\beta}$	—	70	76	80	80	78

动画：三极管
的电流分配与
放大作用

将表中数据进行比较分析，可得出如下结论：

① 三个电流之间的关系符合基尔霍夫电流定律

$$I_E = I_B + I_C \tag{2-1}$$

且 $I_C \gg I_B (I_E \approx I_C)$。

② I_C 与 I_B 成正比，I_C 与 I_B 的比值称为三极管的**直流电流放大系数**，用 $\bar{\beta}$ 表示

$$\bar{\beta} = \frac{I_C}{I_B} \qquad \text{或} \qquad I_C = \bar{\beta} I_B \tag{2-2}$$

$\bar{\beta}$ 值体现了三极管对直流电流的放大能力，在工程手册上，$\bar{\beta}$ 常用 h_{FE} 表示。

③ I_B 虽然很小，但对 I_C 有控制作用，I_C 会随 I_B 的微小变化产生较大变化。例如：I_B 由 $40\,\mu\text{A}$ 增加到 $50\,\mu\text{A}$ 时，I_C 从 $3.2\,\text{mA}$ 增加到 $4\,\text{mA}$，则

$$\beta = \frac{\Delta I_C}{\Delta I_B} = \frac{(4-3.2)\,\text{mA}}{(0.05-0.04)\,\text{mA}} = \frac{0.8\,\text{mA}}{0.01\,\text{mA}} = 80$$

式中 β 为三极管**交流电流放大系数**，它反映了三极管的交流电流放大能力，即 I_B 对 I_C 的控制能力，在工程手册上，β 常用 h_{fe} 表示。一般情况下，$\bar{\beta} = \beta$（即 $h_{FE} = h_{fe}$）。由此可见，三极管的这种以小电流变化量控制大电流变化量的

作用就是它的交流电流放大作用。因此,三极管实质上是电流控制型器件。

④ 基极开路时,$I_B=0$,$I_C=0.01$ mA,这个微小的集电极电流称为**穿透电流**,并用 I_{CEO} 表示,此值越小,三极管的质量越好。由于硅材料制作的三极管比锗材料制作的三极管穿透电流小得多,所以硅管应用的场合更多一些。

用 Multisim 10 实现三极管电流分配关系的仿真电路如图 2-5 所示。在图 2-5 中,通过改变可变电阻 R_1 使基极电流 I_B 先发生变化,然后集电极电流 I_C 和发射极电流 I_E 都将随之发生变化。

⚆ 重要结论

综上分析,可以看出:发射极电流 I_E 最大,集电极电流 I_C 次之,基极电流 I_B 最小。但 I_B 控制着 I_C 的变化,二者总是成一定的比例关系,三个电流之间的关系为 $I_E=I_C+I_B$。

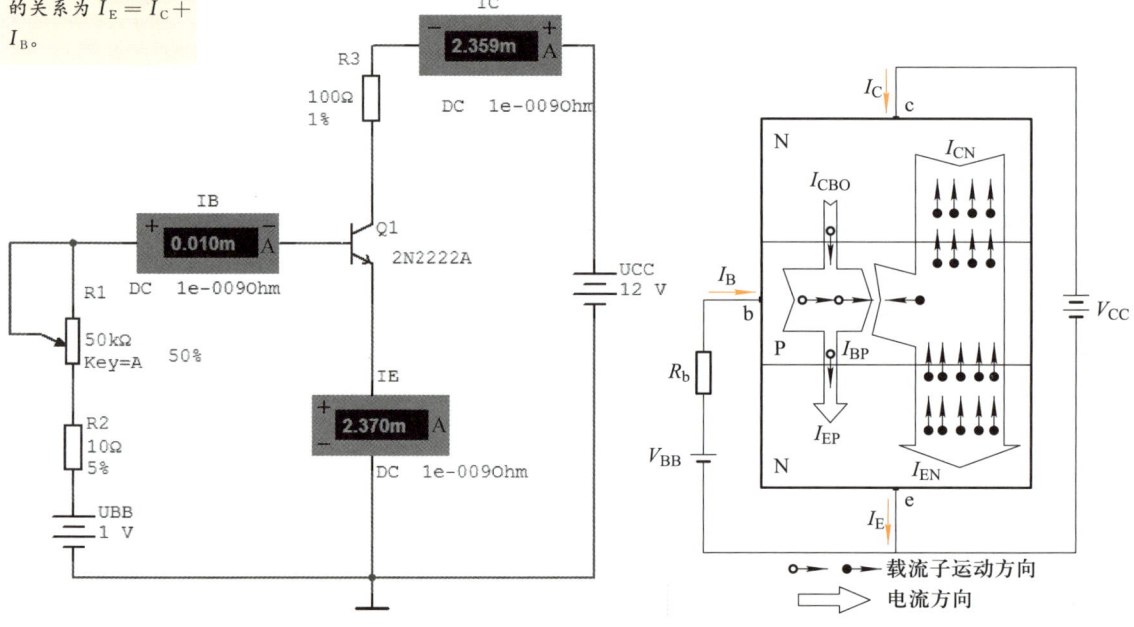

图 2-5　三极管电流分配关系的仿真电路　　　　图 2-6　三极管内部载流子运动规律

(2) 三极管内部载流子的运动规律

为什么三极管电流之间会有这样的控制关系呢? 这可以通过如图 2-6 所示的三极管内部载流子运动规律来解释。

① 发射区向基区发射电子

电源 V_{BB} 经电阻 R_b 加在发射结上,使发射结正偏。发射区中的大量多子(自由电子)源源不断地越过发射结进入基区,形成很大的发射极电流 I_E。图 2-6 中的 I_{BP} 为基区向发射区扩散的空穴电流,基值较小(可忽略)。

② 基区中电子的复合

由于基区很薄,杂质浓度很低,所以扩散到基区的电子只有少部分与空穴复合,形成较小的电流 I_B。

③ 集电区收集电子

由于集电结外加电压 V_{CC} 很大,使集电结反偏,将基区中剩余的大部分电

动画:三极管的电流放大原理

子拉入到集电区而形成较大的集电极主电流 I_{CN}。图 2 - 6 中的 I_{CBO} 为集电区少子(空穴)流向基区形成的饱和电流,其值很小(可忽略),但对温度很敏感。

从上面的现象还可以看出:要使三极管起电流放大作用,必须满足其放大工作条件。这就是在 b - e 两极间加正向电源电压 V_{BB},使发射结承受正偏压;而电源 $V_{CC} > V_{BB}$,使集电结承受反偏电压,这样可使三极管导通并具有电流放大作用。

3. 三极管伏安特性的认识

上面主要学习了三极管的内部结构及其导电规律,下面讨论三极管的伏安特性问题。三极管的伏安特性曲线是指三极管各电极的电流与电压之间的关系曲线,它反映出三极管的性能,是分析放大电路的重要依据。三极管的伏安特性分成两部分:输入伏安特性和输出伏安特性。

三极管的伏安特性测试电路如图 2 - 7 所示。用电压表分别测量发射结电压 u_{BE} 和集电结电压 u_{CE};用微安表 μA 和两个毫安表 mA 分别测量基极电流 i_B、集电极电流 i_C 和发射极电流 i_E。

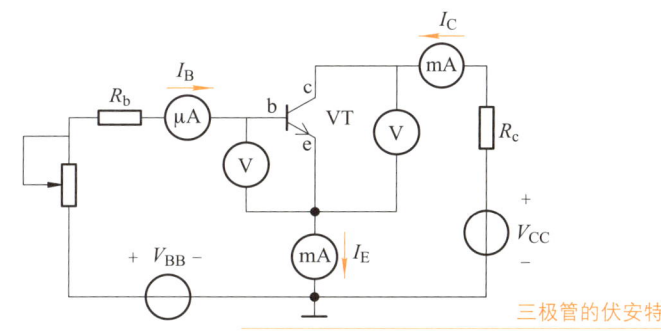

图 2 - 7
三极管的伏安特性测试电路

(1) 三极管的输入伏安特性

在输入回路中,当集电极和发射极之间的电压 u_{CE} 保持不变,改变基极和发射极之间的电压 u_{BE} 时,基极中的电流 i_B 就会发生变化。这个关系用曲线表示出来,就叫作三极管的输入伏安特性曲线,如图 2 - 8 所示。

① 当 $u_{CE} = 0$ 时,相当于集电极和发射极短路,此时的三极管相当于发射结和集电结两个二极管正向并联,i_B 和 u_{BE} 的关系与二极管的伏安特性类似。

② 当 $u_{CE} > 0$ 时,输入特性曲线向右移动,表示出 u_{CE} 对输入特性有影响,但是当 u_{CE} 大于一定值(一般当 $u_{CE} > 1$ V 后),曲线将趋于重合,所以只研究其中的一条曲线即可。可以看

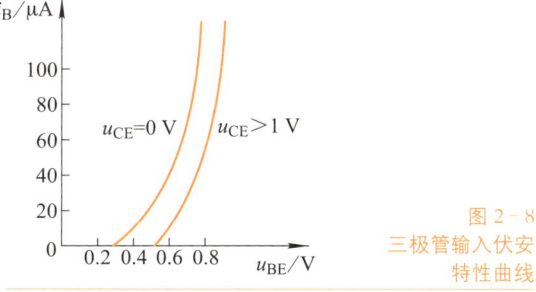

图 2 - 8
三极管输入伏安特性曲线

出,此时的伏安特性曲线形状和二极管伏安特性曲线类似,只是具体数值有所不同。这说明三极管的输入伏安特性是非线性的,并且和二极管一样也存在着**死区电压**。死区电压的值根据三极管的材料不同而不同,硅管的死区电压约为 0.5 V,锗管的死区电压约为 0.1 V。实际应用中要根据信号的强弱来选择不同材料的三极管。

三极管正常工作于放大区时，发射结的导通电压变化不大，硅管约为 0.7 V，锗管约为 0.3 V。

（2）三极管的输出伏安特性

在输出回路中，当基极电流 i_B 保持不变，改变集电极和发射极之间的电压 u_{CE}，集电极电流 i_C 将随之变化，两者之间的关系是一条曲线。当基极电流 i_B 取不同的值时，可以得到不同的 i_C-u_{CE} 曲线，所以三极管的输出伏安特性曲线是一簇曲线，如图 2-9 所示。

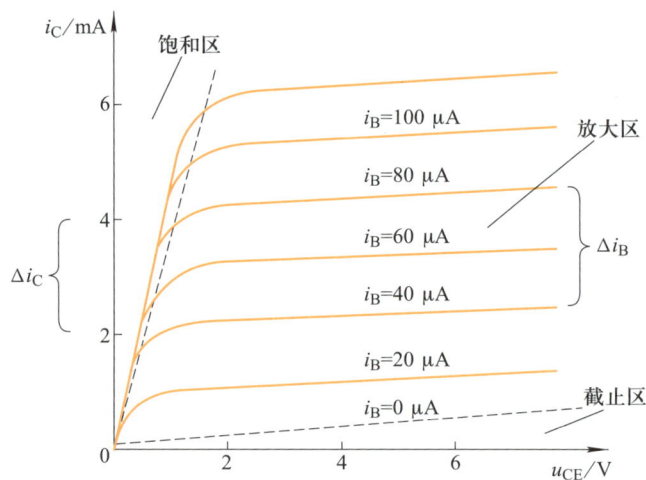

图 2-9　三极管输出特性曲线

通常根据三极管的输出伏安特性曲线，将其分成三个工作区：

① 截止区：在基极电流 $i_B=0$ 所对应曲线下方的区域是截止区。在这个区域里，$i_B=0$，$i_C=I_{CEO}$（穿透电流）。三极管工作于截止区的电压条件是：发射结上有反偏电压，集电结上也有反偏电压。由于三极管在输入特性中存在着死区电压，所以对硅管而言，当发射结电压 $u_{BE} \leqslant 0.5$ V 时，三极管进入截止状态；对锗管而言，当发射结电压 $u_{BE} \leqslant 0.1$ V 时，三极管也进入截止状态。

② 放大区：在坐标系中近似于水平的一簇曲线部分是放大区。在这个区域里，当 i_B 一定时，i_C 值基本不随 u_{CE} 的变化而变化，这也表明了三极管的**恒流特性**。而当基极电流有一个微小的变化量 Δi_B 时，相应的集电极电流将产生较大的变化量 Δi_C，比 Δi_B 放大了 β 倍，即 $\Delta i_C = \beta \Delta i_B$，这体现了三极管的电流放大作用。三极管工作于放大区的电压条件是：发射结上有正偏电压，集电结上有反偏电压。

③ 饱和区：输出特性曲线簇的左侧，i_C 随 u_{CE} 的增加而明显上升的区域称为饱和区，此时 $u_{CE} < u_{BE}$。在这个区域里，i_C 与 i_B 已不成比例关系。三极管工作于饱和区的电压条件是：发射结上是正偏电压，集电结上也是正偏电压。三极管饱和导通时集电极与发射极之间的管压降 U_{CES} 称为**饱和管压降**。U_{CES} 很低，一般硅管约为 0.3 V，锗管约为 0.1 V，此时三极管处于饱和状态，相当于

一个开关的闭合。

由三极管的工作状态可以看出,三极管除了具有电流放大作用外,还具有开关作用(工作在饱和状态与截止状态),所以三极管在电路里也常常被用作电子开关,在数字电路里有着广泛的应用。

例 2-1 某三极管的伏安特性如图 2-9 所示,试分别求出该三极管的直流电流放大系数 $\bar{\beta}$ 和交流电流放大系数 β。

解:由图可见每条曲线的 i_B 值与 i_C 值都是一一对应的,以 $i_B = 40\,\mu A$ 为例,则有

$$\bar{\beta} \approx \frac{i_C}{i_B} = \frac{2\,\text{mA}}{40\,\mu A} = 50$$

而 β 是电流的变化量之比,以任意两条曲线为例,如 i_B 从 $40\,\mu A$ 变化到 $80\,\mu A$,则有

$$\beta \approx \frac{\Delta i_C}{\Delta i_B} = \frac{(4-2)\,\text{mA}}{(80-40)\,\mu A} = 50$$

可见,$\bar{\beta} \approx \beta$,这绝不是巧合,而是通过实际测试得出的结论。

二、三极管的主要参数、型号及其选用

1. 三极管的主要参数

三极管的参数是衡量其性能的主要技术指标,也是选用三极管的主要依据。

(1)直流参数

① 集电极-基极反向饱和电流 I_{CBO}:I_{CBO} 是指发射极开路($i_E = 0$),且基极和集电极之间加上规定的反向电压 u_{CB} 时的集电极反向电流,它只与温度有关,在一定温度下是个常数,所以称为集电极-基极的反向饱和电流。良好的三极管,I_{CBO} 很小,小功率锗管的

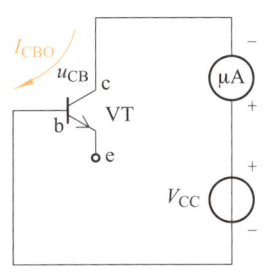

图 2-10
I_{CBO} 的测量电路

I_{CBO} 为 $1\sim10\,\mu A$,大功率锗管的 I_{CBO} 可达数毫安,而硅管的 I_{CBO} 则非常小,是微安级的。I_{CBO} 的测量电路如图 2-10 所示。

② 集电极-发射极反向电流 I_{CEO}(穿透电流):I_{CEO} 是指基极开路($i_B = 0$),集电极和发射极之间加上规定反向电压 u_{CE} 时的集电极电流。I_{CEO} 大约是 I_{CBO} 的 β 倍,即 $I_{CEO} = (1+\beta)I_{CBO}$。$I_{CBO}$ 和 I_{CEO} 受温度影响极大,它们是衡量管子热稳定性的重要参数,其值越小,管子性能越稳定,小功率锗管的 I_{CEO} 比硅管大。I_{CEO} 的测量电路如图 2-11 所示。

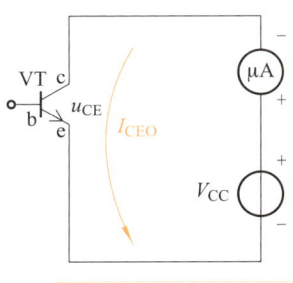

图 2-11
I_{CEO} 的测量电路

（2）交流参数

① 交流电流放大系数 β（或 h_{fe}）：交流电流放大系数 β 是指共发射极接法，集电极输出电流的变化量 Δi_C 与基极输入电流的变化量 Δi_B 之比，即

$$\beta = \frac{\Delta i_C}{\Delta i_B}$$

一般三极管的 β 在 $10\sim200$ 之间，如果 β 太小，电流放大作用差，如果 β 太大，电流放大作用虽然大，但性能往往不稳定。

② 共基极交流放大系数 α（或 h_{fb}）：共基极交流放大系数 α 是指共基接法时，集电极输出电流的变化量 Δi_C 与发射极电流的变化量 Δi_E 之比，即

$$\alpha = \frac{\Delta i_C}{\Delta i_E} \tag{2-3}$$

因为 $\Delta I_C < \Delta I_E$，故 $\alpha < 1$。α 与 β 之间的关系为

$$\alpha = \frac{\beta}{1+\beta} \tag{2-4}$$

$$\beta = \frac{\alpha}{1-\alpha} \approx \frac{1}{1-\alpha} \tag{2-5}$$

③ 截止频率 f_β 与 f_α：当 β 下降到低频时 0.707 的频率，就是共发射极的截止频率 f_β；当 α 下降到低频时的 0.707 倍的频率，就是共基极的截止频率 f_α。f_β、f_α 是表明管子频率特性的重要参数，它们之间的关系为

$$f_\beta \approx (1-\alpha) f_\alpha \tag{2-6}$$

（3）极限参数

① 集电极最大允许电流 I_{CM}：当集电极电流 I_C 增加到某一数值时，会引起 β 值下降，把 β 值下降到其最大值 β_m 的 $2/3$ 时的 I_C 值称为 I_{CM}。当 I_C 超过 I_{CM} 时，虽然不致使管子损坏，但 β 值显著下降，影响放大质量，这是工作在放大区的三极管所不允许的。I_{CM} 值与 β 值的关系如图 2-12 所示。

② 集电极-发射极反向击穿电压 $U_{(BR)CEO}$：当基极开路时，集电极与发射极之间允许加的最大电压为集电极-发射极反向击穿电压 $U_{(BR)CEO}$。在实际应用时，加到集电

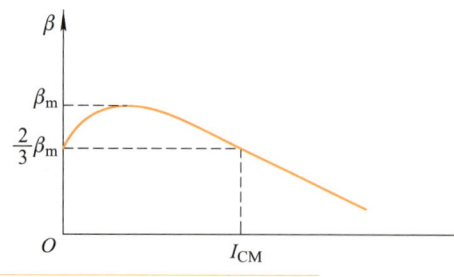

图 2-12
I_{CM} 值与 β 值的关系

极与发射极之间的电压,一定要小于$U_{(BR)CEO}$,使用时如果$U_{CE}>U_{(BR)CEO}$,管子就会被击穿,从而损坏三极管。

③ 集电极最大允许耗散功率P_{CM}:集电极有电流流过,集电结温度要升高,其温度有一定限制(硅管的允许温度大约为150℃)。管子因受热而引起参数的变化不超过允许值时的最大功率称为集电极最大允许耗散功率P_{CM}。管子实际的耗散功率等于集电极直流电压和电流的乘积,即$P_C=U_{CE}\cdot I_C$,使用时应使$P_C<P_{CM}$。由此可以在三极管的输出伏安特性上画出三极管的安全工作区,如图2-13所示。

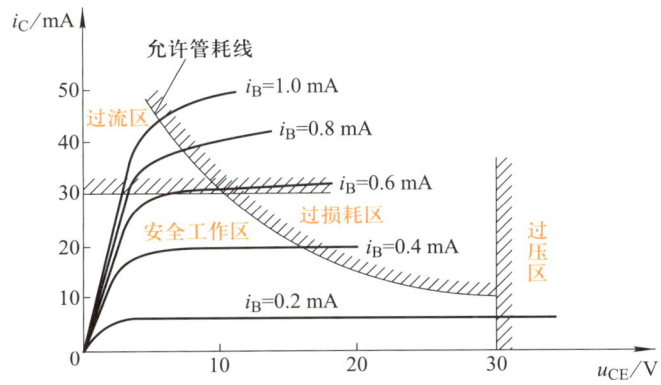

图 2-13　三极管的安全工作区

(4) 温度对三极管参数的影响

半导体材料具有热敏性,用半导体材料做成的三极管也同样对温度敏感。温度会使三极管的参数发生变化,从而会改变三极管的工作状态,其主要影响如下。

① 温度对发射结电压U_{BE}的影响:温度升高,U_{BE}将会减小;温度下降,则U_{BE}会增大。这将会影响三极管工作的稳定性,需要改进电路加以解决。但也可以利用这一特点,制造出半导体温度传感器,实现对温度的自动控制。

② 温度对穿透电流I_{CEO}的影响:温度升高时,三极管的穿透电流I_{CEO}将会增大,反之I_{CEO}将会减小。

③ 温度对电流放大系数β的影响:实验表明:三极管的电流放大系数β随温度升高而增大,温度每升高1℃,β值大约增大1%;反之,温度降低时β值减小。

综上所述,温度的变化最终都导致三极管集电极电流发生变化。

2. 三极管的型号和分类

国产三极管一般按用途分类,常用三极管的种类见表2-2,也可参见附录A。

> **👁 注意**
>
> P_{CM}与散热条件有关,增加散热片可提高P_{CM},所以在使用大功率三极管时一般要加散热片。

图片:金属封装小功率三极管3DG

表 2－2　常用三极管的种类

特　性	低频小功率三极管	高频小功率三极管	低频大功率三极管	高频大功率三极管	开关三极管
型号举例	3AX、3DX 系列	3AG、3DG 系列	3AD、3DD 系列	3AA、3DA 系列	3AK、3DK 系列
用　途	低频小功率放大	高频小功率放大	低频大功率放大	高频大功率放大	开关电路

3. 三极管选用与代换的注意事项

三极管的种类很多,用途各异,合理、恰当地选用三极管是保证电路正常工作的关键。

(1) 三极管的选用

① 在温度变化较大的环境中,要优先选择硅管;当电源电压很低(约 1.5 V)或交流信号很小时,要优先选择锗管。

② 当用于一般放大电路时,应选反向电流小且 β 值不太高的三极管,一般选 β 值为 50～100 的三极管比较合适。β 值太低,电路的放大能力差;β 值过高则可能使管子工作不稳定,造成电路的噪声增大。

③ 集电极-发射极反向击穿电压 $U_{(BR)CEO}$ 应大于电源电压。常温下,集电极最大允许耗散功率 P_{CM} 应选择适中。如果 P_{CM} 选小了会因过热而烧毁三极管;选大了又会造成浪费。

(2) 三极管的代换原则

在电子电路维修时,往往购买不到损坏的原型号三极管,此时就需要进行代换,代换时应注意以下原则。

① 新换的三极管极限参数应等于或大于原三极管。

② 性能好的三极管可代换性能差的三极管。如 β 值高的可代替 β 值低的;穿透电流小的可代替穿透电流大的等。

③ 性能相同的国产管与进口管可相互代换。

④ 硅管和锗管可以相互代换,但管子类型要相同,即 PNP 型代换 PNP 型,NPN 型代换 NPN 型。

⑤ 高频三极管可代换低频三极管(如 3DG 型可代换 3DX 型),而低频三极管则不能代换高频三极管。由于高频三极管的集电极耗散功率较小,代换时应注意管子承受功率能力。

⑥ 开关三极管可代换普通三极管,但普通三极管则不能代换开关三极管,开关三极管的性能一般比高频三极管要好,如用 3DK、3AK 系列可代换 3DG、3AG 系列的高频三极管。

拓展课堂：厚积薄发——中国晶体管

▋实用资料▋
新型常用三极管的主要参数

　　近年来，日、美、韩等国外生产的一些型号的三极管逐渐引进我国。这些新型三极管在电子产品上用量很大，我国一些电子元器件生产厂商也推出了相应的产品。这些新型三极管的型号规定与我国的标准有所不同，其参数也很难查找。新型常用三极管的型号和参数见表 2－3。

表 2－3　新型常用三极管的型号和参数

型　号	集电极最大允许电流 I_{CM}/mA	基极最大允许电流 $I_{BM}/\mu A$	最大允许耗散功耗 P_{CM}/mW	集电极-发射极反向击穿电压 $U_{(BR)CEO}/V$	电流放大系数 β	饱和压降 U_{CES}/V	穿透电流 $I_{CEO}/\mu A$	三极管类型
8050	1 500	500	800	25	85～300	0.5	1	NPN
8550	1 500	500	800	－25	85～300	0.5	1	PNP
9011	30	10	400	30	28～198	0.3	0.2	NPN
9012	500	100	625	－20	64～202	0.6	1	PNP
9013	500	100	625	20	64～202	0.6	1	NPN
9014	100	100	450	45	60～1 000	0.3	1	NPN
9015	100	100	450	－45	60～600	0.7	1	PNP
9016	25	5	400	20	28～198	0.3	1	NPN
9018	50	10	400	15	28～198	0.5	0.1	NPN

▋技能训练▋
三极管的识别与检测

1. 训练目的

(1) 掌握用万用表判别三极管引脚和类型的方法。

(2) 掌握用万用表判别三极管好坏的方法。

(3) 学会用目测法识别三极管引脚。

2. 设备与器件

万用表 1 块；3DG6、3AX31 三极管各 1 只；质量差的三极管若干只。

3. 原理与测试方法

(1) 三极管引脚的识别——目测法

　　根据三极管上面标注的型号，通过目测即可识别一些常用三极管引脚位置，如图 2－14 所示。三极管主要有金属封装和塑料封装两种，一般金属封装

图片：大功率三极管

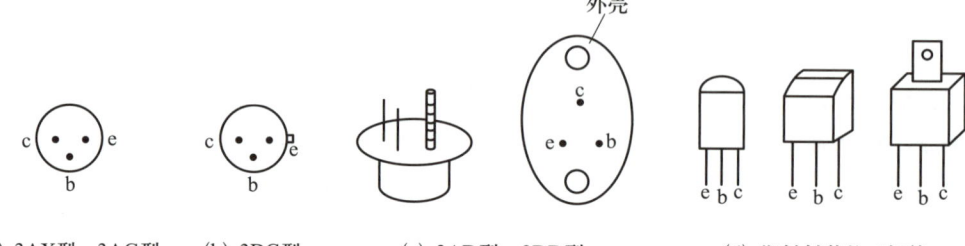

外壳

(a) 3AX型、3AG型　　(b) 3DG型　　(c) 3AD型、3DD型　　(d) 塑料封装的三极管

的大功率管子的外壳为 c 极(如 3AD 型、3DD 型)而塑料封装的三极管从左至右分别是 e、b、c 极。

（2）三极管的万用表测试方法

① 判别基极和管型：将万用表置于 $R \times 100$ 或 $R \times 1 \mathrm{k}$ 挡。先假设某极为"基极"，然后将黑表笔接在该极上，再将红表笔先后接到其余的两个电极上，如图 2－15a 所示。若表针均偏转，说明管子的 PN 结已通，电阻较小(几百欧至几千欧)，则黑表笔接的电极为基极，同时可判断出该管为 NPN 型；反之，将表笔对调(红表笔任接一极)，重复以上操作，则也可确定基极，管型为 PNP 型，如图2－15b所示。

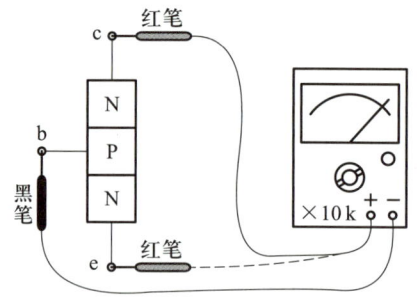
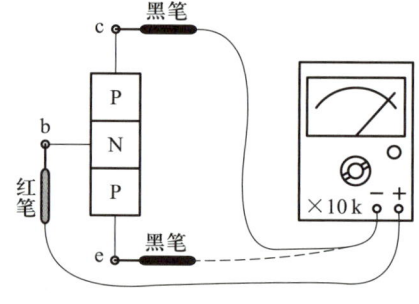

(a) NPN型三极管的判别　　　　　　　　(a) PNP型三极管的判别

若两次测得的阻值一大一小，则原假设的基极是错误的，这时就必须重新假设另一电极为"基极"，再重复上述的测试。

② 判别三极管的好坏：换一只三极管，重复以上操作，若无一电极满足上述现象，则说明此管子已损坏。

有些万用表设有测量三极管直流放大倍数的 h_{FE} 参数挡，根据读数也可以粗略判别三极管的质量。方法是：先将万用表拨到 $R \times 10$ 挡上，红、黑两表笔短接，调节万用表的电阻调零旋钮，使表针指示在刻度的"0"处(调零)，然后分开红、黑两表笔，将万用表拨到 h_{FE} 参数挡上，按照三极管引脚的排列，将三极管三个电极对应地插入万用表 h_{FE} 参数的测试插孔中(注意：测试插孔分为

NPN 型和 PNP 型);这时就可以根据表针所指示的值读出三极管的 h_{FE} 值。若 h_{FE} 值不正常(如为 0),则说明管子质量有问题。

③ 判别集电极和发射极:以 NPN 型三极管为例,把黑表笔接到假设的集电极上,红表笔接到假设的发射极上,并且用手捏住基极和集电极(但不可使基极和集电极短接),通过人体,相当于在基极和集电极之间接入一个偏置电阻 R_m,如图 2-16 所示。读出此时表头所示集电极、发射极间的阻值,然后将两表笔对调重测。若第一次测得的阻值比第二次小,则原假设成立,黑表笔所接为三极管的集电极,红表笔为发射极。判别依据是集电极与发射极之间的阻值小,说明通过万用表的电流大,偏置正常。

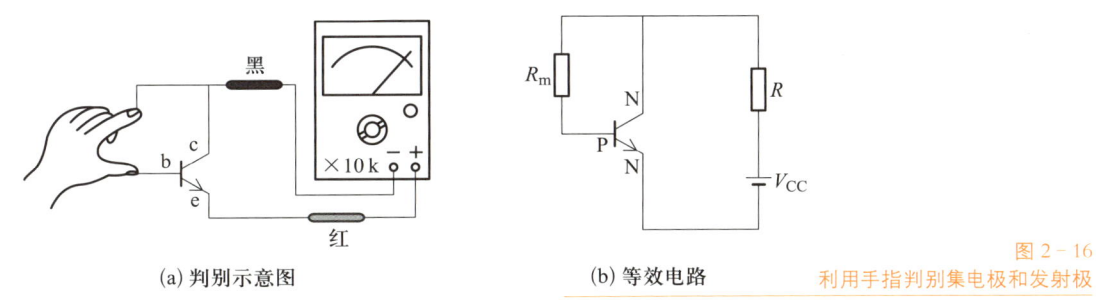

(a) 判别示意图　　　　　　　　(b) 等效电路

图 2-16
利用手指判别集电极和发射极

结合测试情况,填写表 2-4。

表 2-4　三极管的测试结果

被测管子	管子类型	R_{be}/Ω		R_{bc}/Ω		管子好坏
		正向	反向	正向	反向	
三极管 1						
三极管 2						
三极管 3						

4. 实训报告及思考

记录测试结果,写出实训报告,并思考下列问题:

(1) 用万用表的 $R\times100$、$R\times1$ k 挡测三极管的正向 PN 结电阻时,为什么测得的阻值不同?

(2) 能否用双手将表笔与引脚捏住进行测量? 将会发生什么问题?

(3) 为何不能用 $R\times1$ 或 $R\times10$ k 挡测试小功率管?

▎拓展知识▎
场效晶体管介绍

知识链条:

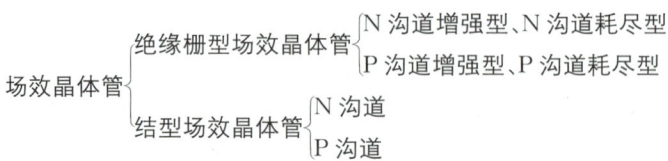

场效晶体管 { 绝缘栅型场效晶体管 { N 沟道增强型、N 沟道耗尽型 / P 沟道增强型、P 沟道耗尽型 / 结型场效晶体管 { N 沟道 / P 沟道 }

图片:场效晶体管

场效晶体管(FET)是利用电场效应来控制电流的一种半导体元器件。它不仅具有三极管体积小、重量轻、耗电少和寿命长等优点,还具有输入阻抗高($10^7 \sim 10^{15}$ Ω)等优点,因此在电子技术领域中获得广泛应用。

场效晶体管分结型场效晶体管(JFET)和绝缘栅场效晶体管(IGFET)两大类,每一类又有 N 沟道和 P 沟道之分。在 IGFET 中又分耗尽型与增强型两种,近年来又出现了一种大功率的 V 型 IGFET。

下面讨论的各种类型 FET 的结构及工作原理等均以 N 沟道管为例进行分析。

问题的提出

结型场效晶体管和绝缘栅型场效晶体管的结构、符号及其工作原理有哪些不同?

1. 结型场效晶体管

(1) 结型场效晶体管的内部结构与电路符号

图 2-17a 是 N 沟道结型场效晶体管内部结构原理图,它是在一块 N 型半导体的两侧各制作一个高掺杂浓度的 P$^+$ 区,从而形成两个 PN 结。用导线将两个 P$^+$ 区连在一起并引出的电极称为栅极,用 G 或 g 表示。N 结区上下两端各引出一个电极,分别称为漏极(用 D 或 d 表示)和源极(用 S 或 s 表示)。中间的 N 结区是载流子在漏极和源极之间流通的路径,称为导电沟道。因导电沟道是 N 型的,故称其为 N 沟道结型场效晶体管,若将该管中 N 区换成 P 区,P$^+$ 区换成 N$^+$ 区则形成 P 沟道结型场效晶体管,它们的电路符号如图 2-17b、c 所示。

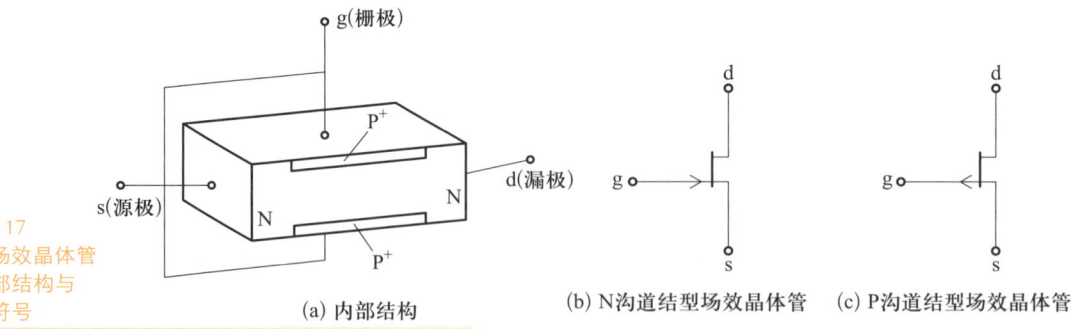

图 2-17
结型场效晶体管
的内部结构与
电路符号

(a) 内部结构　　　　(b) N沟道结型场效晶体管　　(c) P沟道结型场效晶体管

(2) 结型场效晶体管的工作原理

结型场效晶体管正常工作时应使两个 PN 结反偏。对 N 沟道结型场效晶体管而言,源极应接电源 V_{DD} 的负极,漏极接电源 V_{DD} 的正极,如图 2-18 所示。在三个电极不与外电路相连,即如图 2-17 所示时两个耗尽型比较薄且等宽,因此沟道很宽。

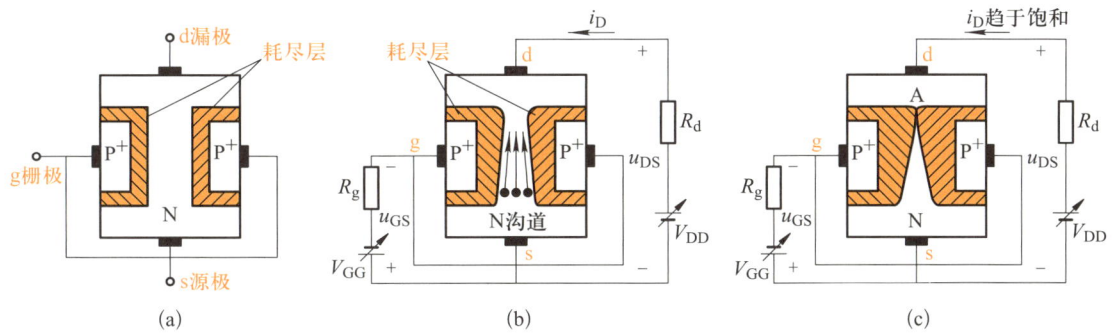

(a)　　　　　　　　　　(b)　　　　　　　　　　(c)

图 2 - 18　栅源电压 v_{GS} 对导电沟道的影响

① 当 $u_{GS}=0$ 时,PN 结的耗尽层如图 2 - 18a 中阴影部分所示。耗尽层只占 N 型半导体体积的很小一部分,导电沟道很宽,沟道电阻较小。

② 当在栅极和源极之间加上一个可变直流负电压 u_{GS} 时,两个 PN 结都是反向偏置,耗尽层加宽,导电沟道变窄,沟道电阻变大,如图 2 - 18b 所示。

③ 当栅源电压 u_{GS} 增大到一定值时,两个 PN 结的耗尽层近似于接触,导电沟道被夹断,沟道电阻趋于无穷大,如图 2 - 18c 所示。此时的栅源电压叫作栅源夹断电压,用 $U_{GS(off)}$ 表示。

结型场效晶体管正常工作时,由于两个 PN 结始终加反向电压,因此栅极与源极之间只有极小的反向电流流过,故栅极和源极之间输入电阻很高,可达 $10^7\ \Omega$ 以上。

综上所述,场效晶体管的工作特点是:为保证正常工作,两个 PN 结必须反向偏压。工作时栅极无电流流过,是靠改变栅源电压 u_{GS} 达到控制漏极电流 i_D 作用的,因此称场效晶体管是电压控制器件。漏极电流 i_D 只由单一的多数载流子构成,因此场效晶体管是单极型器件。

(3) 结型场效晶体管的伏安特性曲线

结型场效晶体管的伏安特性曲线是用来反映管子外部特性的,可由晶体管特性测试仪测出。结型场效晶体管有两种特性曲线。

① 输出特性曲线(又称漏极特性曲线):输出特性曲线是描述以 u_{GS} 为参变量,i_D 与 u_{DS} 之间关系的一簇曲线。N 沟道结型场效晶体管的输出特性曲线如图 2 - 19 所示,可分成三个工作区。

a. 可变电阻区。输出特性曲线上升的部分叫作可变电阻区。在这个区域内,u_{DS} 比较小,i_D 随 u_{DS} 的增加而近于直线上

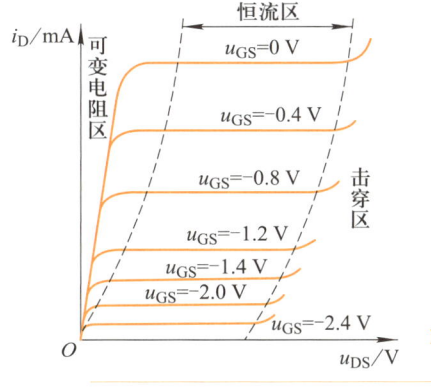

图 2 - 19
N 沟道结型场效晶体管的输出特性曲线

81

升,管子的状态相当于一个电阻,而这个电阻的大小又随栅源电压 u_{GS} 的变化而变化(不同 u_{GS} 的输出特性曲线的斜率不同),所以这个区域叫作可变电阻区。

b. 恒流区。输出特性曲线中接近于水平的部分叫作恒流区,又叫作饱和区。在此区内,u_{DS} 增加,i_D 基本不变(对应于同一个 u_{GS}),管子的状态相当于一个"恒流源",所以把这部分叫作恒流区。在恒流区内,i_D 只随 u_{GS} 的大小而改变,曲线的间隔反映出 u_{GS} 对 i_D 的控制能力,故该区又可称为放大区。

c. 击穿区。输出特性曲线快速上翘的部分叫作击穿。在此区内,u_{DS} 比较大,i_D 急剧增大,易导致击穿现象的发生。场效晶体管工作时,不允许进入这个区域。

② 转移特性曲线:转移特性曲线是以 u_{DS} 为参变量,描述恒流区内 i_D 随 u_{GS} 变化关系的曲线。N 沟道结型场效晶体管的转移特性曲线如图 2–20 所示。在恒流区内,由于 u_{DS} 对 i_D 影响较小,因此 u_{DS} 为不同值所对应的转移特性曲线几乎重合在一起,其关系式(成立条件是 $U_{GS(off)} \leqslant u_{GS} \leqslant 0$)可描述为

$$i_D = I_{DSS}\left(1 - \frac{u_{GS}}{U_{GS(off)}}\right)^2 \qquad (2–7)$$

式中 I_{DSS} 称饱和漏电流,是 $u_{GS} = 0$ 时的 i_D 值。

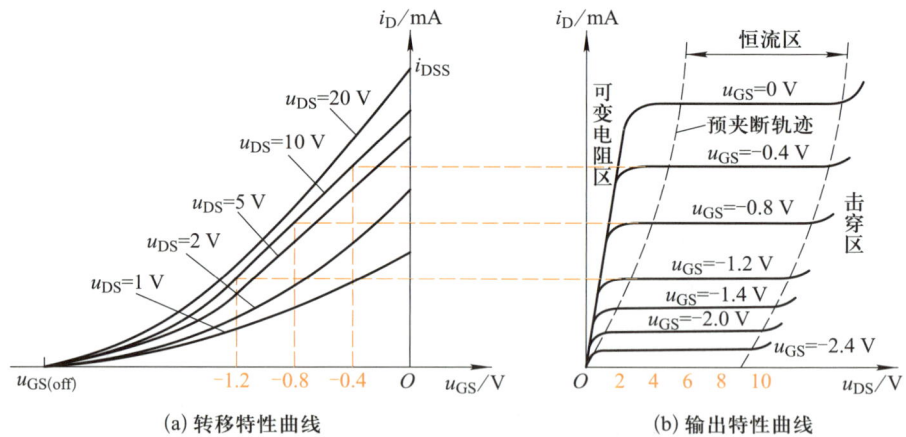

图 2–20
N 沟道结型场效晶体管的转移特性曲线

(a) 转移特性曲线　　(b) 输出特性曲线

2. 绝缘栅场效晶体管

结型场效晶体管是靠 PN 结加反向偏置电压,工作时无正向电流来提高输入电阻的。但由于 PN 结存在反向电流,且反向电流随环境温度升高而增大,就使进一步提高输入电阻受到限制,为克服这一缺点,就在栅极与半导体材料之间加绝缘层,这样可消除反向电流,从而大大提高了输入电阻(可达 $10^{12} \sim 10^{15}\ \Omega$)。这就是绝缘栅场效晶体管。目前广泛应用的是以二氧化硅作为金属

栅极与半导体之间的绝缘层的场效晶体管,即金属-氧化物-半导体管,简称 MOSFET 或 MOS 管。它同结型场效晶体管相比还具有便于大规模集成化的突出优点,因此应用十分广泛。

(1) N 沟道增强型 MOS 管

如图 2-21a 所示,N 沟道增强型 MOS 管是将一块低掺杂浓度的 P 型硅作衬底(用 B 或 b 表示),在其上制作两个高掺杂浓度的 N^+ 区并引出两个电极,分别称源极(用 S 或 s 表示)和漏极(用 D 或 d 表示)。在 P 型硅的表面上覆盖 SiO_2 绝缘层,于漏极与源极之间的绝缘层上再制造一层金属铝并引出电极作为栅极 g。其电路符号和实物图分别如图 2-21b、c 所示。若将图 2-21a 中 N^+ 换成 P^+,P 换成 N,即构成 P 沟道增强型 MOS 管。

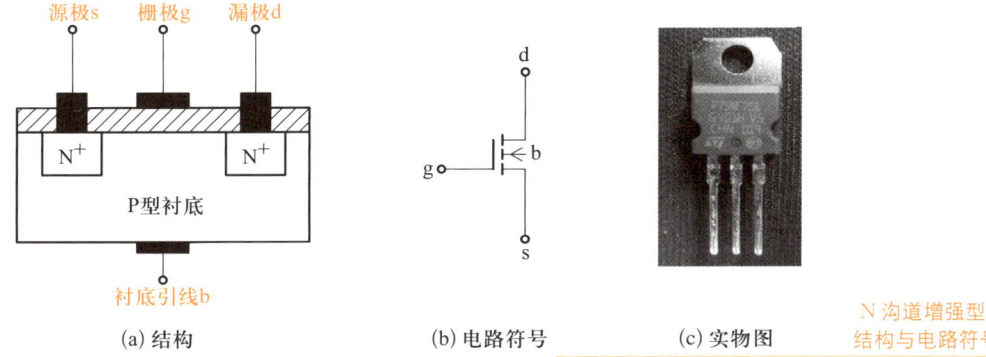

(a) 结构　　　　　　(b) 电路符号　　　　(c) 实物图

图 2-21
N 沟道增强型 MOS 管的
结构与电路符号和实物图

① 工作原理:以图 2-22 所示的电路为例,这是一个由 N 沟道增强型绝缘栅场效晶体管组成的电路,当栅极和源极之间所加的电压 $u_{GS}=0$ 时,接在漏极上的电流表显示电流为零。逐渐增大栅源之间的正电压,当 u_{GS} 超过某一值(比如 2 V)时,漏极电流开始增加,此时的栅源电压叫作场效晶体管的开启电压 $U_{GS(th)}$。这个开启电压类似于三极管的死区电压,但不同的是此时在栅极上并没有栅极电流,因为栅极和源极、漏极之间都是绝缘的。场效晶体管利用加在栅极和源极之间的电压来改变

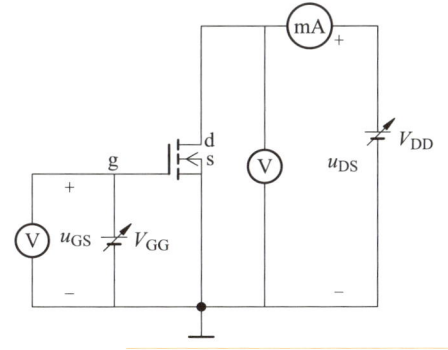

图 2-22
增强型 MOS 管电路

半导体内的电场强度,从而控制漏极电流的有无和大小,这正是场效晶体管名称的由来。所谓增强型是指 $u_{GS}=0$ 时没有漏极电流,当 u_{GS} 逐渐增大并超过一定数值时才有漏极电流。

② 伏安特性曲线:如图 2-23 所示,MOS 管的输出特性和结型场效晶体管一样有三个工作区,即可变电阻区、恒流区和击穿区。转移特性曲线的关系

式为

$$i_{\mathrm{D}} = I_{\mathrm{DO}} \left(\frac{u_{\mathrm{GS}}}{U_{\mathrm{GS(th)}}} - 1 \right)^2$$

式中 I_{DO} 是 $u_{\mathrm{GS}} = 2U_{\mathrm{GS(th)}}$ 时的 I_{D} 值。该式成立条件是 $u_{\mathrm{GS}} > U_{\mathrm{GS(th)}}$。

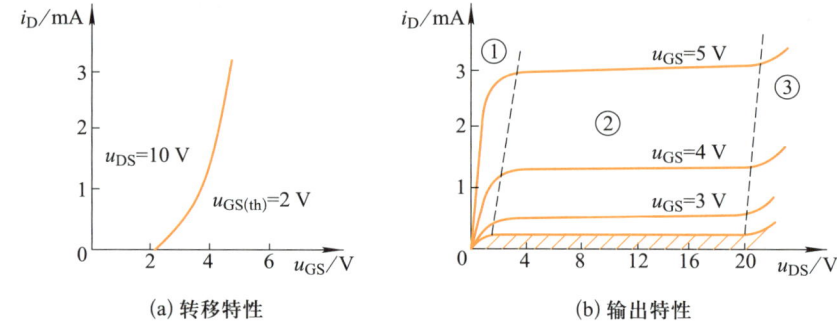

图 2 - 23
N 沟道增强型 MOS 管的
伏安特性曲线

(a) 转移特性   (b) 输出特性

(2) N 沟道耗尽型 MOS 管

$u_{\mathrm{GS}} = 0$ 时就存在导电沟道的场效晶体管叫作耗尽型管，u_{GS} 为某一个值时才产生导电沟道的场效晶体管称增强型管，显然结型场效晶体管均是耗尽型管。N 沟道耗尽型 MOS 管的结构与电路符号如图 2 - 24 所示，它与 N 沟道增强型 MOS 管所不同的是在制造时已在绝缘层中掺入了大量正离子，由它所产生的纵向电场作用，即使在 $u_{\mathrm{GS}} = 0$ 时也建立了 N 型导电沟道，此时只要 $u_{\mathrm{DS}} > 0$ 就有 i_{D} 产生。

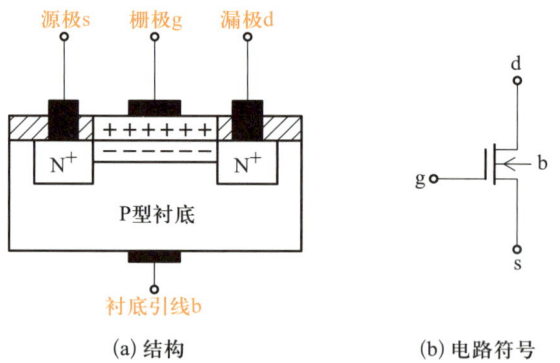

图 2 - 24
N 沟道耗尽型 MOS 管的
结构与电路符号

(a) 结构   (b) 电路符号

N 沟道耗尽型 MOS 管在 $u_{\mathrm{GS}} > 0$ 和 $u_{\mathrm{GS}} \leqslant 0$ 时均可工作，但 $u_{\mathrm{GS}} \leqslant U_{\mathrm{GS(off)}}$ 时导电沟道消失，$i_{\mathrm{D}} = 0$。

N 沟道耗尽型 MOS 管伏安特性曲线如图 2 - 25 所示。转移特性曲线的关系式参见式(2 - 7)。

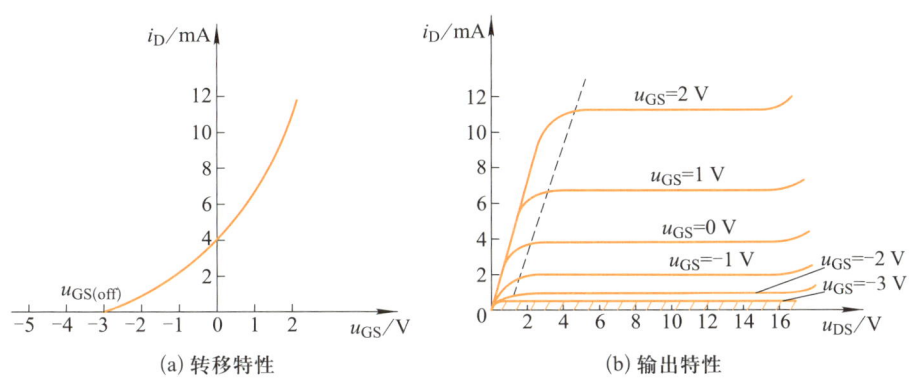

图 2 - 25
N 沟道耗尽型 MOS 管
伏安特性曲线

3. 场效晶体管与三极管的区别

（1）场效晶体管是电压控制型器件，几乎不取用信号源电流，故对信号源的负荷很轻。三极管则不然，它是电流控制器件，需要向信号源索取一定的电流。

（2）场效晶体管的输入电阻极高，在电路中可代替大电阻作为负载（因为在集成电路中制造一个高阻值电阻很困难）。三极管的输入电阻则较小（$10^2 \sim 10^4 \; \Omega$）。

（3）场效晶体管的噪声比三极管小得多，可用于高灵敏接收装置的前级。

（4）场效晶体管的热稳定性优于三极管。

知识点检测 1

1. 当三极管的两个 PN 结都有反偏电压时，则三极管处于（　　　），当三极管的两个 PN 结都有正偏电压时，则三极管处于（　　　）。

　　A. 截止状态　　　　　　B. 饱和状态　　　　　　C. 放大状态

2. 有三只三极管，除 β 和 I_{CEO} 不同外，其余参数大致相同。用作放大器件时，应选用参数为（　　　）的三极管为好。

　　A. $\beta = 50$，$I_{CEO} = 10 \; \mu A$

　　B. $\beta = 150$，$I_{CEO} = 200 \; \mu A$

　　C. $\beta = 10$，$I_{CEO} = 5 \; \mu A$

3. 温度升高时，三极管的电流放大系数 β 将（　　　），穿透电流 I_{CEO} 将（　　　），发射结电压 U_{BE} 将（　　　）。

　　A. 变大　　　　　　　　B. 变小　　　　　　　　C. 不变

4. 用指针式万用表 $R \times 1 \; k$ 挡测量一只能正常放大的三极管，若用黑表笔接触一只引脚，红表笔分别接触另两只引脚时，测得的电阻值都较小，则该三极管是（　　　）。

　　A. PNP 型　　　　　　B. NPN 型　　　　　　C. 无法确定

任务 2　三极管基本放大电路的认识

任务目标

1. 了解放大电路的基础知识和三种基本组态。
2. 掌握固定偏置式共发射极放大电路分析方法。
3. 重点掌握分压偏置式共发射极放大电路的分析方法及其应用。
4. 了解共集电极放大电路和共基极放大电路的分析方法及其应用。
5. 掌握放大电路的 Multisim 10 仿真及调试方法。

一、放大电路的基础知识

1. 放大的概念

放大电路的应用十分广泛,无论是日常使用的收音机、扩音器,或者是精密的测量仪器和复杂的自动控制系统等,通常都含有各种各样的放大电路。

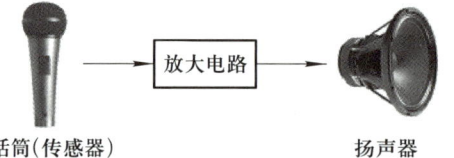

图 2 - 26
扩音机示意图

以如图 2 - 26 所示的扩音机为例,在这些电子设备中,放大电路的作用是将微弱的信号放大,以便于人们测量和利用。从收音机天线接收到的信号(或者从传感器得到的信号),有时只有微伏或毫伏的数量级,必须经过放大才能驱动喇叭发出声音(或者驱动指示设备和执行机构,便于进行观察、记录和控制)。由于放大电路是电子设备中使用最普遍的一种基本单元,因而是模拟电子技术课程中最基本的内容之一。

所谓放大,表面看来是将信号的幅度由小增大,但是在电子技术中,放大的本质首先是实现能量的控制。由于输入信号(例如从天线或传感器得到的信号)的能量过于微弱,不足以推动负载(例如喇叭、指示仪表或执行机构),因此需要在放大电路中另外提供一个能源,由能量较小的输入信号控制这个能源,使之输出较大的能量,然后推动负载。这种小能量对大能量的控制作用就是放大作用。由此可见,电子电路放大的基本特征是**功率放大**,在放大电路中必须存在能够控制能量的元器件,即**有源元器件**,如三极管和场效晶体管。

另外,放大作用涉及变化量的概念。也就是说,当输入信号有一个比较小的变化量时,要求在负载上得到一个有较大变化量的输出信号。而放大电路的放大倍数也是指输出信号与输入信号的变化量之比。由此可见,所谓放大作用的放大对象是**变化量**。

放大的前提是不失真,即只有在不失真的情况下放大才有意义。三极管和场效晶体管是放大电路的核心元器件,只有它们工作在合适的区域时(三极管工作在放大区、场效晶体管工作在恒流区),才能使输出变化量与输入变化量始终保持线性关系,即电路不会产生失真。

2. 放大电路的组成和性能指标

(1) 放大电路的组成

放大电路的结构示意图如图 2-27 所示。其中直流电源为放大电路提供能量;信号源 u_s 扣除内阻 r_s 上的损耗压降后,为放大电路提供输入信号 u_i;负载电阻 R_L 是放大电路所驱动的对象,负载电阻 R_L 的两端电压为放大电路的输出电压 u_o。

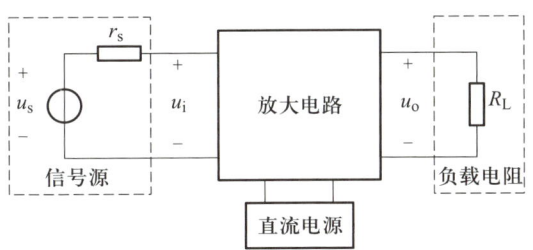

图 2-27　放大电路的结构示意图

(2) 放大电路的性能指标

① 放大倍数:放大电路输出信号的电压和电流幅度都得到了放大,对放大电路而言有电压放大倍数和电流放大倍数,通常都是按它们的有效值定义的。放大倍数定义式中各有关量如图 2-28 所示。

电压放大倍数定义为

$$A_u = \frac{U_o}{U_i} \qquad (2-8)$$

电流放大倍数定义为

$$A_i = \frac{I_o}{I_i} \qquad (2-9)$$

动画:放大电路的交流性能指标

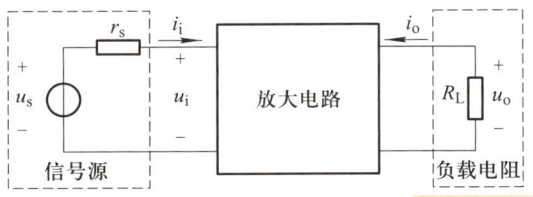

图 2-28　放大倍数的定义

② 输入电阻:在放大电路的输入端相当于存在一个输入电阻 r_i,输入电阻为放大电路从信号源吸取电流大小的参数。r_i 越大,放大电路从信号源吸取的电流越小,信号源内阻 r_s 上的损耗压降越小。放大电路的输入电阻如图 2-29 所示。

输入电阻的定义为

$$r_i = \frac{U_i}{I_i} \qquad (2-10)$$

③ 输出电阻：输出电阻 r_o 是放大电路带负载的能力的参数。r_o 越小，表明放大电路带负载的能力越强。r_o 就是从输出端看进去的交流等效电阻，放大电路的输出电阻如图 $2-29$ 所示。

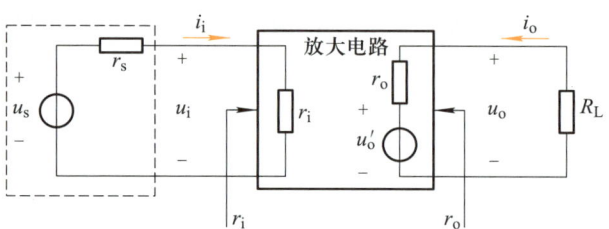

图 $2-29$
放大电路的输入电阻和输出电阻

输出电阻的定义为

$$r_o = \frac{U_o}{I_o} \bigg|_{R_L=\infty,\; u_s=0} \qquad (2-11)$$

式 $(2-11)$ 的具体含义是：将负载开路，信号源短路，在输出端加一个电压 U_o，测得电流为 I_o，二者之比即为 r_o。

如图 $2-29$ 所示，还可以求出 **源电压放大倍数 A_{us}**。所谓源电压放大倍数即输出电压 U_o 与信号源电压 U_s 之比，定义为

$$A_{us} = \frac{U_o}{U_s} = \frac{U_i}{U_s} \cdot \frac{U_o}{U_i} = \frac{r_i}{r_s + r_i} A_u \qquad (2-12)$$

3. 三极管放大电路的三种组态

由于三极管有三个电极，在实际使用中，总要有一个电极接地，从而形成了三极管在交流电路中的三种接法，即放大电路的三种组态——共发射极组态、共集电极组态和共基极组态，如图 $2-30$ 所示。

注意

需要强调指出，无论选用哪一种组态，要使三极管具有放大作用，都必须保证三极管工作在放大区——发射结正偏，集电结反偏。

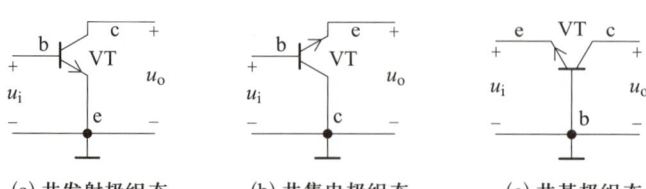

图 $2-30$　放大电路的三种组态　(a) 共发射极组态　　　(b) 共集电极组态　　　(c) 共基极组态

下面以应用较为广泛的共发射极放大电路为重点，讨论放大电路的结构、工作原理及其分析计算方法。

二、固定偏置式共发射极放大电路

1. 组成结构

(1) 电路组成

图 2‑31 所示是一个固定偏置式共发射极放大电路。电路中只有一个三极管作为放大器件,因此是单管放大电路。由图可见,输入回路与输出回路的公共端(接地端)是三极管的发射极,所以也称为**单管共射放大电路**或**基本放大电路**。

问题的提出

共发射极放大电路的组成原则是什么?

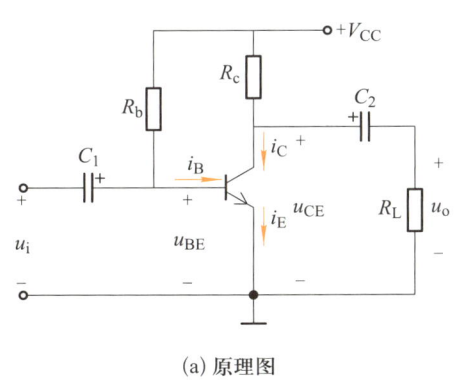

(a) 原理图

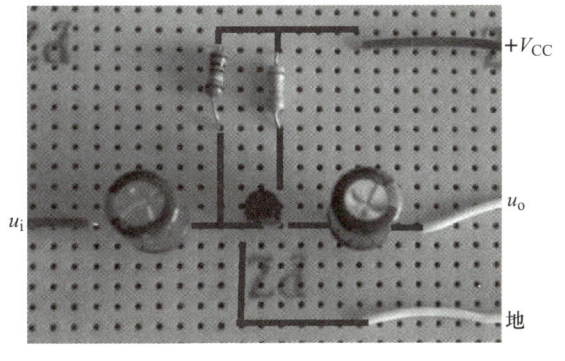

(b) 实物图

图 2‑31　固定偏置式共发射极放大电路

固定偏置式共发射极放大电路中各元器件的名称及作用见表 2‑5。

表 2‑5　固定偏置式共发射极放大电路中各元器件的名称及作用

名称及作用	VT	$+V_{CC}$	R_b	R_c	C_1、C_2	R_L
名　称	放大管	直流电源	基极偏置电阻	集电极电阻	耦合电容	负载
作　用	核心元器件,用于电流放大	提供能量,同时保证发射结正偏和集电结反偏,使放大管(三极管)处于放大状态	在无交流信号 u_i 输入时,给基极提供合适的固定偏置电流	将集电极电流的放大转化为电压信号的放大输出 u_o。	隔断直流分量,导通交流分量	放大电路输出驱动的对象

(2) 放大电路中电信号符号的规定

从图 2‑31 中可以看出,放大电路中各点的电压、电流实际上是由直流分量和交流分量**叠加**而成的,所以为了区分不同的分量,以基极电流为例,基极电流波形及其符号规定如图 2‑32 所示,有关符号规定如下。

① 直流分量:用大写字母带大写下标表示,简称"大大写"。比如 I_B 表示基极的直流电流分量,如图 2‑32a 所示。

② 交流分量:用小写字母带小写下标表示,简称"小小写"。比如 i_b 表示基极的交流电流分量,如图 2‑32b 所示。

③ 交直流叠加量（总量）：用小写字母带大写下标表示，简称"小大写"。比如 $i_B = I_B + i_b$，这表示的是基极实际上的总电流，如图 2-32c 所示。

④ 交流分量有效值：用大写字母带小写下标表示，简称"大小写"。比如 I_b 表示的是基极正弦交流电流的有效值。

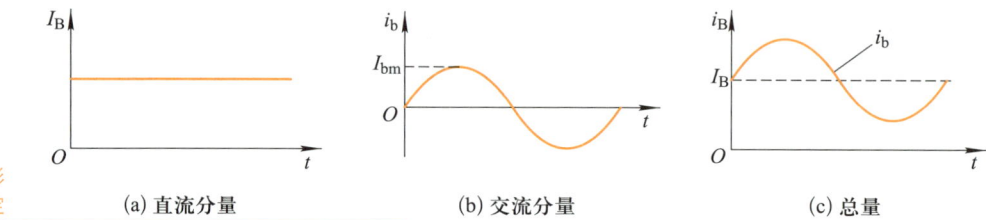

图 2-32
基极电流波形
及其符号规定

(a) 直流分量　　　　　　　　(b) 交流分量　　　　　　　　(c) 总量

2. 放大电路的基本工作原理

放大电路（又称**放大器**）的作用是将微小的输入信号放大到负载所需要的程度。在图 2-31 中，三极管已经具备了放大的工作条件：发射结上加有正偏电压，集电结上加有反偏电压。当输入的交流信号为零时，三极管的基极、集电极和发射极中都只有直流电流流过，这种工作状态叫作放大电路的**静态**。当输入的交流信号不为零时，三极管基极、集电极和发射极的电流中既含有直流电流又含有交流电流，这种工作状态叫作放大电路的**动态**。当给放大电路输入端加上一个微小的输入信号电压（比如几十毫伏）后，三极管的基极电流将发生微小的变化（比如几十微安），这将导致集电极电流发生较大的变化（比如几毫安）。集电极电流通过集电极电阻 R_c 时，就在 R_c 两端转换成电压的变化，若 R_c 取值较大（一般为几千欧），则在 R_c 两端就会发生几伏的电压变化，通过耦合电容 C_2，负载就得到了比输入信号电压大得多的交流电压，从而实现了信号的放大。共发射极放大电路的工作原理及各点信号波形如图 2-33 所示。

动画：放大电路的各点波形

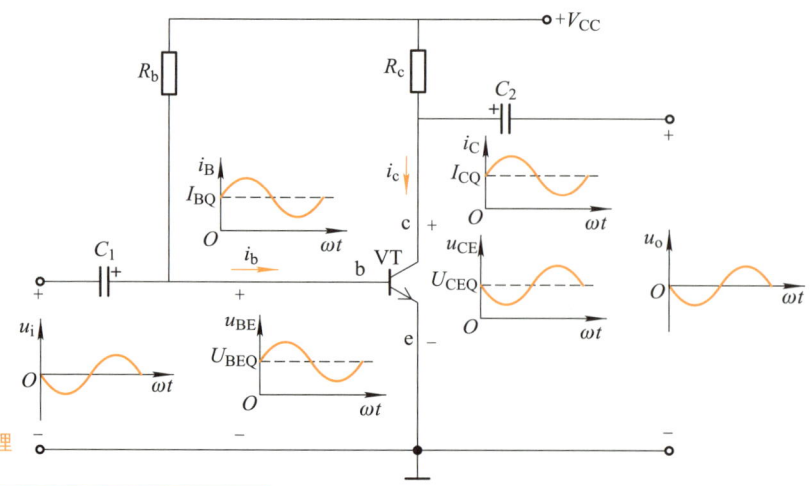

图 2-33
共发射极放大电路的工作原理
及各点信号波形

三、基本放大电路的分析方法

基本放大电路的分析方法就是从**静态**和**动态**两个方面来对基本放大电路进行分析。所谓"静态"是指放大电路只加有直流信号(即电源 V_{CC})时的工作状态;所谓"动态"是指放大电路只加有交流信号(即输入电压 u_i)时的工作状态。

静态分析是要确定放大电路中三极管各极的直流电压和电流值:I_B、U_{BE}、I_C、U_{CE}——即**静态工作点**(也叫"Q"点),然后看"Q"点是否处在三极管伏安特性曲线的合适位置,这是放大电路能正常工作的前提条件。静态分析主要由直流通路求得。

动态分析是要确定放大电路对输入信号的电压放大倍数 A_u,分析放大电路对交流信号所呈现的输入电阻 r_i 和输出电阻 r_o 等。显然这些量都只与放大电路本身的参数有关,而与外来信号无关。动态分析主要由交流通路求得。

微课:放大电路中"Q"点的作用

1. 静态分析——由放大电路的直流通路确定"Q"点

(1) 直流通路

直流通路的画法遵循以下两点要求:

① 耦合电容可以看作开路,电感可以看作短路。

② 电源内阻可以忽略不计。

对应图 2–31a 所示的共发射极放大电路的直流通路如图 2–34 所示。

(2) "Q"点的计算(公式法)

由于 I_B、U_{BE}、I_C、U_{CE} 都是直流分量,因此可以从放大电路的直流通路求得。为了强调"Q"点,一般将静态值符号表示为:I_{BQ}、U_{BEQ}、I_{CQ}、U_{CEQ}。

U_{BEQ} 的估算值,对硅管取 0.7 V,对锗管取 0.3 V。在计算时,若电路的电源电压 V_{CC} 大于 U_{BEQ} 十倍以上,U_{BEQ} 的值可以忽略不计。

从图 2–34 可以求出有关"Q"点的三个计算公式为

问题的提出

放大电路为什么会有直流、交流这两个不同的路径呢?

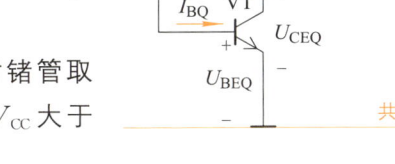

图片:静态工作点

图 2–34
共发射极放大电路的直流通路

$$I_{BQ} = \frac{V_{CC} - U_{BEQ}}{R_b} \approx \frac{V_{CC}}{R_b} \tag{2-13}$$

$$I_{CQ} = \beta I_{BQ} \tag{2-14}$$

$$U_{CEQ} = V_{CC} - I_{CQ} R_c \tag{2-15}$$

注意

需要强调的是式(2–14):$I_{CQ} = \beta I_{BQ}$,只有在三极管工作于放大区时才成立,所以当计算过程中出现了不合理的数值时,就要分析此时的三极管是否工作于放大区了。

🔒 **例 2–2** 已知在图 2–31a 所示电路中,$V_{CC} = 12$ V,$R_c = 3$ kΩ,$R_b = 300$ kΩ,三极管型号为 3DG6,$\beta = 50$。求:

（1）放大电路的"Q"点；

（2）若基极偏置电阻 $R_b = 30\ \mathrm{k\Omega}$，再计算"$Q$"点，并说明此时三极管工作于何种状态？

解：（1）首先画出电路的直流通路，如图 2‑34 所示。

按式（2‑13）得

$$I_{BQ} = \frac{V_{CC} - U_{BEQ}}{R_b} \approx \frac{V_{CC}}{R_b} = \frac{12\ \mathrm{V}}{300\ \mathrm{k\Omega}} = 0.04\ \mathrm{mA}$$

按式（2‑14）得

$$I_{CQ} = \beta I_{BQ} = 50 \times 0.04\ \mathrm{mA} = 2\ \mathrm{mA}$$

按式（2‑15）得

$$U_{CEQ} = V_{CC} - I_{CQ} R_c = (12 - 2 \times 3)\ \mathrm{V} = 6\ \mathrm{V}$$

（2）当 $R_b = 30\ \mathrm{k\Omega}$ 时，$I_{BQ} = \dfrac{V_{CC} - U_{BEQ}}{R_b} \approx \dfrac{V_{CC}}{R_b} = \dfrac{12\ \mathrm{V}}{30\ \mathrm{k\Omega}} = 0.4\ \mathrm{mA}$

假设三极管仍工作于放大状态，则可得

$$I_{CQ} = \beta I_{BQ} = 50 \times 0.4\ \mathrm{mA} = 20\ \mathrm{mA}$$

$$U_{CEQ} = V_{CC} - I_{CQ} R_c = (12 - 20 \times 3)\ \mathrm{V} = -48\ \mathrm{V}$$

显然这个假设是错误的，因为 U_{CEQ} 不可能为负值。问题出在错误地使用了式（2‑14）。实际情况是：当 R_b 减小后，基极电位升高，导致发射结正偏，集电结也正偏，此时三极管已经进入饱和状态，式（2‑14）不再适用了。

（3）图解法

所谓图解法，就是利用作图的方法来确定"Q"点的位置，以判断"Q"点的设置是否合理，从而确定三极管是否工作在放大区。

为了便于分析讨论，可将图 2‑34 所示的直流通路变换为如图 2‑35 所示的形式。

这里主要看图 2‑35 的输出回路，可得回路方程为

$$u_{CE} = V_{CC} - i_C R_c \qquad (2\text{‑}16)$$

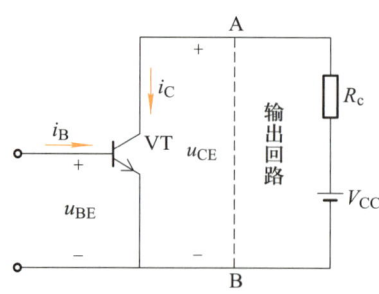

图 2‑35
变换后的直流通路

在三极管的输出特性曲线所在的坐标系中作出式（2‑16）所描述的直线，方法如下：

① 令 $i_C = 0$，则 $u_{CE} = V_{CC}$，即为该直线与横轴的交点。

② 令 $u_{CE} = 0$，则 $i_C = V_{CC}/R_c$，即为该直线与纵轴的交点。

连接这两点，即可在三极管的输出特性曲线所在的坐标系中画出这条直

线——**直流负载线**。

由于直流负载线是"Q"点移动的轨迹,"Q"点必在它上面;而"Q"点又在某一条输出特性曲线上,所以二者的交点即为"Q"点的位置。图解法确定"Q"点的位置如图 2-36 所示。读出该点所对应的坐标值,就是静态工作点中的 I_{CQ} 和 U_{CEQ} 值。

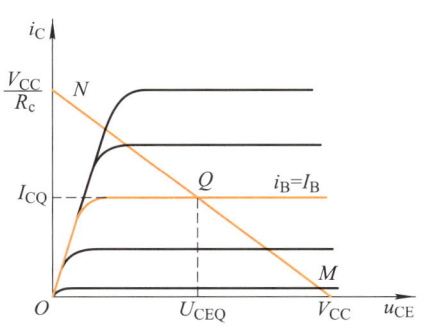

图 2-36
图解法确定
"Q"点的位置

例 2-3 已知共发射极放大电路参数与例 2-2 完全相同,试用图解法确定放大电路的"Q"点。

解:
$$I_{BQ} = \frac{V_{CC} - U_{BEQ}}{R_b} \approx \frac{V_{CC}}{R_b} = \frac{12\ \text{V}}{300\ \text{k}\Omega} = 0.04\ \text{mA}$$

$$I_{CQ} = \beta I_{BQ} = 50 \times 0.04\ \text{mA} = 2\ \text{mA}$$

确定直流负载线与纵轴的交点为:$V_{CC}/R_c = \dfrac{12\ \text{V}}{3\ \text{k}\Omega} = 4\ \text{mA}$;确定直流负载线与横轴的交点为:$V_{CC} = 12\ \text{V}$,连接这两点即可画出直流负载线。因为 $I_{CQ} = 2\ \text{mA}$ 为纵轴的中点,从而可以确定"Q"点正好处于直流负载线的中点位置,这样就可以求出"Q"点的横坐标 $U_{CEQ} = 6\ \text{V}$(V_{CC} 的一半),所以通过图解法确定"Q"点坐标为 $(6, 2)$,如图 2-37 所示。

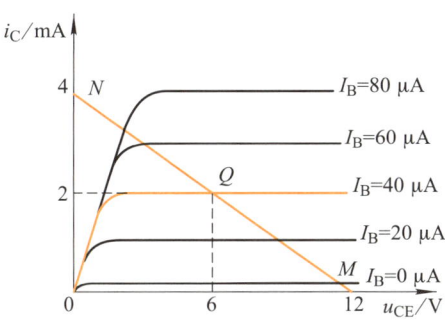

图 2-37
例 2-3 图

(4) 放大电路输出失真现象

所谓失真,是指放大电路的输出波形与输入波形不成比例关系。引起失真主要的原因是放大电路的"Q"点位置选择不当,使输出电压的范围超出了三极管输出特性曲线放大区的范围。下面利用图解法来进一步讨论失真现象和"Q"点的关系。

在图 2-38a 中,由于"Q"点设置过低,输入信号的负半周进入截止区,使 i_B、i_C 为零,因而引起 i_B、i_C 和 u_{CE} 的波形发生失真——**截止失真**。由图 2-38a 可明显地看出,对于 NPN 型三极管,当放大电路产生截止失真时,输出电压 u_o 的波形将出现顶部失真现象。

反之,如果"Q"点设置过高,如图 2-38b 所示,则输入信号的正半周进入饱和区,当 i_B 继续增大时,i_C 不再随之增大,因此也将引起 i_C 和 u_{CE} 的波形发生失真——**饱和失真**。由图 2-38b 可见,对于 NPN 型三极管,当放大电路产生

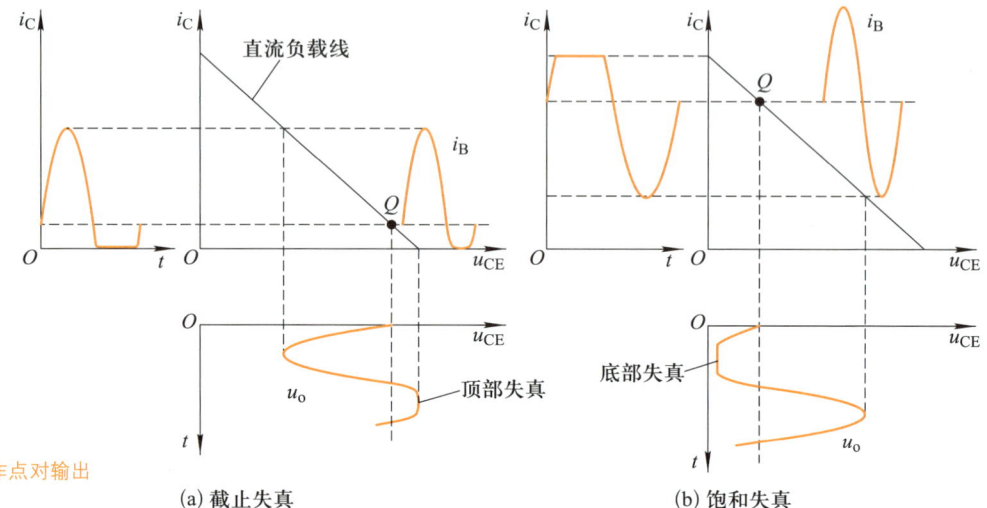

图 2-38 静态工作点对输出波形失真的影响

(a) 截止失真

(b) 饱和失真

饱和失真时,输出电压 u_o 的波形将出现底部失真现象。

2. 动态分析——微变等效电路法

(1) 三极管的微变等效电路模型

在输入信号比较小时,如果三极管的静态工作点选择比较合适,则三极管的输入伏安特性曲线在一段小范围内可以看成是直线,把本来是非线性元件的三极管线性化,这样放大电路就可以等效为一个线性电路,通常把这种等效方法称为**微变等效电路法**。必须强调的是,微变等效电路是在微变量的基础上得到的,只适用于分析三极管在小信号输入时的动态工作情况。

在微变等效电路中,三极管的基极和发射极之间可以用一个电阻来等效,用 r_{be} 来表示,它表示了三极管的输入特性。如图 2-39a 所示为三极管的输入特性曲线,Δu_{BE} 与 Δi_B 之比即为 r_{be},在工程上,小功率三极管的输入电阻常用下式来估算:

$$r_{be} = \frac{\Delta u_{BE}}{\Delta i_B} \approx 300\ \Omega + (1+\beta)\ \frac{26(\mathrm{mV})}{I_{EQ}(\mathrm{mA})} \qquad (2-17)$$

上式中,I_{EQ} 是三极管发射极电流的静态值,单位是毫安;r_{be} 的值一般为几百欧到几千欧。

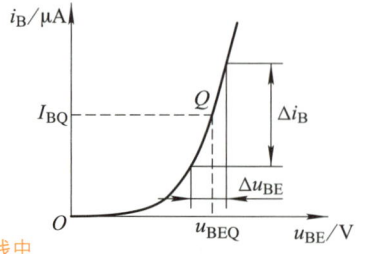
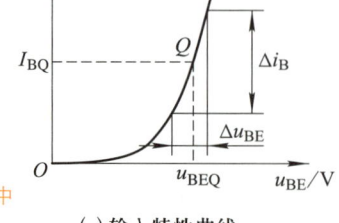

图 2-39 从三极管的特性曲线中求 r_{be} 和 i_c 的方法

(a) 输入特性曲线

(b) 输出特性曲线

如图 2-39b 所示为三极管的输出特性曲线。在放大区,i_c 只受 i_b 的控制,而几乎与管子两端的电压 u_{CE} 无关,因而三极管的输出回路可等效为一个受控的电流源,即 $\Delta i_C = \beta \Delta i_B$。用微变交流量表示,可得

$$i_c = \beta i_b$$

综上所述,可以画出三极管的微变等效电路,如图 2-40 所示。

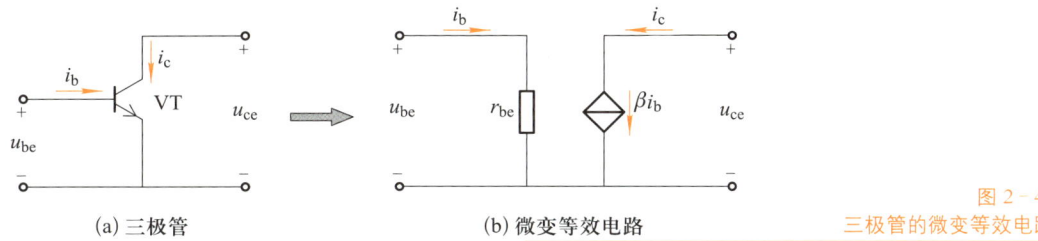

(a) 三极管　　　　　　　　　(b) 微变等效电路

图 2-40
三极管的微变等效电路

(2) 放大电路交流通路的画法

交流通路的画法遵循以下两点:

① 耦合电容相当于短路。

② 直流电源 V_{CC} 对地短接(即相对于交流分量来说,直流电源相当于不存在)。

对应图 2-31a 所示的共发射极放大电路交流通路如图 2-41 所示。

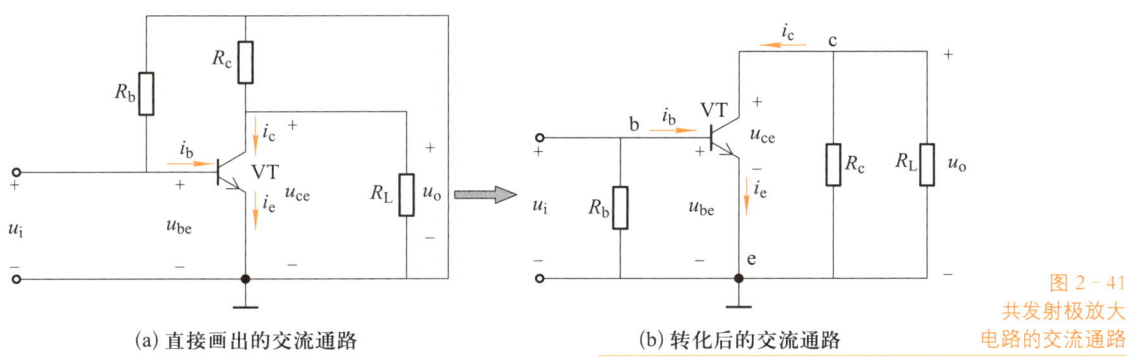

(a) 直接画出的交流通路　　　　　　(b) 转化后的交流通路

图 2-41
共发射极放大
电路的交流通路

(3) 放大电路微变等效电路法的分析步骤

对放大电路的分析应遵循**"先静态,后动态"**的原则。具体步骤是:首先分析静态工作点,确定其是否合适,如不合适应进行调整;其次是画出交流通路,并根据式(2-17)求出 r_{be};在交流通路的基础上,最后将三极管用其微变等效电路模型代替,即可得到放大电路的微变等效电路。共发射极放大电路的微变等效电路如图 2-42 所示。

根据图 2-42 可求出放大电路的电压放大倍数、输入电阻和输出电阻等性能指标。

👁 **想一想**

图 2-41a 所示电路为什么可以转换成图 2-41b 所示的形式? 图 2-41b 所示的这种形式好在哪里?

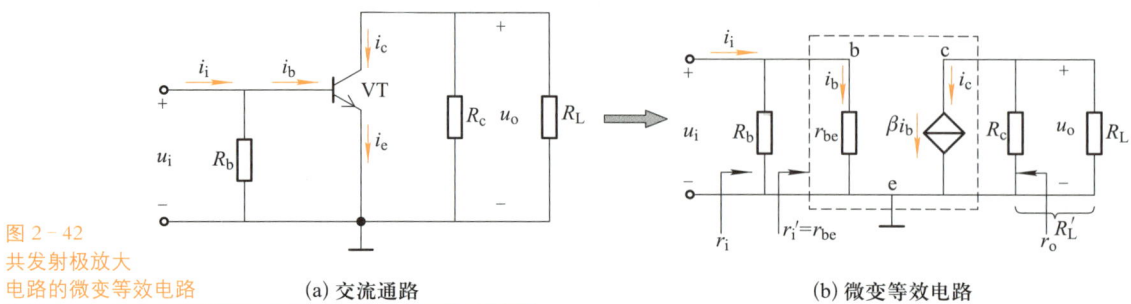

图 2 - 42
共发射极放大
电路的微变等效电路   (a) 交流通路   (b) 微变等效电路

① 电压放大倍数 A_u：放大电路的输出电压 u_o 与输入电压 u_i 的比值，叫作放大电路的**电压放大倍数**。这是衡量放大电路对信号放大能力的主要技术指标，即

$$A_u = \frac{u_o}{u_i}$$

在图 2 - 42b 中，应用基尔霍夫定律并考虑到电流的方向，可得

$$A_u = \frac{u_o}{u_i} = -\frac{i_c(R_c \mathbin{/\mkern-5mu/} R_L)}{i_b r_{be}} = -\frac{\beta(R_c \mathbin{/\mkern-5mu/} R_L)}{r_{be}} = -\beta \frac{R_L'}{r_{be}} \quad (2 - 18)$$

式(2 - 18)中的负号表示输出电压和输入电压的相位是**反相的关系**。$R_L' = R_c \mathbin{/\mkern-5mu/} R_L$ 叫作放大电路的交流负载。显然，放大电路的负载越轻（R_L 的值越小），放大电路的电压放大倍数就下降得越厉害。

② 放大电路的输入电阻 r_i：对于信号源来说，放大电路相当于它的负载，可以用一个电阻来等效代替，这个电阻就是放大电路的输入电阻 r_i，即

$$r_i = \frac{u_i}{i_i} = R_b \mathbin{/\mkern-5mu/} r_{be} \approx r_{be} \quad (2 - 19)$$

放大电路的输入电阻越大，从信号源索取的电流就越小，则信号源提供给放大电路的输入电压就越接近信号源的电动势，尤其是当信号源的内阻较大时更要考虑放大电路的输入电阻。一般基极偏置电阻 R_b 的值远大于三极管的输入等效电阻 r_{be}，所以 $r_i \approx r_{be}$。可见共发射极放大电路的输入电阻 r_i 不够大。

③ 放大电路的输出电阻 r_o：输出电阻 r_o 是指从输出端向放大电路看进去的动态电阻，因为电流源的内阻 r_{ce} 几乎是无穷大，所以可得 r_o 为

$$r_o = R_c \mathbin{/\mkern-5mu/} r_{ce} \approx R_c \quad (2 - 20)$$

如果放大电路的输出电阻比较大，当负载变化时，输出电压的变化也比较大，表明放大电路的带负载能力较差。因此，当放大电路是作为一个电压放大器来使用时，其输出电阻是越小越好。显然，共发射极放大电路的输出电阻是比较大的。

🔒 **例 2 - 4**　放大电路如图 2 - 31 所示。其中三极管为 3DG8，其 β 值为 44，基极偏置电阻 $R_b=510\ \text{k}\Omega$，集电极电阻 $R_c=6.8\ \text{k}\Omega$，负载 $R_L=6.8\ \text{k}\Omega$，电源电压为 20 V。求：

（1）估算静态工作点，并确定其位置是否合理；

（2）电压放大倍数 A_u、输入电阻 r_i 和输出电阻 r_o。

解：

（1）$I_{BQ}=\dfrac{V_{CC}-U_{BEQ}}{R_b}\approx\dfrac{V_{CC}}{R_b}=\dfrac{20\ \text{V}}{510\ \text{k}\Omega}\approx 0.04\ \text{mA}$

$I_{CQ}=\beta I_{BQ}=44\times 0.04\ \text{mA}\approx 1.8\ \text{mA}$

$U_{CEQ}=V_{CC}-I_{CQ}R_c=(20-1.8\times 6.8)\text{V}\approx 8\ \text{V}$

用图解法可确定"Q"点位置，如图 2 - 43 所示。可见，"Q"点位置略高，但仍处于放大区，基本正常。

🔍 **想一想**

动态分析时，r_{be} 是动态电阻还是静态电阻？它和一般电阻有什么不同？带负载时和不带负载时，r_{be} 的区别是什么？微变等效电路适用的信号范围如何？

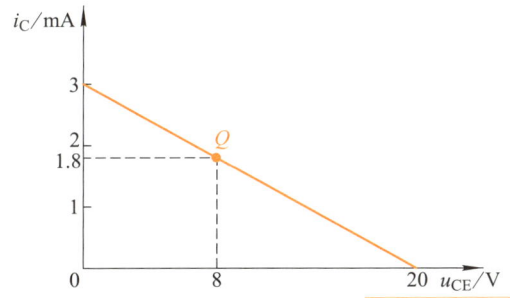

图 2 - 43　例 2 - 4 图

（2）$r_{be}=300\ \Omega+(1+\beta)\cdot\dfrac{26\ \text{mV}}{I_{EQ}(\text{mA})}=300\ \Omega+(1+44)\times\dfrac{26\ \text{mV}}{1.8\ \text{mA}}$

$=950\ \Omega=0.95\ \text{k}\Omega$

式中，取 $I_{EQ}\approx I_{CQ}=1.8\ \text{mA}$。

$$A_u=-\beta\frac{R_L'}{r_{be}}=-44\times\frac{\dfrac{6.8\times 6.8}{6.8+6.8}\text{k}\Omega}{0.95\ \text{k}\Omega}\approx -157$$

$$r_i\approx r_{be}=0.95\ \text{k}\Omega$$

$$r_o\approx R_c=6.8\ \text{k}\Omega$$

四、分压偏置式放大电路

1. 影响放大电路静态工作点的主要因素

通过前面的分析可知，偏置电路设置目的是给三极管以合适的静态工作点，从而保证放大电路能正常工作在放大状态，具有较高的性能指标。然而影响"Q"点稳定的因素有很多方面，如环境温度的变化、电源电压的波动、元器件

🔍 **问题的提出**

放大电路不仅要合理地设置"Q"点，而且还要采取措施来稳定"Q"点。因为有很多外部环境因素将影响到"Q"点的稳定，那么应如何对电路进行改进，使"Q"点稳定呢？

的老化等,其中温度对三极管的影响最为显著。例如,某老式电视机工作一段时间后发热导致图像信号失真,待停机冷却后再开机,图像又恢复正常。这种现象说明该电视机内部放大电路的"Q"点受温度影响而发生了变化。

在如图 2–31 所示的电路中,$I_B \approx V_{CC}/R_b$,只要 V_{CC}、R_b 固定,则基极电流 I_B 固定,集电极电流 I_C 也固定,那么放大电路的"Q"点就固定了,这也正是把它称为**"固定偏置式"**的原因。这种电路所用元器件少、电路简单、放大倍数较高。但温度变化将影响其"Q"点的稳定,例如温度升高时,β 增大、u_{BE} 减小,I_B 将增大、I_C 随之增大,"Q"点上移,影响放大电路的性能。如果在温度变化时,能设法使 I_C 维持恒定,就可以解决"Q"点稳定的问题了。

2. 分压偏置式放大电路

固定偏置式放大电路的电路结构简单,但它的静态工作点不稳定,会引起输出电压波形的失真,因而实际中不常用。前面分析过,三极管各个参数的变化最终都导致三极管集电极电流的变化,所以如果能把集电极电流稳定住,则放大电路的静态工作点也就稳定了。从这个思路出发,在放大电路的电路结构上采取一些措施,从而设计出了分压偏置式放大电路,如图 2–44 所示。

想一想

固定偏置式共发射极放大器的主要缺点是什么?应如何改进呢?

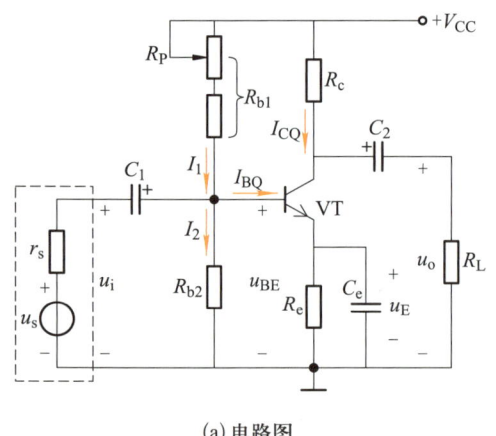

(a) 电路图

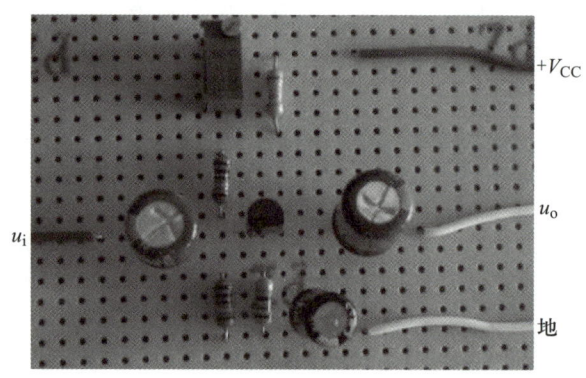

(b) 实物图

图 2–44　分压偏置式放大电路

互动测试:分压偏置式放大电路的原理

在这个电路中,R_{b1} 是上偏置电阻,R_{b2} 是下偏置电阻,R_e 是发射极电阻,C_e 是发射极交流旁路电容。R_{b1} 和 R_{b2} 对电源电压进行分压,使基极得到合适的电位。设流过偏置电阻 R_{b1} 和 R_{b2} 的电流分别为 I_1 和 I_2,则

$$I_1 = I_2 + I_{BQ}$$

一般 I_{BQ} 很小,I_1 远大于 I_{BQ},所以可以认为 $I_1 \approx I_2$,则 R_{b1} 和 R_{b2} 近似为串联,基极的电位为

$$U_B \approx \frac{R_{b2}}{R_{b1}+R_{b2}}V_{CC} \tag{2-21}$$

上面这个公式是分压公式,**分压偏置式**因此得名。

(1) 分压偏置式放大电路稳定"Q"点的原理

因为电路中基极的电位是由电阻分压决定的,而电阻的阻值随温度的变化不显著,所以在这种放大电路中,三极管的基极电位可以认为是不随温度的变化而变化的。

假设温度上升,导致三极管的集电极电流上升,则发射极电流也上升。这个过程可以用下面的流程图来表示

$$T(℃)\uparrow \rightarrow I_{CQ}\uparrow \rightarrow I_{EQ}\uparrow \rightarrow U_E(=I_ER_E)\uparrow \rightarrow U_{BE}(=U_B-U_E)\downarrow \rightarrow I_{BQ}\downarrow \rightarrow I_{CQ}\downarrow$$

反之,温度下降,其变化过程与上述相反。

这个过程表明,分压偏置式放大电路的特点就是利用分压器(R_{b1} 和 R_{b2})获得固定基极电压 U_B,再通过电阻 R_e 对电流 $I_{CQ}(I_{EQ})$ 的取样作用,将 I_{CQ} 的变化转换成 U_E 的变化,经**负反馈**自动调节 U_{BE} 从而达到稳定"Q"点的目的。I_1 与 I_{BQ} 相比越大,U_B 与 U_{BE} 相比越大,则电路稳定静态工作点的效果就越好,但 U_B 也不能过大,否则使电路的动态输出范围减小。所以为了兼顾其他指标,工程应用设计时一般可选取:

$$I_1=(5\sim10)I_{BQ}, U_B=3\sim5\ \text{V}\quad(\text{硅管})\qquad(2-22)$$

$$I_1=(10\sim20)I_{BQ}, U_B=1\sim3\ \text{V}\quad(\text{锗管})\qquad(2-23)$$

(2) 分压偏置式放大电路的分析

画出分压偏置式放大电路的直流通路,如图 2-45 所示,可以求出它的静态工作点,计算公式为

$$U_B\approx\frac{R_{b2}}{R_{b1}+R_{b2}}V_{CC}$$

$$U_E=U_B-U_{BEQ}$$

$$I_{CQ}\approx I_{EQ}=\frac{U_E}{R_e}$$

$$U_{CEQ}=V_{CC}-I_{CQ}(R_c+R_e)\qquad(2-24)$$

$$I_{BQ}=\frac{I_{CQ}}{\beta}$$

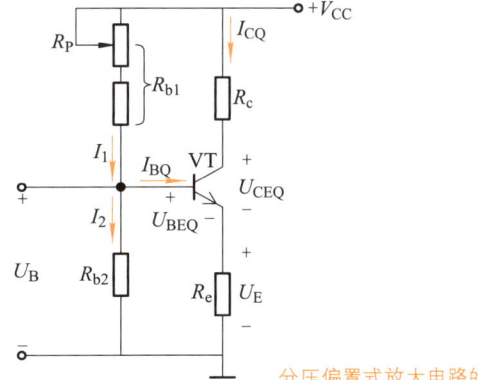

图 2-45
分压偏置式放大电路的直流通路

画出分压偏置式放大电路的交流通路,如图 2-46a 所示,再画出它的微变等效电路如图 2-46b 所示,可以求出它的电压放大倍数 A_u、输入电阻 r_i 和输出电阻 r_o。

$$A_u=-\beta\frac{R'_L}{r_{be}}=-\beta\frac{R_c/\!/R_L}{r_{be}}$$

$$r_i = R_b \mathbin{/\!/} r_{be} = R_{b1} \mathbin{/\!/} R_{b2} \mathbin{/\!/} r_{be} \qquad (2\text{-}25)$$

$$r_o = R_c$$

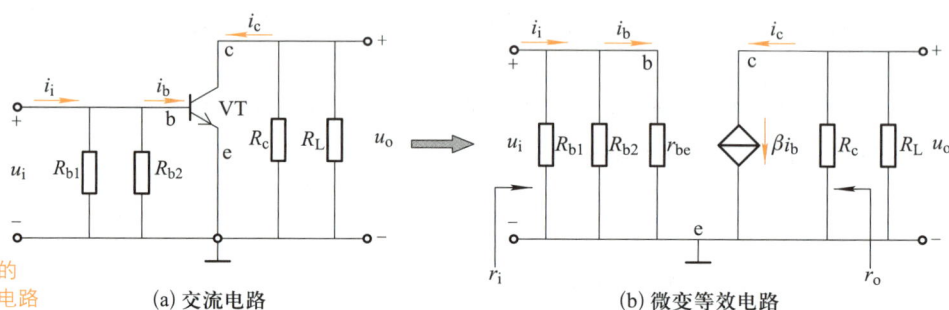

图 2-46
分压偏置式放大电路的
交流通路和微变等效电路

(a) 交流电路   (b) 微变等效电路

想一想

分压偏置式放大电路的基极为什么要用两个分压电阻 R_{b1} 和 R_{b2}？为什么要串入发射极电阻 R_e？为什么接入旁路电容 C_e？如果电路中无旁路电容 C_e，请画出此时的微变等效电路，并计算电压放大倍数 A_u。

微课：分压偏置式放大电路的分析

分压偏置式放大电路在实际中应用广泛，它不仅提高了静态工作点的热稳定性，而且在更换三极管时，对由于三极管的参数不同而引起的"Q"点变化，也具有稳定作用。这一点给各种电子仪器设备的维修工作带来了很大方便。

🔒 **例 2-5** 在图 2-44a 所示的分压偏置式放大电路中，已知 $R_{b1} = 7.5\ \text{k}\Omega$，$R_{b2} = 2.5\ \text{k}\Omega$，$R_c = 2\ \text{k}\Omega$，$R_e = 1\ \text{k}\Omega$，$R_L = 2\ \text{k}\Omega$，$V_{CC} = 12\ \text{V}$，$U_{BEQ} = 0.7\ \text{V}$ 设 20℃时，三极管的 $\beta = 30$。

(1) 试估算静态工作点及电压放大倍数、输入电阻、输出电阻。

(2) 假设温度上升到 50℃时，三极管的 $\beta = 60$，其他参数不变，静态工作点有无变化？

解：(1) 20℃时，三极管的 $\beta = 30$，则

$$U_{BQ} \approx \frac{R_{b2}}{R_{b1} + R_{b2}} V_{CC} = \frac{2.5\ \text{k}\Omega}{(7.5 + 2.5)\ \text{k}\Omega} \times 12\ \text{V} = 3\ \text{V}$$

$$U_{EQ} = U_{BQ} - U_{BEQ} = 2.3\ \text{V}$$

$$I_{CQ} \approx I_{EQ} = \frac{U_{EQ}}{R_e} = 2.3\ \text{mA}$$

$$U_{CEQ} = V_{CC} - I_{CQ}(R_c + R_e) = 5.1\ \text{V}$$

$$I_{BQ} = \frac{I_{CQ}}{\beta} \approx 0.077\ \text{mA} = 77\ \mu\text{A}$$

为了求 A_u，需先估算 r_{be}，即

$$r_{be} = 300\ \Omega + (1+\beta)\frac{26(\text{mV})}{I_{EQ}(\text{mA})} \approx 650\ \Omega$$

则

$$A_u = -\beta \frac{R'_L}{r_{be}} = -\beta \frac{R_c \mathbin{/\mkern-5mu/} R_L}{r_{be}} \approx -46.2$$

$$r_i = R_b \mathbin{/\mkern-5mu/} r_{be} = R_{b1} \mathbin{/\mkern-5mu/} R_{b2} \mathbin{/\mkern-5mu/} r_{be} \approx 483\ \Omega$$

$$r_o = R_c = 2\ \text{k}\Omega$$

（2）50℃时，三极管的 $\beta = 60$，根据以上估算过程可知，I_{CQ}、U_{CEQ}、U_{BQ} 的值均基本保持不变（与 β 变化无关），即仍为

$$U_{BQ} \approx 3\ \text{V},\ I_{CQ} \approx 2.3\ \text{mA},\ U_{CEQ} \approx 5.1\ \text{V}$$

但是，$I_{BQ} \approx 2.3\ \text{mA}/60 = 0.038\ \text{mA} = 38\ \mu\text{A}$，即 I_{BQ} 减小了。

计算结果表明，当温度由 20℃ 上升到 50℃ 时（β 值由 30 增加到 60），分压偏置式放大电路中"Q"点的位置基本保持不变，这正是此种放大电路的优点。

🔒 **例 2 - 6**　某放大电路如图 2 - 47a 所示，已知 $I_{EQ} = 1.9\ \text{mA}$，$\beta = 50$，信号源内阻 $r_s = 500\ \Omega$，试估算该电路的 r_i、r_o、A_u、A_{us}。

解： 首先画出该电路的交流通路，如图 2 - 47b 所示，因为电阻 R_{e1} 未接旁路电路，故三极管发射极通过 R_{e1} 接地。将三极管用微变等效模型替代，可画出该电路的微变等效电路如图 2 - 47c 所示。

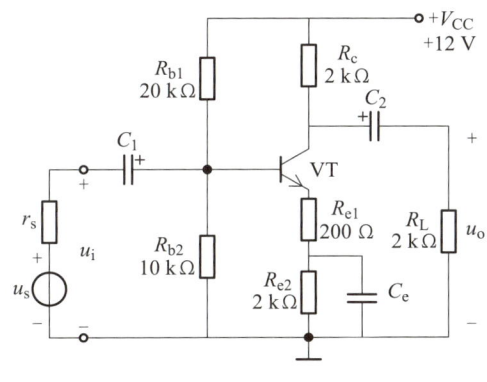

(a) 电路图

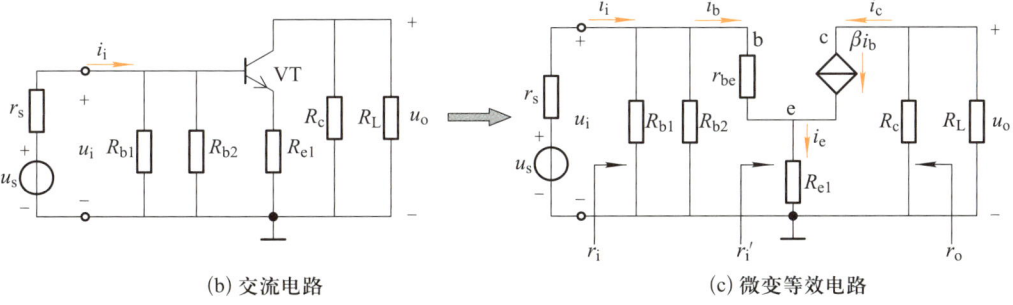

(b) 交流电路　　　　　　　　　　(c) 微变等效电路

图 2 - 47　例 2 - 6 电路图

（1）先求出 r_{be}

$$r_{\mathrm{be}} = \left[300 + (1+\beta)\frac{26(\mathrm{mV})}{I_{\mathrm{EQ}}(\mathrm{mV})}\right]\Omega = \left[300 + 50 \times \frac{26}{1.9}\right]\Omega = 998\ \Omega \approx 1\ \mathrm{k}\Omega$$

（2）输入电阻 r_{i} 和输出电阻 r_{o}。

从图 2-47c 可以看出，输入电阻 r_{i} 为 R_{b1}、R_{b2} 与 R_{e1} 支路的等效电阻 r_{i}' 三者并联。r_{be} 与 R_{e1} 中流过的电流不同，故 r_{be} 与 R_{e1} 不能直接串联相加。

因为

$$U_{\mathrm{i}} = I_{\mathrm{b}}r_{\mathrm{be}} + I_{\mathrm{e}}R_{\mathrm{e1}} = I_{\mathrm{b}}[r_{\mathrm{be}} + (1+\beta)R_{\mathrm{e1}}]$$

所以

$$r_{\mathrm{i}}' = \frac{U_{\mathrm{i}}}{I_{\mathrm{b}}} = r_{\mathrm{be}} + (1+\beta)R_{\mathrm{e1}}$$

故

$$r_{\mathrm{i}} = R_{\mathrm{b1}} /\!/ R_{\mathrm{b2}} /\!/ r_{\mathrm{i}}' = R_{\mathrm{b}} /\!/ [r_{\mathrm{be}} + (1+\beta)R_{\mathrm{e1}}] \qquad (2\text{-}26)$$

代入数据可得

$$r_{\mathrm{i}} = \frac{1}{\dfrac{1}{20} + \dfrac{1}{10} + \dfrac{1}{1 + (1+50)\times 0.2}}\ \mathrm{k}\Omega \approx 6.3\ \mathrm{k}\Omega$$

输出电阻

$$r_{\mathrm{o}} = R_{\mathrm{c}} = 2\ \mathrm{k}\Omega$$

（3）电压放大倍数 A_u

$$R_{\mathrm{L}}' = R_{\mathrm{c}} /\!/ R_{\mathrm{L}}$$

因为

$$U_{\mathrm{o}} = -I_{\mathrm{c}}R_{\mathrm{L}}' = -\beta I_{\mathrm{b}}R_{\mathrm{L}}'$$

所以

$$A_u = \frac{U_{\mathrm{o}}}{U_{\mathrm{i}}} = \frac{-\beta R_{\mathrm{L}}'}{r_{\mathrm{be}} + (1+\beta)R_{\mathrm{e1}}} \qquad (2\text{-}27)$$

代入数据可得

$$A_u = -\frac{50 \times \dfrac{2\times 2}{2+2}\ \mathrm{V}}{1 + (1+50)\times 0.2\ \mathrm{V}} \approx -4.46$$

可见,由于发射极电阻 R_{el} 的存在,使得电压放大倍数 A_u 大大降低了。

(4) 源电压放大倍数 A_{us}

根据式(2－12),可得

$$A_{us}=\frac{U_{\mathrm{o}}}{U_{\mathrm{s}}}=\frac{r_{\mathrm{i}}}{r_{\mathrm{s}}+r_{\mathrm{i}}}A_u=\frac{6.3}{0.5+6.3}\times(-4.46)\approx-4.13$$

五、射极跟随器

射极跟随器也是一种应用比较广泛的放大电路,其电路图如图 2－48a 所示。由于其输出端由三极管的发射极引出,故得名射极跟随器(又简称**射随器**)。它的交流通路如图 2－48b 所示,基极和集电极之间是输入端,发射极和集电极之间是输出端,集电极是输入回路和输出回路的公共端,故也叫作**共集电极放大电路**。

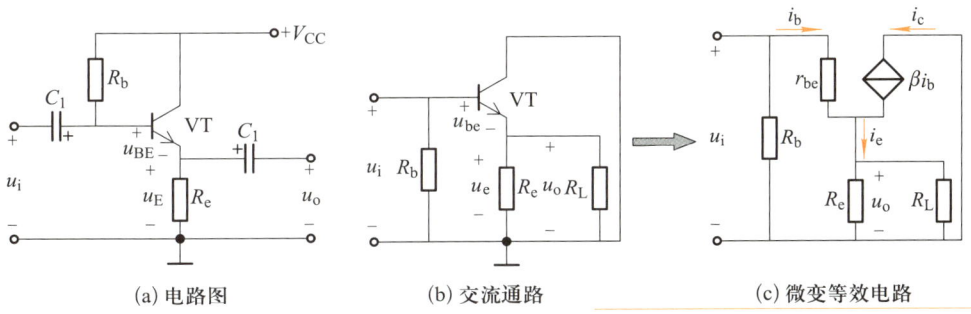

(a) 电路图　　　(b) 交流通路　　　(c) 微变等效电路

图 2－48　射极跟随器

1. 射极跟随器的特点

(1) 电压放大倍数 $A_u\leqslant 1$,且输出电压与输入电压相位相同

从射极跟随器的微变等效电路(图 2－48c)可得

$$u_{\mathrm{o}}=(1+\beta)i_{\mathrm{b}}(R_{\mathrm{L}} /\!/ R_{\mathrm{e}}) \tag{2－28}$$

$$u_{\mathrm{i}}=i_{\mathrm{b}}[r_{\mathrm{be}}+(1+\beta)(R_{\mathrm{e}} /\!/ R_{\mathrm{L}})] \tag{2－29}$$

$$A_u=\frac{u_{\mathrm{o}}}{u_{\mathrm{i}}}=\frac{(1+\beta)i_{\mathrm{b}}(R_{\mathrm{L}} /\!/ R_{\mathrm{e}})}{i_{\mathrm{b}}[r_{\mathrm{be}}+(1+\beta)(R_{\mathrm{L}} /\!/ R_{\mathrm{e}})]}\leqslant 1 \tag{2－30}$$

可见射极跟随器没有电压放大作用,输出电压与输入电压相位相同,且输出电压和输入电压大小相近,起到了电压跟随的作用,这也正是**跟随器**名称的由来。

射极跟随器的电流放大倍数为

$$A_i=\frac{I_{\mathrm{o}}}{I_{\mathrm{i}}}=\frac{i_{\mathrm{c}}}{i_{\mathrm{b}}}=\beta \tag{2－31}$$

实操演示:共集电极放大电路的测试

这说明射极跟随器仍有电流放大作用。

（2）输入电阻高

由图 2-48c 可得

$$r_i = R_b \mathbin{/\mkern-5mu/} [r_{be} + (1+\beta)(R_e \mathbin{/\mkern-5mu/} R_L)] \tag{2-32}$$

一般 R_b 的阻值在几十千欧和几百千欧之间，$(1+\beta)(R_e \mathbin{/\mkern-5mu/} R_L)$ 的值也比 r_{be} 大得多，所以射极跟随器的输入电阻比较大，从信号源索取的电流比较小，有利于与微弱信号源的衔接。实际上，射极跟随器常常作为多级放大电路的第一级，以减少信号电压在信号源内阻上的损耗，尽可能获得大的输入信号电压。

（3）输出电阻小

从射极跟随器的微变等效电路上可以看出，要使流过 R_e 的电流是输入回路电流的 $(1+\beta)$ 倍，其输出电阻为

$$r_o = R_e \mathbin{/\mkern-5mu/} \left[\frac{r_{be} + (R_b \mathbin{/\mkern-5mu/} r_s)}{1+\beta} \right] \tag{2-33}$$

即射极输出器有极小的输出电阻(一般为几欧到几十欧)，表明它带负载的能力很强。实际上，射极跟随器也常常作为多级放大电路的最后一级，用于带动负载。

2. 射极跟随器的应用场合

射极跟随器虽然没有电压放大作用，但电流放大作用仍然存在，并且具有射极跟随作用及输入电阻很高、输出电阻很低的特点。因此射极跟随器在电子设备中获得了广泛应用。

（1）作多级放大电路的输入级

因为射极跟随器输入电阻高，取用信号源的电流小，在用于电子电路的测量时，可以提高测量仪表的精度，因此常在测量电压的电子仪器中作输入级使用。

（2）作多级放大电路的输出级

由于射极跟随器输出电阻低，带负载的能力强，可以向负载输出较大的功率，故常用于多级放大电路的输出级。

（3）作多级放大电路的中间(缓冲)级

在作中间级时，射极跟随器的高输入阻抗对前级的影响甚小，而对后级因输出电阻低，又具有跟随性，在与输入电阻不高的共发射极放大电路配合使用时，既可保证输入信号的相位不变，又可起到阻抗变换的作用，从而可以提高多级放大电路的放大能力，在两级放大电路中间起缓冲作用。

由此可见，射极跟随器常用在多级放大电路中。

▌知识延伸▌

共基极放大电路

共基极放大电路的主要作用是放大高频信号和拓宽通频带,其电路组成如图 2-49 所示。

1. 电路组成

在图 2-49 所示电路中,R_{b1}、R_{b2} 近似串联,为基极提供正向偏置电压,三极管的基极为公共端,通过一个电容器 C_b 接地。C_b 的作用是和"地"的直流隔开,保证基极上能够得到直流偏置电压。发射极为输

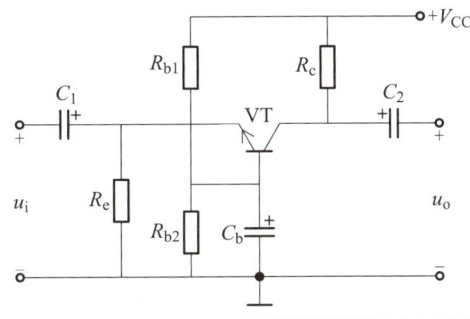

图 2-49
共基极放大电路

入端,通过一个电阻(或一个绕组)与"地"连接,输入信号在发射极与基极之间。集电极为输出端,输出信号从集电极和基极之间取出。

2. 电路工作原理

电路原理分析主要包括静态分析和动态分析两个方面。

(1) 静态分析

由图 2-49 不难看出,共基极放大电路的直流通路与图 2-45 所示的分压偏置式共发射极放大电路的直流通路一样,所以共基极放大电路的静态工作点计算方法与共发射极放大电路相同。

(2) 动态分析

共基极放大电路的微变等效电路如图 2-50 所示。由图 2-50 可得出以下动态指标:

① 电压放大倍数 A_u

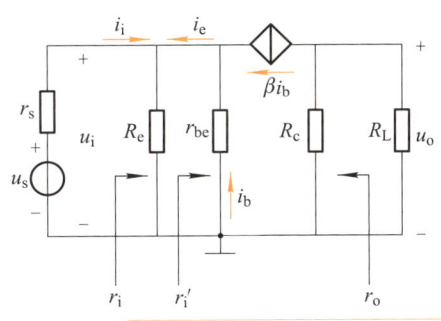

图 2-50
共基极放大电路的
微变等效电路

$$A_u = \frac{u_o}{u_i} = \frac{-i_c(R_c /\!/ R_L)}{-i_b r_{be}} = \beta \frac{R'_L}{r_{be}}$$

$$(2-34)$$

式(2-34)说明,共基极放大电路的输出电压与输入电压同相位,这是共基极放大电路与共发射极放大电路的不同之处。它也具有电压放大作用,A_u 的大小与固定偏置式共射放大电路相同。

② 输入电阻 r_i

$$r'_i = \frac{u_i}{-i_e} = \frac{-i_b r_{be}}{-(1+\beta)i_b} = \frac{r_{be}}{1+\beta}$$

$$r_{\mathrm{i}} = R_{\mathrm{e}} \; // \; r_{\mathrm{i}}' = R_{\mathrm{e}} \; // \; \frac{r_{\mathrm{be}}}{1+\beta} \tag{2-35}$$

由此可见,共基极放大电路的输入电阻很小,一般只有几欧到几十欧。

③ 输出电阻 r_{o}。

为了求输出电阻,可令 $u_{\mathrm{s}} = 0$,故 $i_{\mathrm{b}} = 0$,受控电流源 $\beta i_{\mathrm{b}} = 0$,可作开路处理。故

$$r_{\mathrm{o}} \approx R_{\mathrm{c}}$$

综上分析可知,共基极放大电路的电压放大倍数较大,且输出电压和输入电压同相位,输入电阻较小,输出电阻较大。由于共基极放大电路的输入电流为发射极电流,输出电流为集电极电流,电流放大倍数为 $\beta/(1+\beta)$,该值小于 1 且近似为 1,因此共基极放大电路又称电流跟随器,主要应用在高频电路中。

▎技能训练 ▎
分压偏置式放大电路的仿真及调试

1. 训练目的

(1) 掌握放大电路静态工作点的 Multisim 10 仿真测试方法。

(2) 结合 Multisim 10 的仿真测试,掌握实际电路静态工作点的调试方法。

(3) 掌握放大电路放大倍数的测试方法。

(4) 研究静态工作点对输出波形失真和放大倍数的影响。

2. 原理方法

分压偏置式放大电路的实训电路如图 2-51 所示。

分压偏置式放大电路静态工作点与放大倍数的估算、分析如下

$$U_{\mathrm{B}} \approx \frac{R_{\mathrm{b2}}}{(R_{\mathrm{b1}} + R_{\mathrm{P}}) + R_{\mathrm{b2}}} V_{\mathrm{CC}}$$

$$U_{\mathrm{E}} = U_{\mathrm{B}} - U_{\mathrm{BEQ}}$$

$$I_{\mathrm{CQ}} \approx I_{\mathrm{EQ}} = \frac{U_{\mathrm{E}}}{R_{\mathrm{e}}}$$

$$U_{\mathrm{CEQ}} = V_{\mathrm{CC}} - I_{\mathrm{CQ}}(R_{\mathrm{c}} + R_{\mathrm{e}})$$

$$A_u = -\beta \frac{R_{\mathrm{L}}'}{R_{\mathrm{be}}} = \frac{u_{\mathrm{o}}}{u_{\mathrm{i}}}$$

由于静态工作点位于直流负载线的中点最佳,可知 $U_{\mathrm{CEQ}} = 6\,\mathrm{V}$(电源电压的一半),再根据静态工作点公式,可求出

$$I_{\mathrm{CQ}} = \frac{V_{\mathrm{CC}} - U_{\mathrm{CEQ}}}{R_{\mathrm{c}} + R_{\mathrm{e}}} = \frac{(12-6)\,\mathrm{V}}{(5.1+1.0)\,\mathrm{k\Omega}} \approx 1\,\mathrm{mA}$$

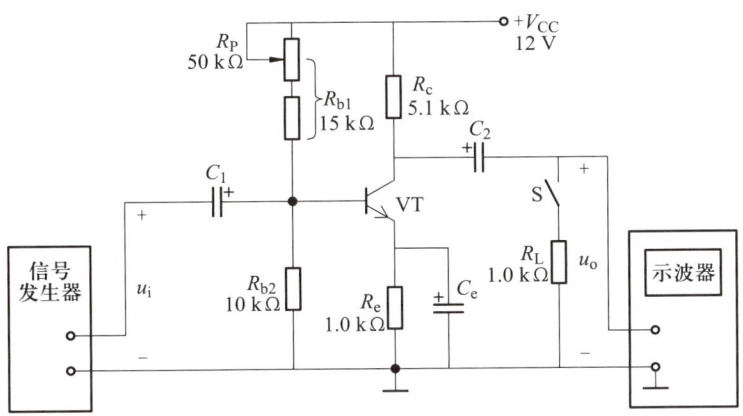

（a）测试连接图

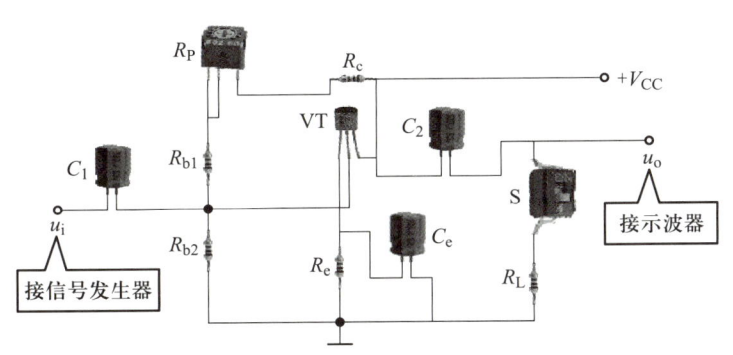

（b）实物连接示意图　　图 2-51　分压偏置式放大电路的实训电路

　　由此可知，当该电路的三极管集电极电流 I_C 调至 1 mA 左右时，静态工作点（"Q"点）处于最佳位置。

3. 知识要求

（1）复习三极管的特性。

（2）复习分压偏置式放大电路的分析方法。

（3）复习信号发生器、示波器、万用表的使用方法。

4. 仪器与设备

（1）计算机（装有 Multisim 10 软件）。

（2）虚拟仪器、元器件：稳压电源、示波器、信号发生器各一台；万用表、毫伏表各一块。

5. 训练内容

（1）电路的仿真测试

① 静态工作点的测试

在 Multisim 10 软件环境下，绘制分压偏置式放大电路静态工作点的测试电路如图 2–52 所示。将输入端接地(无交流信号),使放大电路处于直流工作状态。在三极管集电极串联接入直流电流表,在基极、集电极和发射极分别并联上直流电压表。

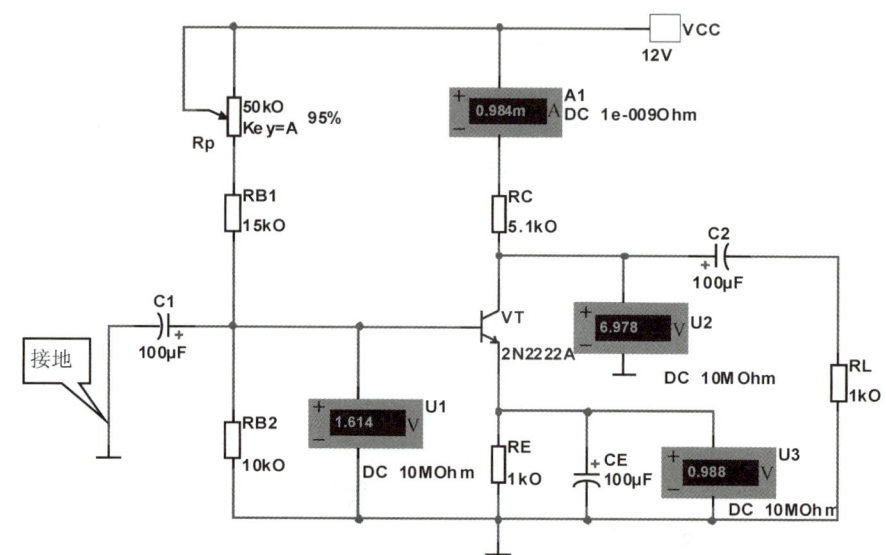

注意

图中输入信号为 0(接地),以保证电路为静态,电源电压为 12 V。

接通电源,调节 R_P,使直流电流表指示值(即 I_C 值)约为 1 mA,表明"Q"点已调好。此时由图 2–52 可见:从电流表的仿真测量值得出 $I_C = 0.984$ mA;从电压表的仿真测量值可分别得出 $U_B = 1.614$ V,$U_C = 6.978$ V,$U_E = 0.988$ V。通过计算可以得出 $U_{BE} = 0.626$ V,$U_{BC} = -5.364$ V,满足三极管的放大条件:发射结正偏,集电结反偏。

② 放大倍数的测量

分区偏置式放大电路放大倍数的测试电路如图 2–53 所示。输入端接入 1 kHz、5 mV 的正弦交流电压信号 u_i,输出端接示波器以观测输出信号 u_o。

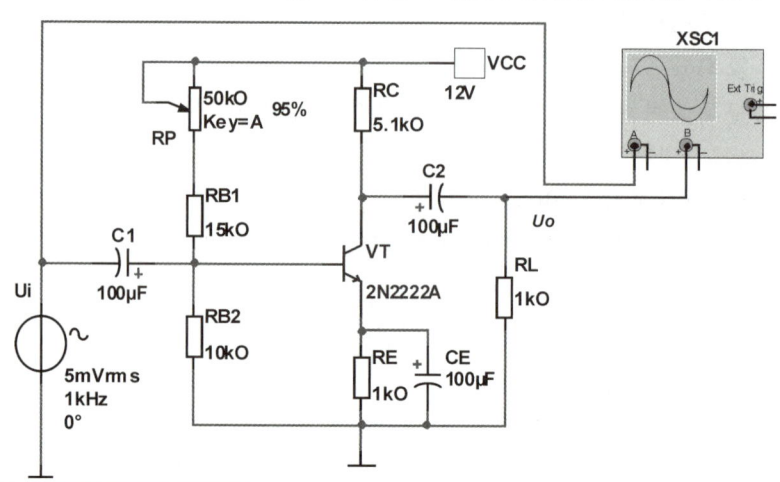

图 2–53
分压偏置式放大电路
放大倍数的测试电路

启动仿真按钮,用示波器观察输入、输出波形(通道 A 为输入,通道 B 为输出),调节 R_P(按[A]键 R_P 增加、按[Shift]＋[A]键 R_P 减小),在输出不失真的情况下,可测得分压偏置式放大电路的输入、输出波形如图 2－54 所示。

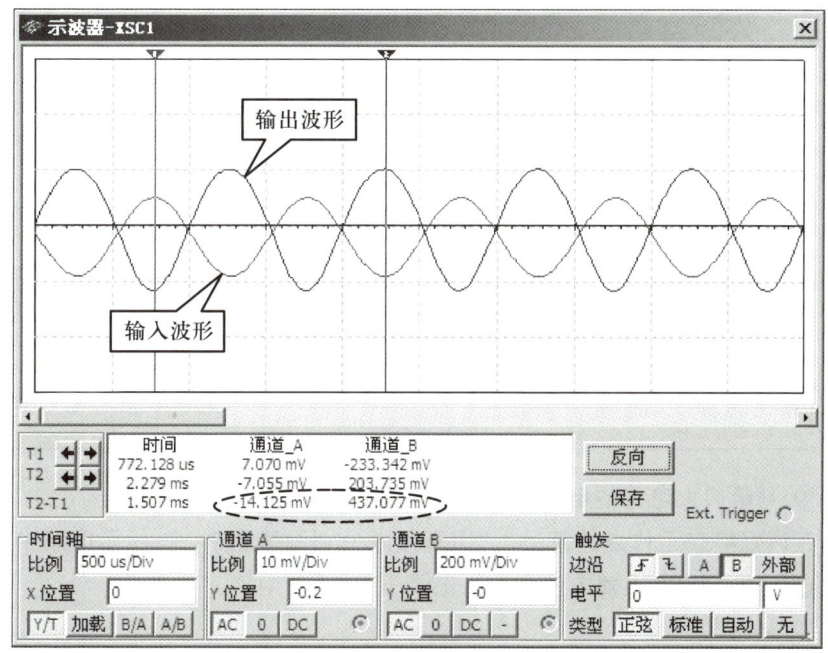

图 2－54
分压偏置式放大电路的
输入、输出波形

在读数指针 T1 时刻,从 T1 栏可读出通道 A 的 $u_{A1}=7.070\ \mathrm{mV}$,通道 B 的 $u_{B1}=-233.342\ \mathrm{mV}$,则放大电路的放大倍数为

$$A_u = \frac{u_{B1}}{u_{A1}} = \frac{-233.342\ \mathrm{mV}}{7.070\ \mathrm{mV}} \approx -33.0$$

A_u 也可用 T2－T1 栏中的数据计算为

$$A_u = \frac{u_{B2}-u_{B1}}{u_{A2}-u_{A1}} = \frac{437.077\ \mathrm{mV}}{-14.125\ \mathrm{mV}} \approx -30.9$$

可见,这两种计算方法得到的 A_u 很接近。从图 2－54 中还可见,输出与输入波形是反相的,即单个三极管放大电路具有反相放大作用。

(2) 电路的实际调试

将图 2－51 所示电路接上＋12 V 直流稳压电源。

① 测量电路的静态工作点,按 $I_C=1\ \mathrm{mA}$ 调整

调整 R_P,用万用表测量 U_C、U_E 的电位,使之满足 $U_C=V_{CC}-I_C R_c$ 或 $U_E=I_E R_e$,并记录于表 2－6 中。

视频：信号发生器的使用

表 2 - 6　静态工作点的测试值

测　试　量				计　算　量		
U_C/V	U_B/V	U_E/V	I_B/mA	U_{BE}/V	U_{CE}/V	I_C/mA

② 研究静态工作点与输出波形失真的关系

输入端 u_i 接入正弦信号，调整信号幅度足够大，频率 1 000 Hz 左右，调节电位器 R_P，用示波器观测输出波形的失真情况。当输出波形为最大不失真时，表明静态工作点已经调好，为最佳状态。将满足上述情况的波形记录于表 2 - 7 中。

视频：数字示波器的使用

表 2 - 7　输出波形及失真分析记录

R_P 的状态	输出波形记录	失 真 类 型
R_P 阻值过小		
R_P 阻值过大		
R_P 阻值适中		

③ 测量放大电路的电压放大倍数

在调好静态工作点的基础上，用毫伏表分别测量图 2 - 51 所示电路中的输入端电压值 U_i 和输出端电压值 U_o，记录于表 2 - 8 中。

实操演示：共射放大电路的测试

表 2 - 8　电压放大倍数的测试结果

测　试　条　件		测　试　数　据		计　　算	
I_C	R_L	U_i	U_o	测量计算 A_u	理论计算 A_u
1 mA	∞				
1 mA	接入				

6. 实训报告

（1）整理数据，完成表格。

（2）对比电路的仿真测试与实际测试，总结两者之间的联系。

（3）根据测量、观察的结果，总结出分压偏置式放大电路稳定静态工作点的原理。

知识点检测 2

1. 固定偏置式放大电路的静态工作点与环境温度（　　）。

A. 有关　　　　　　　　B. 无关　　　　　　　　C. 成比例关系

2. 分压偏置式放大电路的静态工作点与环境温度（　　）。

A. 有关　　　　　　　　B. 无关　　　　　　　　C. 成比例关系

3. 在分压偏置式放大电路中，如果不接射极旁路电容 C_e，则电压放大倍数

A_u（　　）。

　　A. 不变　　　　　　　　　B. 增大　　　　　　　　C. 下降

4. 射极跟随器的电压放大倍数 A_u（　　）。

　　A. 远小于 1　　　　　　　B. 约为 1　　　　　　　C. 远大于 1

任务 3　多级放大电路的认识

任务目标

1. 了解多级放大电路的一般组成和级间耦合关系。
2. 掌握多级放大电路的分析方法及有关指标的计算方法。
3. 重点理解多级放大电路的频率响应特性。

一、多级放大电路的分析

1. 电子电路的一般组成方式

在实际应用中,放大电路所接收的输入信号都非常微弱,一般为毫伏级甚至是微伏级。为了达到负载所需要的信号强度,必须由多级放大电路对信号进行放大,才能完成预定的性能指标。如图 2-55 所示为多级放大电路的组成框图,各部分的作用如下:输入级主要完成与信号源的衔接并对信号进行放大,一般采用输入电阻高的放大电路,如射极跟随器;中间级主要用于对信号进行电压放大,将信号电压放大到设计规定的幅度,一般采取几级共发射极放大电路来完成这个任务;输出级主要用于对信号进行功率放大,达到输出负载所需要的功率并完成和负载的匹配。

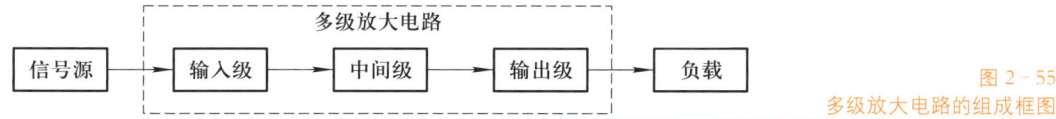

图 2-55
多级放大电路的组成框图

2. 多级放大电路的级间耦合方式

在多级放大电路中,单级放大电路之间信号的传递方式称为耦合。常用的级间耦合方式有**阻容耦合**、**变压器耦合**和**直接耦合**三种。

（1）阻容耦合

如图 2-56 所示为两级阻容耦合放大电路,两级之间通过耦合电容 C_2 与下级输入电阻连接,故称阻容耦合。耦合电容 C_2 具有"隔直通交"作用。既可以将前级信号送到后级,又可以将前、后级的静态工作点隔开。后级相当于前级的负载,而前级则是后级的信号源。

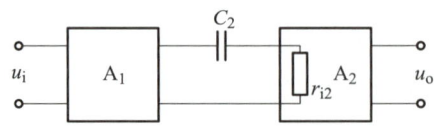

(a) 连接方框图

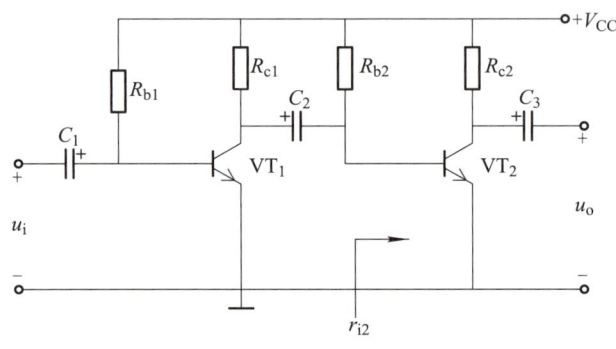

(b) 电路图

图 2-56　两级阻容耦合放大电路

阻容耦合放大电路具有以下特点。

① 各级静态工作点互不影响,非常有利于放大电路的设计、调试和维修。

② 电路的体积小、重量轻。

③ 阻容耦合方式不适合传递变化缓慢的信号,其低频特性不太好,这主要是由于耦合电容对低频信号的容抗比较大。

④ 集成电路中,制造大的电容很困难,因而阻容耦合方式在线性集成电路中几乎无法采用,只适用于分立元件交流放大电路。

（2）变压器耦合

多级放大电路之间采用变压器相连的连接方式称为变压器耦合,变压器耦合放大电路如图 2-57 所示。

变压器耦合放大电路具有以下特点。

① 因为变压器具有“通交流、隔直流”的性质,各级静态工作点互不影响,便于放大电路的设计、调试和维修。

② 能实现电压、电流和阻抗的变换。

③ 变压器体积大,成本高,不能实现集成化。

④ 频率特性不好。

（3）直接耦合

直接耦合是把前级的输出端直接接到下级的输入端,如图 2-58 所示。由于级与级之间没有耦合元器件,因此前级的输出信号直接与后级输入端连接。

直接耦合放大电路具有以下特点。

图片：中频变压器（中周）

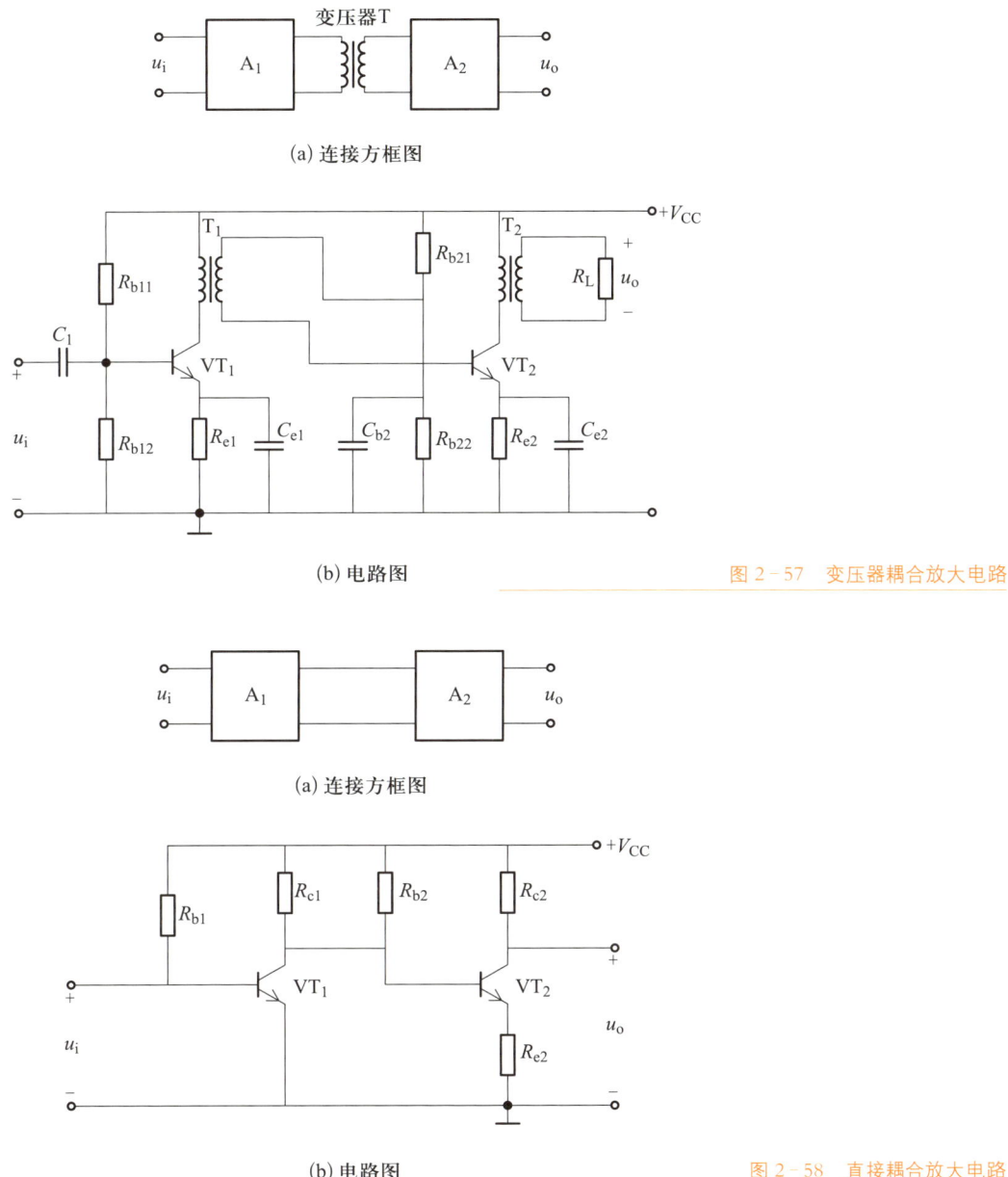

(a) 连接方框图

(b) 电路图　　　　　　　　　　　　　图 2 - 57　变压器耦合放大电路

(a) 连接方框图

(b) 电路图　　　　　　　　　　　　　图 2 - 58　直接耦合放大电路

① 各级静态工作点互相影响。

② 频率特性最好。

③ 易于集成,广泛用于集成放大电路。

　　直接耦合放大电路存在的最大问题,就是当电路的环境温度变化时,前级放大电路直流工作点的微弱变化会传递到下一级,而下一级会把它当作信号加以放大,这种情况叫作**温度漂移**(简称温漂),又称为**零点漂移**(简称零漂)。温度漂移使人们无法分清楚放大电路输出的是有用信号还是无用信号。这个问题必须加以解决,否则直接耦合放大电路就无法使用。解决温度漂移的根本方法是采用差分放大电路,这个内容将在后面专门进行讲述。

想一想

为什么直接耦合多级放大电路会存在温度漂移现象?

3. 多级放大电路的分析

(1) 多级放大电路电压放大倍数的计算

多级放大电路的电压放大倍数等于各级放大电路电压放大倍数的乘积。即:

$$A_u = \frac{U_o}{U_i} = A_{u1} \cdot A_{u2} \cdots \cdots A_{uN} \tag{2-36}$$

(2) 多级放大电路的输入电阻和输出电阻

对于多级放大电路来说,其输入电阻 r_i 等于从第一级放大电路的输入端所看到的等效电阻,多级放大电路的输出电阻 r_o 等于从最后一级放大电路的负载两端(不含负载)所看到的等效电阻。

例 2-7 分压偏置式共发射极两级阻容耦合放大电路如图 2-59 所示,已知 $R_{b11} = R_{b21} = 33 \text{ k}\Omega$,$R_{b12} = R_{b22} = 10 \text{ k}\Omega$,$R_{c1} = R_{c2} = 3.3 \text{ k}\Omega$,$R_{e1} = R_{e2} = 1.5 \text{ k}\Omega$,$R_L = 5.1 \text{ k}\Omega$,$\beta_1 = \beta_2 = 60$,$r_{be1} = r_{be2} = 0.6 \text{ k}\Omega$,$V_{CC} = 24 \text{ V}$。试计算:

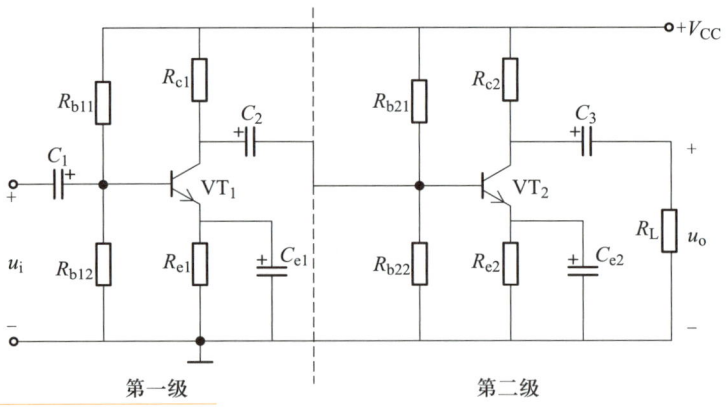

图 2-59 例 2-7 图

(1) 两级放大电路的总电压放大倍数 A_u,并分析输入、输出电压的相位关系;

(2) 输入电阻 r_i,输出电阻 r_o。

解:此电路的微变等效电路如图 2-60 所示。

(1) 先求第一级的电压放大倍数 A_{u1}

第一级的负载电阻 $R_{L1} = r_{i2} = R_{b21} /\!/ R_{b22} /\!/ r_{be2}$,所以

$$A_{u1} = -\beta_1 \frac{R'_{L1}}{r_{be1}} = -\beta_1 \frac{R_{c1} /\!/ r_{i2}}{r_{be1}} \approx -60 \times \frac{0.48 \text{ k}\Omega}{0.6 \text{ k}\Omega} = -48$$

再求第二级的电压放大倍数 A_{u2}

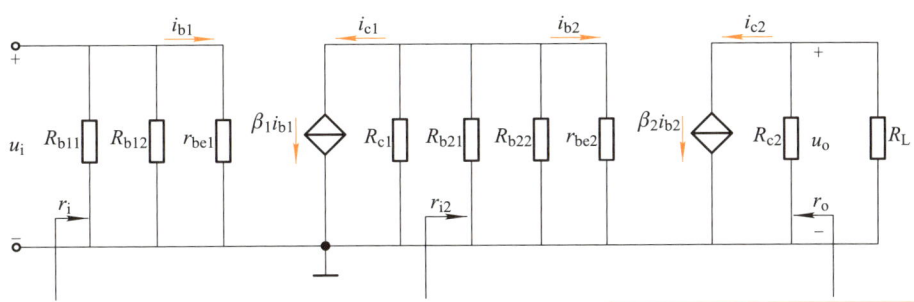

图 2-60
两级阻容耦合放大
电路微变等效电路

$$A_{u2} = -\beta_2 \frac{R'_{L2}}{r_{be2}} = -\beta_1 \frac{R_{c2} /\!/ R_L}{r_{be2}} \approx -60 \times \frac{2}{0.6} = -200$$

两级放大电路总的电压放大倍数为

$$A_u = A_{u1}A_{u2} = (-48) \times (-200) = 9\,600$$

可见,经两级阻容耦合放大后,输出电压与输入电压是同相位的。

(2) 输入电阻 r_i 为

$$r_i = r_{i1} = R_{b11} /\!/ R_{b12} /\!/ r_{be1} = \frac{1}{\dfrac{1}{33} + \dfrac{1}{10} + \dfrac{1}{0.6}} \text{k}\Omega \approx 0.6 \text{ k}\Omega$$

输出电阻 r_o 为

$$r_o = r_{o2} = R_{c2} = 3.3 \text{ k}\Omega$$

从上例可见,由于多级放大电路的放大倍数一般较大,直接表示不太方便,所以在电子电路中,常用**增益**来表示电路的放大能力,即增益的分贝表示法。增益的定义为

$$G_u = 20\lg \frac{u_o}{u_i} = 20\lg A_u \tag{2-37}$$

增益的单位是**分贝**,用符号 dB 来表示。由于采用了分贝表示法,就可以利用对数的性质,将乘法变为加法(除法变为减法),大大简化了多级放大电路电压放大倍数的计算。多级放大电路的总增益运算关系可表示为

$$G_u(\text{dB}) = G_{u1}(\text{dB}) + G_{u2}(\text{dB}) + \cdots + G_{uN}(\text{dB}) \tag{2-38}$$

另外用分贝表示法可以更直观地表示出增益的变化情况。比如放大电路的电压放大倍数等于 1 时,其增益用分贝表示为 0;当放大电路的电压放大倍数小于 1 时,其增益用分贝表示为一个负数;当放大电路的电压放大倍数大于 1 时,其增益用分贝表示为一个正数。分贝表示法还广泛应用于电子电路各种性能指标的表示,如收音机、电视机的灵敏度和选择性等。各种测量仪器的衰

互动测试:增
益的概念

减比、信噪比和环境的噪声也都可以用分贝来表示,所以分贝是一个在实际工程中被广泛使用的单位。

如例 2 - 7 的总增益可用分贝表示为

$$G_u = 20\lg \frac{u_o}{u_i} = 20\lg A_u = 20\lg A_{u1} + 20\lg A_{u2} = 20\lg 9\ 600 \approx 80\ \text{dB}$$

二、放大电路的频率响应

在实际应用中,电子电路所处理的信号,如音频信号、视频信号等都不是简单的单一频率信号,它们都是由幅度及相位有固定比例关系的多频率分量组合而成的复杂信号。如音频信号的频率范围从 20 Hz 到几十千赫,而视频信号的频率范围从直流到几十兆赫。由于放大电路中存在电抗性元件(如管子的极间电容,电路的负载电容、分布电容、耦合电容、射极旁路电容等),使得放大电路可能对不同频率信号分量产生的放大倍数和相移也不相同。如果放大电路对不同频率信号产生的放大倍数不同,就会引起幅度失真;如果放大电路对不同频率信号产生的相移不同,就会引起相位失真;幅度失真和相位失真总称为频率失真。为实现信号不失真放大,需要研究放大电路的频率响应。

1. 放大电路的频率特性

阻容耦合放大电路和变压器耦合放大电路的频率特性不够好,实际上,凡是放大电路都存在着对于不同频率信号的放大倍数有所变化的问题。这是因为在电路中,存在着许多与频率特性有关的元器件,这些元器件的电抗随着信号频率的变化而变化,不可避免地要影响到放大电路的特性。通常把放大电路的放大倍数与信号频率的关系定义为放大电路的**频率特性**。放大电路的频率特性由幅频特性和相频特性两部分组成,**幅频特性**表示放大电路放大倍数的模(因为放大电路的放大倍数一般是用向量来表示的)与信号频率的关系;**相频特性**表示放大电路的输出电压与输入电压的相位差和信号频率的关系。图 2 - 61a 所示是阻容耦合放大电路的频率特性,图 2 - 61b 所示是直接耦合放大电路的幅频特性。

放大电路的频率特性表明,在某一段频率(中频区)范围内,放大电路的放大倍数 $|A_{um}|$ 与频率无关,是一个常数。随着信号频率的增大或减小,放大倍数会减小,同时输出电压与输入电压的相位差也随着信号频率的变化而变化。当放大电路的放大倍数下降到 $0.707|A_{um}|$ 时所对应的两个频率,分别叫作放大电路的下限频率 f_L 和上限频率 f_H。在这两个频率之间的频率范围,叫作放大电路的**通频带 BW**,它是放大电路的一个重要指标。通频带越宽,表示放大电路的工作频率范围越宽。

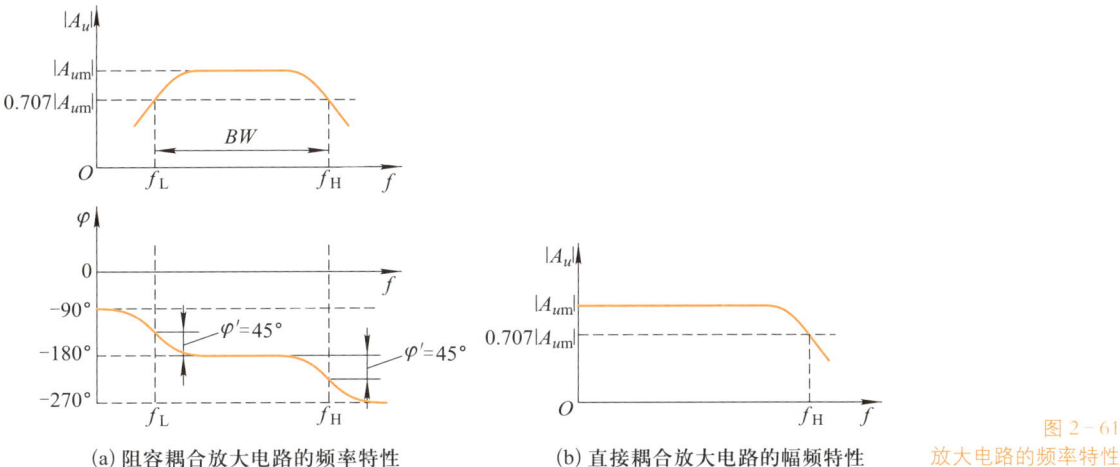

(a) 阻容耦合放大电路的频率特性　　　(b) 直接耦合放大电路的幅频特性

图 2-61
放大电路的频率特性

2. 影响放大电路频率特性的因素

在分析放大电路的频率特性时,通常将频率范围分为高、中、低三个频段。

在中频段,由于放大电路的级间耦合电容和三极管的发射极旁路电容的数值较大,对中频段信号的容抗很小,可以视为短路。三极管的结电容和电路中导线的分布电容均很小,对中频信号的容抗很大,可以视为开路。所以在中频段,可以认为电容不影响交流信号的传送,放大电路的放大倍数与频率无关。

在低频段,由于耦合电容和发射极旁路电容容抗的增加,不能再视为短路,信号通过时被明显衰减,降低了输出信号的幅度,并且使输出信号产生了附加相移。

在高频段,由于三极管的结电容和电路中导线的分布电容对输入信号产生分流,降低了放大电路的放大倍数,同时也产生了附加相移。另外在高频段,三极管电流放大系数的下降,也是影响放大电路放大倍数的原因之一。根据信号的频率范围,选用合适的高频三极管和合适的电路组态,可以改善放大电路的高频特性。

从图 2-61b 中可看出,直接耦合放大电路的低频特性很好,所以对低频特性要求高的放大电路可采用直接耦合放大电路。现在家庭影院中的功率放大电路大都采用直接耦合放大电路。

3. 多级放大电路通频带的变化

两级放大电路的频率特性如图 2-62 所示,该电路是由相同频率特性的两个单级放大电路构成的两级放大电路。由图可见,两级放大电路的通频带,比组成它的单级电路的通频带窄了。这说明采用多级放大电路来提高总增益是用牺牲通频带来换取的。

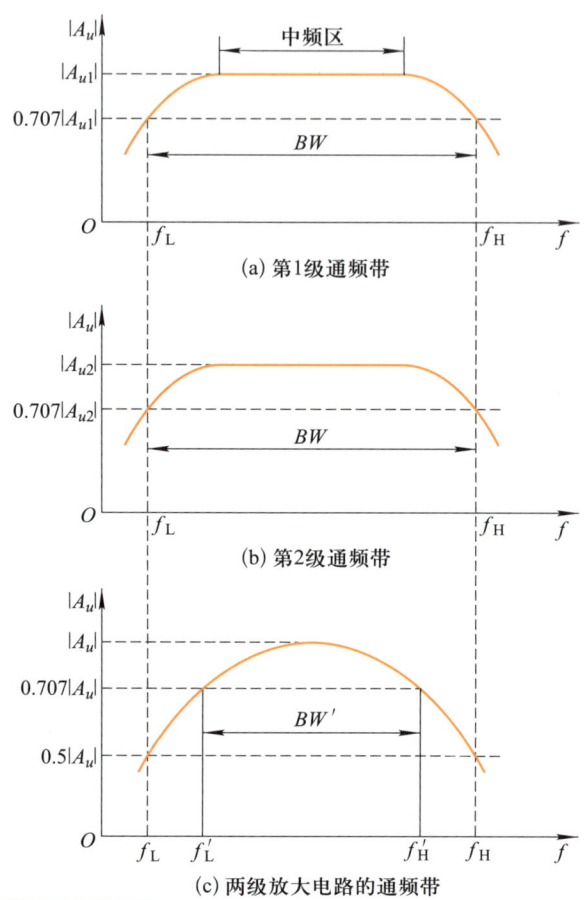

图 2-62　两级放大电路的频率特性

(a) 第1级通频带

(b) 第2级通频带

(c) 两级放大电路的通频带

▌相关知识▌
PCB 制作工艺

PCB(printed circuit board)即**印制电路板**,是电子产品的重要组成部分。在大批量生产的情况下,一般由专业厂商设计,PCB 生产厂家制造。但是在电子产品研制和创新制作时,需要的印制电路板数量较少,而且不定型,出于时间和经济方面的考虑,可采用一些简易的方法自行制作。自制 PCB 有多种方法,现介绍两种较常见的方法。

1. 描图蚀刻法

(1) 裁板　将单面敷铜板按要求尺寸下料,并用细砂纸将敷铜面磨光,边缘磨削成弧形。

(2) 复印　按 1∶1 的比例,将印制电路板图用复写纸复印在敷铜板的敷铜面上,要求图形清晰、尺寸准确。

(3) 描图　将防腐蚀涂料(如虫胶-酒精溶液)用绘图鸭嘴笔或毛笔均匀一致而又准确地涂敷在复印过的电路板上,经干燥形成保护层。很细的直线可借用直尺、三角尺绘出。描图后的电路板要求线条光滑，边缘无锯齿，给人以顺畅、流利的感觉，如图 2 – 63 所示。

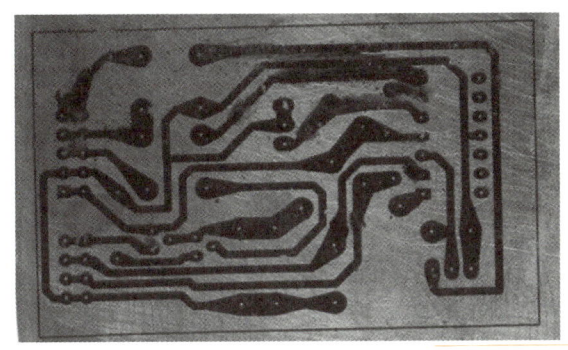

图 2 – 63　描图后的电路板

（4）腐蚀　将三氯化铁溶于盛放在塑料器具的温水中，放入敷铜板进行腐蚀。为了加快腐蚀速度，可用竹镊子夹住敷铜板不断搅拌。腐蚀后的敷铜板用清水洗净，再用棉球蘸上无水酒精擦去涂层，晾干后涂上松香水。

（5）钻孔　在元器件插孔处钻孔。注意钻床转速应取高速，钻头应锋利；进刀不宜过快，以免将铜箔挤出；不要用砂纸清除钻孔中的毛刺。

2. 热转印法

热转印法的关键是热转印纸和热转印机，它利用激光打印机先将印制电路板图打印到热转印纸上，再通过热转印机将图形"转印"到敷铜板上，形成由墨粉组成的抗腐蚀图形，经蚀刻、打孔后，即可获得所需的印制电路板图形。只要激光打印机性能有保证，热转印法可获得足够的精度和接近专业品质的印制电路板。热转印法的流程如图 2 – 64 所示。

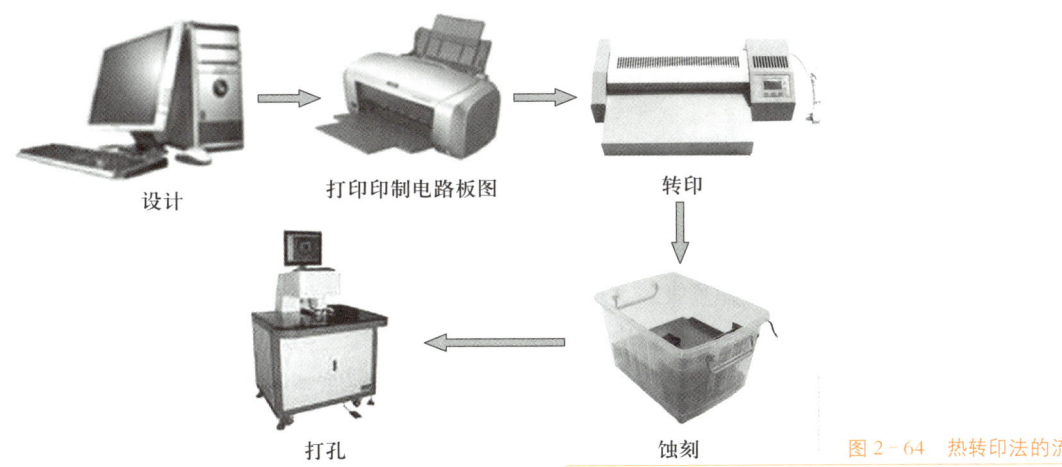

设计　　　打印印制电路板图　　　转印

打孔　　　　　　　　蚀刻　　　图 2 – 64　热转印法的流程

主要制作步骤如下：

（1）绘图　印制电路板图可直接从计算机中调出，也可自行设计。

（2）打印　设计完成并经检查合格后（注意添加个人标记），按 $1:1$ 的比例用激光打印机将印制电路板图打印到热转印纸上。

（3）转印　热转印工艺的关键是热转印温度，它是由热转印机内的微处理器精确控制的。将热转印纸固定到已准备好的敷铜板上，送入热转印机转印图形。转印后掀开转印纸的一角，检查转印图形的完整性。如果转印不完全，应重复热转印；如果有缺陷，应用专用工具进行局部修整。

知识点检测 3

1. 为了放大变化缓慢的微弱信号，放大电路应采用＿＿耦合方式；为了实现阻抗变换，放大电路应采用＿＿耦合方式。

A. 直接　　　　　B. 阻容　　　　　C. 变压器　　　　　D. 光电

2. 阻容耦合放大电路与直接耦合放大电路的主要不同点是＿＿。

A. 所放大的信号不同　　　　　　B. 交流通路不同

C. 直流通路不同

3. 在三级放大电路中，已知 $A_{u1}=A_{u2}=30\,dB$，$A_{u3}=20\,dB$，则总的电压增益为＿＿dB，电路将输入信号放大了＿＿倍。

A. 180 dB　　　　B. 80 dB　　　　C. 10 000　　　　D. 100 000

4. 直接耦合多级放大电路与阻容耦合多级放大电路相比，其低频响应＿＿。

A. 好　　　　　　B. 差　　　　　　C. 差不多

5. 多级放大电路与单级放大电路相比，它的总的通频带一定比其任何一级放大电路的通频带都＿＿。放大电路的级数越多，则其上限频率 f_H 越＿＿。

A. 大　　　　　　B. 小　　　　　　C. 宽　　　　　　D. 窄

应会制作

【项目制作】　扩音器的制作与调试

1. 项目制作目的

（1）掌握多级放大电路系统的设计、组装及调试技能。

（2）熟悉扩音器电路及其工作过程。

（3）通过对扩音器电路的安装和调试，训练学生综合运用电子技术知识的工程实践能力。

2. 设计内容及要求

（1）制作要求

① 画出实际设计电路的原理图和印制电路板图（手工绘制）。

② 列出元器件清单。

③ 元器件的检测与预处理。

④ 元器件焊接与电路装配。

⑤ 在制作过程中及时发现故障并进行处理。

(2) 能力要求

① 能独立进行扩音器工作原理的分析。

② 掌握扩音器电路有关性能指标的测试方法并对其进行调试。

3. 认识电路及工作过程

如图 2-65 所示为扩音器的实物图、原理图及印制电路板图参考。

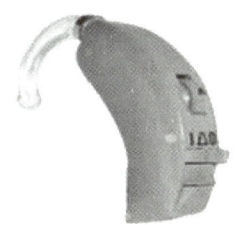

(a) 实物图

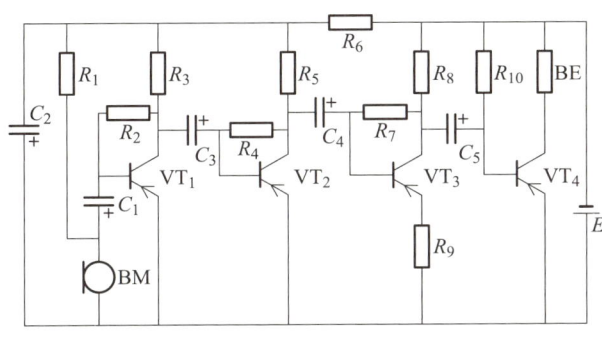

(b) 原理图

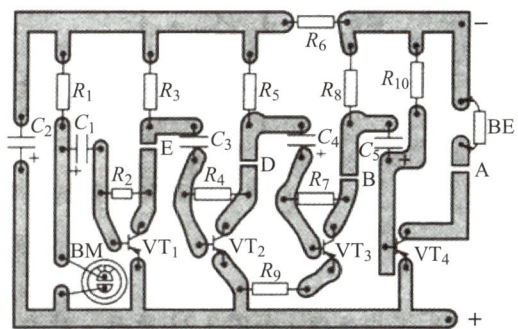

(c) 印制电路板图参考

图 2-65　扩音器的实物图、原理图及印制电路板图参考

(1) 电路结构

本电路由 VT_1、VT_2、VT_3、VT_4 构成四级音频放大电路,各级之间采用阻容耦合方式连接。R_2、R_4、R_7 分别是前三级放大电路的基极偏置电阻,它们不直接接电源,而是接在三极管的集电极上,起稳定静态工作点的作用。C_2、R_6 为电源退耦电路,可防止电源波动对电路的影响。

(2) 工作原理

传声器(微型话筒)BM 将接收到的微弱声音信号转换为电信号,经四级音频放大电路放大,再由耳机 BE 进行电声转换后,耳机中就可以听到洪亮的声

音了。信号通路如下

$$声音信号 \rightarrow BM \rightarrow C_1 \rightarrow VT_1 \rightarrow C_3 \rightarrow VT_2 \rightarrow C_4 \rightarrow VT_3 \rightarrow C_5 \rightarrow VT_4 \rightarrow BE$$

4. 元器件选择

元器件清单见表2-9。对照原理图,核对元器件数量、型号等,若不符合应及时调换。

表2-9 元器件清单

序 号	编 号	名 称	规格型号	数 量
1	$VT_1 \sim VT_4$	三极管	9015	4
2	R_1	电阻	2.2 kΩ	1
3	R_2	电阻	51 kΩ	1
4	R_3、R_5、R_8	电阻	1.5 kΩ	3
5	R_4	电阻	47 kΩ	1
6	R_6	电阻	270 Ω	1
7	R_7	电阻	33 kΩ	1
8	R_9	电阻	100 Ω	1
9	R_{10}	电阻	39 kΩ	1
10	C_1	电解电容	1 μF/16 V	1
11	C_2	电解电容	100 μF/16 V	1
12	$C_3 \sim C_5$	电解电容	10 μF/16 V	3
13	BE	耳机	8 Ω	1
14	其他		驻极体电容式传声器 BM\1.5 V 电池 3 节\电池夹、屏蔽线、印制电路板各一件	

注意:$VT_1 \sim VT_4$选用 PNP 型低频小功率锗管(国产 3AX 系列也可以),β 值在 50~80 之间为宜,过大则容易造成电路工作不稳定。之所以选择锗管,因为锗管的死区电压低,对微弱的信号也可以进行有效地放大。驻极体电容式传声器 BM 的引脚需要接屏蔽线,以减少干扰噪声;耳机 BE 最好选用头戴式高阻抗耳机。

5. 项目安装制作

(1)元器件检测

首先用万用表判断出三极管的三个电极,并检测 β 值;然后对驻极体传声器进行检测,如图2-66所示。将万用表拨到 $R \times 100$ 挡,黑表笔接传声器芯线,红表笔接引出线金属网。此时,万用表的指针应在一定刻度上。对传声器吹气,如果指针摆动,说明传声器完好;如果无反应,说明该传声器漏

图片:色环电阻识别

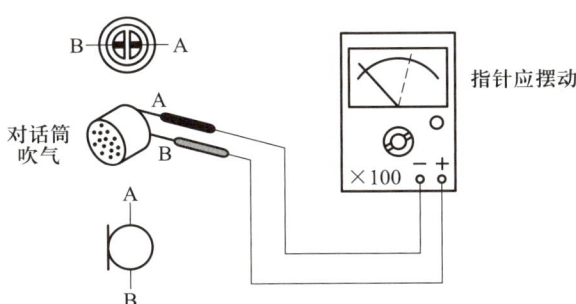

指针应摆动

×100

对话筒吹气

图 2-66　驻极体传声器的检测

电;如果电阻无穷大,说明传声器内部可能开路;如果阻值为零,则说明内部短路。

图片:驻极体传声器

(2) 元器件整形及焊接

根据印制电路板的设计尺寸要求,对元器件进行整形处理,然后进行相应的安装(立式或卧式),最后进行焊接。

6.　整机调试

(1) 检查元器件及连线安装焊接正确无误后,接通电源试听,同时检查电路的工作情况。

(2) 检测各级电流,将万用表拨到电流挡,分别串接于 VT_4、VT_3、VT_2、VT_1 的集电极中,(即图 2-65c 中的 A、B、D、E 等开口处),由后向前逐级测出其电流值,$VT_4 \sim VT_1$ 的集电极电流分别应为 5 mA、0.5 mA、0.45 mA、0.4 mA 左右。

(3) 将图 2-65c 中的 A、B、D、E 等处的开口断点用焊接的方法连上。

(4) 检测整机电流,测出电源回路中的电流。

(5) 检测各三极管 b、e、c 极的直流电压,并判断其工作状态。

7.　故障现象分析

(1) 断开 R_6,对传声器喊话,用万用表检测各级三极管集电极的直流供电电压 U_c,观察现象,分析故障原因。

(2) 短接 VT_3 的 b、e 极,对传声器喊话。观察现象,测量各管的 b、e、c 极电压,与正常值比较,并分析故障原因。

8.　编写项目制作报告

按要求进行电路的调试和故障分析,做好记录,完成项目报告。项目报告应包括设计思路、电路原理分析、原理图、装配图、调试情况及存在的问题、解决方法等。

9.　项目制作考核与评价

扩音器的制作与调试考核见表 2-10。

表 2 - 10　扩音器的制作与调试考核

任务内容	配分	评分标准		自评	互评	教师评
准备工作	20	① 核对元器件总数	5 分			
		② 元器件参数测量	10 分			
		③ 元器件质量鉴定	5 分			
电路的装配	50	① 元器件焊接	20 分			
		② 导线焊接	15 分			
		③ 电路装配质量	15 分			
电路的调试	20	① 调试前的检查	4 分			
		② 通电观察测试现象	10 分			
		③ 故障排除	6 分			
安全、文明操作	10	违反一次	扣 5 分			
定额时间为 2 学时,超过时间扣 10 分						
开始时间		结束时间		总评分		

 知识归纳

1. 半导体三极管是一种电流控制型元器件,它有三个工作区域:放大区、截止区和饱和区。三极管工作在放大区必须满足:发射结有正偏电压,集电结有反偏电压。

2. 放大电路的分析包括静态分析和动态分析。静态分析是对应放大电路的直流通路求"Q"点,看静态工作点是否满足三极管的放大条件,一般采用估算法和图解法;动态分析是对应放大电路的交流通路和微变等效电路求 A_u、r_i 和 r_o 等指标,用来衡量放大电路对信号的放大能力。对小信号放大电路的动态分析一般采用微变等效电路法。

3. 放大电路静态工作点的稳定直接影响到放大电路的性能,分压偏置式放大电路是最常用的工作点稳定电路。

4. 三极管放大电路有三种组态。共发射极放大电路的电压和电流放大倍数都较大,应用广泛;共集电极放大电路的输入电阻大、输出电阻小,电压放大倍数接近 1,适用于信号的跟随;共基极放大电路适用于高频信号的放大。

5. 多级放大电路一般由三级组成:输入级、中间级、输出级,各自担负不同的任务。对多级放大电路而言,一般用分贝来表示它的增益。

自测题 2

1. 填空题

（1）共发射极放大电路输出电压与输入电压的相位是＿＿＿＿关系；共集电极放大电路输出电压与输入电压的相位是＿＿＿＿关系；共基极放大电路输出电压与输入电压的相位是＿＿＿＿关系。在这三种组态的放大电路中，共＿＿极放大电路的功率增益最大，共＿＿极放大电路的电流增益最大，共＿＿极放大电路的通频带最宽。

（2）在共发射极、共集电极、共基极三种放大电路组态中，希望电压放大倍数大，应选用＿＿＿＿组态；希望既能放大电压又能放大电流，可选用＿＿＿＿组态；希望输出电压与输入电压同相，应选用＿＿＿＿组态；希望带负载能力强，可选用＿＿＿＿组态；希望高频特性好，又有较大的电压放大倍数，应选用＿＿＿＿组态。

（3）多级放大电路的电压放大倍数是各级放大电路放大倍数的＿＿＿＿，用来表示增益的单位是＿＿＿＿。多级放大电路的耦合方式有三种，分别是＿＿＿＿耦合、＿＿＿＿耦合和＿＿＿＿耦合。放大电路的频率特性包括＿＿＿＿特性和＿＿＿＿特性。

（4）分压偏置共射放大电路的优点是＿＿＿＿＿＿＿＿＿＿＿＿＿＿＿＿＿＿＿。

（5）理想的电压放大电路要求输入电阻越＿＿＿＿越好，输出电阻越＿＿＿＿越好。

2. 在图 2-67 所示的电路中，已知 $\beta = 50$，计算并回答下列问题：

（1）计算"Q"点；

（2）计算放大电路的 A_u、r_i 和 r_o；

（3）当 $U_{CEQ} = 8\text{ V}$ 时（可调 R_b 的阻值），I_{CQ} 和 R_b 应为多少？

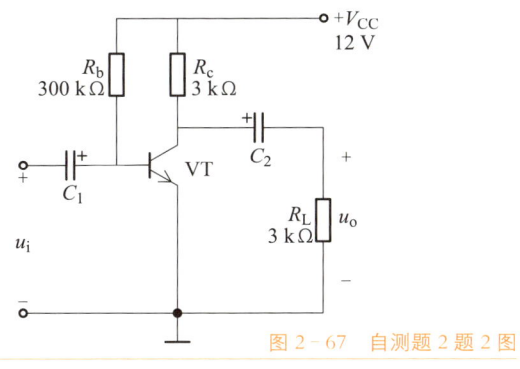

图 2-67　自测题 2 题 2 图

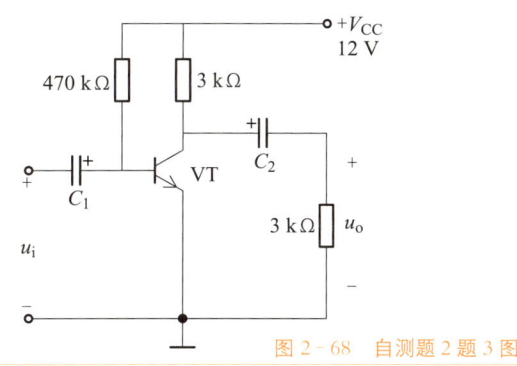

图 2-68　自测题 2 题 3 图

3. 共发射极放大电路如图 2-68 所示，NPN 型硅管的 $\beta = 100$。

（1）估算静态工作点并用图解法确定其位置；

(2) 求放大电路的输入电阻和输出电阻；

(3) 画出放大电路的微变等效电路；

(4) 求放大电路的电压放大倍数。

4. 电路如图 2–69 所示，调节电位器可调整放大电路的静态工作点。

(1) 如果要求 $I_{CQ}=2\,\text{mA}$，则 R_b 值应该多大？

(2) 如果要求 $U_{CEQ}=4.5\,\text{V}$，则 R_b 值又应该多大？

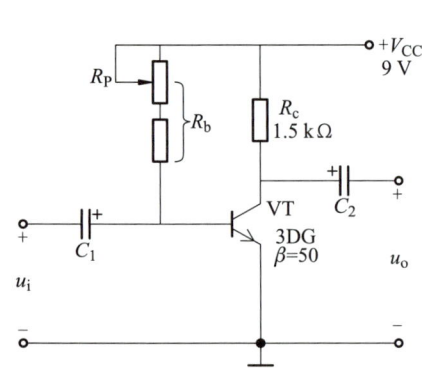

图 2–69　自测题 2 题 4 图

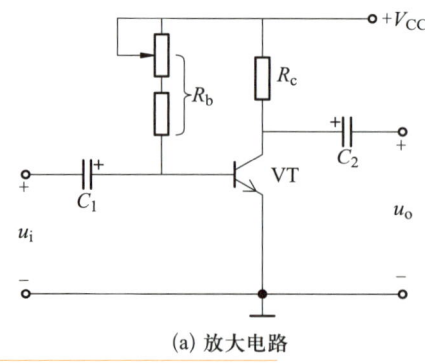

图 2–70　自测题 2 题 5 图

5. 在图 2–70 所示的放大电路中，已知三极管的 $U_{BE}=0.7\,\text{V}$，$\beta=50$，基区体电阻 $r_{bb'}=200\,\Omega$。

(1) 求电路的静态工作点；

(2) 画出微变等效电路；

(3) 计算放大电路的 A_u、A_{us}、r_i 和 r_o；

6. 在调试如图 2–71a 所示的放大电路时，出现图 2–71b 所示的输出波形，试判断失真的形式。并说明应如何调节 R_b 才能使其不失真？

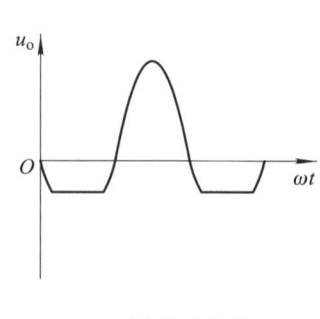

图 2–71　自测题 2 题 6 图　　　　　　(a) 放大电路　　　　　　(b) 输出波形

7. 放大电路如图 2–72 所示，$R_{b1}=20\,\text{k}\Omega$，$R_{b2}=10\,\text{k}\Omega$，$R_{e1}=100\,\Omega$，$R_{e2}=1.5\,\text{k}\Omega$，$R_c=2\,\text{k}\Omega$，$R_L=2\,\text{k}\Omega$，$V_{CC}=12\,\text{V}$，三极管为 3DG12，$\beta=70$，

$U_{BEQ}=0.7\,\mathrm{V}$ 电容对交流信号的容抗可忽略不计。求：

（1）放大电路的"Q"点；

（2）画出微变等效电路；

（3）放大电路的 A_u、r_i 和 r_o。

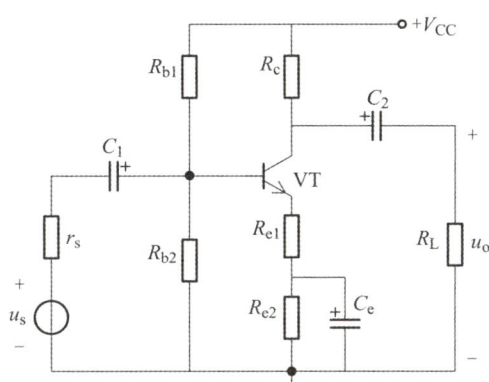

文本：自测题 2
参考答案

图 2-72　自测题 2 题 7 图

项目 **3** 集成运放燃气报警器的制作

项目引入

集成运算放大器(简称集成运放)是一种具有高放大倍数的放大器,当它与外部电阻、电容等元器件构成闭环电路后,就可以组成种类繁多的应用电路。利用集成运放可实现反相比例运算、同相比例运算、反相求和运算、电压比较器等电路。如图3-1所示就是一个以集成运放和气敏传感器为核心的集成运放燃气报警器实物图,该报警器可用于天然气、液化气、煤气的泄露报警装置中。那么,这个电路的工作原理是什么? 如何通过集成运放实现这些功能呢? 相信完成以下各任务的学习,就会找到这些问题的答案。

图 3-1
集成运放燃气报警器实物图

本项目将电子技术与传感器检测应用相结合,以培养学生的创新制作能力。通过本项目的学习能对集成运放电路有深入的了解,也为今后学习其他项目打下必要的基础。本项目要完成以下 4 个学习任务:

任务 1 差分放大电路的认识
任务 2 集成运放的认识
任务 3 负反馈的认识
任务 4 集成运放的应用

学习目标

本项目通过围绕集成运放燃气报警器的制作与测试展开学习,其核心元件是集成运放。本项目的主要学习目标为：

1. 掌握差分放大电路的原理及分析方法。
2. 掌握负反馈放大电路的概念。
3. 掌握负反馈的判别方法及其对放大电路性能的影响。
4. 掌握集成运放的应用。

应知理论

任务 1　差分放大电路的认识

任务目标

1. 熟悉基本差分放大电路的结构及性能特点。
2. 理解共模信号、差模信号的含义及其分解方法。
3. 掌握差分放大电路抑制零点漂移的原理。
4. 掌握各种差分放大电路的工作原理。
5. 掌握各种差分放大电路的分析方法。

一、基本差分放大电路的原理

一个理想的直接耦合放大电路，当输入信号为零时，其输出电压应保持不变。但实际上把直接耦合放大电路的输入端短接，在输出端也会偏离初始值，有一定数值的无规则缓慢变化的电压输出，这种现象称为**零点漂移**，简称**零漂**。

引起零点漂移的原因很多，如三极管参数随温度变化，电源电压的波动，电路元器件参数变化等，其中以温度变化的影响最为严重，所以零点漂移也称**温度漂移**(简称温漂)。集成运放采用直接耦合，在多级直接耦合放大电路的各级漂移中，以第一级的漂移影响最为严重。由于直接耦合，第一级的漂移被逐级放大，级数越多，放大倍数越高，在输出端产生的零点漂移越严重。由于零点漂移电压和有用信号电压共存于放大电路中，在输入信号较小时，两种信号很难分辨；如果漂移量大到与有用信号相比不能忽略时，放大电路就无法正常工作。因此，减小第一级的零点漂移，是集成运放的一个至关重要的问题。

动画：零点漂移现象

1. 基本差分放大电路

如图 3-2 所示是一种基本差分放大电路，VT_1 和 VT_2 是两个参数完全相同的三极管，电路的其他元器件参数也完全相同，电路结构完全对称。输入信号由两个三极管的基极输入，输出电压从两个三极管的集电极输出，$u_o = u_{C1} -$

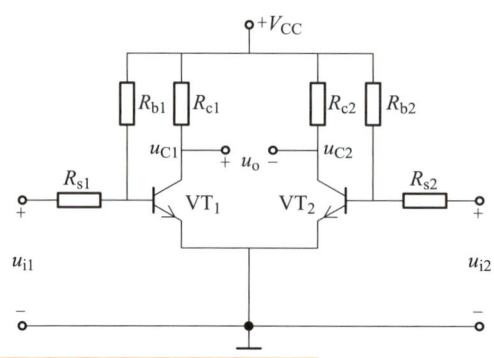

图 3 - 2
基本差分放大电路

u_{C2}。由于电路完全对称,所以两个三极管静态工作点也完全一样。

（1）静态分析

当输入信号为零,即 $u_{i1} = u_{i2} = 0$,由于电路完全对称,两个三极管 VT_1 和 VT_2 的集电极电流相等,集电极电位也相等,这时输出电压 $u_o = u_{C1} - u_{C2} = 0$,实现了零输入时零输出的要求。

（2）动态分析

当有信号输入时,输入的信号可分为共模信号、差模信号及不对称信号。

① 共模信号输入　如果加在 VT_1 和 VT_2 管的输入信号大小相等、极性相同,即 $u_{i1} = u_{i2} = u_{ic}$,则这种输入信号称为**共模信号**,如图 3 - 3a 所示。

在共模信号的作用下,两管集电极的电位变化是同方向的,对于完全对称的差分放大电路,输出电压始终为零,故共模电压放大倍数(用 A_{uc} 表示)为 0。前面讲到的温度漂移现象实际上就相当于在输入端加一个共模信号,所以在工程上常常用放大器对共模信号的抑制能力来表示放大器对零点漂移的抑制能力。

⊙ 想一想

差分放大电路对共模信号具有抑制作用,那么对差模信号是否具有放大作用呢?

② 差模信号输入　如果将输入信号 u_{id} 加在差分放大电路的两个输入端,使 VT_1 和 VT_2 管的输入信号电压大小相等,极性相反,即 $u_{i1} = u_{id}/2$、$u_{i2} = -u_{id}/2$,则这种输入信号称为**差模信号**,如图 3 - 3b 所示。

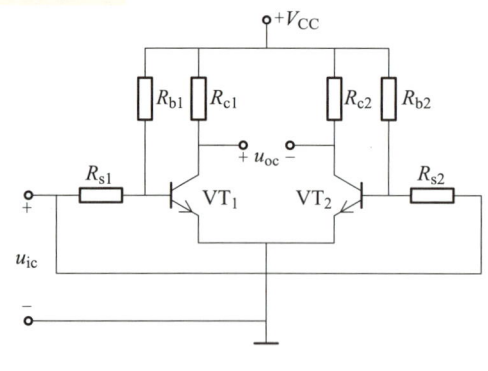

(a) 共模信号输入　　　　　　　　(b) 差模信号输入

图 3 - 3　差分放大电路的信号输入

设 $A_{u1} = \dfrac{u_{o1}}{u_{i1}}$,是三极管 VT_1 组成的单管放大器的电压放大倍数。

设 $A_{u2} = \dfrac{u_{o2}}{u_{i2}}$,是三极管 VT_2 组成的单管放大器的电压放大倍数。

因为电路完全对称,所以 $A_{u1} = A_{u2} = A_{u单}$

差分放大电路的输出电压 u_o 为

$$u_o = u_{o1} - u_{o2} = A_{u1} u_{i1} - A_{u2} u_{i2} = A_{u单}(u_{i1} - u_{i2}) = A_{u单} u_{id}$$

所以差模电压放大倍数 A_{ud} 为

$$A_{ud} = \frac{u_o}{u_{id}} = \frac{A_{u单} u_{id}}{u_{id}} = A_{u单} \qquad (3-1)$$

③ 不对称信号输入　在实际中,差分放大电路的输入信号往往既不是共模信号,也不是差模信号,即 $u_{i1} \neq u_{i2}$。此时可将输入信号分解成一对共模信号和一对差模信号,它们共同作用在差分放大电路的输入端。

差模信号输入电压为

$$u_{id} = u_{i1} - u_{i2}$$

共模信号输入电压为

$$u_{ic} = \frac{u_{i1} + u_{i2}}{2}$$

差分放大电路的输出电压为

$$u_o = A_{ud} u_{id} + A_{uc} u_{ic}$$

④ 共模抑制比　在实际工程中,要做到两个电路完全对称是不可能的。所以共模电压放大倍数不可能等于零。为了表示一个电路对差模信号放大作用和对共模信号抑制作用的综合能力,人们引入一个叫作**共模抑制比**的指标 K_{CMR},它的定义为

$$K_{CMR} = \left| \frac{A_{ud}}{A_{uc}} \right|$$

或用增益(分贝)表示为

$$K_{CMR}(dB) = 20\lg \left| \frac{A_{ud}}{A_{uc}} \right| \qquad (3-2)$$

一个理想的差分放大电路,$A_{uc} = 0$,故 K_{CMR} 为无穷大,而对于一个实际的差分放大电路,显然共模抑制比是愈大愈好,共模抑制比愈大说明放大电路抑制温漂的能力愈强。

二、差分放大电路的改进

在实际电路中,基本差分放大电路要做到电路组成完全对称是不可能的,另外基本差分放大电路每个三极管集电极电位的漂移并未受到抑制,如果采

> **◉ 重要结论**
>
> 差分放大电路对差模信号具有放大作用,而且差模电压放大倍数等于一个单管放大器的电压放大倍数。

> **◉ 注意**
>
> 差分放大电路的基本原理可概括为:输入无差别(共模信号),输出就不动;输入有**差别**(差模信号),输出就**变动**。

> **◉ 想一想**
>
> 基本差分放大电路是如何抑制零漂的呢?

用单端输出,漂移根本无法抑制。因此,常采用如图 3-4 所示的电路,在这个电路中增加了发射极电阻 R_e 和负电源 V_{EE}。

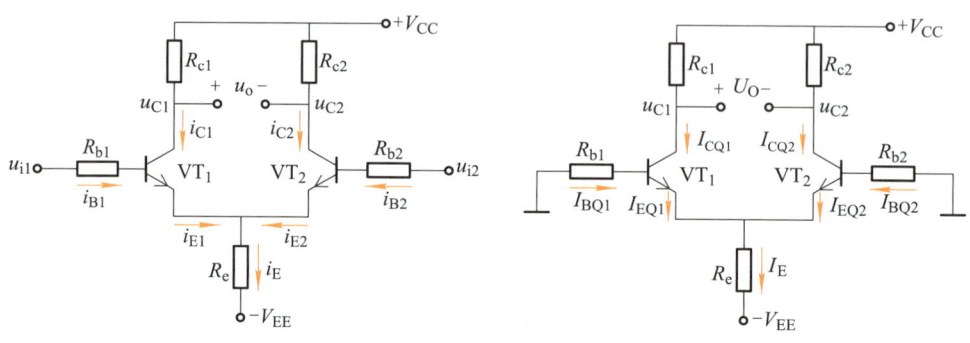

图 3-4 长尾式差分放大电路　　(a) 差分放大电路　　　　　　　　(b) 静态工作点的分析

1. 长尾式差分放大电路

带公共集电极电阻 R_e 的差分式放大电路也称**长尾式差分放大电路**。下面分析 R_e 对共模电压放大倍数和差模电压放大倍数的影响。

(1) 静态分析

如图 3-4b 所示,由于流过 R_e 的直流电流为 I_{EQ1} 和 I_{EQ2} 之和,又由于电路的对称性,则 $I_{EQ1}=I_{EQ2}$,流过 R_e 的直流电流 I_E 为 $2I_{EQ1}$。

① 静态工作点的估算

$$V_{EE}=U_{BEQ1}+I_ER_e$$

所以

$$I_E=\frac{V_{EE}-U_{BEQ1}}{R_e}$$

因此,两个三极管的集电极电流均为

$$I_{CQ1}=I_{CQ2}\approx\frac{V_{EE}-U_{BEQ}}{2R_e}$$

两个三极管的集电极对地电压为

$$U_{CQ1}=V_{CC}-I_{CQ1}R_c,\ U_{CQ2}=V_{CC}-I_{CQ2}R_c$$

可见,静态时两个三极管集电极之间的输出电压为零,即

$$u_o=U_{CQ1}-U_{CQ2}=0$$

② 稳定静态工作点的过程　加入 R_e 后,当温度上升时,由于 I_{CQ1} 和 I_{CQ2} 同时增大,I_{EQ} 增大,U_{EQ} 增大,U_{BEQ} 减小,I_{BQ} 减小,I_{CQ} 也减小,这样就稳定了 I_{CQ},这一稳定过程实质上是一个负反馈过程。R_e 越大工作点越稳定,但

R_e 过大会导致 U_{EQ} 过高,使静态电流减小,加入负电源 V_{EE} 可补偿 R_e 上的压降。

(2) 动态分析

① R_e 对差模信号的影响 如图 3-5 所示,加入差模信号时由于 $u_{i1} = -u_{i2}$,则 $i_{e1} = -i_{e2}$,流过 R_e 的电流 $i_e = i_{e1} + i_{e2} = 0$。对差模信号来讲,$R_e$ 上没有信号压降,即 R_e 对差模电压放大倍数没有影响。

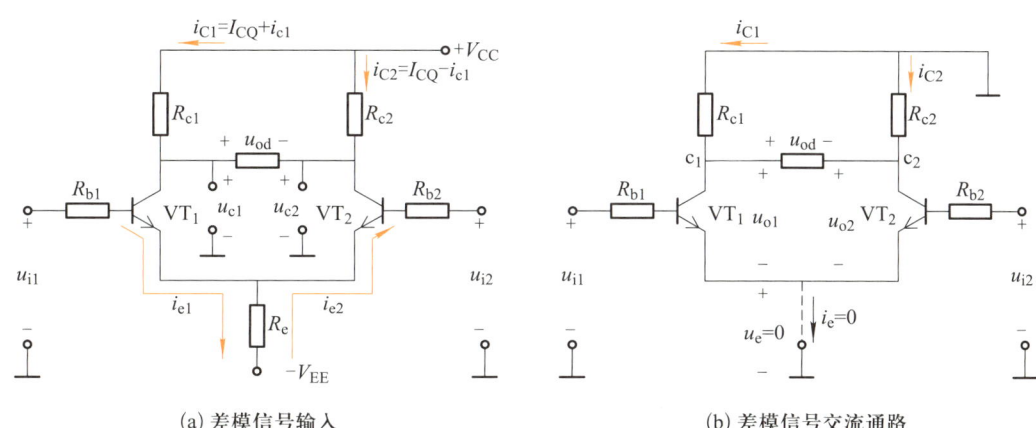

(a) 差模信号输入　　　　　　　　(b) 差模信号交流通路

图 3-5 R_e 对差模信号的影响

差模电压放大倍数为

$$A_{ud} = \frac{\Delta u_{od}}{\Delta u_{id}} = \frac{u_{o1} - u_{o2}}{u_{i1} - u_{i2}} = \frac{2u_{o1}}{2u_{o2}} = \frac{u_{o1}}{u_{o2}} = A_{ud1}$$

> **重要结论**
>
> 差分放大电路双端输出时的差模电压放大倍数等于单管的差模电压放大倍数。

长尾式差分放大电路的输入电阻为 $r_i = 2r_{be}$;输出电阻为 $r_o \approx 2R_c$。

② R_e 对共模信号的影响 如图 3-6 所示,加入共模信号时,由于 $u_{i1} = u_{i2}$,则 $i_{e1} = i_{e2}$,流过 R_e 的电流 $i_e = i_{e1} + i_{e2} = 2i_{e1}$,$u_e = 2i_{e1}R_e$,对于共模信号可以等效成每个三极管发射极接入 $2R_e$ 的电阻。

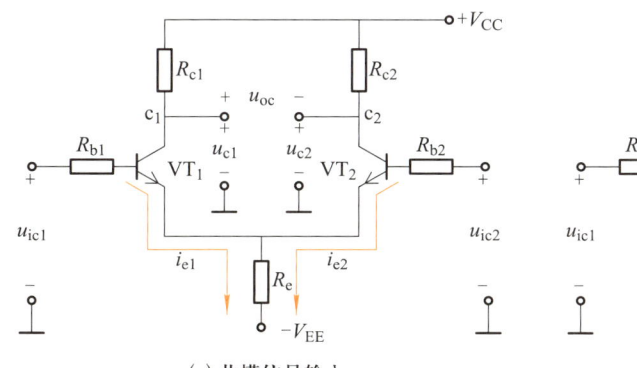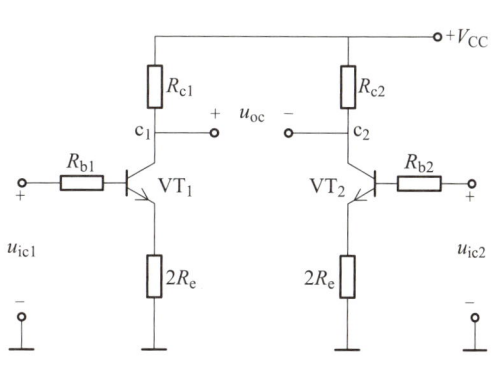

(a) 共模信号输入　　　　　　　　(b) 共模信号交流通路

图 3-6 R_e 对共模信号的影响

共模电压放大倍数为

$$A_{uc} = -\beta \frac{R_c}{R_b + r_{be} + 2(1+\beta)R_e}$$

👁 重要结论

R_e 使共模电压放大倍数减小,而且 R_e 越大,A_{uc} 越小,K_{CMR} 越大。

2. 具有恒流源的差分放大电路

通过对长尾式差分放大电路的分析可知,R_e 越大,K_{CMR} 越大,但增大 R_e,相应的 V_{EE} 也要增大。显然,使用过高的 V_{EE} 是不合适的。此外,增大 R_e 也使直流能耗相应增大。所以,靠增大 R_e 来提高共模抑制比是不现实的。

在不增大 V_{EE} 时,如果 $R_e \to \infty$,$A_{uc} \to 0$,则 $K_{CMR} \to \infty$,这是最理想的。为解决这个问题,用恒流源电路来代替 R_e,电路如图 3–7a 所示,图 3–7b 所示是一种实际电路。

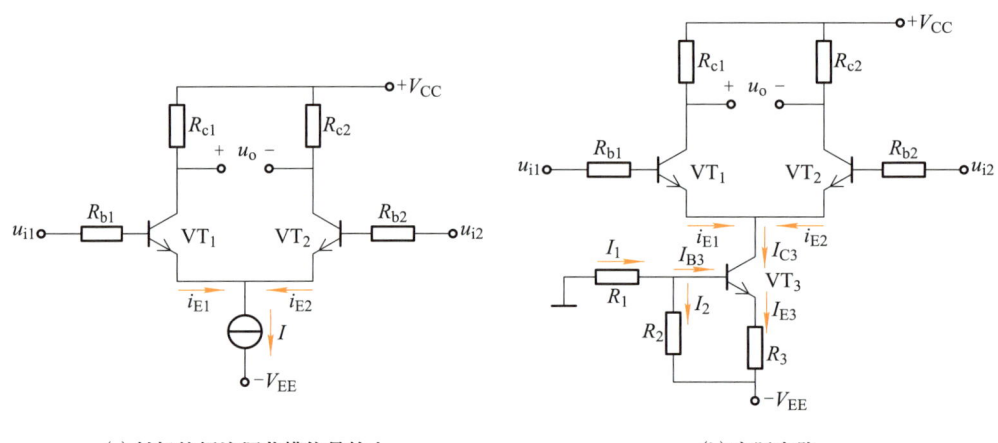

图 3–7
具有恒流源的
差分放大电路

(a) 射极接恒流源共模信号输入　　　　　(b) 实际电路

在图 3–7b 所示电路中,在一定的条件下,VT_3、R_1、R_2、R_3 就可以构成恒流源。若电阻 R_2 中的电流 I_2 远大于 VT_3 管的基极电流 I_{B3},则 $I_1 \approx I_2$,R_2 上的电压

$$U_{R_2} \approx \frac{R_2}{R_1 + R_2} V_{EE}$$

VT_3 管的集电极电流

👁 想一想

典型差分放大电路抑制零漂的原理是什么?

$$I_{C3} \approx I_{E3} = \frac{U_{R_2} - U_{BE3}}{R_3}$$

3. 差分式放大电路的输入、输出方式

由于差分式放大电路有两个输入端、两个输出端,所以信号的输入和输出有四种方式,这四种方式分别是双端输入／双端输出、双端输入／单端输出、单

端输入／双端输出、单端输入／单端输
出。根据不同需要可选择不同的输入
／输出方式。

下面仅以双端输入／双端输出为
例作简单说明。双端输入／双端输出
差分式放大电路如图 3-8 所示,差模
电压放大倍数为

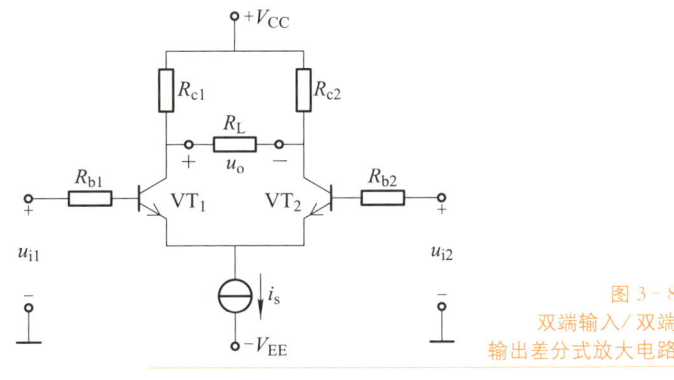

图 3-8
双端输入／双端
输出差分式放大电路

$$A_{ud} = -\beta \frac{R'_L}{R_b + r_{be}} \quad (3-3)$$

其中 $R'_L = R_c /\!/ (R_L/2)$。

输入电阻为 $r_i = 2(R_b + r_{be})$,输出电阻为 $r_o = 2R_c$。

此电路适用于输出不需要接地,且输入和输出都对称的场合。

知识点检测 1

1. 差分放大电路输入端加上大小相等、极性相同的两个信号,称为(　　)信号;而加上大小相等、极性相反的两个信号,称为(　　)信号。

A. 共模　　　　　　B. 差模　　　　　　C. 同相　　　　　　D. 反相

2. 差分放大电路是为了(　　)而设置的。

A. 稳定 A_u　　　B. 稳定"Q"点　　　C. 放大信号　　　D. 抑制零漂

3. 共模抑制比越大,(　　)的能力越强。

A. 放大　　　　　　　　　　　B. 反馈

C. 抑制零漂　　　　　　　　　D. 抑制差模信号

4. 下列电路中,共模抑制比最大的是(　　)。

A. 基本差分放大器　　　　　　B. 长尾式差分放大电路

C. 具有恒流源的差分放大电路

任务 2　集成运放的认识

任务目标

1. 熟悉集成运算放大电路的组成及其特点。

2. 掌握集成运算放大电路的主要参数及引脚识别。

3. 了解通用集成运放的结构及工作原理。

4. 掌握集成运放的分类与发展。

5. 掌握如何选用集成运放的方法及使用的注意事项。

一、集成运算放大电路的组成及其特点

1. 集成运放组成及其特点

集成运放具有体积小、重量轻、价格低、使用可靠、灵活方便、通用性强等优点,是模拟集成电子电路中最重要的器件之一。近年来,集成运放得到了迅速的发展,种类、型号众多,其基本结构通常由四部分组成,分别是输入级、中间级、输出级和偏置电路。集成运放内部组成框图如图 3-9 所示。

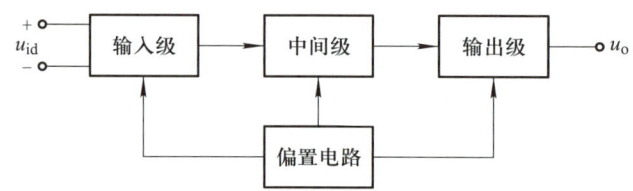

图 3-9 集成运放内部组成框图

（1）输入级

输入级是提高集成运放质量的关键部分,要求输入级具有的输入电阻高。为了能减小零点漂移和抑制共模干扰信号,输入级都采用具有恒流源的差分放大电路,也称差分输入级。

（2）中间级

中间级的主要作用是提供足够大的电压放大倍数,故而也称电压放大级。一般要求中间级具有较高的电压增益。

（3）输出级

输出级的主要作用是输出足够的电流以满足负载的需要,同时还需要有较低的输出电阻和较高的输入电阻,以起到将中间级和负载隔离的作用。除此之外,输出级还应设有过载保护电路,用以防止输出端短路或负载电流过大时烧坏管子。

（4）偏置电路

偏置电路的作用是为各级提供合适的工作电流,确定各级静态工作点。一般由各种恒流源电路组成。

如图 3-10 所示为通用型集成运放 $\mu A741$ 的简化电路。图中 VT_1、VT_3 和 VT_2、VT_4 组成共集-共基组合差分放大电路,VT_5、VT_6 组成有源负载,构成双端变单端电路。VT_7、VT_8 组成复合管共发射极放大电路中间级,由于采用有源负载,故该级可获得很高的电压增益。输出级由 VD_1、VD_2 与 $VT_9 \sim VT_{11}$ 组成典型的甲乙类互补对称功率放大电路,VT_9 构成推动级,VT_{10}、VT_{11} 构成互补对称输出级。

2. 集成运放的图形符号和引脚功能

集成运放的图形符号如图 3-11 所示。由于集成运放的第一级采用差分

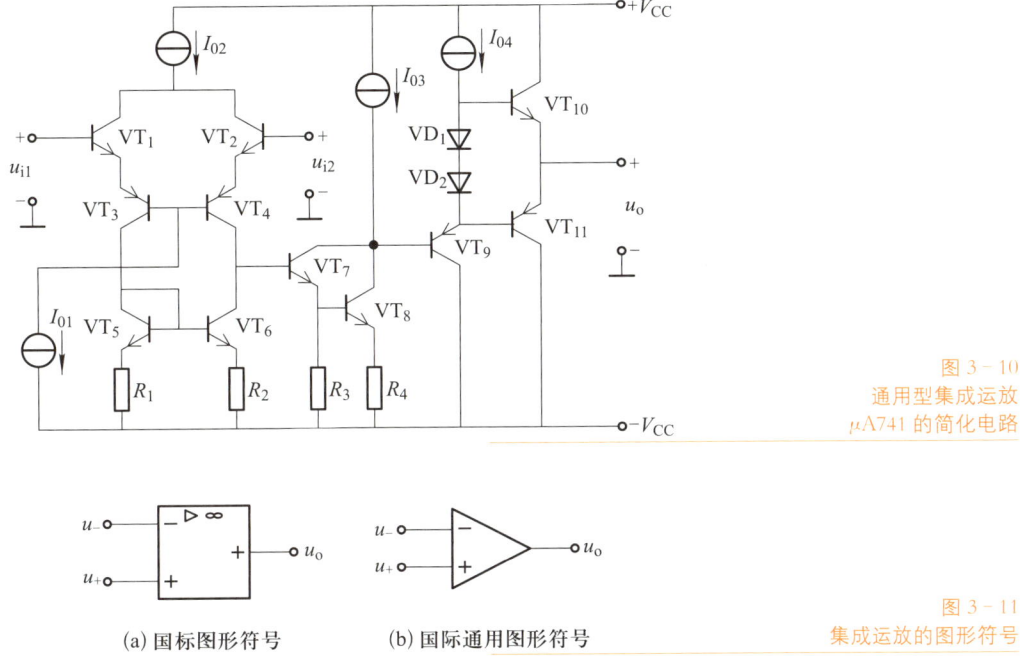

图 3 - 10
通用型集成运放
μA741 的简化电路

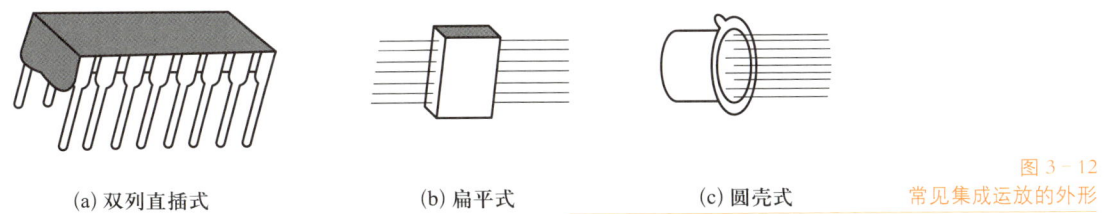

(a) 国标图形符号　　　　(b) 国际通用图形符号

图 3 - 11
集成运放的图形符号

放大电路,因此集成运放有两个输入端。在两个输入端加入信号时,电路的输出端得到的信号相位是不同的,一个为反相关系,一个为同相关系,所以把这两个输入端分别称为**反相输入端**(用"－"表示)和**同相输入端**(用"＋"表示)。

　　常见集成运放的外形有双列直插式、扁平式和圆壳式 3 种,如图 3 - 12所示。

(a) 双列直插式　　　　　　(b) 扁平式　　　　　　　(c) 圆壳式

图 3 - 12
常见集成运放的外形

（1）国产 F007 型集成运放介绍

国产 F007 型集成运放的引脚排列图及引脚连接图如图 3 - 13 所示。图3 - 13a 所示为 F007 的引脚排列图,其中引脚编号是按逆时针排列的。图3 - 13b 所示为 F007 的引脚连接图,各引脚功能是:1、5 为外接调零电位器端口;2 为反相输入端;3 为同相输入端;4 为外接负电源端;6 为输出端;7 为外接正电源端;8 为空脚。

（2）LM324 集成运放介绍

LM324 集成运放是美国国家半导体公司出品的一种常用集成运放,其实物图和内部结构图如图 3 - 14 所示。

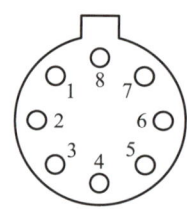

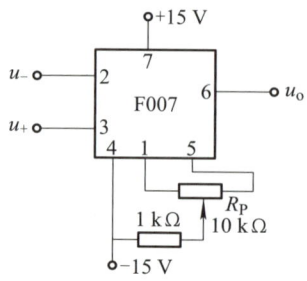

图 3 - 13
国产 F007 型集成运放引脚
排列图及引脚连接图

(a) F007的引脚排列图　　　　　　(b) F007的引脚连接图

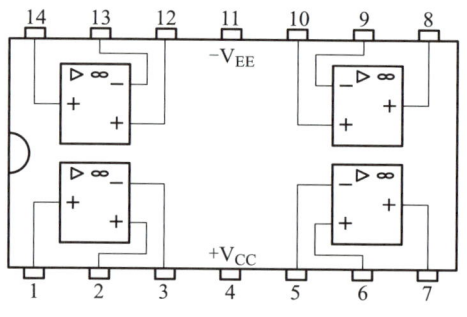

图 3 - 14
LM324 集成运放　　　　　　(a) 实物图　　　　　　(b) 内部结构图

图片：LM324
集成运放

LM324 的特点：① 输出短路保护；② 单电源工作：3～32 V；③ 双电源工作：±1.5～±16 V；④ 低偏置电流：最大 100 nA(LM324A)；⑤ 每片集成电路含 4 个运算放大器；⑥ 具有内部补偿功能；⑦ 共模范围扩展到负电源；⑧ 行业标准的引脚排列；⑨ 输入端具有静电保护功能。

3. 集成运放的主要参数

集成运放的性能可用一些参数来表示，为了合理地选用和正确地使用集成运放，必须了解各主要参数的意义。

（1）开环差模电压放大倍数 A_{od}

A_{od} 指集成运放在无外加反馈情况下的差模电压放大倍数，即

$$A_{od} = \frac{u_o}{u_{id}}$$

对于集成运放而言，希望 A_{od} 大且稳定。目前高增益集成运放的 A_{od} 可高达 140 dB(10^7 倍)。

（2）最大输出电压 U_{opp}

U_{opp} 是指在额定的电源电压下，集成运放的最大不失真输出电压的峰峰值。对具有正负双电源的集成运放来说，U_{opp} 不能超出电源电压值。例如 F007 的 U_{opp} 约为 -13～+13 V。

(3) 差模输入电阻 r_{id}

r_{id} 的大小反映了集成运放的输入端向信号源索取电流的大小。一般要求 r_{id} 愈大愈好,普通型集成运放的 r_{id} 为几百千欧至几兆欧。若以场效晶体管构成输入级,则 r_{id} 可高达数百万兆欧,可视为无穷大。

(4) 输出电阻 r_o

r_o 的大小反映了集成运放在输出小信号时的带负载能力。r_o 愈小愈好,理想集成运放的 r_o 为零。

(5) 共模抑制比 K_{CMR}

共模抑制比反映了集成运放对共模输入信号的抑制能力,K_{CMR} 愈大愈好,理想集成运放 K_{CMR} 为无穷大。

(6) 输入失调电压 U_{IO}

在实际的集成运放中,由于元器件参数不对称等原因,当输入电压为零(即把同、反相端同时接地)时,输出电压并不为零。为使此时的集成运放输出电压为零,要求在输入端加一个补偿电压,即输入失调电压 U_{IO}。U_{IO} 一般为毫伏级,且愈小愈好。

(7) 输入失调电流 I_{IO}

当输入信号为零时,集成运放两输入端的静态电流之差,称为输入失调电流 I_{IO}。显然,$I_{IO} = I_+ - I_-$,其值愈小愈好。

二、集成运放的发展与选用

随着电子工业的飞速发展,集成运放先后有四代产品问世,其性能越来越趋于理想化。从电路结构上,组成集成运放的除了有晶体管电路外,还有CMOS 电路、BiCMOS 电路等,而且还制造出某方面性能特别优秀的专用集成运放,以适应多方面的需求。

1. 集成运放的分类

集成运放按应用领域可划分为通用型和专用(特殊)型两大类。

(1) 通用型集成运放

通用型集成运放有通用 1 型(低增益)、通用 2 型(中增益)、通用 3 型(高增益)三类。

(2) 专用型集成运放

专用型集成运放有高精度型、高阻抗型、高速型、高压型、低功耗型及大功率型等。

通用型集成运放的指标比较均衡全面,适用于一般电路;专用型集成运放的指标仅有一项或几项指标非常突出,它是为满足某些专用的电路需要而设计的。

2. 集成运放的发展与应用

（1）高精度型

高精度型集成运放具有低失调、低温漂、低噪声和高增益等特点。其开环差模电压放大倍数（增益）和共模抑制比均大于 100 dB，失调电压和失调电流比通用型小两个数量级，因而也称之为低漂移集成运放。高精度型集成运放适用于对微弱信号的精密检测和运算，常用于高精度仪器设备中。

（2）高阻型

具有高输入电阻的集成运放称为高阻型集成运放，它们的输入级均采用场效晶体管或超 β 管（其 β 值可达一千以上），输入电阻可达千兆欧以上。高阻型集成运放适用于测量放大电路、采样-保持电路等。

（3）高速型

高速型集成运放具有转换速率高、单位增益带宽高的特点。其产品种类很多，转换速率从几十伏／微秒到几千伏／微秒，单位增益带宽多在 10 MHz 以上。高速型集成运放适用于模／数和数／模转换器、锁相环和视频放大器等电路。

（4）低功耗型

低功耗型集成运放具有静态功耗低、工作电源电压低等特点，其他方面的性能与通用型集成运放相当。它们的电源电压为几伏（例如 OPA2333 型 CMOS 集成运放的工作电压范围仅为 $\pm 0.9 \sim \pm 2.75$ V），功耗只有几毫瓦，甚至更小。低功耗型集成运放适用于能源有限的场合，如空间技术、军事科学和工业中的遥感、遥测等领域。

（5）高电压型

高电压型集成运放具有输出电压高或输出功率大的特点，适用于通常需要高电源电压供电的场合。

（6）大功率型

大功率型集成运放不仅可提供的较高输出电压，还能提供较大的输出电流，在负载上可得到较大的输出功率。例如有些单片音频放大器的输出功率可达十几瓦。

除通用型和上述专用集成运放外，还有为完成特定功能的专用集成运放，如仪表用放大器、隔离放大器、缓冲放大器、对数／指数放大器等，以及具有可控性的专用集成运放，如利用外加电压控制增益的可变开环差模增益集成运放、通过选通端选择被放大信号通道的多通道集成运放等。随着新技术、新工艺的发展，还会有更多专用型集成运放出现。

EDA 技术的发展对电子电路的分析、设计和实现产生了革命性的影响，人们越来越多地自己设计专用芯片。可编程模拟器件的诞生，使得人们可以在一个芯片上通过编程的方法来实现对多路模拟信号的各种处理，如放大、滤波、电压比较等。可以预测,这类器件还会进一步发展,其功能越来越强,性能越来越好。

3. 集成运放的选用

了解集成运放基本性能指标的意义是正确选择和使用集成运放的基础。在选择和使用集成运放时,首先应查阅手册,根据所应用的场合选定某一种或几种型号的集成运放芯片,并通过厂家提供的详细资料,进一步了解其性能特点、封装方式以及每片芯片中含有集成运放的个数。不同型号的芯片,在每个芯片上可能有 1 个、2 个或 4 个集成运放。应当指出,在无特殊需要的情况下,应选用通用型集成运放,以获得满意的性能价格比。

4. 集成运放的静态调试

通常在使用集成运放前要测试集成运放的好坏,可以用万用表的电阻挡($R \times 100$ 或 $R \times 1\mathrm{k}$ 挡,避免电压或电流过大)对照引脚排列图测试有无短路和断路现象,然后将其接入电路。

由于失调电压和失调电流的存在,集成运放输入为零时输出往往不为零。对于内部没有自动稳零措施的集成运放,则需根据产品说明外加调零电路,使之输入为零时输出为零。调零电路中的电位器应为精密电位器。

对于单电源供电的集成运放,应加偏置电路,设置合适的静态输出电压。通常,在集成运放两个输入端静态电位为二分之一电源电压时,输出电压应等于二分之一电源电压,以便能放大正、负两个方向的变化信号,且使两个方向的最大输出电压基本相同。

若电路产生自激振荡,即在输入信号为零时输出有一定频率、一定幅值的交流信号,则应在集成运放的电源端加去耦电容。有的集成运放还需根据产品说明外加消振电容。

如果还需要详细测试其他性能指标,可参阅有关文献。

5. 集成运放的保护电路

集成运放在使用中常因输入信号过大、电源电压极性接反或过高、输出端直接接地或接电源等原因而损坏。因此,为使集成运放安全工作,可从以下三个方面进行保护。

(1) 输入保护

为了防止因输入电压过高而损坏集成运放,在集成运放的两个输入端之间反向并联接入两个二极管

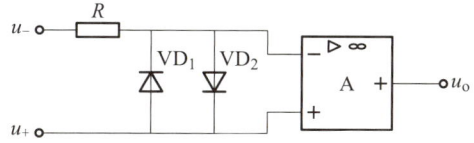

图 3 – 15　输入保护

进行限幅,使干扰或过大的电压不能进入电路,如图 3 – 15 所示。

(2) 输出保护

当集成运放输出端对地或对电源短路时,如果没有保护措施,集成运放输

出级的管子将会因电流过大而损坏。如图3-16所示为输出端保护,限流电阻 R 与双向稳压管 VZ 构成的限幅电路一方面将负载与集成运放输出端隔离开来,限制了集成运放的输出电流;另一方面也限制了输出电压的幅值,故输出电压最大幅值等于双向稳压管的稳压值 $\pm U_Z$。

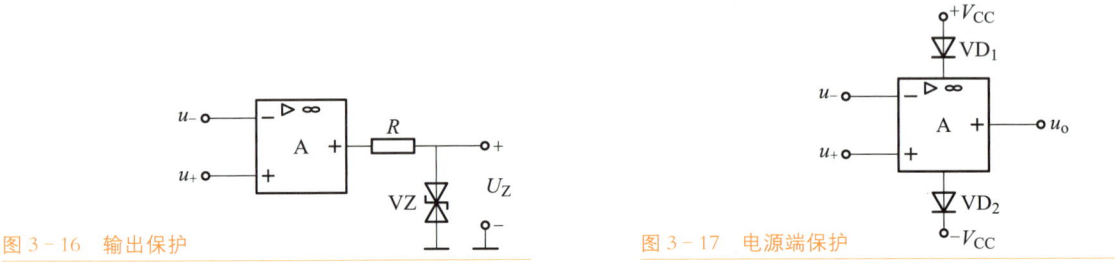

图3-16　输出保护

图3-17　电源端保护

（3）电源端保护

为了防止因电源极性接反而损坏集成运放,可利用二极管的单向导电性,将其串联在电源端实现保护作用。当电源极性反接时,二极管处于截止状态,如图3-17所示。

知识点检测 2

1. 集成运放的输入级一般都采用（　　）。

A. 共射放大电路　　　　B. 射极跟随电路　　　　C. 差分放大电路

2. 集成运放有（　　）个输入端。

A. 1　　　　　　　　　B. 2　　　　　　　　　C. 3

3. LM324 内部封装集成了（　　）个运放。

A. 1　　　　　　　　　B. 2　　　　　　　　　C. 4

4. 测量放大电路应选用（　　）集成运放。

A. 高速型　　　　　　　B. 高阻型　　　　　　　C. 高精度型

任务3　负反馈的认识

任务目标

1. 熟悉反馈的概念,能够判断出电路中是否存在反馈。

2. 理解反馈放大电路的组成及一般表达式。

3. 掌握负反馈的基本类型及其判别方法。

4. 掌握四种组态负反馈放大电路的特点。

5. 掌握负反馈对放大电路性能的影响。

一、反馈的作用

1. 反馈的定义

在电子系统中,将放大电路的输出量(电压或电流)的一部分或全部,通过某些元器件或网络(称为反馈网络),反向送回到输入端,来影响原输入量(电压或电流)的过程称为**反馈**。引入了反馈的放大电路叫作反馈放大电路,也叫**闭环放大电路**,而未引入反馈的放大电路,则称为**开环放大电路**。

动画:负反馈的作用

在多级放大电路中,反馈可以在一级放大电路内存在,称为本级反馈,也可以在多级放大电路中构成,称为级间反馈。级间反馈可改善整个放大电路的性能;本级反馈只改善本级电路的性能。

2. 反馈放大电路的框图

反馈放大电路的框图如图 3−18 所示,主要由基本放大电路 $\dot{A}$ 和反馈网络 $\dot{F}$ 组成。

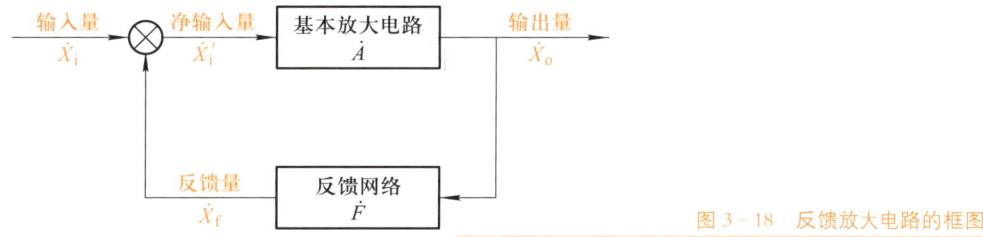

图 3−18　反馈放大电路的框图

3. 反馈放大电路的一般关系式

由图 3−18 可得,放大电路的开环放大倍数 $\dot{A}$ 为

$$\dot{A} = \frac{\dot{X}_\text{o}}{\dot{X}_\text{i}'}$$

反馈系数 $\dot{F}$ 为

$$\dot{F} = \frac{\dot{X}_\text{f}}{\dot{X}_\text{o}} \tag{3−4}$$

放大电路的闭环放大倍数 $\dot{A}_\text{f}$ 为

$$\dot{A}_\text{f} = \frac{\dot{X}_\text{o}}{\dot{X}_\text{i}}$$

净输入信号 $\dot{X}_\text{i}'$ 为

$$\dot{X}_\text{i}' = \dot{X}_\text{i} - \dot{X}_\text{f}$$

根据上面关系式,可得

$$\dot{A}_{\mathrm{f}} = \frac{\dot{X}_{\mathrm{o}}}{\dot{X}_{\mathrm{i}}} = \frac{\dot{A}\dot{X}_{\mathrm{i}}'}{\dot{X}_{\mathrm{i}}' + \dot{X}_{\mathrm{f}}} = \frac{\dot{A}\dot{X}_{\mathrm{i}}'}{\dot{X}_{\mathrm{i}}' + \dot{A}\dot{F}\dot{X}_{\mathrm{i}}'} = \frac{\dot{A}}{1 + \dot{A}\dot{F}} \qquad (3-5)$$

式(3-5)是一个十分重要的关系式,也叫**闭环增益方程**,是分析反馈放大电路的基本关系式。如果放大电路工作在中频范围,而且反馈网络又是纯电阻性时,开环放大倍数 $\dot{A}$ 和反馈系数 $\dot{F}$ 皆为实数,则开环放大倍数 $\dot{A}$ 可用 A 表示,反馈系数 $\dot{F}$ 可用 F 表示。式(3-5)可变为

$$A_{\mathrm{f}} = \frac{A}{1 + AF}$$

式中的 $1 + AF$ 称为**反馈深度**,一般用 D 来表示,是衡量放大电路信号反馈强弱程度的一个重要指标。

二、负反馈的基本类型及其判断方法

如图 3-19 所示是一个具有反馈的两级共发射极放大电路。下面结合该实例讲解判断反馈极性和反馈类型的方法。

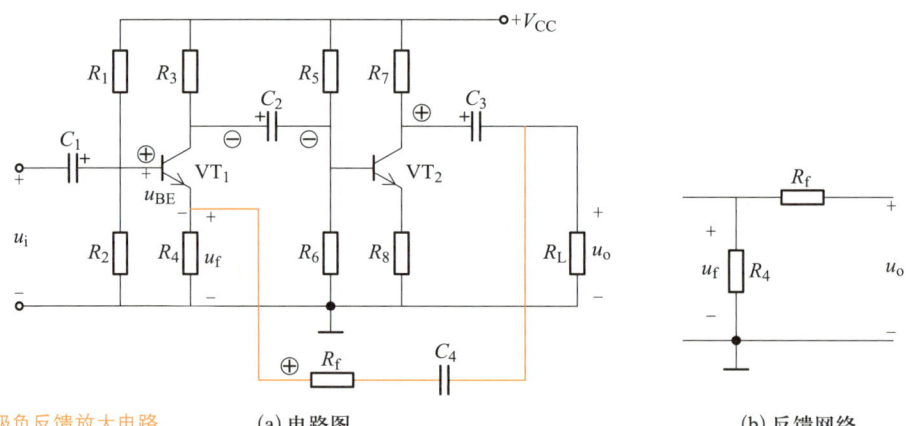

图 3-19　两级共发射极负反馈放大电路　　(a) 电路图　　　　　　　　　　(b) 反馈网络

1. 电路有无反馈的判断

电路有无反馈的判断方法是考察放大电路输入回路和输出回路之间是否有起联系作用的反馈网络。

在如图 3-19a 所示的电路中,电阻 R_4 和 R_{f} 能把输出端交流信号返送到输入端,故本电路中存在反馈网络,如图 3-19b 所示。由于本电路的反馈网络把放大电路第二级的输出信号引回到第一级的输入端,所以是级间反馈。

2. 反馈极性(正、负反馈)的判断

放大电路中的反馈,按照反馈信号极性的不同,可分为正反馈和负反馈。在放大电路中,如果引入反馈信号后,放大电路的净输入信号减小,导致放大电路的放大倍数降低,这种反馈为**负反馈**;若反馈信号使放大电路的净输入信

号增大,导致放大电路的放大倍数增大,这种反馈为**正反馈**。

判断正、负反馈的方法是**瞬时极性法**,步骤如下。

(1) 先假定放大电路输入端的输入信号在某一瞬时的极性为正,即该点瞬时电位的变化是升高的,在图中用"$\oplus$"号表示。

(2) 根据各级放大电路对输入信号和输出信号的相位关系,依次推断出由瞬时输入信号所引起的电路中有关各点电位的瞬时极性,确定输出信号和反馈信号的瞬时极性。

(3) 再根据反馈信号与输入信号的连接情况,分析净输入量的变化,如果反馈信号使净输入量增强,即为正反馈,反之为负反馈。

在图 3-19a 所示电路中,净输入信号 $u_{BE}=u_i-u_f$,按照步骤(1)、(2),得出输入信号 u_i 与反馈信号 u_f 的瞬时极性相同。电路引入反馈使得净输入信号减小,所以称为负反馈。

需要强调的是,当"$\oplus$"信号从三极管的基极输入时,信号从集电极上输出时为"$\ominus$",从发射极上输出时则为"$\oplus$";信号经过电阻和电容时不改变极性;当"$\oplus$"信号在经过集成运放时,从同相端输入,则输出与输入同相,为"$\oplus$";从反相端输入时,则输出与输入反相,为"$\ominus$"。

3. 直流反馈和交流反馈的判断

在反馈放大电路中,若反馈回来的信号是直流量,称为直流反馈;若反馈回来的信号是交流量,称为交流反馈;若反馈信号中既有交流分量,又有直流分量,则为交、直流反馈。在放大电路中引入直流负反馈可以提高静态工作点的稳定性,引入交流负反馈可以提高放大电路的动态性能。

区分直流反馈和交流反馈,关键是要抓住电容"通交流隔直流"的特点。

在图 3-19a 所示的电路中,反馈网络中串联了电容 C_4,C_4 对于直流分量相当于开路,对于交流分量相当于短路,所以是交流反馈。

4. 负反馈组态的判断

负反馈在放大电路中有着特殊而广泛的应用,按照对放大电路性能改善的不同可以分成各种类型。

从放大电路的输出端,按照反馈网络在输出端的采样不同,可分成电压反馈和电流反馈。如果反馈取自输出电压,称为**电压反馈**;如果反馈取自输出电流,称为**电流反馈**。

从放大电路的输入端,按照反馈信号与输入信号在输入端的连接方式不同,可分成串联反馈和并联反馈。如果反馈信号与输入信号在输入端串联连接,称为**串联反馈**;如果反馈信号与输入信号在输入端并联连接,则称为**并联反馈**。

(1) 电压反馈和电流反馈的判断

电压反馈和电流反馈的判断方法为**负载短路法**。假设把输出负载短路,即 $u_o=0$,若反馈信号因此而消失,则为电压反馈;如果反馈信号依然存在,则

> **👁 重要结论**
>
> 当输入信号 u_i 与反馈信号 u_f 在输入端的不同点时,若反馈信号 u_f 的瞬时极性和输入信号 u_i 的瞬时极性相同,为负反馈;若两者极性相反,为正反馈。当输入信号 u_i 与反馈信号 u_f 在输入端的同一点时,若反馈信号 u_f 的瞬时极性和输入信号 u_i 的瞬时极性相同,为正反馈;若两者极性相反,为负反馈。

动画:电压电流反馈的判别

145

为电流反馈。

将图 3-19a 所示电路的负载 R_L 短路,则 VT$_2$ 集电极接地,输出信号 u_o 直接经导线到地,反馈信号消失,所以图 3-19a 所示电路为电压反馈。若将 C_4 的右端改接到 VT$_2$ 的发射极,则成为电流反馈。

(2)串联反馈和并联反馈的判断

如果反馈信号和输入信号在输入端的同一节点引入,为并联反馈;如果反馈信号和输入信号不在输入端的同一节点引入,则为串联反馈。

在图 3-19a 所示电路中,输入信号 u_i 与反馈信号 u_f 在输入回路中的不同节点引入,以电压形式求和(反馈信号与输入信号串联),所以是串联反馈。若将 R_f 的左端改接到 VT$_1$ 的基极,则成为并联反馈。

通过分析可知,从反馈放大电路输出端看,反馈信号与输出信号的关系,可分为电压反馈和电流反馈;从反馈放大电路输入端看,反馈信号与输入信号的关系,可分为串联反馈和并联反馈。于是对交流负反馈而言,存在四种可能的反馈组态(类型):电压串联负反馈、电压并联负反馈、电流串联负反馈和电流并联负反馈。

🔒 **例 3-1** 说明如图 3-20 所示各个电路中分别存在哪些反馈网络?

动画:串并联
反馈的判别

动画:负反馈
组态的判断

👁 **想一想**

如何判别负反馈
的四种组态?

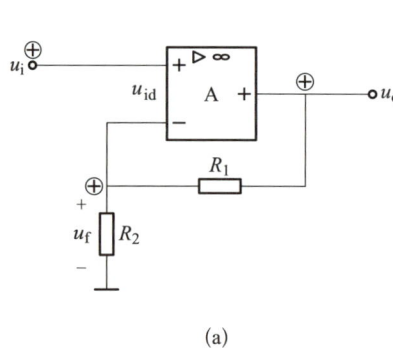

(a)

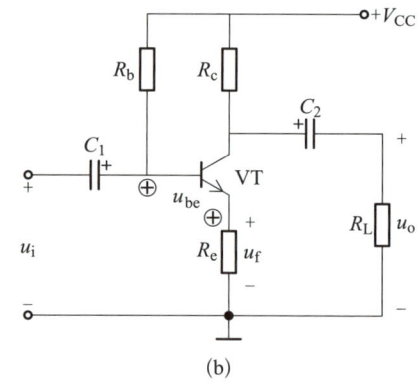

(b)

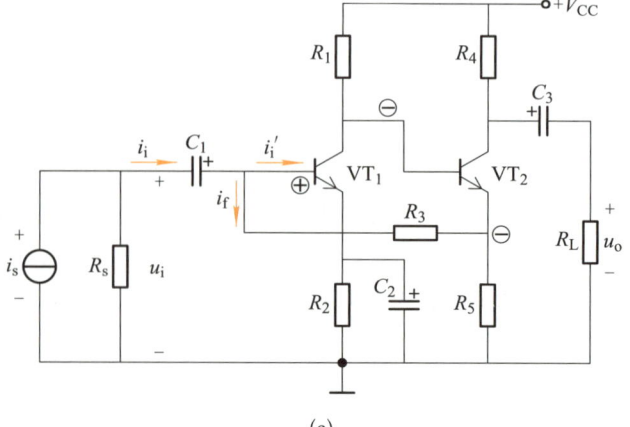

(c)

图 3-20 例 3-1 图

分析它们是正反馈还是负反馈？是直流反馈还是交流反馈？并分析它们的反馈组态。

解： 图 3 – 20a 所示是一个由集成运放构成的放大电路,输出信号通过反馈网络 R_1、R_2 引回到集成运放的输入端。采用瞬时极性法判断反馈极性,因为 $u_{id}=u_i-u_f$,u_f 增大,u_{id} 减小,故此电路为负反馈,且是交、直流负反馈。利用负载短路法,因为 $u_f=\dfrac{R_2}{R_1+R_2}u_o$,$u_o$ 为 0 时,u_f 也为 0,所以是电压反馈。从输入端看,输入信号 u_i 与反馈信号 u_f 不在同一节点,且以电压形式求和(反馈信号与输入信号串联),所以是串联反馈。此放大电路的组态是电压串联负反馈。

图 3 – 20b 所示是一个单管共发射极放大电路。通过反馈电阻 R_e 把放大电路的输出信号 $i_C(\approx i_E)$ 与输入回路连接起来,使三极管的净输入信号 $u_{be}(=u_i-i_CR_e)$ 受到了输出信号的影响。采用瞬时极性法判断反馈极性为负反馈,且是交、直流负反馈。用负载短路法假设负载短路,反馈信号 $u_f=i_CR_e\neq0$,因而是电流反馈。从输入端看,输入信号与反馈信号不在同一节点,因此电路是串联反馈。此放大电路的组态是电流串联负反馈。

图 3 – 20c 所示是一个两级共发射极放大电路,电阻 R_3 构成了级间反馈,是交、直流负反馈。从输出端用负载短路法分析,该电路是电流反馈。从输入端分析,输入信号与反馈信号在同一节点,以电流形式求和(净输入信号 $i_i'=i_i-i_f$),所以为并联反馈。因此放大电路的组态是电流并联负反馈。电阻 R_2、R_5 分别构成了本级负反馈。电阻 R_2 构成的是直流负反馈;电阻 R_5 构成的是交、直流负反馈,组态为电流并联负反馈。

三、负反馈对放大性能的影响

放大电路引入负反馈后,放大倍数虽有所下降,但却可以改善放大电路的放大性能。直流负反馈可以提高放大电路静态工作点的稳定性;交流负反馈可以改善放大电路的动态性能。

1. 交流负反馈可以提高放大电路增益的稳定性

设放大电路工作在中频范围,反馈网络为纯电阻,所以 A、F 都可用实数表示,则闭环增益方程为

$$A_f=\frac{A}{1+AF}$$

对上式求微分,可得

$$dA_f=\frac{(1+AF)\cdot dA-AF\cdot dA}{(1+AF)^2}=\frac{dA}{(1+AF)^2}$$

对上式两边同时除以 A_f，得

$$\frac{\mathrm{d}A_f}{A_f} = \frac{1}{1+AF} \cdot \frac{\mathrm{d}A}{A} \tag{3-6}$$

式(3-6)表明，负反馈放大电路闭环放大倍数的相对变化量 $\mathrm{d}A_f / A_f$ 是开环放大倍数相对变化量 $\mathrm{d}A / A$ 的 $1/(1+AF)$，也就是说，负反馈的引入使放大电路的放大倍数稳定性提高到了 $(1+AF)$ 倍。负反馈越深，稳定性越高。

2. 交流负反馈可以扩展放大电路的通频带

在放大电路的低频段，由于耦合电容阻抗增大等原因，使放大电路放大倍数下降；在高频段，由于分布电容、三极管极间电容的容抗减小等原因，使放大电路放大倍数下降。引入负反馈以后，当高、低频段的放大倍数下降时，反馈信号跟着减小，对输入信号的削弱作用减弱，使放大倍数的下降变得缓慢，因而通频带得到了拓宽。放大电路引入负反馈前后的幅频特性如图 3-21 所示，图中 A 和 A_f 分别表示负反馈引入前后的放大倍数，f_L 和 f_H 分别表示负反馈引入前的下限频率和上限频率，f_{Lf} 和 f_{Hf} 分别表示引入负反馈后的下限频率和上限频率。

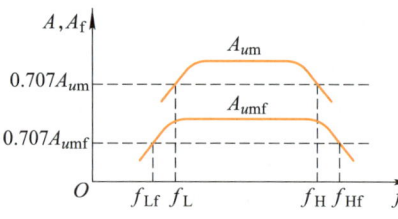

图 3-21
放大电路引入负反馈前后的幅频特性

3. 交流负反馈可以减小放大信号的非线性失真

在此通过一个具体的电路演示来说明这个问题。

(1) 实例演示

演示电路如图 3-22 所示。

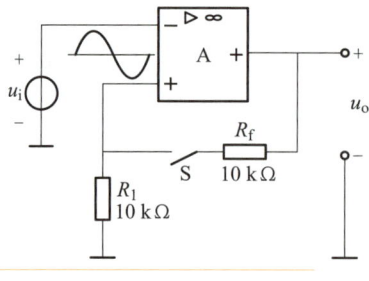

图 3-22　演示电路

(2) 演示现象

① 由信号发生器输入一个频率为 1 kHz，峰峰值为 1 V 的正弦波。

② 将开关 S 断开，用示波器观察开环输出波形，如图 3-23a 所示，可看到输出波形明显失真。

③ 将开关 S 闭合，观察闭环输出波形，如图 3-23b 所示，可看到失真波形明显地改善。

(3) 演示现象分析

在开环放大电路中，由于开环增益很大，使放大电路工作在非线性区，输出波形为双向失真波形。开关闭合后，电路加上了负反馈，电路增益减小，放大电路工作在线性区，输出波形为标准的正弦波，即负反馈能减小放大信号的非线性失真。

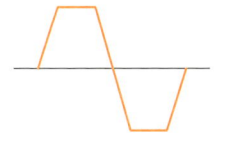
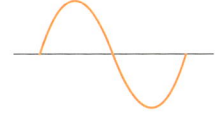

(a) 开环输出波形　　　　(b) 闭环输出波形　　　　图 3 - 23　输出波形

4. 交流负反馈可改变放大电路的输入电阻

负反馈对输入电阻的影响,取决于反馈网络在输入端的连接方式。

(1) 串联负反馈

如图 3 - 24a 所示是串联负反馈电路框图。由图 3 - 24a 可知,由于负反馈网络与基本放大电路串联,故使放大电路的输入电阻增大。根据推算,两者的关系为

$$r_{if} = r_i(1 + AF)$$

即引入串联负反馈后的输入电阻是开环输入电阻的 $(1 + AF)$ 倍。

(2) 并联负反馈

如图 3 - 24b 所示是并联负反馈电路框图,由于负反馈网络与基本放大电路并联,使得放大电路的输入电阻减小。根据推算,两者的关系为

$$r_{if} = \frac{r_i}{1 + AF}$$

即引入并联负反馈后的输入电阻是开环输入电阻的 $1/(1 + AF)$。

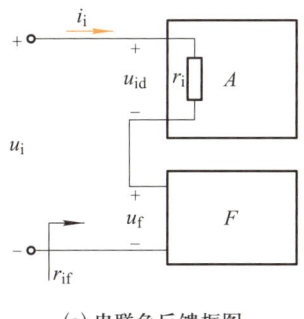
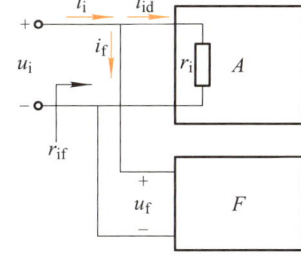

(a) 串联负反馈框图　　　　(b) 并联负反馈框图　　　图 3 - 24　负反馈对输入电阻的影响

5. 交流负反馈可改变放大电路的输出电阻

负反馈对输出电阻的影响,取决于反馈网络在输出端的取样方式。

(1) 电压负反馈

如图 3 - 25a 所示是电压负反馈框图。对于负载 R_L 来说,从输出端看进去,等效的输出电阻相当于原开环放大电路输出电阻与反馈网络的电阻并联,其结果必然使输出电阻减小。根据推算,两者的关系为

$$r_{of} = \frac{r_o}{1 + AF}$$

即引入电压负反馈后的输出电阻是开环输出电阻的 $1/(1+AF)$。

(2) 电流负反馈

如图 3-25b 所示是电流负反馈框图。对于负载 R_L 来说,从输出端看进去,等效的输出电阻相当于原开环放大电路输出电阻与反馈网络的电阻串联,其结果必然使输出电阻增大。根据推算,两者的关系为

$$r_{of} = (1 + AF) r_o$$

即引入电流负反馈后的输出电阻是开环输出电阻的 $(1+AF)$ 倍。

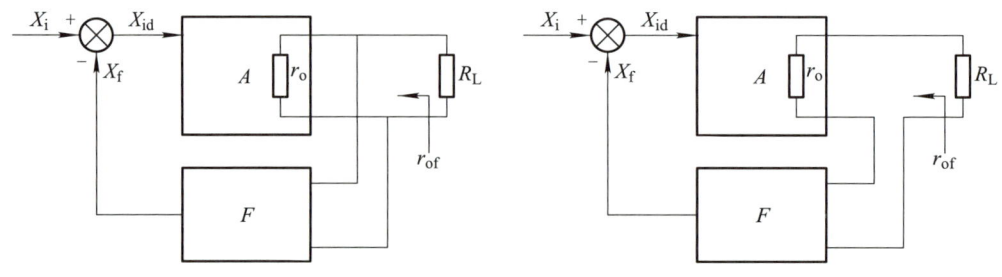

图 3-25
负反馈对输出电阻的影响　　　　(a) 电压负反馈框图　　　　　　　　　　　(b) 电流负反馈框图

现将四种组态负反馈放大电路的特性整理于表 3-1 中,以便对照分析。

表 3-1　四种组态负反馈放大电路的特性表

反馈组态	输入端叠加方式	采用信号源类型	对输入电阻的影响	从输出端取样的信号类型	对输出信号的作用	对输出电阻的影响
电压串联负反馈	$u_{id} = u_i - u_f$	内阻小的电压源	增大	电压	稳定输出电压	减小
电压并联负反馈	$i_{id} = i_i - i_f$	内阻大的电流源	减小	电压	稳定输出电压	减小
电流串联负反馈	$u_{id} = u_i - u_f$	内阻小的电压源	增大	电流	稳定输出电流	增大
电流并联负反馈	$i_{id} = i_i - i_f$	内阻大的电流源	减小	电流	稳定输出电流	增大

▎学做实例▎

负反馈放大电路的仿真测试

两级负反馈放大电路的仿真测试电路如图 3-26 所示。

(1) 静态工作点分析

选择"仿真"→"分析"菜单命令,然后选择"直流工作点分析"子命令,分析

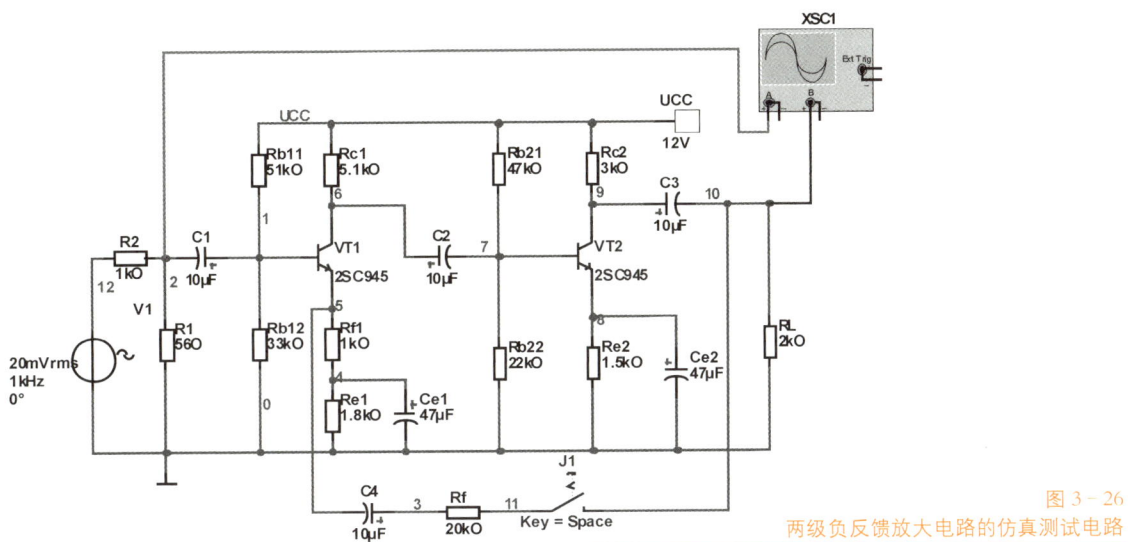

图 3 - 26
两级负反馈放大电路的仿真测试电路

电路的静态工作点。选择节点 1、5、6、7、8、9 作为输出节点进行分析,分析结果
如图 3 - 27 所示。可以看出,两级放大器中的 VT_1、VT_2 均处于放大状态。

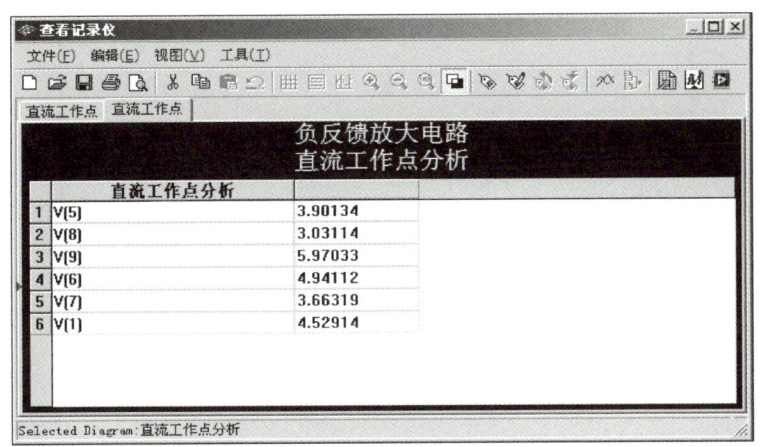

图 3 - 27
静态工作点分析结果

(2) 放大电路的动态指标测试

运行仿真,分别断开和闭合开关 J_1,双击示波器图标,可得到如图 3 - 28 和
图 3 - 29 所示放大电路的输入、输出电压波形,其中无反馈和有反馈各测一次,
并将这两个波形进行对比。示波器设置相同,可以看出输入、输出波形相位相
同,波形基本无失真,有反馈时的电路放大能力有所下降。

无反馈时,电压放大倍数为

$$A_u = \frac{u_o}{u_i} = \frac{-69.170 \text{ mV}}{-0.778\,856 \text{ mV}} \approx 88.8$$

有反馈时,电压放大倍数为

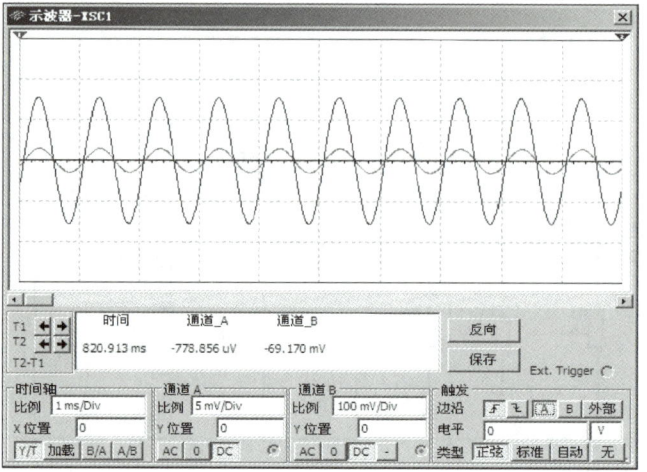

图 3 - 28
放大电路的输入、
输出电压波形(无反馈时)

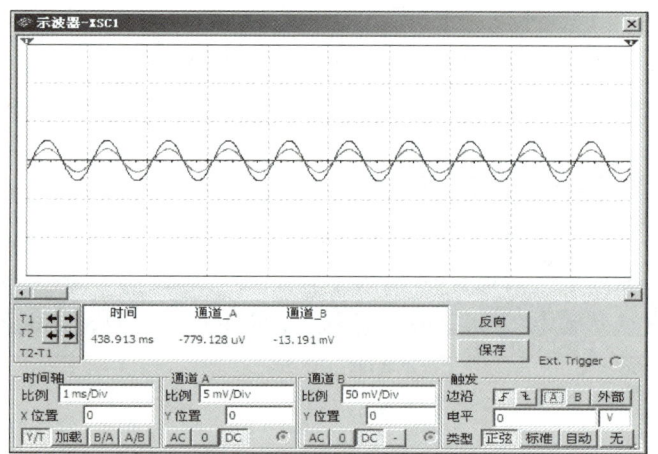

图 3 - 29
放大电路的输入、
输出电压波形(有反馈时)

$$A_u = \frac{u_{of}}{u_i} = \frac{-13.191 \text{ mV}}{-0.779\,128 \text{ mV}} \approx 16.9$$

(3) 负反馈对放大性能的影响

① 负反馈对放大倍数的影响。在图 3 - 26 所示电路中,断开开关 J_1,选择"仿真"→"分析"菜单命令,然后选择"交流分析"子命令。在弹出的"负反馈放大电路交流小信号分析"对话框中,对"输出"选项卡选择节点 10 进行分析,单击"仿真"按钮,得到无负反馈时的频率特性如图 3 - 30 所示;闭合开关 J_1,得到有负反馈时的频率特性如图 3 - 31 所示。可见,有负反馈时,放大倍数降低了,而通频带却变宽了。

② 负反馈对波形失真的影响。在图 3 - 26 所示的电路中,断开开关 J_1,将信号源的输入电压幅度调整为 1 V,可得到输入、输出电压波形,用示波器观察波形,出现明显失真,如图 3 - 32 所示。闭合开关 J_1,加上负反馈,得到输入、输出电压波形如图 3 - 33 所示,可见输出波形的失真得到明显的改善。

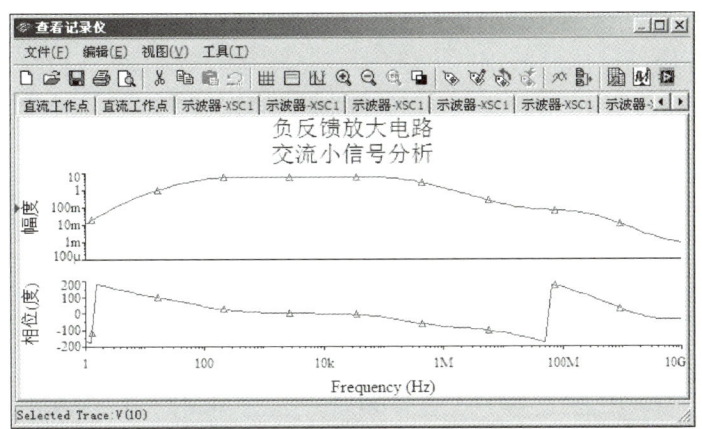

图 3 - 30
无负反馈时的频率特性

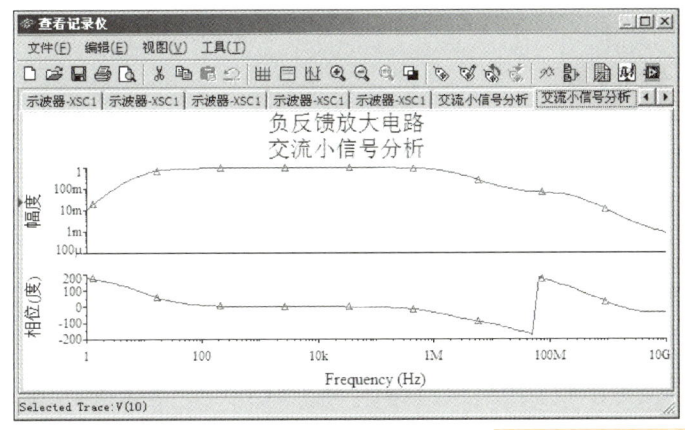

图 3 - 31
有负反馈时的频率特性

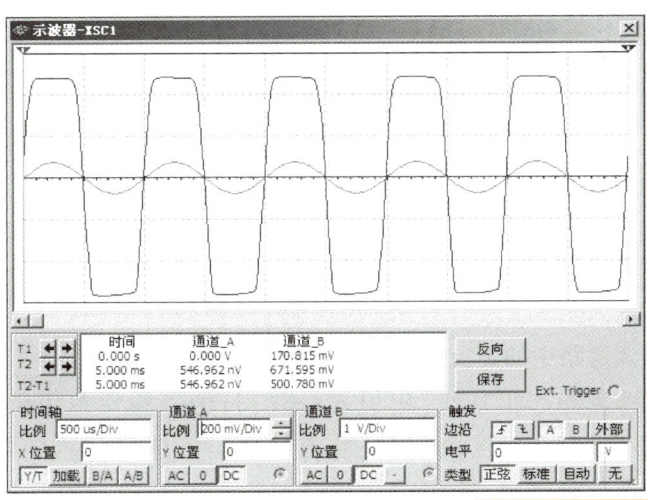

图 3 - 32
无负反馈时的输入、输出电压波形

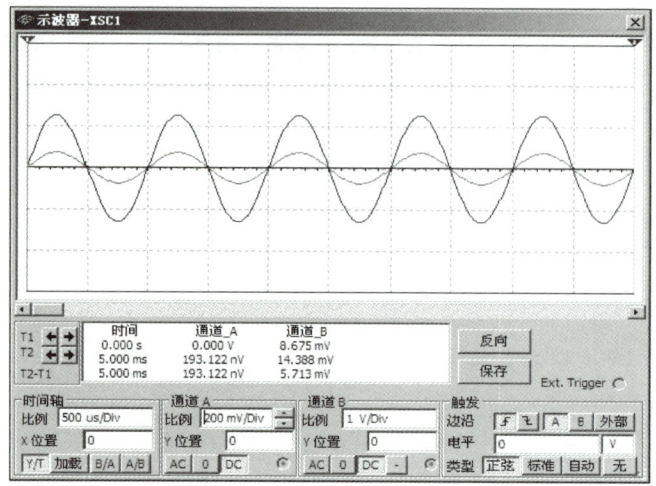

图 3 - 33
有负反馈时的输入、输出电压波形

根据以上测量、观察的结果,请总结负反馈对放大器的哪些性能产生影响? 这些影响是如何产生的?

知识点检测 3

1. 对于放大电路,所谓开环是指( )。

A. 无信号源　　　B. 无反馈通路　　　C. 无电源　　　　D. 无负载

2. 对于放大电路,所谓闭环是指( )。

A. 考虑信号源内阻　　　　　　B. 存在反馈通路

C. 接入电源　　　　　　　　　D. 接入负载

3. 在输入量不变的情况下,若引入反馈后使( ),则说明引入的反馈是负反馈。

A. 输入电阻增大　　　　　　　B. 输出量增大

C. 净输入量增大　　　　　　　D. 净输入量减小

4. 直流负反馈是指( )。

A. 直接耦合放大电路中所引入的负反馈

B. 只有放大直流信号时才有的负反馈

C. 在直流通路中的负反馈

5. 交流负反馈是指( )。

A. 阻容耦合放大电路中所引入的负反馈

B. 只有放大交流信号时才有的负反馈

C. 在交流通路中的负反馈

6. 为了稳定静态工作点,应引入( );为了稳定放大倍数,应引入( );为了改变输入电阻和输出电阻,应引入( );为了抑制零漂,应引入( );为了拓宽通频带,应引入( )。

    A. 直流负反馈   B. 交流负反馈

    7. 为了稳定放大电路的输出电压,应引入(   )负反馈;为了稳定放大电路的输出电流,应引入(   )负反馈;为了增大放大电路的输入电阻,应引入(   )负反馈;为了减小放大电路的输入电阻,应引入(   )负反馈;为了增大放大电路的输出电阻,应引入(   )负反馈;为了减小放大电路的输出电阻,应引入(   )负反馈。

    A. 电压   B. 电流   C. 串联   D. 并联

任务4　集成运放的应用

任务目标

    1. 掌握集成运放工作的两个区域。

    2. 熟悉集成运放的基本运算电路。

    3. 理解集成运放的非线性应用。

    4. 掌握各种线性运算电路的分析方法。

    5. 掌握非线性电路的工作原理。

    集成运放是一种各项指标都很理想的新型半导体器件,在电子电路中得到广泛的应用,它的应用包括线性应用和非线性应用。在线性应用方面,集成运放可以实现对模拟信号的数学运算;在非线性应用方面,集成运放用作电压比较器,是模拟电路和数字电路的接口,广泛应用于自动控制和测量系统中,可以实现越限报警、模/数转换以及诸如矩形波、锯齿波等各种非正弦信号的产生及变换等。

一、集成运放工作的两个区域

    在分析集成运放时,为了使问题分析得到简化,通常把实际的集成运放看成是一个理想元器件,即**理想集成运放**,如图3-34所示。

    所谓理想集成运放就是将集成运放的各项技术指标理想化,其理想指标是:

    (1) 开环电压放大倍数 $A_{od} = \infty$。

    (2) 开环输入电阻 $r_{id} = \infty$。

    (3) 开环输出电阻 $r_o = 0$。

    (4) 共模抑制比 $K_{CMR} = \infty$。

    (5) 有无限宽的通频带。

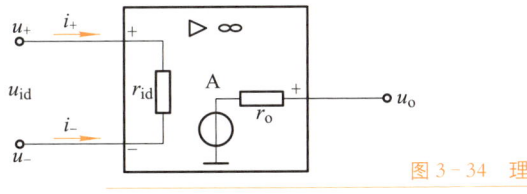

图3-34　理想集成运放

    由于实际集成运放的参数非常接近理想集成运放的条件,所以若把集成运放看成是理想元器件,电路分析、计算的结果是满足工程要求的。

集成运放可用电压传输特性来表示其工作区域。**电压传输特性曲线**是指集成运放输出电压 u_o 与输入差模电压 u_{id} 的关系曲线，如图 3 - 35 所示。在图 3 - 35a 所示的实际特性中，由于差模输入电压 $u_{id} = u_+ - u_-$ 很小，所以线性区很窄；如果忽略这个狭小的线性区，则为理想特性，如图 3 - 35b 所示。

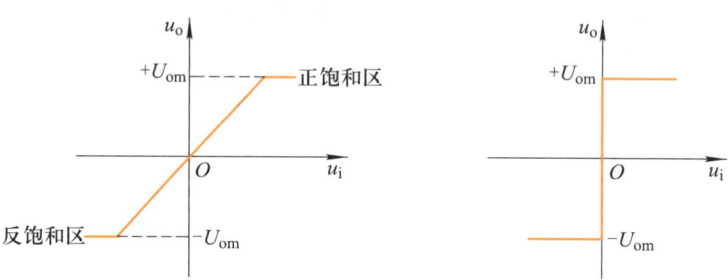

图 3 - 35　集成运放的电压传输特性曲线　　(a) 实际特性　　　　　(b) 理想特性

在各种应用电路中，集成运放的工作范围可能有两种情况：工作在线性区或非线性区(又称饱和区)，下面分别介绍这两个区域的特点。

1. 集成运放工作在线性区的特点

集成运放工作在线性区域(一般为深度负反馈状态)时，其输出端电压与两个输入端的电压之间存在着线性放大关系，即：

$$u_o = A_{od} u_{id} = A_{od}(u_+ - u_-) \qquad (3 - 7)$$

因为理想集成运放的 $A_{od} = \infty$，而输出电压 u_o 是一个有限值，所以有

$$u_{id} = u_+ - u_- = \frac{u_o}{A_{od}} = 0,\ 即\ u_+ = u_-$$

此时，理想集成运放的同相输入端与反相输入端的电位相等，两个输入端相当于短路，但不是真正短路，将这种现象称为**"虚短"**。

由于理想集成运放 $r_{id} = \infty$，因此在其两个输入端均可以认为没有电流输入，即

$$i_+ = i_- = \frac{u_+ - u_-}{r_{id}} = 0$$

> **🔍 重要结论**
>
> 　理想集成运放工作在线性区的特点：
> 　(1) $u_+ = u_-$，存在"虚短"现象。
> 　(2) $i_+ = i_- = 0$，存在"虚断"现象。

此时，理想集成运放的同相输入端和反相输入端的输入电流都等于零，两个输入端内部相当于断开，但又不是真正断开，将这种现象称为**"虚断"**。

对于实际的集成运放而言，A_{od} 越大，r_{id} 越高，"虚短"和"虚断"则越接近理想状态。

2. 集成运放工作在非线性区的特点

如果集成运放处于开环工作状态(即未接深度负反馈)，由于 A_{od} 值很大，

只要输入信号稍微增大,超出线性区范围,则输出电压不再随输入电压线性增长,不再满足式(3－7)表示的关系,而将达到饱和值(接近正负电源电压值)。

理想集成运放工作在非线性区(一般为开环或正反馈状态)时,输出电压 u_o 是一个恒定值,且具有二值性,即等于 $+U_\text{om}$ 或 $-U_\text{om}$。

当 $u_+ > u_-$ 时:$u_\text{o} = +U_\text{om}$

当 $u_+ < u_-$ 时:$u_\text{o} = -U_\text{om}$

在非线性区内,集成运放的差模输入电压可能很大,即 $u_+ \neq u_-$,此时,电路的"虚短"现象将不复存在。

在非线性区内,虽然集成运放两个输入端的电位不等,但因为理想集成运放的输入电阻 $r_\text{id} = \infty$,故"虚断"现象仍存在。

◉ 重要结论

理想集成运放工作在非线性区的特点:

(1)输出电压 u_o 具有两值性,不存在"虚短"现象。

(2)$i_+ = i_- = 0$,存在"虚断"现象。

二、集成运放的线性应用分析——基本运算电路

采用集成运放实现对模拟信号的运算,必须引入深度负反馈。深度负反馈是指当反馈深度 $|1+AF| \gg 1$ 时,负反馈放大电路的放大倍数为

◉ 想一想

为什么集成运放的线性应用必须引入负反馈?

$$A_\text{f} = \frac{A}{1+AF} \approx \frac{1}{F} \tag{3－8}$$

一般来说,当 $|1+AF| \geq 10$ 时,即可认为是**深度负反馈**,此时的电路就叫作深度负反馈放大电路。

集成运放外接电阻和电容可构成比例运算、加法和减法运算、积分和微分运算等基本运算电路,这些运算电路都存在负反馈环节,因此工作在线性区。在分析这些电路时,可利用集成运放工作在线性区时所具有的"虚短"和"虚断"特点,进行推导,得出相应的运算公式。

1. 反相比例运算电路

反相比例运算电路又称反相放大器,如图 3－36 所示。输入信号经 R_1 接至集成运放的反相输入端,R_f 为反馈电阻,把输出电压 u_o 反馈到反相输入端,所以电路为电压并联负反馈组态。

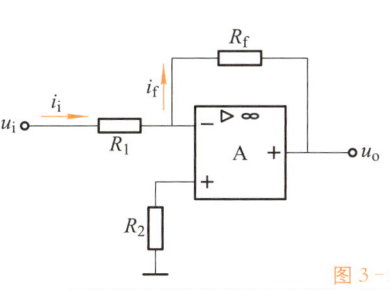

图 3－36　反相比例运算电路

(1)"虚地"的概念

由于集成运放工作在线性区,有 $u_+ = u_-$、$i_+ = i_- = 0$,即流过 R_2 的电流值为零,则 $u_+ = u_- = 0$,说明反相端虽然没有直接接地,但其电位为地电位,相当于接地,是"虚假接地",简称为"虚地"。因此加在集成运放输入端的共模输入电压很小。

(2)电压放大倍数

因为
$$i_\text{i} = \frac{u_\text{i} - u_-}{R_1},\ i_\text{f} = \frac{u_- - u_\text{o}}{R_\text{f}}$$

微课：比例运算放大器

又因为"虚断"，有 $i_i = i_f$，即

$$\frac{u_i - u_-}{R_1} = \frac{u_- - u_o}{R_f}$$

又因为"虚地"，所以 $u_- = 0$，将上式整理可得

$$u_o = -\frac{R_f}{R_1} u_i$$

电压放大倍数为

$$A_{uf} = \frac{u_o}{u_i} = -\frac{R_f}{R_1} \qquad (3-9)$$

可见，输出电压与输入电压的相位相反，比值 $|A_{uf}|$ 取决于电阻 R_f 和 R_1 之比，而与集成运放的各项参数无关。根据电阻取值的不同，比例 $|A_{uf}|$ 可以大于1，也可以小于1。当 $R_f = R_1$ 时，$A_{uf} = -1$，此时的电路称为**反相器**，用于在数学运算中实现变号运算。

（3）输入电阻和输出电阻

输入电阻的计算公式为

$$r_i = \frac{u_i}{i_i} = R_1$$

电路的输出电阻很小，可以认为

$$r_o = 0$$

可见，反相比例运算电路的输入电阻不高，输出电阻很低。

（4）平衡电阻

为了使集成运放中差分放大电路的参数保持对称，要确定 R_2 的阻值，其大小为 $R_2 = R_1 /\!/ R_f$，因此 R_2 也称为平衡电阻。

🔒 **例 3-2** 在图 3-36 所示电路中，已知 $R_f = 100\,\text{k}\Omega$，$R_1 = 10\,\text{k}\Omega$，求电压放大倍数 A_{uf} 及平衡电阻 R_2 的值。

解：$A_{uf} = -\dfrac{R_f}{R_1} = -\dfrac{100}{10} = -10$

$R_2 = R_1 /\!/ R_f \approx 9.1\,\text{k}\Omega$

2. 同相比例运算电路

将输入信号 u_i 接到集成运放的同相输入端，反馈电阻接到其反相输入端，就构成了同相比例运算电路，如图 3-37 所示。R_2 是平衡电阻，应保证 $R_2 = R_1 /\!/ R_f$。

根据电路结构及集成运放"虚断"的特点，可知 $i_i = i_f$，R_1 和 R_f 为串联关系。输出电压 u_o 经 R_f 和 R_1 分压后,在 R_1 上的分压作为反馈信号接到反相输入端,形成电压串联负反馈组态,所以集成运放工作在线性区。

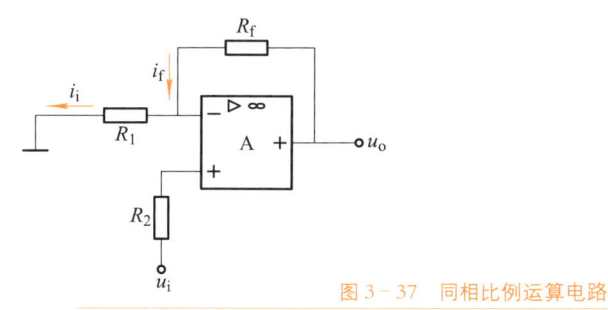

图 3 - 37　同相比例运算电路

根据"虚短", $u_+ = u_-$,则

$$u_i = u_+ = u_- = \frac{R_1}{R_1 + R_f} u_o$$

即

$$u_o = \left(1 + \frac{R_f}{R_1} \right) u_i$$

可得电压放大倍数为

$$A_{uf} = \frac{u_o}{u_i} = 1 + \frac{R_f}{R_1} \qquad (3 - 10)$$

由于 A_{uf} 恒大于或等于 1,所以同相比例运算电路不能完成比例系数小于 1 的运算。当将电阻取值为 $R_f = 0$ 或 $R_1 = \infty$ 时,显然有 $A_{uf} = 1$ (即 $u_o = u_i$),这时的电路称为**电压跟随器**,如图 3 - 38 所示。电压跟随器一般用在多级放大电路的中间级,主要作用是加强对后级负载的驱动和减轻对前级输入信号源电流的负荷。

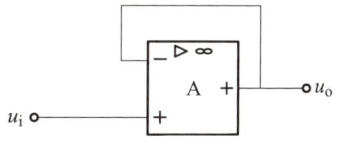

图 3 - 38　电压跟随器

同相比例运算电路为电压串联负反馈组态,所以输入电阻很高,为

$$r_{if} = (1 + A_{od}F) r_{id}$$

其中, F 是反馈系数

$$F = \frac{u_f}{u_o} = \frac{R_1}{R_1 + R_f}$$

同相比例运算电路的输出电阻很小,可以认为

$$r_o = 0$$

3. 加法运算电路

加法运算电路如图 3 - 39 所示。它是在反相比例运算电路的基础上,在反相输入端增加多个输入信号,所以也称为**反相加法运算电路**。这里以两个输入信号为例进行分析, R_2 是平衡电阻,应保证 $R_2 = R_{11} \,/\!/\, R_{12} \,/\!/\, R_f$ 。

因为 $i_{11} + i_{12} = i_i$,即

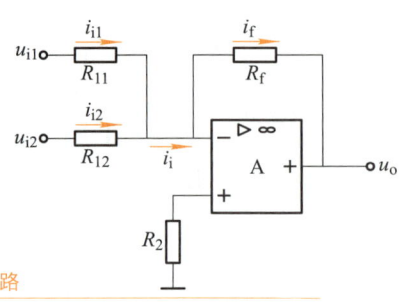

图 3-39 加法运算电路

实操演示：反相比例加法电路的测试

$$\frac{u_{i1} - u_-}{R_{11}} + \frac{u_{i2} - u_-}{R_{12}} = i_i$$

又因为"虚断"，有

$$i_i = i_f = \frac{u_- - u_o}{R_f}$$

即

$$\frac{u_{i1} - u_-}{R_{11}} + \frac{u_{i2} - u_-}{R_{12}} = \frac{u_- - u_o}{R_f}$$

又因为"虚地"，$u_- = 0$，所以整理后可得

$$u_o = -\left(\frac{R_f}{R_{11}}u_{i1} + \frac{R_f}{R_{12}}u_{i2}\right) = -(k_1 u_{i1} + k_2 u_{i2}) \qquad (3-11)$$

式 $(3-11)$ 中，k_1、k_2 分别为第一项、第二项的比例系数。

特例： 当 $R_{11} = R_{12} = R_f$ 时，式 $(3-11)$ 就成为

$$u_o = -(u_{i1} + u_{i2})$$

此时，实现了多个信号的反相求和。

🔒 **例 3-3** 求图 3-40 所示电路输出信号 u_o 与两个输入信号 u_{i1}、u_{i2} 之间的关系表达式。

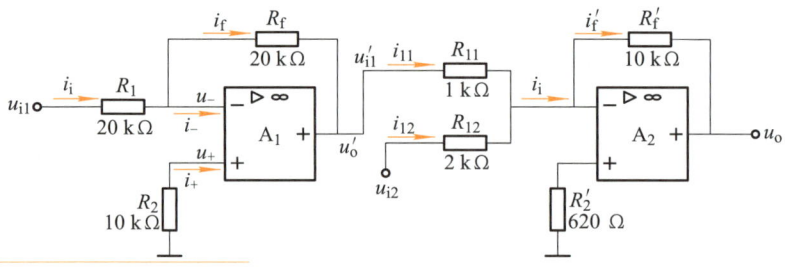

图 3-40 例 3-3 图

解： 在如图 3-40 所示的电路中，A_1 构成反相比例运算电路，则

$$u_o' = -\frac{R_f}{R_1}u_{i1} = -\frac{20}{20}u_{i1} = -u_{i1} = u_{i1}'$$

A_2 构成反相加法运算电路，则

$$u_o = -\left(\frac{R_f'}{R_{11}}u_{i1}' + \frac{R_f'}{R_{12}}u_{i2}\right) = \frac{R_f'}{R_{11}}u_{i1} - \frac{R_f'}{R_{12}}u_{i2}$$

将 R_{11}、R_{12}、R_f 的阻值代入上式，可得

$$u_o = 10u_{i1} - 5u_{i2}$$

从上式可以看出，采用反相比例运算电路和反相加法运算电路可以实现

减法运算。

🔒 **例 3‑4**　设计一个运算电路,要求它能实现 $Y = 2X_1 + 5X_2 + X_3$ 的运算。

解: 此例的电路应满足的关系为 $u_\circ = 2u_{i1} + 5u_{i2} + u_{i3}$,是三个输入信号的加法运算。由加法运算电路可知各个比例系数由反馈电阻 R_f 与各输入信号输入电阻的比例关系所决定,由于式中各系数都是正值,而反相加法运算电路的比例系数都是负值,因此需要增加一级反相器,实现变号运算。实现这个设计的电路如图 3‑41 所示。

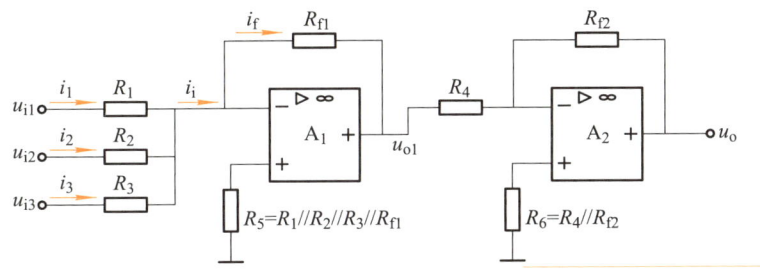

图 3‑41　例 3‑4 图

输出电压和输入电压的关系为

$$u_{o1} = -\left(\frac{R_{f1}}{R_1} u_{i1} + \frac{R_{f1}}{R_2} u_{i2} + \frac{R_{f1}}{R_3} u_{i3} \right)$$

$$u_\circ = -\frac{R_{f2}}{R_4} u_{o1} = \left(\frac{R_{f1}}{R_1} u_{i1} + \frac{R_{f1}}{R_2} u_{i2} + \frac{R_{f1}}{R_3} u_{i3} \right) \frac{R_{f2}}{R_4} = 2u_{i1} + 5u_{i2} + u_{i3}$$

式中 $\dfrac{R_{f1}}{R_1} = 2$, $\dfrac{R_{f1}}{R_2} = 5$, $\dfrac{R_{f1}}{R_3} = 1$, $\dfrac{R_{f2}}{R_4} = 1$。

取 $R_{f1} = R_{f2} = R_4 = 10 \text{ k}\Omega$,则 $R_1 = 5 \text{ k}\Omega$, $R_2 = 2 \text{ k}\Omega$, $R_3 = 10 \text{ k}\Omega$, $R_5 = 1 \text{ k}\Omega$, $R_6 = 5 \text{ k}\Omega$。

> 💡 **想一想**
>
> 对于例 3‑4,还有没有其他的设计方法?

4. 积分和微分运算电路

集成运放构成的运算电路不仅可以实现比例、加法和减法运算,还可以实现积分与微分运算。

(1) 积分运算电路

在反相比例运算电路中,用电容 C 代替 R_f 作为反馈元器件,引入电压并联负反馈,就构成了积分运算电路。积分运算电路及其输入、输出波形如图 3‑42 所示。

由集成运放工作于线性区时具有的"虚短"和"虚断"的特点,可列出

$$i_R = i_C = \frac{u_i}{R_1}$$

则输出电压为

$$u_\circ = -u_C = -\frac{1}{C} \int i_C \, \mathrm{d}t = -\frac{1}{R_1 C} \int u_i \, \mathrm{d}t \qquad (3\text{-}12)$$

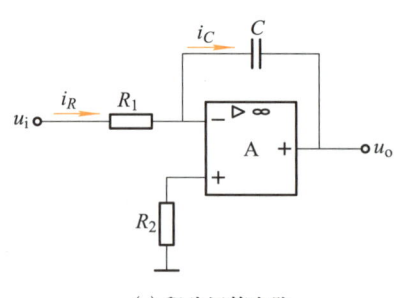

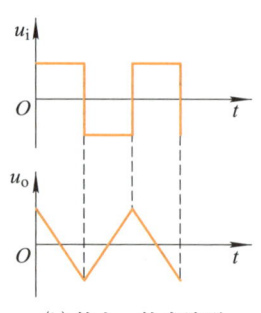

图 3 - 42
积分运算电路及其输入、输出波形　　　　　　　　　　　(a) 积分运算电路　　　　　　　(b) 输入、输出波形

式(3 - 12)说明,输出电压为输入电压对时间的积分,实现了积分运算,式中负号表示输出电压与输入电压相位相反。

积分运算电路除用于积分信号的运算外,还可以实现波形变换,如将矩形波变成三角波输出,如图 3 - 42b 所示。积分运算电路在自动控制系统中用以延缓过渡过程的冲击,使被控制的电动机外加电压缓慢上升,避免其机械转矩猛增,造成传动机械的损坏。积分运算电路还常用于示波器的扫描电路、模/数转换器、数学模拟运算等。

用 Multisim 10 实现的积分运算电路及其仿真波形如图 3 - 43 所示。当输入信号为矩形波时,电容将以近似于恒流的方式进行充放电,输出电压与时间近似为线性关系。

实操演示:积分电路的测试

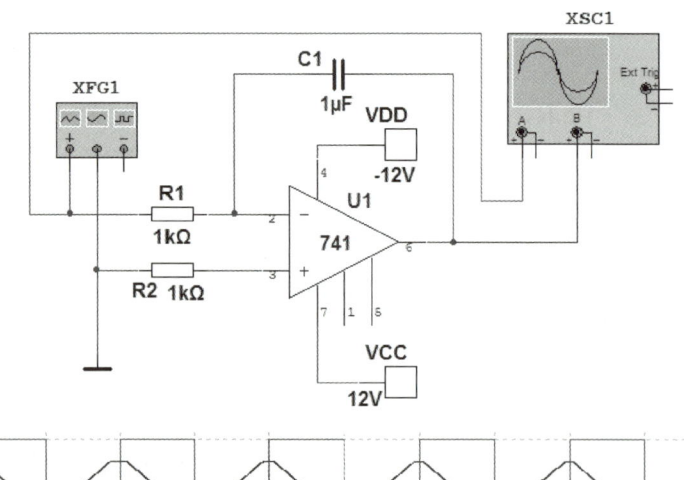

图 3 - 43
用 Multisim 10 实现积分运算电路及其仿真波形

(2) 微分运算电路

将积分运算电路中的 R_1 和 C 互换,就可得到微分运算电路,微分运算电路及其输入、输出波形如图 3 - 44 所示。在这个电路中,B 点为"虚地"(即 $u_B = 0$);再根据"虚断"的概念 $(i_- = 0)$,则 $i_R = i_C$。假设电容 C 的初始电压为零,那么

$$i_C = C\frac{\mathrm{d}u_i}{\mathrm{d}t}$$

则输出电压为

$$u_o = -i_R R = -RC\frac{\mathrm{d}u_i}{\mathrm{d}t} \tag{3-13}$$

式(3-13)表明,输出电压为输入电压对时间的微分,且相位相反。

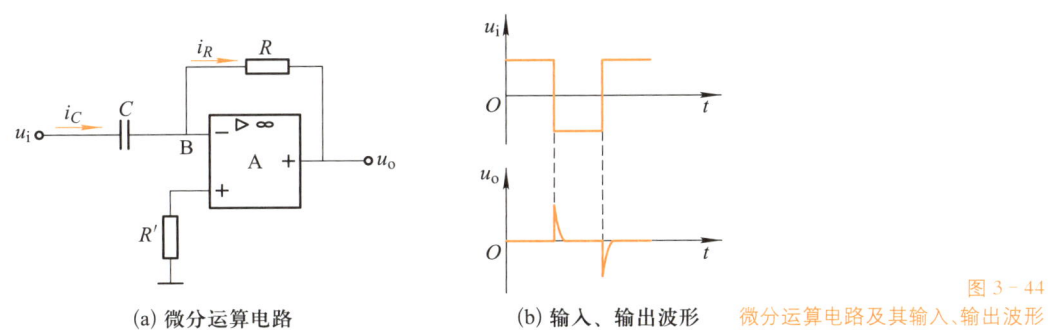

(a) 微分运算电路　　　　(b) 输入、输出波形　微分运算电路及其输入、输出波形

图 3-44

微分运算电路的输入、输出波形如图3-44b所示,它可将矩形波变成一对正负尖脉冲输出。微分运算电路在自动控制系统中可用作加速环节,例如电动机出现短路故障时,微分运算电路可以起加速保护作用,迅速降低电动机的供电电压。

用 Multisim 10 实现的微分运算电路及其仿真波形如图 3-45 所示。当输入信号为矩形波时,输出信号为尖脉冲波。

实操演示:微分电路的测试

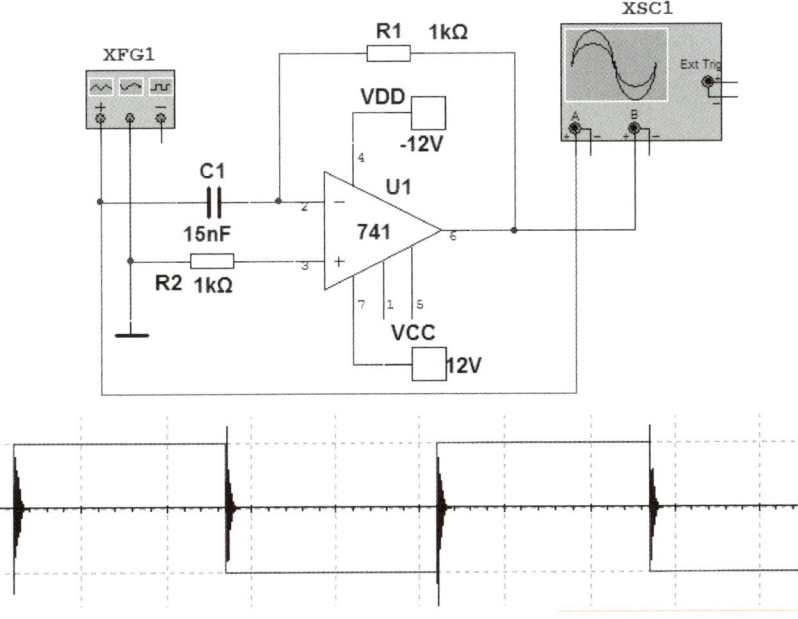

图 3-45
用 Multisim 10 实现微分
运算电路及其仿真波形

三、集成运放的非线性应用分析——电压比较器

让集成运放工作于开环状态或引入正反馈，由于集成运放的开环增益很高，这时即使在两个输入端有非常微小的差值信号存在，也会使集成运放的输出达到饱和状态，集成运放工作在非线性区。集成运放工作在非线性区时，可用作信号的电压比较器，即对模拟信号进行幅值大小的比较，在集成运放的输出端则以高电平或低电平来反映比较的结果。电压比较器是信号发生、波形变换、模/数转换等电路常用的单元电路。

1. 基本电压比较器

如图 3–46 所示是基本电压比较器电路及其电压传输特性。所谓电压传输特性是指输出电压与输入电压之间的关系。

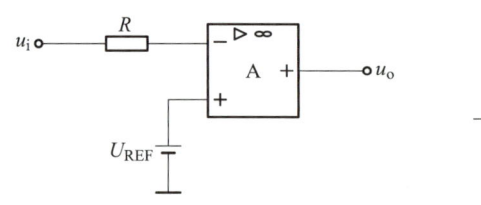

图 3–46
基本电压比较器电路及其电压传输特性　　(a) 基本电压比较器电路　　(b) 电压传输特性

由集成运放的特点，可以分析得出：

① 当输入信号 u_i 小于基准电压（又称门限电压）U_{REF} 时，输出 u_o 为高电平，即

$$u_o = +U_{om}$$

② 当输入信号 u_i 大于基准电压 U_{REF} 时，输出 u_o 为低电平，即

$$u_o = -U_{om}$$

（1）过零比较器

当基准电压 $U_{REF} = 0$ 时，即输入电压和零电压信号进行比较，此时的电路称为**过零电压比较器（简称过零比较器）**。如图 3–47 所示为反相过零比较器电路及其输入、输出波形，该电路可以实现输入、输出波形的变换。

用 Multisim 10 实现的过零比较器及其仿真波形如图 3–48 所示。当输入信号为正弦波时，输出信号为矩形波。

（2）过零比较器的缺点

在实际应用时，如果实际测得的信号存在外界干扰，即在正弦波上叠加了高频干扰，过零比较器就容易在输入零电压附近出现多次误翻转，如图 3–49 所示。为了克服过零比较器的误翻转现象，就需要采用迟滞电压比较器。

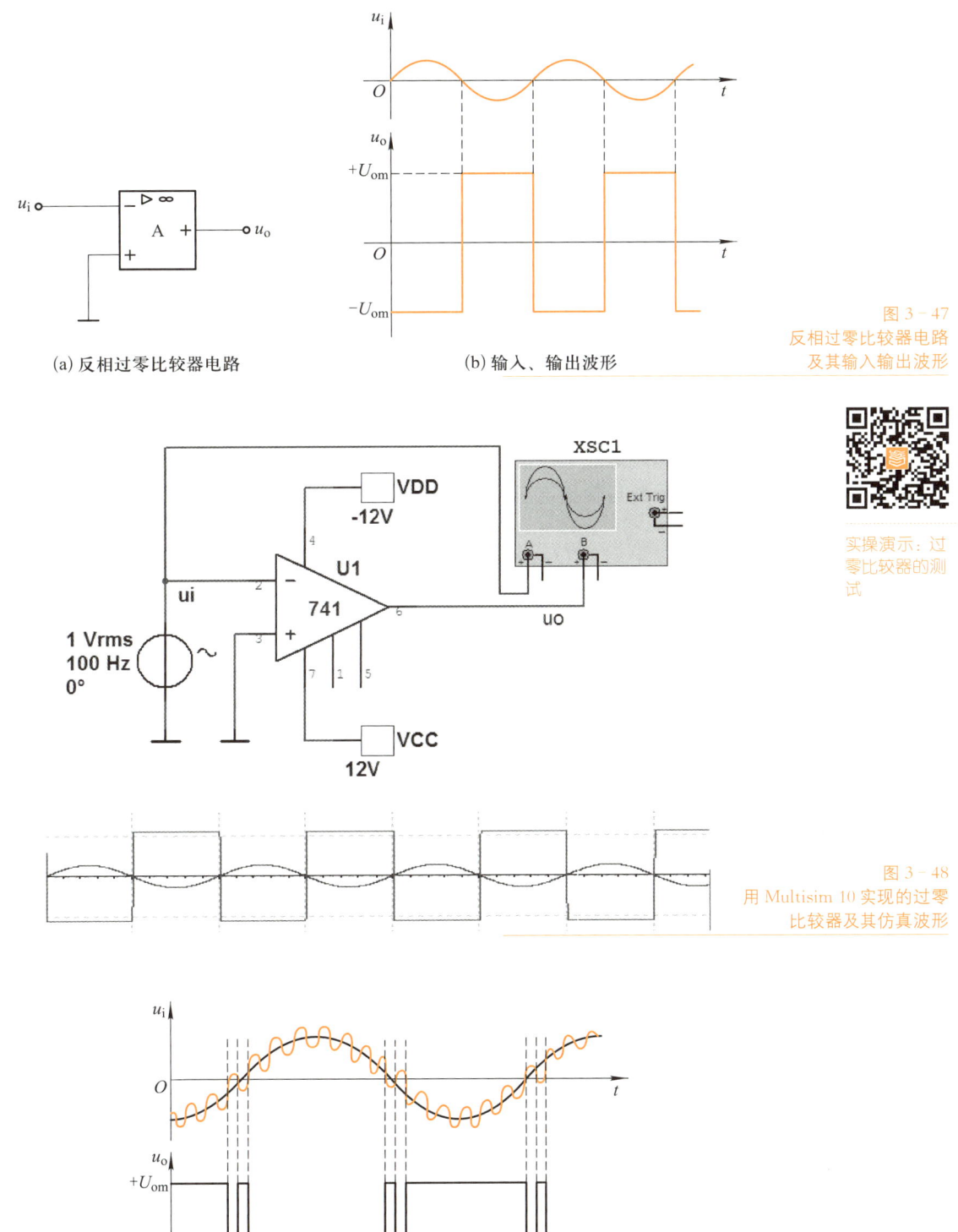

(a) 反相过零比较器电路　　　　　　　(b) 输入、输出波形

图 3 - 47
反相过零比较器电路
及其输入输出波形

实操演示：过
零比较器的测
试

图 3 - 48
用 Multisim 10 实现的过零
比较器及其仿真波形

图 3 - 49
过零比较器受外界干扰的影响

2. 迟滞电压比较器

迟滞电压比较器电路及其电压传输特性如图 3-50 所示。

想一想

迟滞电压比较器的主要作用是什么？

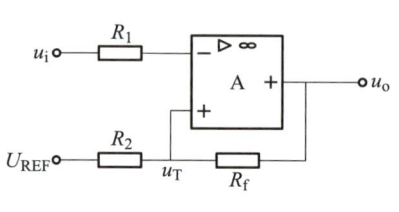

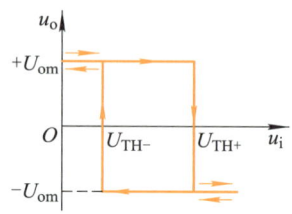

(a) 迟滞电压比较器电路   (b) 电压传输特性

图 3-50
迟滞电压比较器电路
及其电压传输特性

动画：空调温控器——迟滞电压比较器

实操演示：迟滞电压比较器的测试

该电路的同相输入端电压 u_T 由 u_o 和 U_{REF} 共同决定，根据叠加定理有

$$u_T = \frac{R_2}{R_2 + R_f} u_o + \frac{R_f}{R_2 + R_f} U_{REF} \qquad (3-14)$$

由于集成运放工作在非线性区，输出只有高、低电平两个电压值，即 $+U_{om}$ 和 $-U_{om}$，因此当输出电压为 $+U_{om}$ 时，u_T 的上门限电压为

$$U_{TH+} = \frac{R_f}{R_2 + R_f} U_{REF} + \frac{R_2}{R_2 + R_f} U_{om}$$

输出电压为 $-U_{om}$ 时，u_T 的下门限电压为

$$U_{TH-} = \frac{R_f}{R_2 + R_f} U_{REF} - \frac{R_2}{R_2 + R_f} U_{om}$$

迟滞电压比较器在两种状态下有各自的门限电压。对应于 $+U_{om}$ 有上门限电压 U_{TH+}，对应于 $-U_{om}$ 有下门限电压 U_{TH-}。如图 3-51 所示为迟滞电压比较器的输入、输出波形，可以实现波形的变化。如图 3-52 所示为迟滞电压比较器在有外界干扰时的输入、输出波形，可以看出迟滞电压比较器具有抗干扰的能力。

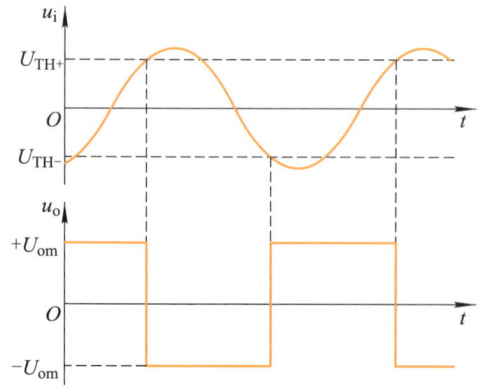

图 3-51 迟滞电压比较器的输入、输出波形

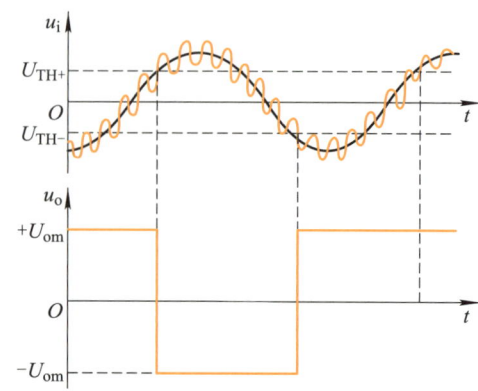

图 3-52 迟滞电压比较器在有外界干扰时的输入、输出波形

在生产实践中,经常需要对温度、水位进行控制,这些都可以用迟滞电压比较器来实现。如在电冰箱中的电子温控电路,迟滞电压比较器是必不可少的,只要改变门限电压的值,就改变了电冰箱的温控值。

3. 窗口比较器

基本电压比较器和迟滞电压比较器都有一个共同的特点:当输入信号单向变化时,输出电压只能跳变一次,故只能鉴别一个门限电压。而窗口比较器可以实现鉴别输入信号是否在两个门限电压之间的功能。

（1）电路结构

窗口比较器电路及其传输特性如图 3–53 所示。窗口比较器由两个基本电压比较器 A_1、A_2 构成,U_{RL}、U_{RH} 分别为下门限电压和上门限电压。二极管起到隔离输出端和集成运放之间直接联系的作用,R_D 为限流电阻。

<table>
<tr><td style="background:#e8820c;color:#fff">👁 想一想</td></tr>
</table>

某一电子电路需要输入一矩形波信号,但实验室中只有正弦波信号发生器,怎么办?

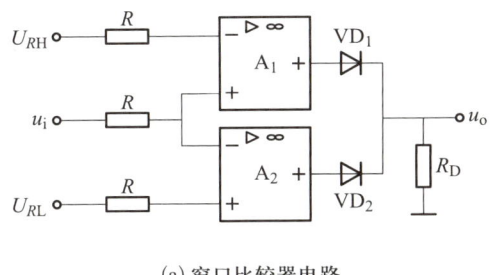

(a) 窗口比较器电路

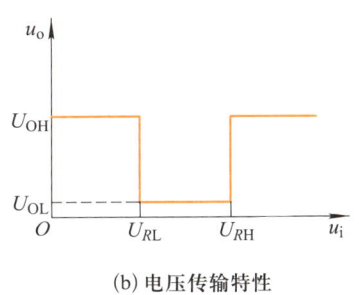

(b) 电压传输特性

图 3–53
窗口比较器电路及其电压传输特性

（2）工作原理

① 当输入信号 u_i 低于下门限电压 U_{RL} 时,集成运放 A_1 输出低电平 U_{OL},二极管 VD_1 截止;A_2 输出高电平 U_{OH},二极管 VD_2 导通,输出 u_o 为高电平 U_{OH}。

② 当输入信号 u_i 介于 U_{RL}、U_{RH} 之间时,集成运放 A_1、A_2 均输出低电平 U_{OL},二极管 VD_1、VD_2 均截止,输出 u_o 为低电平 U_{OL}。

③ 当输入信号 u_i 高于上门限电压 U_{RH} 时,集成运放 A_2 输出低电平 U_{OL},二极管 VD_2 截止;A_1 输出高电平 U_{OH},二极管 VD_1 导通,输出 u_o 为高电平 U_{OH}。

可见,窗口比较器在输入信号单向变化(例如单向增加)时,输出电压具有两次跳变的特点。在实际工程中,某些电路要求电压工作在某个范围内,既不能超出上限又不能低于下限,利用窗口比较器的这个特点可做成电压监测电路,只要在输出端加上一个报警监测器件(例如发光二极管或蜂鸣器)即可实现报警。

▌实用资料▐
进口集成电压比较器的主要参数

用集成运放可以组成电压比较器,但其工作速度较慢、带宽窄,并且输出电平与其他电路的兼容性不好。为此,有关生产厂家将电压比较器电路集成在一个硅片上,做出了许多专用的电压比较器集成电路,大大提高了电压比较器的性能。部分常用进口电压比较器的型号和主要参数见表3-3。

表3-3 部分常用进口电压比较器的型号和主要参数

参 数	精 密 型		高 速 型		低功耗低失调型	
	LM111 LM211	LM311	LM161 LM261	LM361	LM193 LM293 LM393	LM139 LM239 LM339
输入失调电压/mV	2	0.7	1	1	2	2
输入失调电流	6 μA	4 μA	2 μA	2 μA	3 nA	5 nA
输入偏置电流	100 μA	60 μA	5 μA	10 μA	25 nA	25 nA
差模电压增益/dB	106	106	69	69	106	106
响应时间/μs	0.2	0.2	<0.02	<0.02	1.3	1.3
备 注	OC 输出				双比较器	四比较器

技能训练
集成运放线性应用的仿真与测试

1. 训练目的

(1) 掌握集成运放的外形特征、引脚设置及其基本外围电路的连接。

(2) 通过反相比例运算电路、同相比例运算电路输入、输出之间关系的测试,掌握集成运放基本运算电路的功能。

(3) 进一步熟练 Multisim 10 软件的使用,练习使用双踪示波器测量正弦交流电压输入和输出信号,并对两路信号进行对比。

2. 知识要求

(1) 集成运放使用基本知识。

(2) 集成运放工作在线性区时的特点。

(3) 反相比例运算和同相比例运算有关知识。

3. 原理方法

(1) 集成运放 μA741 简介

集成运放是一种高放大倍数、高输入阻抗、低输出阻抗的直接耦合多级放大器,具有两个输入端和一个输出端,可对直流信号和交流信号进行放大。本次训练所用的 μA741 集成运放的引脚排列图及其连接方式如图3-54所示。

(2) 反相比例与同相比例运算电路

① 反相比例运算电路 如图3-55所示为一个反相比例运算电路的仿真电路。这个电路输出与输入之间的关系为

$$u_o = -\frac{R_f}{R_1} u_i$$

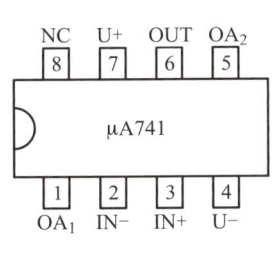

(a) 引脚排列图

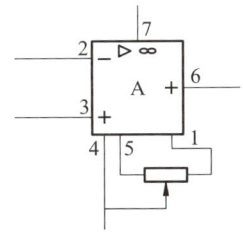

(b) 连接方式

图 3‑54
μA741 的引脚排列图及其连接方式

1、5—调零端；2—反相输入端；3—同相输入端；4—电源电压负端；6—输出端；7—电源电压正端；8—无用

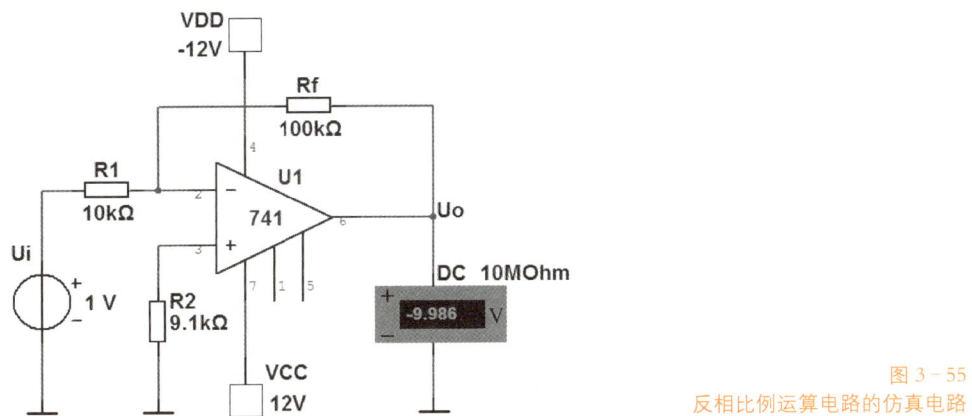

图 3‑55
反相比例运算电路的仿真电路

② 同相比例运算电路　如图 3‑56 所示为一个同相比例运算电路的仿真电路。这个电路的输出与输入之间的关系为

$$u_{\mathrm{o}} = \left(1 + \frac{R_{\mathrm{f}}}{R_{1}} \right) u_{\mathrm{i}}$$

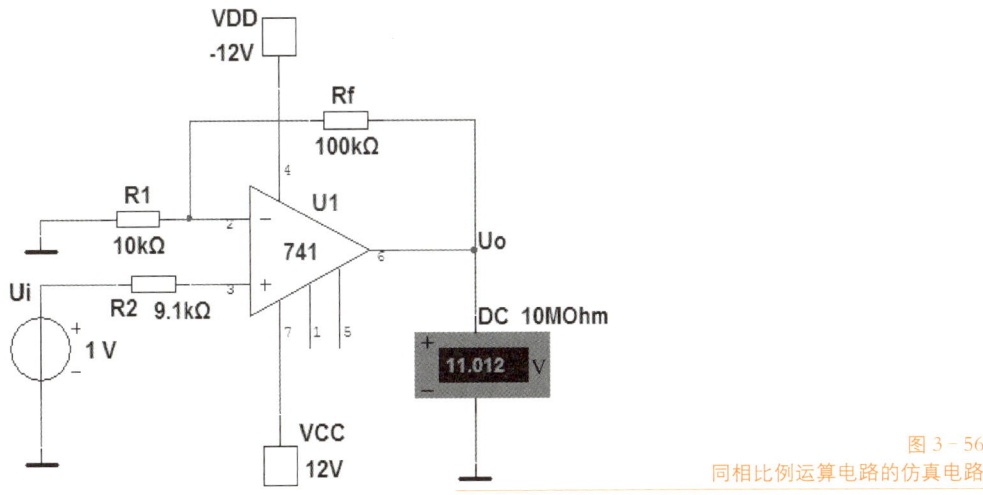

图 3‑56
同相比例运算电路的仿真电路

169

（3）调零问题

由于集成运放一般都存在失调电压和失调电流，因而会影响运算精度。比如，在如图 3–55 所示的反相比例运算电路中，如果输入电压 $u_i = 0$ 时，输出电压 u_o 不为 0，而是一个绝对值很小的数。此时需要在 1、5 脚之间接入调零电位器并进行调整，使输出电压变为零，这个过程就是集成运放的调零。调零之后再进行各种运算电路的测量，测量结果才会准确。

由于误差不大，为了方便起见，本次训练可省略调零过程。

4. 仪器设备

（1）计算机（装有 Multism 10 软件）。

（2）虚拟仪器、元器件：万用表、稳压电源、示波器、信号发生器、毫伏表各一台。

5. 训练内容

（1）反相比例和同相比例运算电路直流特性的仿真测试

在 Multisim 10 环境下，分别按图 3–55 和图 3–56 所示搭接仿真电路，确定无误后，接入 ±12 V 直流稳压电源。按表 3–4 和表 3–5 指定的电压值输入不同的直流信号 U_i，分别测量对应的输出电压 U_o，并与理论计算值进行比较，分析误差产生的原因。

实操演示：反相比例放大电路的测试

实操演示：同相比例放大电路的测试

表 3–4　反相比例运算电路的直流特性参数

U_o	U_i/V								
	1.00	0.80	0.60	0.30	0.00	−0.30	−0.60	−0.80	−1.00
测量值/V									
理论计算值/V									

表 3–5　同相比例运算电路的直流特性参数

U_o	U_i/V								
	1.00	0.80	0.60	0.30	0.00	−0.30	−0.60	−0.80	−1.00
测量值/V									
理论计算值/V									

（2）反相比例和同相比例运算电路交流特性的实际仪器测试

将输入信号 U_i 改为频率 $f = 1$ kHz，有效值分别为 200 mV 及 400 mV 的正弦交流信号，用毫伏表测量输出电压 U_o 的有效值，记录在表 3–6 中；同时用示波器观察输入、输出信号的波形，分析其是否满足上述运算关系。

表 3–6　反相比例和同相比例运算电路的交流特性参数

U_o	反相比例运算电路 U_i		同相比例运算电路 U_i	
	200 mV	400 mV	200 mV	400 mV
测量值/V				
理论计算值/V				

6. 实训报告

(1) 整理数据,完成表格。

(2) 根据测量结果将测量值与理论计算值相比较,分析各基本运算电路是否符合相应运算关系。

(3) 分析测量值产生误差的原因。

知识点检测 4

1. 对下述情况选择一个合适的电路填入空内。

(1) 欲实现 $A_u = 200$ 的放大电路,应选用(　　)。

(2) 欲实现 $A_u = -100$ 的放大电路,应选用(　　)。

(3) 欲将矩形波信号转换为三角波信号,应选用(　　)。

(4) 欲将矩形波信号转换为尖脉冲信号,应选用(　　)。

A. 反相比例运算电路　　　　　　　　　B. 同相比例运算电路

C. 积分运算电路　　　　　　　　　　　D. 微分运算电路

E. 加法运算电路

2. 分别选择"反相"或"同相"填入下列各空内。

(1) (　　)比例运算电路中集成运放反相输入端为"虚地",而(　　)比例运算电路中集成运放两个输入端的电位等于输入电压。

(2) (　　)比例运算电路的输入电阻大,而(　　)比例运算电路的输入电阻小。

(3) (　　)比例运算电路的输入电流等于零,而(　　)比例运算电路的输入电流等于流过反馈电阻中的电流。

(4) (　　)比例运算电路的比例系数必须大于等于1,而(　　)比例运算电路的比例系数必须小于零。

3. 过零比较器的基准电压为(　　)。

A. 5 V　　　　　　　　B. 12 V　　　　　　　　C. 0 V

4. 当迟滞电压比较器的输出为高电平时,其门限电压为(　　)。

A. 上门限电压 U_{TH+}　　B. 下门限电压 U_{TH-}　　C. 这两者之间

5. 窗口比较器的输入电压介于上、下门限之间时,输出电压为(　　)。

A. 高电平　　　　　　　　B. 低电平　　　　　　　　C. 这两者之间

 **应会制作**

【项目制作】　集成运放燃气报警器的制作与调试

1. 项目制作目的

(1) 掌握集成运放燃气报警器的设计、组装及调试技能。

（2）熟悉集成运放的应用，加深对集成运放相关知识的理解。

（3）通过对集成运放燃气报警器的安装和调试，将电子技术知识与传感器检测相结合，培养学生的工程实践能力。

2. 项目内容及要求

完成一个带有气敏传感器（检测器件）的集成运放燃气报警器电路设计与制作。

（1）制作要求

① 画出实际设计电路原理图和印制电路板图。

② 列出元器件清单。

③ 完成元器件的检测。

④ 完成元器件的预处理。

⑤ 基于印制电路板的元器件焊接与电路装配。

⑥ 在制作过程中发现问题并能解决问题。

（2）能力要求

① 能够独立地分析集成运放燃气报警器的工作原理。

② 能够掌握集成运放燃气报警器的性能指标并对其进行调试。

3. 认识电路及工作原理

集成运放燃气报警器如图 3－57 所示，整个电路由直流电源、气敏传感器、电压比较器、电压放大器和蜂鸣器输出五部分组成。直流电源将 220 V 交流电源经电源变压器降至 15 V，由 $VD_1 \sim VD_4$ 组成的桥式整流电路整流，并经 C_1 滤

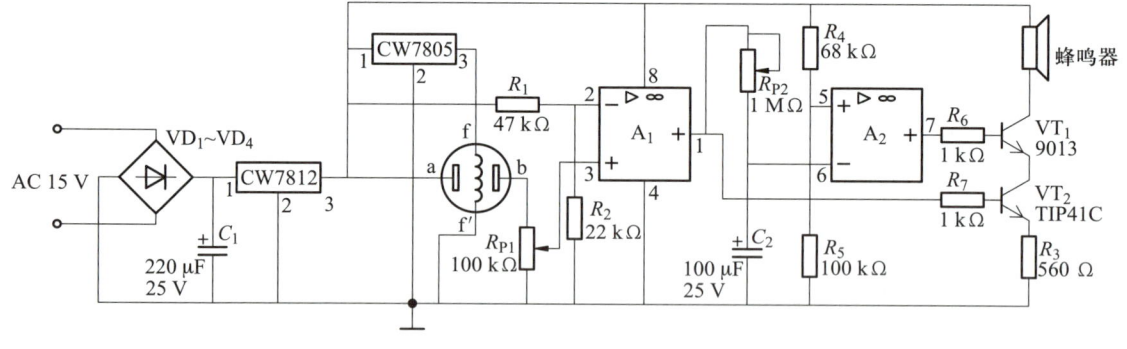

(a) 原理图

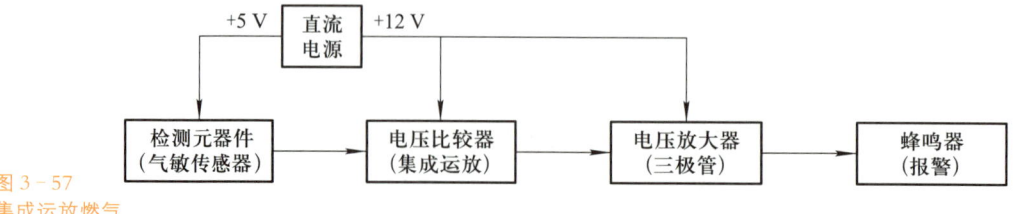

图 3－57
集成运放燃气
报警器

(b) 结构框图

波后供给后面电路。MQ-5 型气敏传感器(也可用旧型号 QM-N5 替代)所需 12 V 和 5 V 直流电源由三端稳压器 CW7812、CW7805 供给,集成运放所需 12 V 电源也由 CW7812 提供。

图片:蜂鸣器

燃气报警器的具体工作原理如下:

(1) MQ-5 型气敏传感器 a-b 之间的电阻,在无可燃气体的环境中,为几十千欧,而在有可燃气体环境中,阻值可下降到几千欧。工作时,一旦气敏传感器检测到周围环境中有可燃气体存在,a-b 之间的电阻便迅速减小,A_1 正相输入端(引脚 3)的输入电压(通过电位器 R_{P1} 所取得的分压)则随之增加,电压比较器 A_1 的输出便迅速由低电平往高电平翻转,使 VT_2 导通。在 A_1 翻转之前,A_1 输出低电平,使 A_2 输出高电平,VT_1 处于预先导通状态。只要 A_1 一翻转,VT_1 与 VT_2 便同时导通,输出端便可输出报警信号。

(2) 当 A_1 翻转后,由 R_{P2}、C_2 组成的定时器开始工作。当电容 C_2 被充电达到阈值电位时,A_2 翻转,输出低电平使 VT_1 关断,停止输出报警信号。

(3) 当可燃气体消失后,电压比较器复位,C_2 通过 R_{P2} 向 A_1 放电。综上所述,改变 R_{P2} 的阻值可以改变报警信号的长短。通过调节电位器 R_{P1} 可改变电压比较器 A_1 的阈值电压,即调节需要报警时的烟雾浓度。图中的 A_1 电路与 A_2 电路均为电压比较器,A_1 的基准电压

$$U_{REF1} = \frac{22 \text{ k}\Omega}{22 \text{ k}\Omega + 47 \text{ k}\Omega} \times 12 \text{ V} \approx 3.8 \text{ V}$$

A_2 的基准电压

$$U_{REF2} = \frac{100 \text{ k}\Omega}{100 \text{ k}\Omega + 68 \text{ k}\Omega} \times 12 \text{ V} \approx 7.1 \text{ V}$$

4. 元器件选择

集成运放燃气报警器的元器件清单见表 3-7。对照原理图,核对元器件数目、型号等,若不符合应及时调换。

表 3-7　集成运放燃气报警器的元器件清单

序号	名称	型号	编号	数量	序号	名称	型号	编号	数量
1	三极管	9013	VT_1	1 只	7	电阻	100 kΩ	R_5	1 只
2	三极管	TIP41C	VT_2	1 只	8	电阻	1 kΩ	R_6、R_7	2 只
3	电阻	47 kΩ	R_1	1 只	9	可调电阻	100 kΩ	R_{P1}	1 只
4	电阻	22 kΩ	R_2	1 只	10	可调电阻	1 MΩ	R_{P2}	1 只
5	电阻	560 Ω	R_3	1 只	11	电解电容	100 μF	C_1	1 只
6	电阻	68 kΩ	R_4	1 只	12	电解电容	200 μF	C_2	1 只

续　表

序号	名　　称	型号	编号	数量	序号	名　　称	型号	编号	数量
13	二极管	1N4007	$VD_1 \sim VD_4$	4 只	18	蜂鸣器			1 个
14	15 V 交流电源			1 个	19	印制电路板	42 mm × 25 mm		1 块
15	三端集成稳压器	CW7805、CW7812		各 1 个	20	导线			2 根
16	气敏传感器	MQ - 5		1 个	21	插座	$\phi 2.5$ mm		1 个
17	集成运放	LM358	A_1、A_2	1 块					

图 3 - 58
MQ - 5 型气敏
传感器实物图

要求： 学生能上网或查阅手册掌握 MQ - 5 型气敏传感器、LM358 型集成运放和 TIP41C 型三极管的引脚功能和性能参数，了解其典型电路应用。

MQ - 5 型气敏传感器的实物图如图 3 - 58 所示，其外形、引脚排列图和图形符号如图 3 - 59 所示。

LM358 型集成运放由两个独立的高增益运算放大器组成，其引脚排列图如图 3 - 60 所示。LM358 可以是单电源工作也可以是双电源工作，电源的电流消耗及电源电压大小与运放无关。

图片：MQ - 5
型气敏传感器

图 3 - 59
MQ - 5 型气敏传感器的
外形、引脚排列图和图形符号

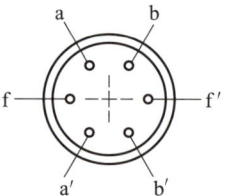

(a) 外形　　　　　　　(b) 引脚排列图　　　　　　　(c) 图形符号

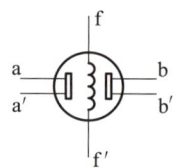

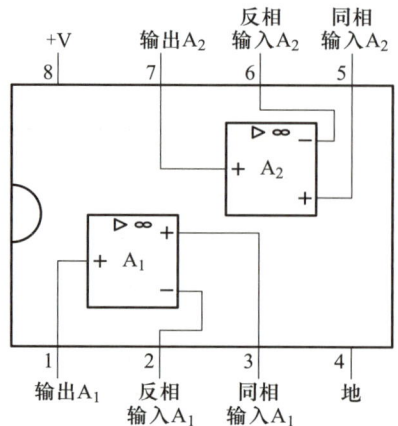

图 3 - 60　LM358 引脚排列图

5. 实践制作过程

(1) 识读集成运放燃气报警器的原理图。

(2) 在印制电路板上完成如图 3 - 57a 所示电路的安装。其中 15 V 交流电可由电子实验实训装置中的交流电源获得,在实际应用中可外接变压器获得 15 V 的交流电。

图片:手工焊接与检修操作

(3) 采用边插装边焊接的方法依次正确插装、焊接元器件(注意集成电路的引脚、电解电容的正、负极和电位器的插装)。

(4) 检查电路中的元器件是否有假焊、漏焊,以及元器件的极性是否正确。

6. 整机调测

(1) 通电试验,观察电路通电情况,发现冒烟、有气味等异常现象,立即断电。在这个电路中,MQ - 5 型气敏传感器有些发热属于正常现象。

(2) 检验燃气报警器工作是否正常,可用打火机气体替代可燃气体来进行检测。将气敏传感器侧向放置,以打火机离它的距离来控制燃气浓度,并检验如何来调节燃气检测的灵敏度。该电路要求打火机离气敏传感器 0.5 米时即报警,报警 2 分钟后自动停止。

7. 编写项目制作报告

按要求进行电路的调试,做好记录,完成项目报告。项目报告应包括设计思路、电路原理分析、原理图、装配图、调试情况及存在的问题、解决方法等。

8. 项目制作考核与评价

集成运放燃气报警器的制作与调试考核见表 3 - 8。

表 3 - 8　集成运放燃气报警器的制作与调试考核

任务内容	配分	评 分 标 准		自评	互评	教师评
准备工作	20	① 核对元器件总数	5 分			
		② 元器件参数测量	10 分			
		③ 元器件质量鉴定	5 分			
电路的装配	50	① 元器件焊接	20 分			
		② 气敏传感器焊接	15 分			
		③ 电路装配质量	15 分			
电路的调试	20	① 调试前的检查	4 分			
		② 通电与报警效果观察	10 分			
		③ 调试与故障排除	6 分			
安全、文明操作	10	违反一次	扣 5 分			
定额时间为 3 学时,超过时间扣 10 分						
开始时间		结束时间		总评分		

 **知识归纳**

1. 差分放大电路是广泛使用的基本单元电路,它对差模信号具有较大的放大能力,对共模信号具有很强的抑制作用,即差分放大电路可以消除温度变化、电源波动、外界干扰等具有共模特征的信号引起的输出误差。差分放大电路的主要性能指标有差模电压放大倍数、差模输入和输出电阻、共模抑制比等。

2. 集成电路是利用半导体制造工艺将整个电路中的元器件制作在一块基片上的器件。集成运放是目前应用最广泛的模拟集成电路之一。集成运放实质上是一种高增益直接耦合的多级放大电路,有两个输入端,输出级采用互补对称功率放大电路,偏置电路采用电流源电路。在实际应用中,常把集成运放的特性理想化,即 $A_{ud} \rightarrow \infty$,$r_{id} \rightarrow \infty$,$r_o \rightarrow 0$,$K_{CMR} \rightarrow \infty$。理想的集成运放有两个工作区域:线性区和非线性区。

3. 把输出信号的一部分或全部通过一定的方式反向送回到输入端的过程称为反馈。反馈放大电路由基本放大电路和反馈网络组成,判断一个电路有无反馈,只要看它有无反馈网络。反馈有正、负之分,可采用瞬时极性法加以判断。负反馈放大电路有四种基本类型:电压串联负反馈、电流串联负反馈、电压并联负反馈、电流并联负反馈。负反馈可以改善放大电路的性能。实际应用中常根据欲稳定的量,对输入、输出电阻的要求,信号源及负载情况等选择反馈类型。

4. 具有深度负反馈的基本运放电路中,其两输入端可以近似看作短路和断路,称为"虚短"和"虚断"。

5. 基本运算电路有同相输入和反相输入两种连接方式,基本运算电路中反馈电路都必须接到反相输入端以构成负反馈,使集成运放工作在线性状态。根据外接电路的不同,可用集成运放构成比例、加法、减法、微分、积分等运算电路。

6. 集成运放工作在开环状态或引入正反馈时会工作在非线性区。集成运放工作在非线性区时可用来作为信号的电压比较器,即对模拟信号进行幅值大小的比较,在集成运放的输出端则以高电平或低电平来反映比较的结果。电压比较器是信号发生、波形变换、模/数转换等电路常用的单元电路。

 自测题 3

1. 判断题。

(1) 只要在放大电路中引入反馈,就一定能使其性能得到改善。　　(　　)

(2) 放大电路的级数越多,引入的负反馈越强,电路的放大倍数也就越

稳定。　　　　　　　　　　　　　　　　　　　　　（　　）

（3）反馈量仅仅决定于输出量。　　　　　　　　　（　　）

（4）既然电流负反馈能稳定输出电流，那么必然稳定输出电压。（　　）

（5）集成运放基本运算电路中均需引入负反馈。　　（　　）

（6）在运算电路中，集成运放的反相输入端均为"虚地"。（　　）

（7）凡是运算电路，都可利用"虚短"和"虚断"的概念求解运算关系。
　　　　　　　　　　　　　　　　　　　　　　　　（　　）

2. 在如图 3 - 61a 所示电路中，设集成运放 A_1、A_2、A_3 均为理想运放。

（1）A_1、A_2、A_3 各组成何种电路？

（2）A_1、A_2、A_3 各工作在线性区还是非线性区？

（3）若输入信号 $u_i = 10\sin\omega t$（V），请对应 u_i 画出相应的 u_{o1}、u_{o2}、u_{o3} 的波形，并在波形图上标出有关电压的幅值。

仿真演示：集成运放应用电路仿真测试

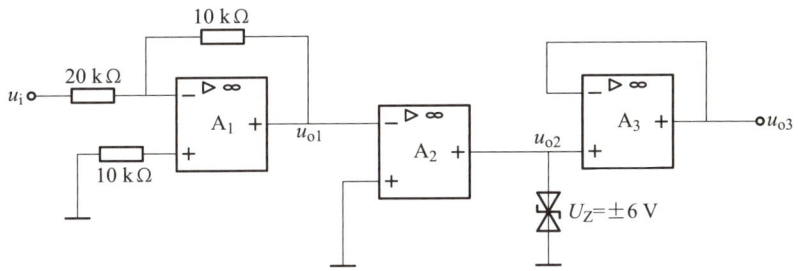

(a) 电路图

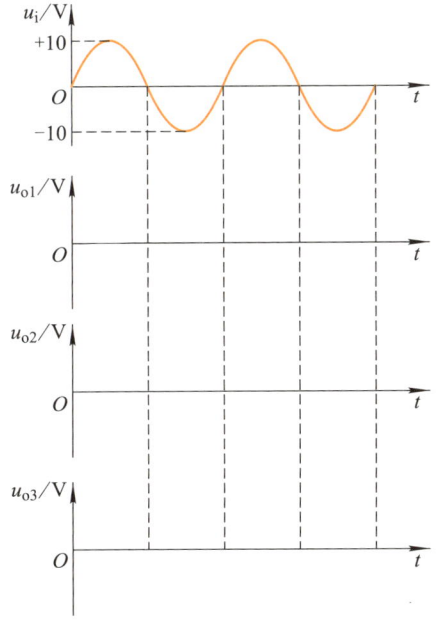

(b) 波形图

图 3 - 61　自测题 3 题 2 图

3. 判断图 3-62 所示各电路中是否引入了反馈,是直流反馈还是交流反馈,是正反馈还是负反馈。若为负反馈,要求分别判断出各电路的反馈组态。设图中所有电容对交流信号均可视为短路。

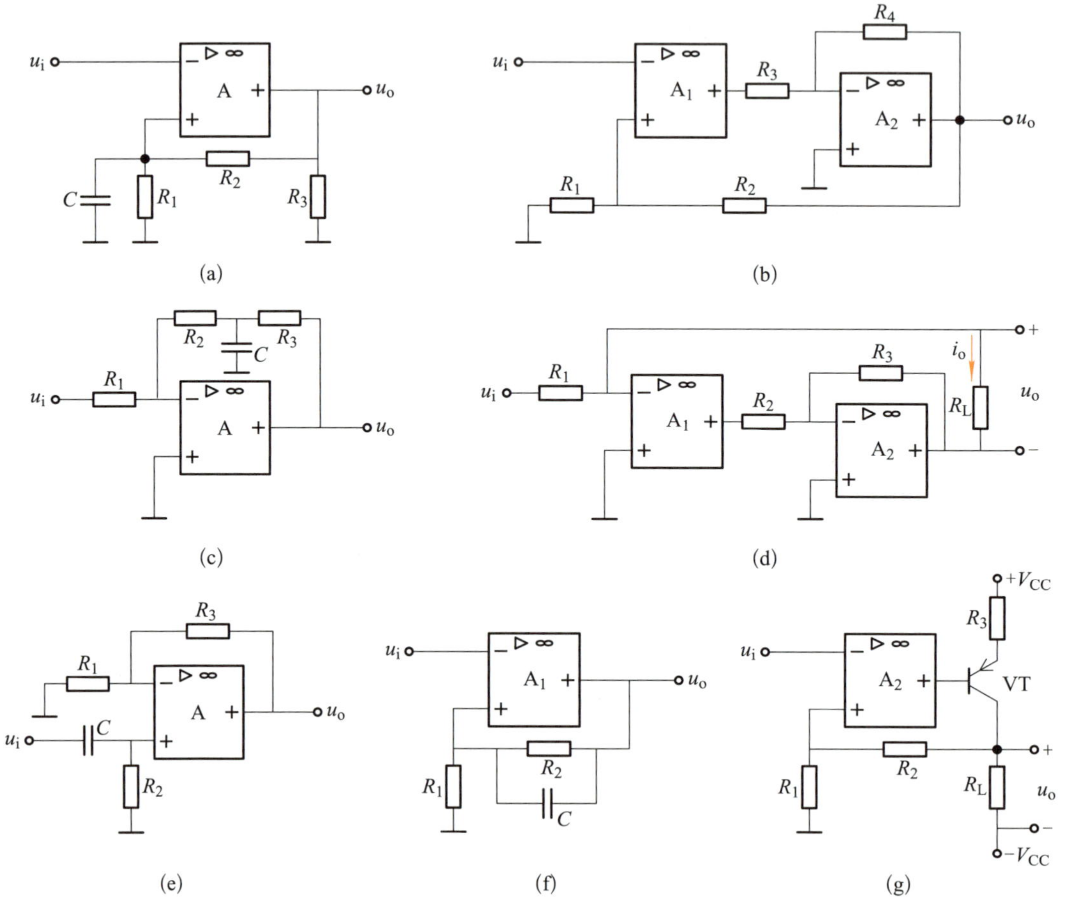

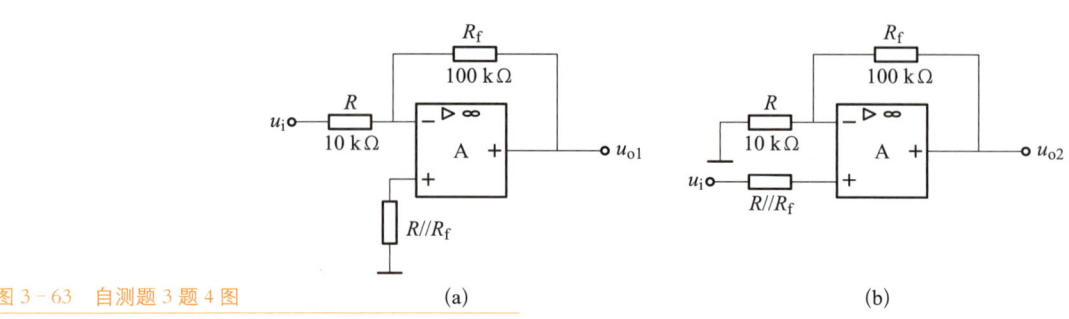

图 3-62　自测题 3 题 3 图

4. 电路如图 3-63 所示,集成运放输出电压的最大幅值为 ±14 V,试将输出电压结果填入表 3-9 中。

图 3-63　自测题 3 题 4 图

表 3-9 自测题 3 题 4 表

u_i/V	0.1	0.5	1.0	1.5
u_{o1}/V				
u_{o2}/V				

5. 设计一个比例运算电路,要求输入电阻 $R_i = 20\ \text{k}\Omega$,比例系数为 -100。

6. 电路如图 3-64 所示,试求:(1) 输入电阻;(2) 比例系数。

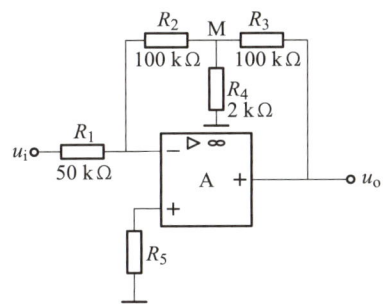

图 3-64 自测题 3 题 6 图

7. 迟滞电压比较器如图 3-65a 所示,已知 $U_Z = \pm 6\ \text{V}$,参考电压 $U_R = 1\ \text{V}$,输入波形 u_i 如图 3-65b 所示。求:

(1) 电路的两个门限电压 U_{T+}、U_{T-};

(2) 试对应 u_i 波形画出 u_o 的波形;

(3) 画出电路的电压传输特性曲线。

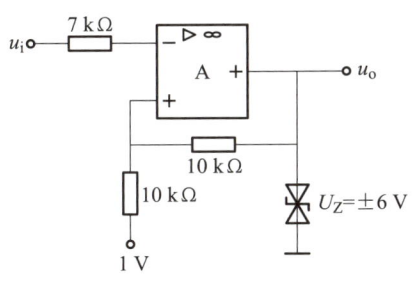

(a) 电路图

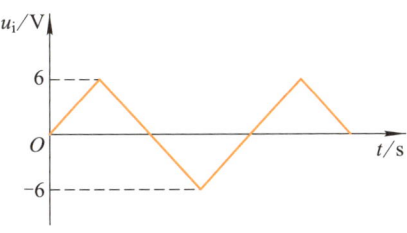

(b) 波形图

图 3-65 自测题 3 题 7 图

文本:自测题 3 参考答案

项目 **4** 音频功率放大器的制作

项目引入

　　在实际生活中,各种音响电路的声音效果十分悦耳动听,其中起主要作用的就是功率放大器,如图 4‒1 所示就是一个以功率三极管为核心的音频功率放大器实物图。那么,这个电路的工作原理是什么? 相信完成以下各任务的学习,就会找到这些问题的答案。

　　本项目制作的音频功率放大器结构简单,效果明显,是一种低电压、小功率的音频功率放大器,可应用于电脑小音箱等。本项目要完成以下 2 个学习任务:

　　任务 1　功率放大电路的分析及其应用

　　任务 2　集成功率放大电路

图 4‒1　音频功率放大器实物图

学习目标

　　本项目的主要学习内容是功率放大电路的分析与制作,通过围绕音频功率放大器的制作与测试展开学习,要达到的主要目标为:

　　1. 掌握功率放大的概念。

　　2. 掌握功率放大电路的原理及分析方法。

3. 学习常用的集成功率放大器及其典型应用电路。

4. 学习音频功率放大器的设计、安装与制作方法。

应知理论

任务 1   功率放大电路的分析及其应用

任务目标

1. 理解低频功率放大电路的特点、分类和应用。

2. 掌握互补对称功率放大电路的工作原理。

3. 熟悉 OCL、OTL 功率放大电路的功率及效率的估算。

一、功率放大电路的性能和对元器件的要求

三极管基本放大电路与集成运放电路均属小信号放大电路,它们主要用于增强信号电压或电流的幅值。实际上,很多电子设备的输出需要带动一定的负载,如驱动扬声器,使之发出声音,或驱动测量仪器,使其指针偏转等,这就要求放大电路要向负载提供足够大的信号功率。能使输出信号功率足够大的电路就是功率放大电路,简称**功放**。

1. 功率放大电路的任务和要求

电子设备中的放大器一般由前置放大电路和功率放大电路组成,如图 4-2 所示。前置放大电路的主要任务是不失真地提高输入信号电压或电流的幅值,而功率放大电路的任务是在信号失真允许的范围内,尽可能输出足够大的信号功率,即不但要输出大的信号电压,还要输出大的信号电流,以满足负载正常工作的要求。

图 4-2   放大器组成框图

功率放大电路要求具有输出功率大、效率高、非线性失真小等特点,电路中担任功率放大任务的是功率三极管(也称**功放管**),它们一般工作在大信号状态,基本上接近于管子参数的极限状态,所以选择功放管时要注意不要超过管子的极限参数,并留有一定的裕量,同时要考虑在电路中采取必要的过压、过流保护措施,并考虑管子的散热问题,以确保管子的安全工作。

2. 功率放大电路的主要技术指标

(1) 输出功率 P_o。

输出功率是指功率放大电路根据负载要求向负载提供的有用信号功率。

最大输出功率是指在输入信号为正弦波时,电路的输出波形不超过规定的非线性失真指标时,放大电路的最大输出电压和最大输出电流有效值的乘积。即

$$P_{\text{omax}} = \frac{U_{\text{om}}}{\sqrt{2}} \cdot \frac{I_{\text{om}}}{\sqrt{2}} = \frac{1}{2} U_{\text{om}} I_{\text{om}} \qquad (4-1)$$

(2) 效率 η

功率放大电路供给负载的功率是由直流电源提供的,其效率定义为放大电路输出给负载的功率 P_{o} 与直流电源所提供的功率 P_{DC} 之比。即

$$\eta = \frac{P_{\text{o}}}{P_{\text{DC}}} \qquad (4-2)$$

当直流电源所提供的功率一定时,为了向负载提供尽可能大的信号功率,则必须减少功率放大电路自身的损耗。

(3) 管耗 P_{V}

功率放大电路中直流电源提供的功率除了供给负载外,其他部分主要被功率三极管消耗了,这部分功率称为管耗 P_{V},即

$$P_{\text{V}} = P_{\text{DC}} - P_{\text{o}} \qquad (4-3)$$

(4) 非线性失真

由于在功率放大电路中,三极管的工作点在大范围内变动,输出波形的非线性失真比小信号放大电路要严重得多。在实际的功率放大电路中,应根据负载的要求来规定允许的信号失真范围。

3. 复合管(达林顿晶体管)

所谓复合管就是将两个(或两个以上)的三极管按照一定的连接方式组成一只等效的三极管,又称**达林顿晶体管**(Darlington transistor)。由于功率放大电路要求管子能进行大信号工作,但是单只三极管的电流放大能力(β 值)是有限的,所以就需要对三极管进行复合以提高 β 值。复合的基本规律是:前面的三极管为小功率三极管,后面的为大功率三极管。复合管的三个电极必须满足基尔霍夫电流定律,并由此可判断复合的正确性和三个电极的属性(b、c、e)。如图 4-3 所示为由两只三极管组成的复合管,共有四种复合类型。

二、常见的几种功率放大电路介绍

功率放大电路按照功放管静态工作点的不同,可分为**甲类、乙类**和**甲乙类**,在高频功率放大电路中还有丙类和丁类之分。

在甲类功率放大电路中,三极管的静态工作点在放大区的中间,所以在输入信号的整个周期内,管子中都有电流流过。三极管基本放大电路由于信号

知识延伸:达林顿晶体管的发展历程

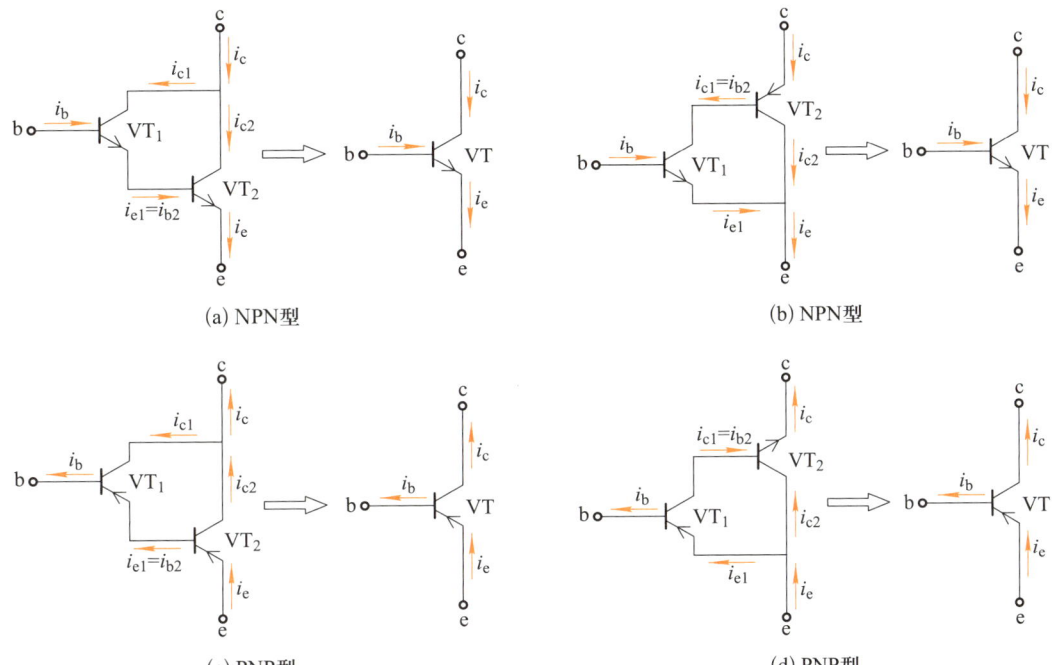

(a) NPN型　　　　　　　　　　　　　　(b) NPN型

(c) PNP型　　　　　　　　　　　　　　(d) PNP型

图 4 - 3　由两只三极管组成的复合管

比较小,实际上都工作在甲类放大状态。

　　在乙类功率放大电路中,三极管的静态工作点在截止线上,在输入信号的一个周期内,管子只在半个周期内有电流流过,显然,乙类功率放大电路需要两个管子分别对信号的正、负半周进行放大,才能完成对信号的放大。

　　在甲乙类功率放大电路中,三极管的静态工作点在靠近截止线的放大区内,在输入信号的一个周期内,管子在半个多周期内有电流流过,显然,甲乙类功率放大电路也需要两个管子才能完成对信号的放大。这三种类型功率放大器中三极管的集电极电流波形如图 4 - 4 所示。

动画:达林顿
晶体管

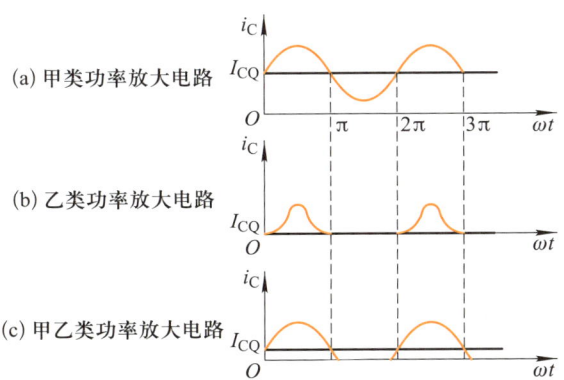

(a) 甲类功率放大电路

(b) 乙类功率放大电路

(c) 甲乙类功率放大电路

图 4 - 4
三种类型功率放大器中
三极管的集电极电流波形

甲类功率放大电路的优点是失真波形小,缺点是静态工作点电流大、管耗大、放大电路效率低,因此它主要用于小功率放大电路中。乙类和甲乙类功率放大电路的优点是管耗小、放大电路效率高,故在功率放大电路中得到广泛应用。在实际电路中,一般采用两管轮流导通的推挽式电路来减小失真和增大输出功率。

下面介绍几种常用的功率放大电路。

1. OCL 乙类互补对称功率放大电路

(1) 电路组成

如图 4-5 所示为 OCL 乙类互补对称功率放大电路,它采用正、负双电源供电,VT_1、VT_2 为两个特性相同的异型三极管。

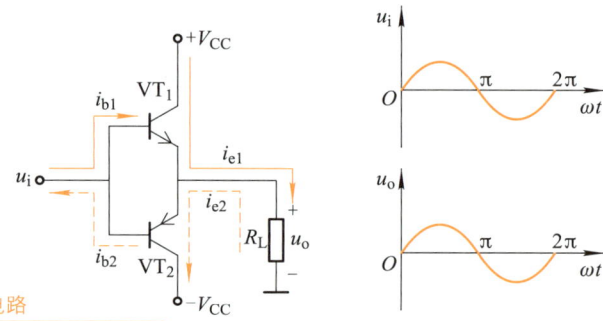

图 4-5　OCL 乙类互补对称功率放大电路

(2) 工作原理

当 $u_i = 0$ 时,VT_1、VT_2 偏置电压均为 0,两管的基极电流 $I_{BQ} = 0$,集电极电流 $I_{CQ} = 0$,输出电压 $u_o = 0$,此时管子不消耗功率。

当有正弦信号 u_i 输入时,可按 u_i 正、负半周的不同情况来进行分析。

在输入信号 u_i 的正半周,VT_2 因发射结反偏而截止,VT_1 因发射结正偏而导通,此时正电源 $+V_{CC}$ 通过 VT_1 向 R_L 提供电流 i_{e1},输出电压 $u_o \approx u_i$,在 R_L 上得到正半周输出信号。

在输入信号 u_i 的负半周,VT_1 因发射结反偏而截止,VT_2 因发射结正偏而导通,此时负电源 $-V_{CC}$ 通过 VT_2 向 R_L 提供电流 i_{e2},输出电压 $u_o \approx u_i$,在 R_L 上得到负半周输出信号。

可见 VT_1、VT_2 两管轮流导通,使负载 R_L 上得到与输入信号波形相近、功率放大了的信号。由于 VT_1、VT_2 两管都只在半个周期内中有电流流过,所以此电路属于**乙类**功率放大电路。由于该电路输出端没有采用电容与负载耦合,故称为 OCL(没有输出耦合电容)电路。这种电路的结构对称,且两管在信号的两个半周内轮流导通,交替工作,输出电流一个"推",一个"挽",故又称为互补对称**推挽式**电路。

(3) 分析计算

以下技术指标均以功率放大电路的输入信号是正弦波为前提,且忽略波形失真。

① 输出功率 P_o。

设输出电压的幅值为 U_{om}，有效值为 U_o；输出电流的幅值为 I_{om}，有效值为 I_o，则

$$P_o = U_o I_o = \frac{U_{om}}{\sqrt{2}} \cdot \frac{I_{om}}{\sqrt{2}} = \frac{U_{om}^2}{2R_L} \tag{4-4}$$

当输入信号足够大时，$U_{om} = V_{CC} - U_{CES} \approx V_{CC}$（$U_{CES}$ 为三极管的饱和管压降），可得最大输出功率为

$$P_{om} = \frac{U_{om}^2}{2R_L} \approx \frac{V_{CC}^2}{2R_L} \tag{4-5}$$

② 直流电源供给功率 P_{DC}。

由于正、负两个电源各提供半个周期的电流，其峰值为 $I_{om} = U_{om}/R_L$，故每个电源提供的平均电流为

$$I_{DC} = \frac{I_{om}}{2\pi} \int_0^{\pi} \sin \omega t \, \mathrm{d}(\omega t) = \frac{I_{om}}{\pi} = \frac{U_{om}}{\pi R_L} \tag{4-6}$$

电路中正、负电源所提供的总功率为

$$P_{DC} = 2 I_{DC} V_{CC} = \frac{2}{\pi R_L} U_{om} V_{CC} \approx \frac{2 V_{CC}^2}{\pi R_L} \tag{4-7}$$

③ 效率 η。

理想条件下，功率放大电路输出最大功率时的效率也是其最大效率，其值为

$$\eta_{max} = \frac{P_{om}}{P_{DC}} \times 100\% = \frac{\pi}{4} \times 100\% \approx 78.5\% \tag{4-8}$$

实际上，由于功率三极管的饱和管压降和元器件损耗等因素，OCL 乙类互补对称功率放大电路的效率仅能达到 60% 左右。

④ 管耗 P_V。

直流电源提供的功率与输出功率之差就是损耗在两个三极管上的功耗，其值为

$$P_V = P_{DC} - P_o = \frac{2}{\pi R_L} U_{om} V_{CC} - \frac{U_{om}^2}{2R_L} \tag{4-9}$$

可见，管耗 P_V 与输出信号幅度 U_{om} 有关，将 P_V 对 U_{om} 求导，并令导数为 0，可求得当 $U_{om} = \frac{2}{\pi} V_{CC} \approx 0.6 V_{CC}$ 时，三极管消耗的功率最大，其值为

$$P_{\text{VTmax}} = \frac{2V_{\text{CC}}^2}{\pi^2 R_{\text{L}}} = \frac{4}{\pi^2} P_{\text{om}} \approx 0.4 P_{\text{om}} \qquad (4\text{-}10)$$

每个管子的最大功耗为

$$P_{\text{VT}_1 \max} = P_{\text{VT}_2 \max} = \frac{1}{2} P_{\text{VTmax}} \approx 0.2 P_{\text{om}} \qquad (4\text{-}11)$$

⑤ 功率三极管的选择

功率三极管的极限参数有 P_{CM}、$U_{\text{(BR)CEO}}$ 和 I_{CM}。应满足下列条件：

a. 功率三极管的集电极最大允许输出功率 P_{CM}。功率三极管的最大功耗应大于每个管子的最大功耗，即

$$P_{\text{CM}} \geqslant P_{\text{VT}_1 \max} = 0.2 P_{\text{om}} \qquad (4\text{-}12)$$

b. 功率三极管的最大耐压 $U_{\text{(BR)CEO}}$

$$U_{\text{(BR)CEO}} \geqslant 2V_{\text{CC}} \qquad (4\text{-}13)$$

这是由于一只管子饱和导通时，另一只管子承受的最大反向电压约为 $2V_{\text{CC}}$。

c. 功率三极管的最大集电极电流 I_{CM}

$$I_{\text{CM}} \geqslant \frac{V_{\text{CC}}}{R_{\text{L}}} \qquad (4\text{-}14)$$

（4）交越失真及其消除

图 4-6 所示为交越失真演示电路及波形。在乙类功率放大电路的输入端加入一个 1 000 Hz 正弦信号，用示波器观察输出端的信号波形，发现输出波形在正、负半周的交界处发生了失真。

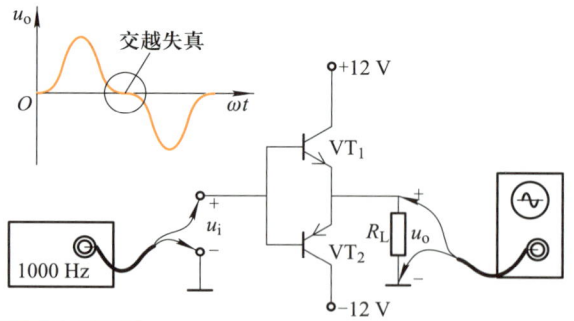

图 4-6　交越失真演示电路及波形

在实际测试中，采用数字示波器测量到的乙类功率放大电路波形如图 4-7 所示。

产生交越失真的原因是：在乙类互补对称功率放大电路中，没有施加偏置电压，静态工作点设置在零点，$U_{\text{BEQ}} = 0$，$I_{\text{BQ}} = 0$，$I_{\text{CQ}} = 0$，三极管工作在截止区。由于三极管存在死区电压，当输入信号小于死区电压时，三极管 VT_1、

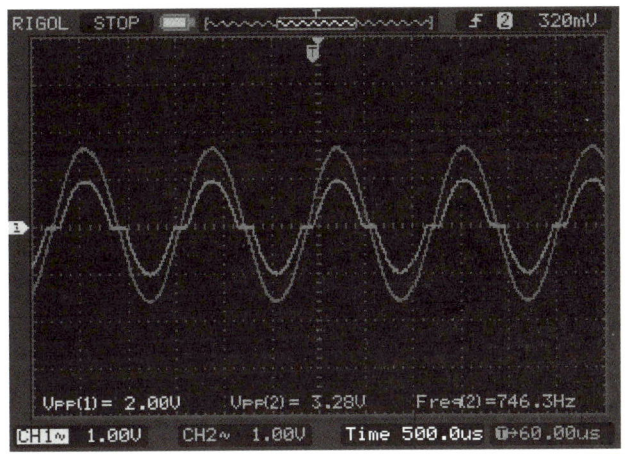

VT_2 都不导通,输出电压 u_o 为零,这样在输入信号正、负半周的交界处,无输出信号,使输出波形失真,这种失真叫作**交越失真**。

例 4－1　功率放大电路如图 4－5 所示,设 $V_{CC}=12$ V, $R_L=8$ Ω,功率三极管的极限参数为 $I_{CM}=2$ A, $U_{(BR)CEO}=30$ V, $P_{CM}=5$ W。

(1) 求 P_{om},并检验功率三极管的安全工作情况。

(2) 求 $\eta=0.6$ 时的 P_o 值。

拓展课堂:百
年风雨奋斗
路,畅想中国
最强音——功
率放大器

解:(1)
$$P_{om}=\frac{1}{2}\cdot\frac{V_{CC}^2}{R_L}=\frac{(12\ \text{V})^2}{2\times 8\ \Omega}=9\ \text{W}$$

$$P_{VT_1\max}=P_{VT_2\max}=0.2P_{om}=1.8\ \text{W}<5\ \text{W}$$

$$U_{CEM}=2V_{CC}=24\ \text{V}<30\ \text{V}$$

$$I_C=\frac{V_{CC}}{R_L}=\frac{12\ \text{V}}{8\ \Omega}=1.5\ \text{A}<2\ \text{A}$$

由上计算可以看出,功率三极管的参数均小于其极限参数,所以该三极管的工作状态是安全的。

(2) 因为
$$\eta=\frac{P_o}{P_{DC}}=\frac{\pi}{4}\cdot\frac{U_{om}}{V_{CC}}=0.6$$

则
$$U_{om}=\frac{4\eta V_{CC}}{\pi}=0.6\times\frac{4}{\pi}\times 12\ \text{V}\approx 9.2\ \text{V}$$

$$P_o=\frac{U_{om}^2}{2R_L}=\frac{(9.2\ \text{V})^2}{2\times 8\ \Omega}\approx 5.3\ \text{W}$$

例 4－2　功率放大电路如图 4－5 所示,$V_{CC}=20$ V, $R_L=8$ Ω,设输入信号为正弦波,求对功率三极管的参数要求。

解:(1) 最大允许输出功率为

$$P_{\text{om}} = \frac{V_{\text{CC}}^2}{2R_{\text{L}}} = \frac{1}{2} \times \frac{20^2}{8} \text{ W} = 25 \text{ W}$$

所以 $P_{\text{CM}} \geqslant 0.2 P_{\text{om}} = 0.2 \times 25 \text{ W} = 5 \text{ W}$

（2）最大耐压

$$U_{\text{(BR)CEO}} \geqslant 2V_{\text{CC}} = 40 \text{ V}$$

（3）最大集电极电流

$$I_{\text{CM}} \geqslant \frac{V_{\text{CC}}}{R_{\text{L}}} = \frac{20 \text{ V}}{8 \text{ }\Omega} = 2.5 \text{ A}$$

实际选择功率三极管时,极限参数均应有一定的裕量,一般应提高 50% 以上。在本例中,考虑到热稳定性,有关极限参数应取计算值的 2 倍作为裕量,即 $P_{\text{CM}} = 10 \text{ W}$, $U_{\text{(BR)CEO}} = 80 \text{ V}$, $I_{\text{CM}} = 5 \text{ A}$。通过查阅电子元器件手册或上网查询,选择合适的功率三极管。

2. OCL 甲乙类互补对称功率放大电路

为了解决 OCL 乙类互补对称功率放大电路的交越失真问题,可给三极管加适当的基极偏置电压,使两个三极管在静态时均处于微导通状态,这样在两管轮流工作导通时,输出信号交替较为平滑,减小了交越失真,此时管子已工作在甲乙类状态。

OCL 甲乙类互补对称功率放大电路如图 4‑8 所示,图中 R_2、VD_1、VD_2 加在 VT_1、VT_2 两管的基极之间,以供给 VT_1、VT_2 一定的偏置电压。在工程估算中,由于静态电流较小,故此种电路仍可用 OCL 乙类互补对称功率放大电路的有关公式来估算输出功率、效率等参数。

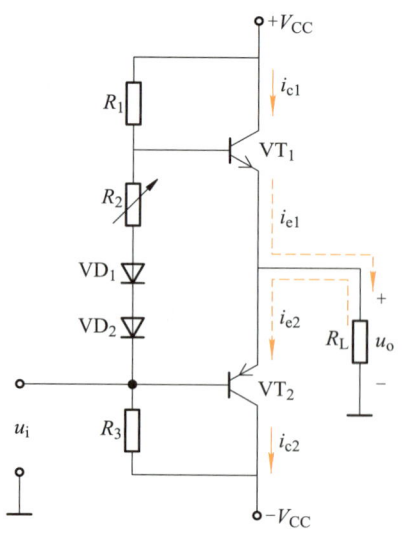

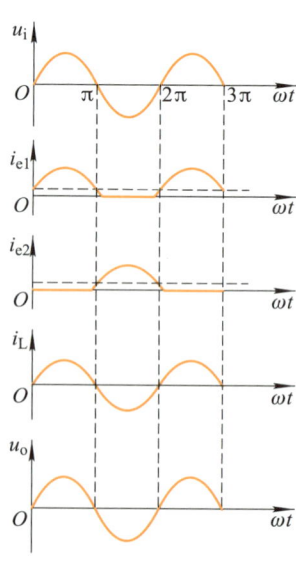

图 4‑8
OCL 甲乙类互补对称功率放大电路　　　　（a）电路图　　　　　　　　　　　　　　（b）波形图

3. OTL 互补对称功率放大电路

(1) 电路组成

OTL 互补对称功率放大电路,又称无输出变压器的功率放大电路,简称 **OTL 功放**。此电路的最大特点是单电源供电。如图 4-9a 所示为典型的 OTL 互补对称功率放大电路,其简化等效电路如图 4-9b 所示。

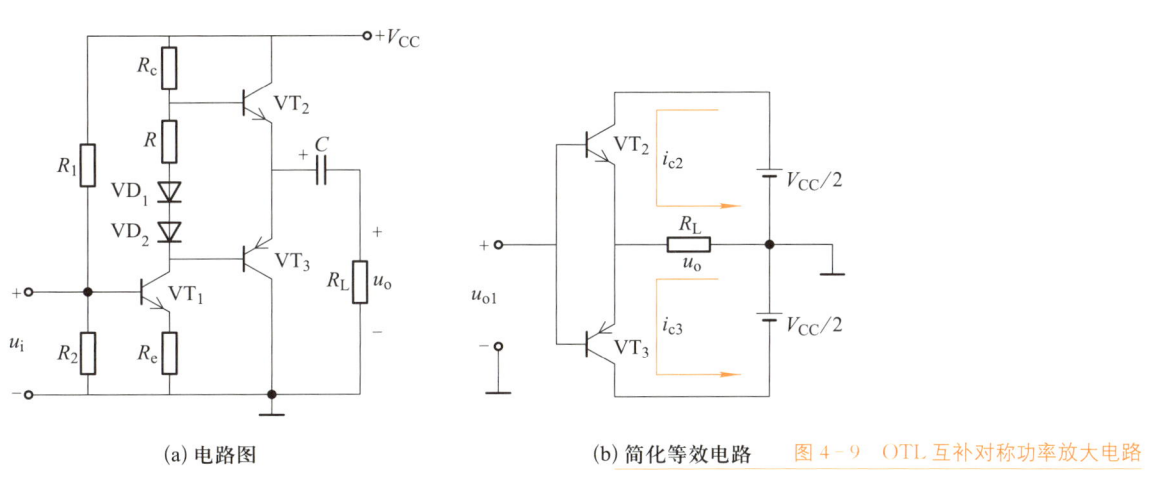

(a) 电路图　　　　　　　(b) 简化等效电路　图 4-9　OTL 互补对称功率放大电路

(2) 工作原理

图 4-9a 所示电路中 VT_1 为前置放大级,VT_2、VT_3 组成互补对称输出级,VD_1、VD_2 保证电路工作在甲乙类状态。OTL 互补对称功率放大电路的工作原理与 OCL 甲乙类互补对称功率放大电路相同,VT_2、VT_3 分别在 VT_1 的输出电压 u_{o1} 的正、负半周轮流导通。

① 静态时,调整电阻 R_c 和 R_e 的值,使 VT_2、VT_3 两管的发射极电位为 $V_{CC}/2$,则电容 C 两端的电压也为 $V_{CC}/2$。VT_3 导通时则依靠电容上所充的电压供电。调节电阻 R 的阻值,可以使 VT_2、VT_3 有一定的静态电流,用来保证功率三极管工作在甲乙类状态,从而消除交越失真。

② 动态时,当 u_i 为负半周时,u_{o1} 为正,VT_2 导通,VT_3 截止,此时 $V_{CC}-V_{CC}/2=V_{CC}/2$ 的直流电压通过 VT_2 向 R_L 提供电流 i_{e2},同时向电容 C 充电;当 u_i 为正半周时,u_{o1} 为负,VT_2 截止,VT_3 导通,此时电容 C 起着电源的作用,C 两端的电压 $V_{CC}/2$ 通过 VT_3 向 R_L 提供电流 i_{e3},并通过负载 R_L 放电。电容 C 和一个电源 $+V_{CC}$ 起到了 OCL 功放 $+V_{CC}$ 和 $-V_{CC}$ 两个电源的作用,但其电源电压值应等效为 $V_{CC}/2$。显然,用 $V_{CC}/2$ 取代前面 OCL 甲乙类互补对称功率放大电路有关公式中的 V_{CC},就可以估算 OTL 功放的性能指标。

▮ 知识扩展 ▮
自举电路

图 4-9 所示的电路虽然解决了互补对称电路工作点偏置和稳定的问题,

但还存在最大输出电压幅值偏小的问题。当 u_i 为正半周最大值时，VT_2 截止，VT_3 接近饱和，负载上得到最大负向输出电压，幅值为 $V_{CC}/2 - U_{CES3} \approx V_{CC}/2$。当 u_i 为负半周最大值时，理想情况下应该是 VT_3 截止，VT_2 接近饱和，但由于有电流流过 R_c 产生电压降使得 u_{B2} 下降，i_{B2} 的增大受到限制，从而使 VT_2 达不到饱和，于是负载上的最大正向输出电压幅值受到了限制，将明显小于 $V_{CC}/2$。

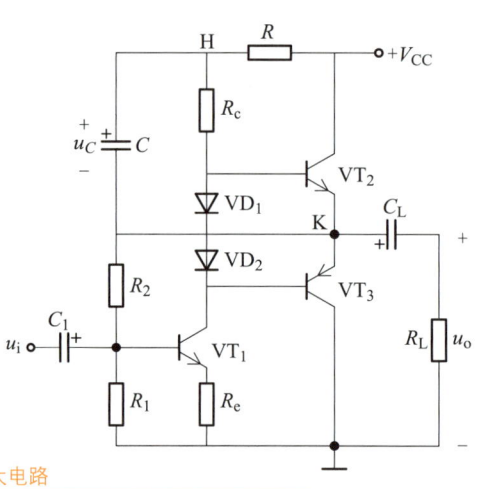

图 4−10
带自举的 OTL 功率放大电路

为了解决上述问题，常采用如图 4−10 所示的带自举的 OTL 功率放大电路。在图 4−10 所示电路中，R、C 组成自举电路，C 的容量很大，在有信号输入时 u_C 基本不变。当 u_i 为负半周时，VT_2 导通，H 点电位 $u_H = u_C + u_K$，随着 K 点电位 u_K 的升高，u_H 也自动升高，这个过程就是"自举"。显然，当 u_i 为负半周最大值时，u_H 将大于 V_{CC}，故可产生足够大的 i_{B2} 使 VT_2 达到饱和，从而使功放的最大输出电压幅值接近 $V_{CC}/2$。

(3) OTL 功放的主要性能指标及其测量方法

① 最大不失真输出功率 P_{om}

理想情况下，OTL 互补对称式功率放大电路的最大输出功率为

$$P_{om} = \frac{I_{om}}{\sqrt{2}} \cdot \frac{U_{om}}{\sqrt{2}} = \frac{1}{2}\left(\frac{V_{CC}}{2R_L} \cdot \frac{V_{CC}}{2}\right) = \frac{V_{CC}^2}{8R_L} \tag{4−15}$$

实际测量方法：给 OTL 功放输入 1 kHz 的正弦电压信号，逐渐加大输入电压的幅值，当用示波器观察到输出波形为临界削波(导通或截止失真)时，用毫伏表测出此时的输出电压 U_{om}，则最大输出功率为

$$P_{om} = \frac{U_{om}^2}{R_L} \tag{4−16}$$

② 直流电源供给功率 P_{DC}

理想情况下(即 $U_{om} = V_{CC}/2$ 时)，P_{DC} 为

$$P_{DC} = \frac{4}{\pi} P_{om} \tag{4−17}$$

实际测量方法：在测量 U_{om} 的同时，记下用直流毫安表测出电源提供的电流值的读数 I_{DC}，可算出此时电源的供给功率为

$$P_{DC} = V_{CC}I_{DC} \qquad\qquad (4-18)$$

▌知识延伸▐

功率三极管的散热问题

功率三极管一般工作在大信号状态,自身的管耗较大,必须考虑其散热问题。

功率三极管的集电结损耗导致管子发热,结温上升。当结温超过允许值时(硅管约为 150℃,锗管约为 100℃),管子将会损坏。为了使放大电路能输出大的功率,且管子不致损坏,需给功率三极管安装散热片,以散发集电结产生的热量,必要时还需采用风冷、水冷和油冷等方法来进行散热。如图 4‑11 所示为某功率三极管最大输出功率和工作环境温度的关系($P_{CM}\text{‑}T_a$)曲线。由图 4‑11 可知,若不加散热片,管

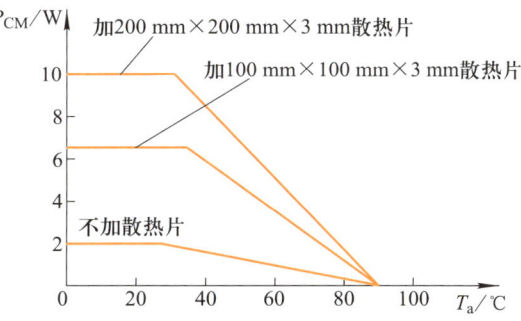

图 4‑11
某功率三极管的最大输出功率和工作环境温度的关系($P_{CM}\text{‑}T_a$)曲线

子的最大输出功率只有 2 W,加了 200 mm×200 mm×3 mm 的散热片后,管子的最大输出功率可提高到 10 W。

▌技能训练▐

OTL 功率放大器的调试

图片:散热片

1. 训练目的

(1) 进一步理解功率放大器的工作原理。

(2) 掌握 OTL 功率放大器的调试方法。

(3) 学会 OTL 功放电路主要性能指标的测试方法。

2. 实训原理

OTL 功率放大器的测试电路如图 4‑12a 所示,对应的实验板如图 4‑12b 所示。

3. 仪器与设备

+5 V 直流稳压电源、示波器、信号发生器各 1 台;实验板、万用表、毫伏表、直流毫安表各 1 块;8 Ω 扬声器 1 只。

4. 实训内容及步骤

(1) 静态工作点调试

按图 4‑12a 所示连接电路,电源 V_{CC} 端串接直流毫安表。先使输入信号 $u_i = 0$,电位器 R_{P2} 调到最小位置,R_{P1} 调到中间位置。接通 +5 V 电源,观察直

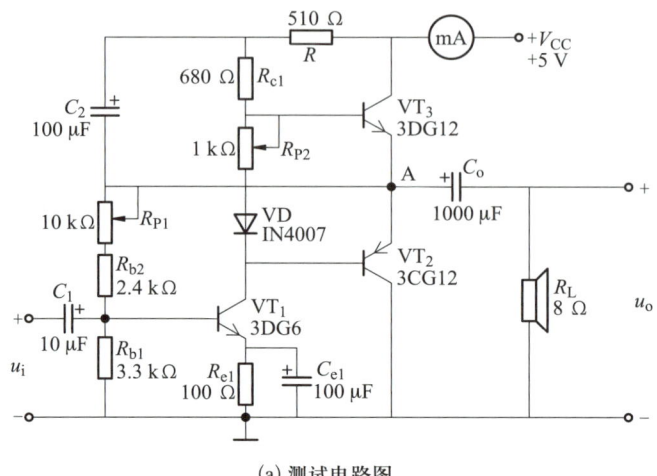

(a) 测试电路图

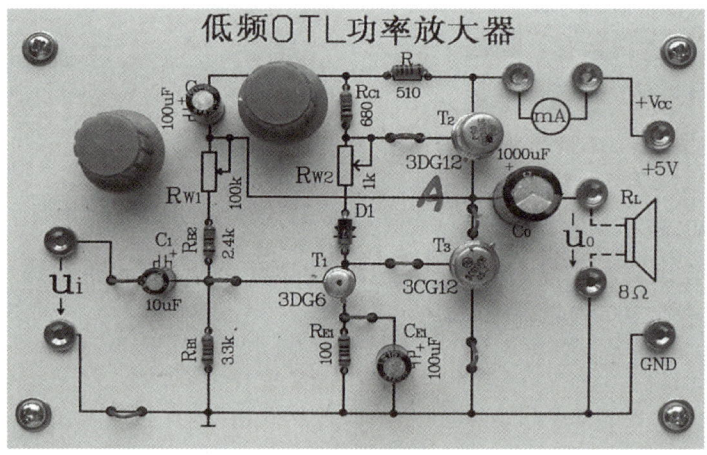

(b) 实物图

图 4-12　OTL 功放

流毫安表示数,同时用手触摸输出级三极管。若电流过大,VT$_2$ 和 VT$_3$ 显著升温,应立即断开电源检查原因(主要为 R_{P2} 开路、电路自激或输出级三极管性能不好等)。若无异常现象,可开始调试。

先调节电位器 R_{P1},用万用表测量 A 点电位,使 $U_A = V_{CC}/2 = 2.5$ V;再调节 R_{P2},使 VT$_2$、VT$_3$ 的 $I_{C2} = I_{C3} = 5 \sim 10$ mA,以防止产生交越失真。输出级电流调好以后,测量各级静态工作点,记录在表 4-1 中。

表 4-1　静态工作点测量

测量位置	三极管		
	VT$_1$	VT$_2$	VT$_3$
U_{BQ}/V			
U_{CQ}/V			
U_{EQ}/V			

（2）最大输出功率 P_{om} 和效率 η 的测试

① P_{om} 的测量　在输入端接入 1 kHz 的正弦信号，输出端用示波器观察输出电压波形。逐渐增大 u_i，使输出电压 u_o 达到最大不失真输出，用交流毫伏表测出负载 R_L 两端电压 U_{om}，则功放的最大输出功率为 $P_{om}=\dfrac{U_{om}^2}{R_L}$。

② η 的测量　当输出电压为最大不失真输出时，读出直流毫安表中的电流值，此电流即为直流电源供给的平均电流 I_{DC}（有一定误差），由此可近似求出 $P_{DC}=V_{CC}I_{DC}$，再根据上面测得的 P_{om}，即可求出 $\eta=\dfrac{P_{om}}{P_{DC}}$。

在测试时，为保证电路的安全，应在较低电压下进行，通常取输入信号为信号发生器输入灵敏度的 50％。在整个测试过程中，应保持 U_i 为恒定值，且输出波形不得失真。将测试数据记录在表 4-2 中。

表 4-2　P_{om} 和 η 的测量

测　量　数　据				计　算　数　据	
U_i/V	U_o/V	I_{DC}/A	P_{DC}/W	P_{om}/W	η

（3）噪声电压的测量

将输入端短路，观察输出噪声波形，并用交流毫伏表测量输出电压，即为噪声电压 U_N，如果 $U_N < 15$ mV，即满足电路要求。

5. 实训报告

（1）整理数据，计算静态工作点、最大输出功率 P_{om} 和效率 η 等，并与理论值进行比较。

（2）分析二极管 VD 在 OTL 功放电路中的作用。

（3）研究实训中出现的问题及解决办法。

（4）完成实训报告。

知识点检测 1

1. 采用复合管的目的是（　　）。

A. 改变管型　　　　　　　B. 提高 β 值　　　　　　　C. 减小交越失真

2. OCL 乙类互补对称功率放大电路的输出具有（　　）现象。

A. 非线性失真　　　　　　B. 饱和失真　　　　　　　C. 交越失真

3. OTL 功放采用（　　）进行直流供电。

A. 单电源　　　　　　　　B. 双电源　　　　　　　　C. 电容器

4. OTL 功放输出端电容器的作用是（　　）。

A. 充电　　　　　　　　　B. 放电　　　　　　　　　C. 提供电源

任务 2　集成功率放大器

任务目标

1. 熟悉集成功率放大器的组成和特点。
2. 掌握几种常用集成功率放大器的组成及使用方法。

一、常用的集成功率放大器

集成功率放大器简称集成功放,是由集成运算放大器发展而来的,它的内部电路一般也由前置级、中间级、输出级及偏置电路等组成,不过集成功放的输出级输出功率大、效率高。另外,为了保证器件在大功率状态下安全可靠地工作,集成功放中还设有过流、过压以及过热保护电路等。由于集成功放的种类很多,本任务只介绍几种常用集成功放的组成及使用方法。

1. LM386 集成功率放大器及其应用

LM386 是一种低电压通用型集成小型功率放大器,其内部电路如图 4 - 13a 所示,引脚排列如图 4 - 13b 所示,采用 8 引脚 DIP 双列直插式塑料封装。图 4 - 13c 所示为它的典型应用电路。LM386 集成功放的主要参数为:直流电源电压范围为 4～12 V;额定输出功率为 0.3～0.7 W;带宽 300 kHz(引脚 1、8 开路);输入阻抗 50 kΩ。

由图 4 - 13a 可见,LM386 内部电路由输入级、中间级和输出级等组成。

输入级由 VT_2、VT_4 组成双端输入单端输出差分放大电路,VT_3、VT_5 是其恒流源负载,VT_1、VT_6 是为了提高输入电阻而设置的输入端射极跟随器,R_1、R_7 为偏置电阻,该级的输出取自 VT_4、VT_5 的集电极。R_5 是差分放大电路的发射极负反馈电阻,引脚 1、8 开路时,负反馈最强,整个电路的电压放大倍数为 20;若在引脚 1、8 间外接旁路电容,以短路 R_5 两端的交流压降,可使电压放大倍数提高到 200。在实际使用中往往在引脚 1、8 之间外接阻容串联电路,如图 4 - 13c 所示 R_P 和 C_2,调节 R_P 可使集成功放的电压放大倍数在 20～200 之间变化。引脚 7 与地之间外接电解电容 C_5,C_5 可与内部电路中的 R_2(见图 4 - 13a)组成直流电源去耦电路。

中间级是 LM386 集成功放的主要增益级,它由 VT_7 和其集电极恒流源 (I_0) 负载构成共发射极放大电路,作为驱动级。

输出级由 VT_8、VT_{10} 复合等效的 PNP 管与 NPN 管 VT_9 组成准互补对称功率放大电路,二极管 VD_1、VD_2 为 VT_8、VT_9 提供静态偏置,以消除交越失真,R_6 是级间电压串联负反馈电阻。

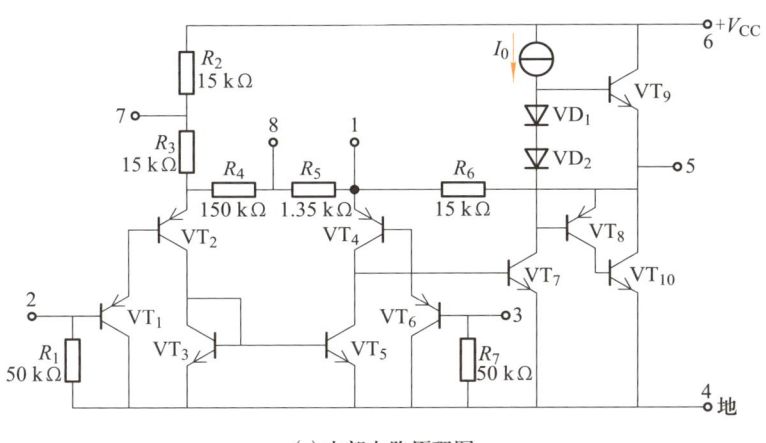

(a) 内部电路原理图

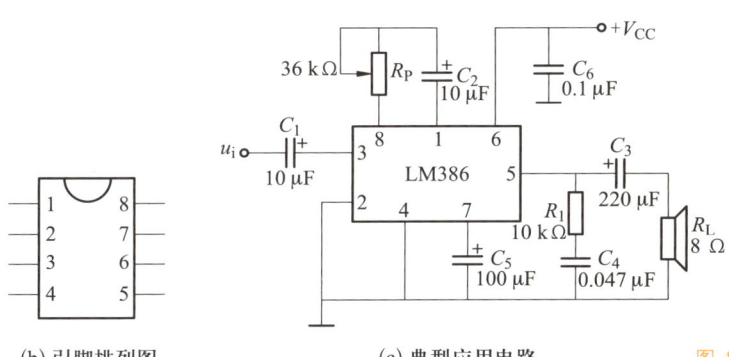

(b) 引脚排列图　　　　(c) 典型应用电路　　　图 4 – 13　LM386 集成功率放大器

图 4 – 13c 中,引脚 5 外接电容 C_3 为功放输出电容,以便构成 OTL 功放电路,R_1、C_4 是频率补偿电路,用以抵消扬声器线圈电感在高频时产生的不良影响,改善功率放大电路的高频特性和防止高频自激。输入信号 u_i 由 C_1 接入引脚 3 同相输入端,引脚 2 反相输入端接地,故构成单端输入方式。

一款由 LM386 构成的音频功率放大器实物图如图 4 – 14 所示。LM386 适用于调幅-调频无线电放大器、内部通信电路、电视音频系统、线性驱动器、超声波驱动器和功率变换电路等。

图 4 – 14
由 LM386 构成的音频功率放大器实物图

2. DG810 集成功率放大器及其应用

DG810 集成功率放大器具有输出功率大、噪声小、通频带较宽、工作电源电压范围宽、具有保护电路等优点，是常用的标准集成音频功率放大器。它由输入级、中间级、输出级、偏置电路及过压、过热保护电路等组成。图 4 - 15 所示是 DG810 典型应用电路。

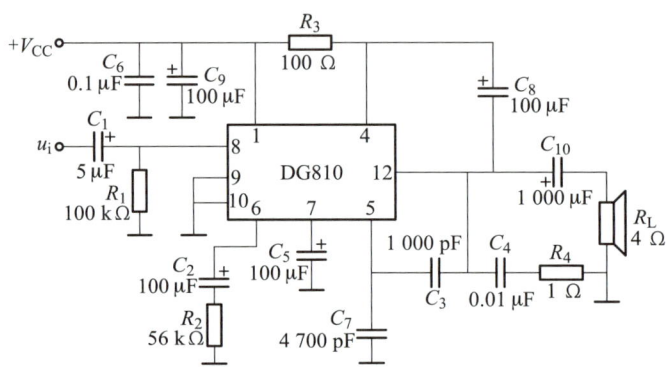

图 4 - 15　DG810 典型应用电路

图 4 - 15 所示电路中，引脚 8 为信号输入端，C_1 为输入耦合电容，R_1 为输入管的偏置电阻，用以提供基极电流。引脚 6 到地之间所接 C_2、R_2 为交流反馈电路，选用不同阻值的 R_2，可得到不同的闭环增益。引脚 12 为输出端，C_{10} 为输出电容，用以构成 OTL 功放，R_4、C_4 为频率补偿电路，用以改善高频特性和防止高频自激。C_6 和 C_9 为滤波电容，用以消除电源纹波。C_3、C_5、C_7 为频率补偿电容，用以改善频率特性和消除高频自激。引脚 4 为自举端，C_8 为自举电容。引脚 1 为电源端，电源电压 V_{CC} 可根据输出功率要求在 $+6 \sim +16$ V 之间调整，在图 4 - 15 中，$V_{CC} = 15$ V，$R_L = 4$ Ω，输出功率可达 6 W。

3. TDA2040 集成功率放大器及其应用

TDA2040 集成功率放大器内部有独特的短路保护系统，可以自动限制功耗，从而保证输出级三极管始终处于安全区域；此外，TDA2040 内部还设置了过热关机等保护电路，使集成电路具有较高的可靠性。它的主要参数为：电源电压 $\pm 2.5 \sim \pm 20$ V，开环增益 80 dB，功率带宽 100 kHz，输入电阻 50 kΩ。负载为 4 Ω 时，输出功率可达 22 W，失真度仅为 0.5%。

TDA2040 的应用比较灵活，既可以采用双电源供电构成 OCL 功率放大电路，也可以采用单电源供电构成 OTL 功率放大电路。TDA2040 采用 SIP 单列直插 5 引脚封装，其实物和引脚排列图如图 4 - 16 所示。其中引脚 1 为同相输入端；引脚 2 为反相输入端，引脚 3 为负电源/接地端，引脚 4 为输出端，引脚 5 为正电源端。

TDA2040 采用双电源供电的 OCL 功率放大电路，如图 4 - 17a 所示。该

(a) 实物

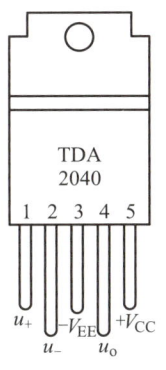

(b) 引脚排列图

图 4 - 16　TDA2040 实物和引脚排列图

电路在电源电压为 ± 16 V，R_L 为 4 Ω 的情况下，输出功率大于 15 W，失真度小于 0.5％。R_3 和 R_2 构成负反馈电路，使电路的闭环增益为 30 dB。R_4、C_7 构成频率补偿电路，改善放大器的高频特性。$C_3 \sim C_6$ 为电源滤波电容，用以防止电源引线太长时造成放大器低频自激。

　　TDA2040 采用单电源供电的 OTL 功率放大电路如图 4 - 17b 所示。电源电压 V_{CC} 经 R_1 和 R_2 的分压，给集成电路引脚 1 加上 $V_{CC}/2$ 的直流电压，此时输出端引脚 4 的直流电压为 $V_{CC}/2$。R_4 和 R_5 构成交流负反馈电路，使电路闭环增益为 30 dB，C_7 为输出电容。

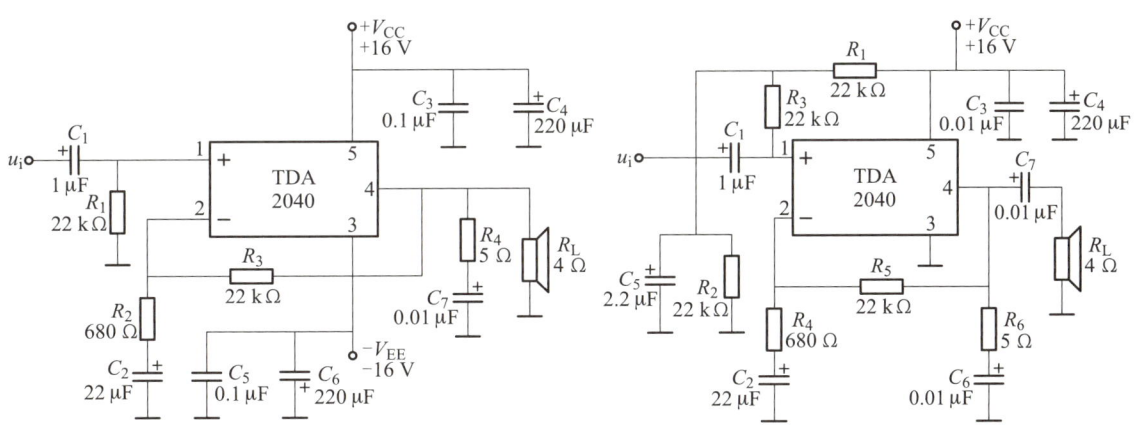

(a) 双电源供电的OCL功率放大电路　　　　　　(b) 单电源供电的OTL功率放大电路

图 4 - 17　TDA2040 典型应用电路

二、集成功率放大器使用注意事项

　　目前国内外的集成功放型号繁多，性能参数及使用条件各不相同，为了全面发挥集成功放的功能，并确保集成功放安全可靠地工作，在实际使用中应注意以下几点。

(1) 合理选择品种和型号

集成功放的品种和型号的选择主要依据电路对功放级的要求,使所选用的主要性能指标均能满足电路要求。同时要求在任何情况下,集成功放所有的极限参数都不要超出指标规定,这是因为在集成功放的使用过程中,即使是极限参数瞬时超过指标规定或某一两项极限参数超过指标规定,也可能造成集成功放失效或者使电路性能变差,形成隐患,缩短使用寿命。

产品说明书或手册中推荐的工作条件,不仅仅是保障集成功放安全工作的条件,更主要的是表明在此条件下工作,电路将具有比较全面的、良好的综合性能,所以,实际使用中应尽量采用产品说明书或手册推荐的工作条件。

(2) 合理安置元器件及布线

由于集成功放处于大信号工作状态,若在接线中元器件分布、排线走向不合理,极容易产生自激或使集成功放工作不稳定,严重时甚至无法正常工作。

集成功放应安置在通风良好的部位,并远离前置放大级及耐热性能差的元器件(如电解电容);电路接地线要尽量短而粗,需要接地的引出端要尽量做到一点接地,接地端应与输出回路负载接地端靠在一起。

(3) 按规定选用负载

集成功放使用时,应在规定的负载条件下工作,切勿随意加重负荷,严禁输出负载短路。

(4) 合理选用散热装置

由于集成功放工作在大电压、大电流状态,集成功放所消耗的功率比较大,容易使集成功放温度升高而发热,当集成功放温度升高到一定程度后就会损坏。改善散热条件,可使集成功放承受更大的耗散功率,通常采用的散热措施就是给集成功放加装散热器。特别是中、大功率的集成功放,必须按手册要求加装散热器方能正常工作。散热器是由铜、铝等导热性能良好的金属材料制成的,并有各种规格成品可供选用。

▍实用资料▍
智能功率集成电路模块(IPM)

智能功率集成电路模块(intelligent power module, IPM)广泛应用于交流电动机变频调速和直流电动机斩波调速以及各种高性能电源(如 UPS、感应加热、电焊机、有源补偿等),工业电气自动化等领域,其输出功率大,系统的可靠性高。近年来,IPM 的应用越来越普遍。常用的 IPM 型号和功能见表 4-3。

表 4 - 3　常用的 IPM 型号和功能

型　号	U_{CEO}/V	I_C/A	$U_{CE(sat)}/V$	内在保护功能单元				
				OC	SC	UV	OT	BR
MIG50Q201H	1 200	50	3.5	√	√	√	√	√
MIG75Q202H	1 200	75	3.5	√	√	√	√	√
MIG100Q201H	1 200	100	3.5	√	√	√	√	√
MIG150Q101H	1 200	150	3.5	√	√	√	√	√
MIG150Q201H	1 200	150	3.5	√	√	√	√	√
MIG200Q101H	1 200	200	3.5	√	√	√	√	×
MIG300Q101H	1 200	300	3.5		√	√	√	×

注：1. OC——过电流保护电路；SC——短路电流保护电路；UV——驱动电路低电压保护；OT——温度保护；BR——内设驱动电路。

2. 符号"√"指有保护功能；符号"×"指无保护功能。

▎拓展知识▎
SMT 技术

1. SMT 的概念

SMT 就是表面组装技术(surface mounted technology)的缩写,是目前电子组装行业里最流行的一种技术。

2. SMT 的特点

(1) 组装密度高、电子产品体积小、重量轻,贴片元器件的体积和重量只有传统插装元器件的 1/10 左右。一般采用 SMT 之后,电子产品体积缩小 40%～60%,重量减轻 60%～80%。

(2) 可靠性高、抗振能力强,焊点缺陷率低。

(3) 高频特性好,减少了电磁和射频干扰。

(4) 易于实现自动化,提高生产效率,成本降低 30%～50%。节省材料、能源、设备、人力、时间等。

3. SMT 的基本工艺

SMT 的基本工艺有：丝印(或点胶)、贴装、固化、回流焊接、清洗、检测、返修

(1) 丝印：其作用是将焊膏或贴片胶漏印到 PCB 的焊盘上,为元器件的焊接做准备。丝印所用设备为丝印机(丝网印刷机),位于 SMT 生产线的最前端。

(2) 点胶：它是将胶水滴到 PCB 的固定位置上,其主要作用是将元器件固定到 PCB 上。点胶所用设备为点胶机,位于 SMT 生产线的最前端或检测设备的后面。

(3) 贴装：其作用是将元器件准确安装到 PCB 的固定位置上。贴装所用

图片：贴片电阻

图片：贴片电容

图片：SMT 生产线

设备为贴片机,位于 SMT 生产线中丝印机或点胶机的后面。

(4) 固化:其作用是将贴片胶融化,从而使元器件与 PCB 牢固粘接在一起。固化所用设备为固化炉,位于 SMT 生产线中贴片机的后面。

(5) 回流焊接:其作用是将焊膏熔化,使元器件与 PCB 牢固焊接在一起。回流焊接所用设备为回流焊炉,位于 SMT 生产线中贴片机的后面。

(6) 清洗:其作用是将组装好的 PCB 上面对人体有害的焊接残留物(如助焊剂等)除去。清洗所用设备为清洗机,位置可以不固定,既可以在线,也可不在线。

(7) 检测:其作用是对组装好的 PCB 进行焊接质量和装配质量的检测。检测所用设备有放大镜、显微镜、在线测试仪(ICT)、飞针测试仪、自动光学检测(AOI)、X‑RAY 检测系统、功能测试仪等。这些设备的位置根据检测的需要,可以配置在 SMT 生产线的任意位置。

(8) 返修:其作用是对检测出现故障的 PCB 进行返工。返修所用工具为电烙铁、返修工作站等,可以配置在生产线中任意位置。

知识点检测 2

1. LM386 的引脚 1、8 开路,整个电路的电压放大倍数为(　　)倍。

A. 10　　　　　　　　B. 20　　　　　　　　C. 30

2. LM386 的引脚 1、8 之间外接阻容串联电路,其电压放大倍数可在(　　)之间调节。

A. 10～100　　　　　B. 20～150　　　　　C. 20～200

3. TDA2040 构成 OCL 功率放大电路时,它的引脚 3 接(　　)。

A. 地　　　　　　　　B. 负电源　　　　　　C. 正电源

4. TDA2040 构成 OTL 功率放大电路时,它的引脚 3 接(　　)。

A. 地　　　　　　　　B. 负电源　　　　　　C. 正电源

 **应会制作**

【项目制作】　音频功率放大器的制作与调试

1. 项目制作目的

(1) 掌握音频功率放大器的设计、组装及调试技能。

(2) 熟悉音频功率放大器的结构,加深理解功率放大电路的工作原理。

(3) 通过音频功率放大器的安装调试,进一步训练学生的工程实践能力。

2. 项目内容及要求

完成一个以功率三极管 2SD882 为核心的音频功率放大器的制作与调试。

（1）制作要求

① 画出实际设计电路的原理图和印制电路板图。

② 列出元器件清单。

③ 完成元器件的检测。

④ 完成元器件的预处理。

⑤ 基于印制电路板的元器件焊接与电路装配。

⑥ 在制作过程中能发现并解决问题。

（2）能力要求

① 能够独立地分析音频功率放大器的工作原理。

② 能够掌握音频功率放大器的性能指标并对其进行调试。

3. 认识电路及工作原理

音频功率放大器的原理图如图 4‐18 所示（对应的实物图可参见图 4‐1），图中的各 TP 端为信号测试端。

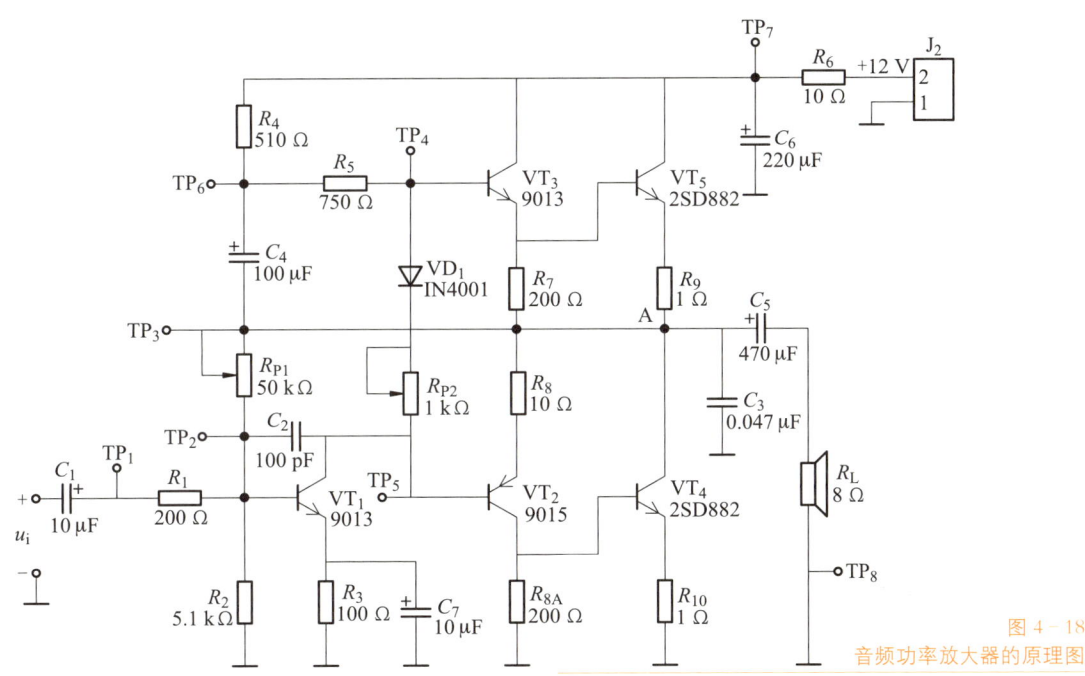

图 4‐18
音频功率放大器的原理图

此音频功率放大器由输入级、输出级和自举电路组成。三极管 VT_1 组成输入级；VT_3 与 VT_5 管组成 NPN 型复合管，VT_2 与 VT_4 管组成 PNP 型复合管，两只复合管作为功率输出级的互补对称管，VD_1 和 R_{P2} 给两个互补对称管提供合适的偏置电压，使之有合适的集电极电流；由 C_4、R_4 组成自举电路，改善输出波形的失真。

4. 清点并检测元器件

音频功率放大器的元器件清单如表 4‐4 所示。对照原理图，核对元器件数目、型号等，若不符合应及时调换。

图片：功率三极管

表 4 - 4　音频功率放大器的元器件清单

序号	代　号	名称	数量	规格、参数、型号	检 测 结 果
,1	R_1	电阻	1	1/4 W, 200 Ω	实测值：
2	R_2		1	1/4 W, 5.1 kΩ	实测值：
3	R_3		1	1/4 W, 100 Ω	实测值：
4	R_4		1	1/4 W, 510 Ω	实测值：
5	R_5		1	1/4 W, 750 Ω	实测值：
6	R_6、R_8		2	1/2 W, 10 Ω	实测值：
7	R_7、R_{8A}		2	1/4 W, 200 Ω	实测值：
8	R_9、R_{10}		2	1 W, 1 Ω	实测值：
9	R_{P1}	电位器	1	50 kΩ(503)	质量：
10	R_{P2}		1	1 kΩ(102)	质量：
11	R_L	扬声器	1	8 Ω, 1 W	实测值：
12	C_2	瓷片电容	1	100 pF	质量：
13	C_3		1	0.047 μF	质量：
14	C_1	电解电容	1	10 μF, 16 V	质量：
15	C_4		1	100 μF, 25 V	质量：
16	C_5		1	220 μF, 25 V	质量：
17	C_6		1	470 μF, 25 V	质量：
18	C_7		1	10 μF, 16 V	质量：
19	VD_1	二极管	1	1N4001	质量：
20	VT_1、VT_3	普通三极管	2	9013	管型： 质量：
21	VT_2		1	9015	管型： 质量：
22	VT_4、VT_5	功率三极管	2	2SD882	管型： 质量：

5. 电路制作与调试

对照电路原理图和元器件清单，在印制电路板上安装元器件及进行焊接。安装元器件时，注意电解电容、二极管的极性和三极管的引脚不要装错。

（1）通电前的检查

① 对照电路图，仔细核对所用元器件的规格，检查有无漏焊、错焊、搭锡和极性装反等现象。特别检查 VD_1 和 R_{P2} 是否焊接良好，因为一旦它们开路，会使互补对称管损坏。最后用一字螺丝刀将 R_{P2} 向右旋转至最底端，此时 R_{P2} 阻值为最小。

② 用万用表 $R \times 1\,k$ 挡测量印制电路板电源两端的电阻(黑表笔接正电源输入端,红表笔接负电源输入端), $R =$ _____ Ω,正常值应大于 $1\,k\Omega$。若阻值很小,说明有短路现象;若阻值很大,说明电路安装有误。对于不正常现象,应先予以排除,方可通电调整。

(2) 通电调整

① 将电路的输入端短接,输出端接上假负载电阻($8\,\Omega$, $2\,W$),用来代替扬声器。

② 接上电源($+12\,V$),用万用表直流 $10\,V$ 电压挡测量互补对称管中点(即 A 点)对地电压,调节 R_{P1},使 A 点对地电压为 $V_{CC}/2$(即 $6\,V$)。

③ 用万用表直流 $2.5\,V$ 电压挡测量三极管 VT_3 基极(TP_4 接红表笔)与 VT_2 基极(TP_5 接黑表笔)之间的偏置电压 U_{32},并调节电阻 R_{P2},使测量到的电压值为 $1.8\,V \pm 0.2\,V$。该偏置电压如果太大,功率三极管的集电极电流就越大,易使功率三极管发热损坏;该偏置电压太小,输出功率不足且有交越失真。R_{P2} 阻值一定要合适,以保证功率放大器有合适的静态工作点。

④ 断开 $+12\,V$ 电源,串入万用表直流 $50\,mA$ 电流挡,测量功率放大电路的整机静态电流 I_{DC},并记录在表 $4-5$ 中。正常时 I_{DC} 应在 $5 \sim 25\,mA$ 之间,否则应重新调整 R_{P2}。

⑤ 断开电源,拆除万用表并接好电源,用万用表直流电压挡测量功率放大电路中各三极管的静态工作电压(对地),并记录在表 $4-5$ 中。

⑥ 拆除输入端的短接线,拆去输出端的假负载电阻,接上扬声器。手握螺丝刀的金属部分碰触 VT_1 基极,扬声器应发出"嘟嘟"声。

表 4-5　三极管静态电压测量

| 电源电压 $V_{CC} =$ _____ V | | 中点电压 $U_A =$ _____ V | | |
| 偏置电压 $U_{23} =$ _____ V | | 整机电流 $I_{DC} =$ _____ mA | | |
三极管各极电压	VT_1	VT_3	VT_2	VT_4	VT_5
U_C					
U_B					
U_E					

6. 测定最大不失真输出功率

按图 $4-19$ 所示的功率放大电路性能测试示意图连接测试仪器,并按如下步骤进行测试。

(1) 用 $8\,\Omega$, $2\,W$ 电阻代替扬声器。

(2) 调节信号发生器,输出 $1\,kHz / 30\,mV$ 正弦电压信号。

(3) 调节信号发生器的输出电压,使之缓慢增大直至示波器显示的波形刚要产生削峰失真而又未失真为止,用毫伏表测出此时的输入电压和输出电压

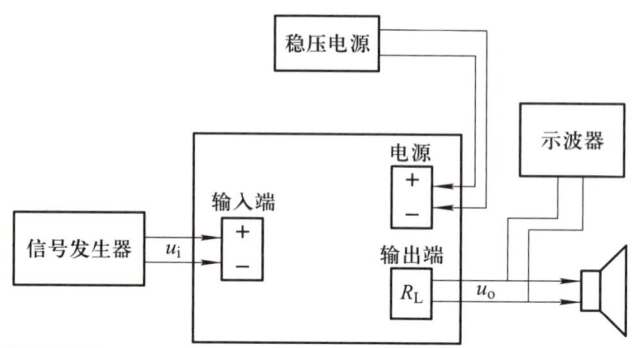

图 4-19
功率放大电路性能测试示意图

大小,并做好记录:

　　输入电压 $U_i=$ ＿＿＿＿＿ mV,信号频率 $f=$ ＿＿＿＿＿ Hz,输出电压 $U_o=$ ＿＿＿＿＿ V。

　　（4）由下式计算功率放大电路的电压放大倍数 A_u 和最大不失真输出功率 P_{om},即:

$$A_u=U_o/U_i=\underline{\hspace{3cm}}, \quad P_{om}=U_o^2/R_L=\underline{\hspace{3cm}} \text{ W}$$

式中,R_L 为负载电阻的阻值。

7. 编写项目制作报告

　　按要求进行电路的调试,做好记录,完成项目报告。项目报告应包括设计思路、电路原理分析、原理图、装配图、调试情况及存在的问题、解决方法等。

8. 项目制作考核与评价

　　音频功率放大器的制作与调试考核见表 4-6。

表 4-6　音频功率放大器的制作与调试考核

任务内容	配分	评分标准		自评	互评	教师评
准备工作	20	① 核对元器件总数	5分			
		② 元器件参数测量	10分			
		③ 质量鉴定	5分			
电路的装配	50	① 元器件焊接	20分			
		② 导线焊接	15分			
		③ 电路装配质量	15分			
电路的调试	30	① 调试前的检查	5分			
		② 通电调试输出波形	10分			
		③ 测试与故障排除	15分			
安全、文明操作	10	违反一次	扣5分			
定额时间为 3 学时,超过时间扣 10 分						
开始时间		结束时间		总评分		

知识归纳

1. 功率放大电路的任务是向负载提供符合要求的交流功率,因此功率放大电路的是失真度要小,输出功率要大,三极管的管耗要小,效率要高。低频功率放大电路常工作在乙类或甲乙类状态来降低管耗,提高输出功率和效率。功率放大电路的主要技术指标是输出功率、管耗、效率、非线性失真等。

2. 提高功率放大电路输出功率的途径是提高直流电源电压,因此应选用耐压高、允许工作电流大的功率三极管。

3. 互补对称功率放大电路是由两个类型相反的射极输出器组合而成的,功率三极管工作在大信号状态,采用复合管可解决功率三极管的互补对称问题。

4. 集成功率放大器是由集成运算放大器发展而来的,不过集成功放的输出级输出功率大、效率高。另外,为了保证器件在大功率状态下安全可靠地工作,集成功放中还设有过流、过压以及过热保护电路等。集成功放在使用时只要按其典型应用电路接线即可。

自测题 4

1. 填空题。

(1) 功率放大电路最主要的指标是＿＿＿＿＿＿＿＿＿。

(2) 乙类功率放大电路的效率较高,在理想情况下可达＿＿＿＿,但这种电路会产生＿＿＿失真。为了消除这种失真,应使功率放大电路工作在＿＿＿状态。

2. 判断题。

(1) 功率放大电路的主要作用是在信号允许的范围内,向负载提供足够大的功率信号。　　　　　　　　　　　　　　　　（　　）

(2) 在功率放大电路中,输出功率越大,功率三极管的功耗也越大。

（　　）

(3) 功率放大电路与电压放大电路的区别是:

① 前者比后者电源电压高;　　　　　　　　　　　（　　）

② 前者比后者电压放大倍数大;　　　　　　　　　（　　）

③ 前者比后者效率高;　　　　　　　　　　　　　（　　）

④ 在电源电压相同的情况下,前者比后者的最大不失真输出电压大。

（　　）

(4) 实际的甲乙类功率放大电路,效率可达 78.5%。　（　　）

(5) 在 OCL 功率放大电路中,输入信号越大,交越失真也越大。　（　　）

（6）在对称互补功率放大电路中，由于总有一只三极管是截止的，故输出波形必然失真。 （　　）

3. 在如图 4‒20 所示复合管中，试判断哪些连接是正确的？哪些是不正确的？对连接正确的复合管，指出它们各自复合后的类型（NPN 或 PNP 型）？

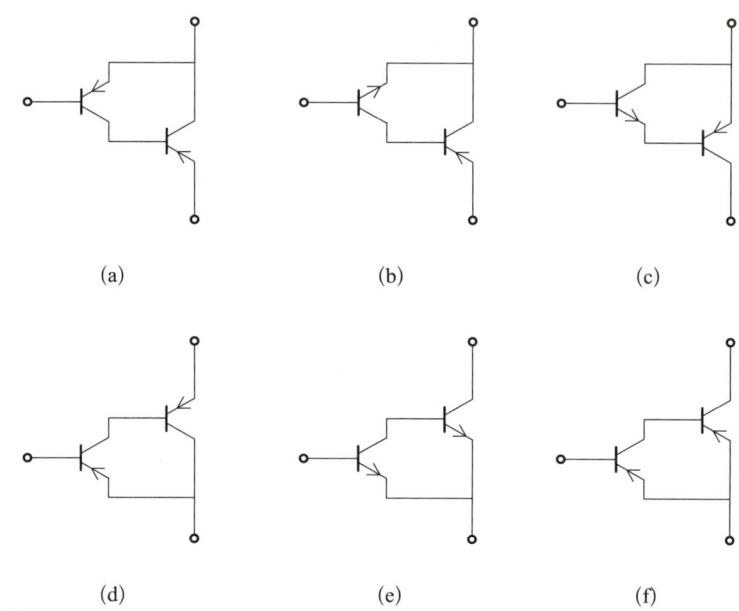

(a)　　　　　　　　(b)　　　　　　　　(c)

(d)　　　　　　　　(e)　　　　　　　　(f)

图 4‒20
自测题 4 题 3 图

4. 在如图 4‒21 所示电路中，已知 $V_{CC} = 16\ V$，$R_L = 4\ \Omega$，VT_1 和 VT_2 管的饱和管压降 $U_{CES} = 2\ V$，输入电压足够大。试求最大输出功率和效率各为多少？

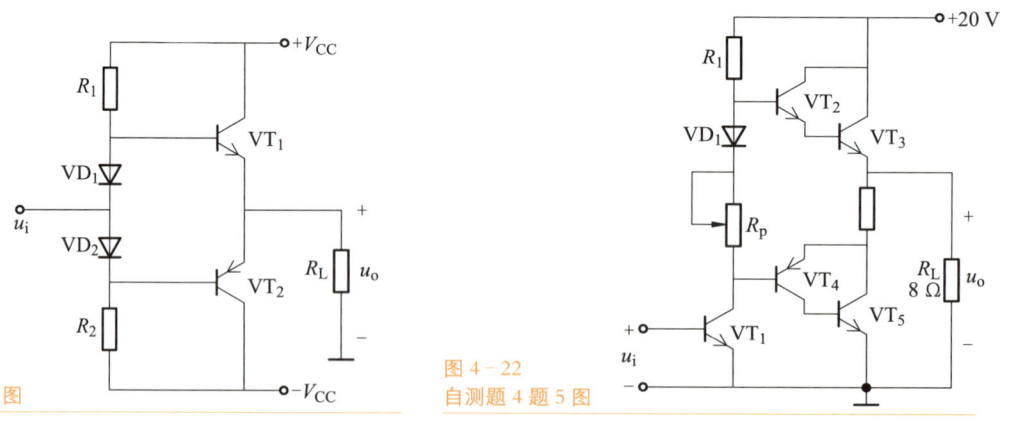

图 4‒21
自测题 4 题 4 图

图 4‒22
自测题 4 题 5 图

文本：自测题 4
参考答案

5. 在如图 4‒22 所示电路中，VT_3 和 VT_5 管的饱和管压降 $U_{CES} = 1\ V$，试问：

（1）最大输出功率和效率各为多少？

（2）若输出波形出现交越失真，如何调节电位器 R_P？

项目 **5** 函数信号发生器的制作

项目引入

在实际应用中,各种电路的输入(激励)信号除了正弦波以外,常常还有方波和三角波等。如图 5 - 1 所示为一个函数信号发生器的 3D 仿真图,其核心元器件是集成运放 LM324,主要功能是产生正弦波、方波和三角波三种信号。那么,这个电路的工作原理是什么? 它又是如何产生这三种波形的信号的?

本项目重点学习正弦波振荡电路的组成及其原理分析,同时了解非正弦波振荡电路的工作原理,并且掌握函数信号发生器的主要应用。本项目要完成以下 2 个学习任务:

任务 1　正弦波振荡电路的分析

任务 2　非正弦波振荡电路的分析

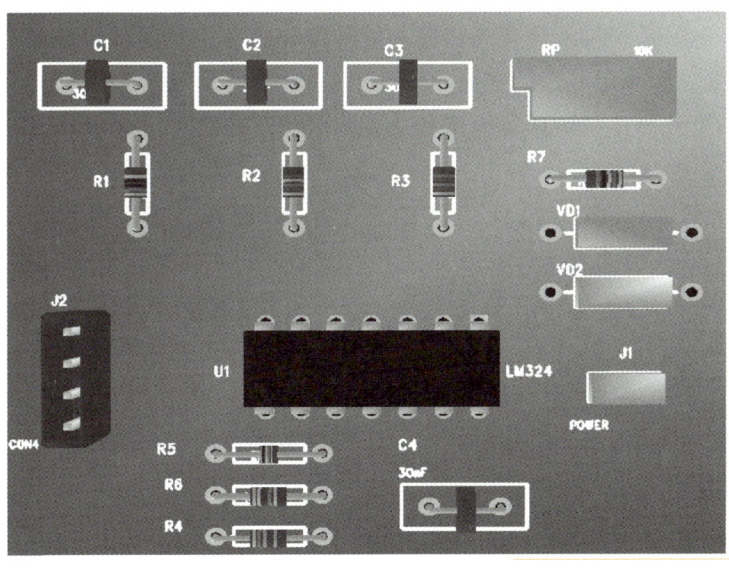

图 5 - 1
函数信号发生器的 3D 仿真图

学习目标

振荡电路是模拟电子技术最基本的功能电路之一,振荡电路分为正弦波振荡电路和非正弦波振荡电路两种,其中正弦波振荡电路应用最为广泛,对它的分析与应用也是整个模拟电子技术学习的基础和重点。本项目通过围绕"函数信号发生器"的制作展开学习，要达到的主要目标为：

1. 掌握正弦波振荡电路的组成、条件。
2. 掌握正弦波振荡电路的分类和工作原理。
3. 了解非正弦波振荡电路的分类和工作原理。

应知理论

任务 1　正弦波振荡电路的分析

任务目标

1. 掌握振荡电路的组成及特点。
2. 理解 RC 和 LC 正弦波振荡电路的工作原理。
3. 了解石英晶体正弦波振荡电路。

一、振荡电路的组成及特点

◎ 问题的提出

什么类型的电路才能称为振荡电路？

　　振荡电路是一种不需要外接输入信号就能将直流电源转换成具有一定频率、一定幅值和一定波形的交流能量输出的电路，其示意图如图 5‑2 所示。按振荡波形可分为正弦波振荡电路和非正弦波振荡电路。

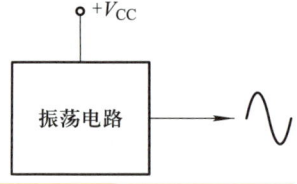

图 5‑2
振荡电路示意图

　　根据选频网络所采用的元器件不同，正弦波振荡电路又可分为 RC 正弦波振荡电路、LC 正弦波振荡电路和石英晶体正弦波振荡电路。RC 正弦波振荡电路一般用来产生数赫到数百千赫的低频信号，LC 正弦波振荡电路主要用来产生数百千赫以上的高频信号。

　　正弦波振荡电路在测量、通信、无线电技术和自动控制等多个领域中有着广泛的应用。

1. 电路振荡的条件

　　在图 5‑3 所示正弦波振荡电路的方框图中，由于振荡电路不需要外界输

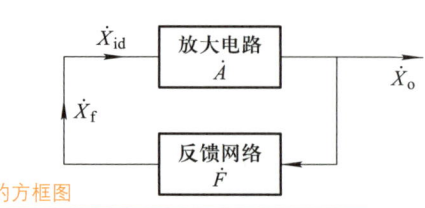

图 5‑3
正弦波振荡电路的方框图

入信号，通过反馈网络产生的反馈信号 $\dot{X}_f$ 就是基本放大电路的输入信号 $\dot{X}_{id}$，该信号经基本放大电路放大后的输出为 $\dot{X}_o$。如果能使 $\dot{X}_f$ 与 $\dot{X}_{id}$ 的两个信号大小相等，极性相同，则构成正反馈电路，且这个电路能维持

稳定输出。因而,从 $\dot{X}_f = \dot{X}_{id}$ 可得出自激振荡的条件。

由方框图可知,基本放大电路的输出为

$$\dot{X}_o = \dot{A} \cdot \dot{X}_{id}$$

反馈网络的输出为

$$\dot{X}_f = \dot{F} \cdot \dot{X}_o = \dot{A}\dot{F}\dot{X}_{id}$$

当 $\dot{X}_f = \dot{X}_{id}$ 时,则有

$$\dot{A}\dot{F} = 1 \qquad\qquad (5-1)$$

式(5-1)就是振荡电路的振荡平衡条件,该条件实质上包含下列两个条件,分别为

(1) 幅值平衡条件

$$|\dot{A}\dot{F}| = 1 \qquad\qquad (5-2)$$

即放大倍数 $\dot{A}$ 与反馈系数 $\dot{F}$ 乘积的模为 1。

(2) 相位平衡条件

$$\varphi_A + \varphi_F = \pm 2n\pi \ (n = 0,\ 1,\ 2,\ \cdots) \qquad\qquad (5-3)$$

即放大电路的相移 φ_A 与反馈网络的相移 φ_F 之和为 $\pm 2n\pi$,其中 n 是整数,这也是产生正反馈的条件。

式(5-2)所示的幅值平衡条件实质上与负反馈放大电路的自激振荡条件 $|\dot{A}\dot{F}| = 1$ 是一致的,这是因为负反馈放大电路工作在低频或高频时,若有附加相移 $\varphi_A + \varphi_F = \pm 180°$,负反馈就变成正反馈,就能产生自激振荡。故负反馈和正反馈放大电路两者的自激振荡条件相差一个符号。

2. 振荡电路的起振条件

当振荡电路接通电源时,输出端会产生微小的、不规则的噪声或扰动信号,它包含了各种频率的谐波分量,经过电路中的选频网络选出一种频率 f_0 能满足相位平衡条件,经正反馈电路返送到输入端不断放大,由于放大开始时满足 $|\dot{A}\dot{F}| > 1$ 的条件,能使输出信号由小逐渐变大,使电路起振,最后进入到放大器件的非线性区或电路的稳幅环节,从而达到 $|\dot{A}\dot{F}| = 1$,使输出幅值稳定,进入正常振荡工作状态。

3. 振荡电路的组成

正弦波振荡电路具有能自行起振且输出稳定的振荡信号的特点,一般由以下四部分组成。

(1) 放大电路:具有信号放大作用,将电源的直流电能转换成交变的振荡能量。

(2) 反馈网络:形成正反馈以满足振荡平衡条件。

（3）选频网络：选择某一频率 f_0 的信号，使其满足振荡条件，形成单一频率的振荡。

（4）稳幅电路：使振荡幅值稳定并改善输出波形。常用的稳幅措施有两种，一种是利用振荡元器件的非线性特性（截止或饱和）实现稳幅，称为内稳幅；另一种是利用外加稳幅电路实现稳幅，称为外稳幅，这时振荡元器件工作在线性放大区。

4. 振荡电路的分析方法

对于一个振荡电路，首先要判断它能否产生振荡。对于能产生振荡的电路，其振荡频率可根据选频网络的参数进行计算。为保证振荡电路的起振，必须根据起振条件来确定电路元器件的参数。

判断电路能否产生振荡的步骤如下：

（1）检查电路的基本环节，一般振荡电路应具有放大电路、反馈网络、选频网络和稳幅电路这四个环节，缺一不可。

（2）检查放大电路的静态工作点是否合适。

（3）检查电路是否引入正反馈，即是否满足相位平衡条件，如不能满足，肯定不能产生振荡。

（4）判断电路是否满足振幅起振条件，具体方法是：分别求解电路 $\dot{A}$ 和 $\dot{F}$，然后判断 $|\dot{A}\dot{F}|$ 是否大于 1。

二、RC 正弦波振荡电路的分析

问题的提出

产生振荡的实质是什么？

动画：振荡电路选频的实质

根据选频网络不同，RC 正弦波振荡电路可分为 RC 串并联式振荡电路、移相式正弦波振荡电路和双 T 网络正弦波振荡电路。这里主要分析 RC 串并联式振荡电路，其主要结构是采用 RC 串并联网络作为选频和反馈网络，因为它具有波形好、振幅稳定、频率调节方便等优点，所以应用十分广泛。在分析正弦波振荡电路时，关键是要了解选频网络的频率特性，这样才能进一步理解振荡电路的工作原理。

1. RC 串并联网络的频率特性

RC 串并联网络如图 5-4 所示。令串并联网络的反馈系数 $\dot{F}=\dot{U}_2 / \dot{U}_1$，由图 5-4 可求得

$$\dot{F}=\frac{\dot{U}_2}{\dot{U}_1}=\frac{Z_2}{Z_1+Z_2}=\frac{\left(R \mathbin{/\mkern-5mu/} \dfrac{1}{\mathrm{j}\omega C}\right)}{\left(R+\dfrac{1}{\mathrm{j}\omega C}\right)+\left(R \mathbin{/\mkern-5mu/} \dfrac{1}{\mathrm{j}\omega C}\right)} \tag{5-4}$$

$$=\frac{1}{3+\mathrm{j}\left(\omega RC-\dfrac{1}{\omega RC}\right)}$$

令电路固有角频率 $\omega_0 = \dfrac{1}{RC}$，则固有频率

$$f_0 = \frac{\omega_0}{2\pi} = \frac{1}{2\pi RC}$$

因此式(5-4)可写成

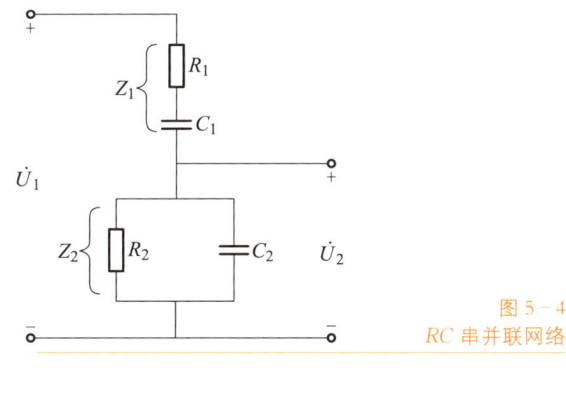

图 5-4
RC 串并联网络

$$\dot{F} = \cfrac{1}{3 + \mathrm{j}\left(\dfrac{\omega}{\omega_0} - \dfrac{\omega_0}{\omega}\right)} = \cfrac{1}{3 + \mathrm{j}\left(\dfrac{f}{f_0} - \dfrac{f_0}{f}\right)}$$

$$(5-5)$$

式(5-5)即为 *RC* 串并联网络的频率特性，其幅频特性和相频特性分别为

$$|\dot{F}| = \cfrac{1}{\sqrt{3^2 + \left(\dfrac{f}{f_0} - \dfrac{f_0}{f}\right)^2}} \qquad (5-6)$$

$$\varphi_F = -\arctan \cfrac{\dfrac{f}{f_0} - \dfrac{f_0}{f}}{3} \qquad (5-7)$$

由式(5-6)和(5-7)可知：

当 $f = f_0$ 时，$|\dot{F}| = |\dot{F}|_{\max} = \dfrac{1}{3}$，$\varphi_F = 0°$；

当 $f \ll f_0$ 时，$|\dot{F}| \to 0$，$\varphi_F \to +90°$；

当 $f \gg f_0$ 时，$|\dot{F}| \to 0$，$\varphi_F \to -90°$。

RC 串并联网络的幅频特性和相频特性曲线如图 5-5 所示。

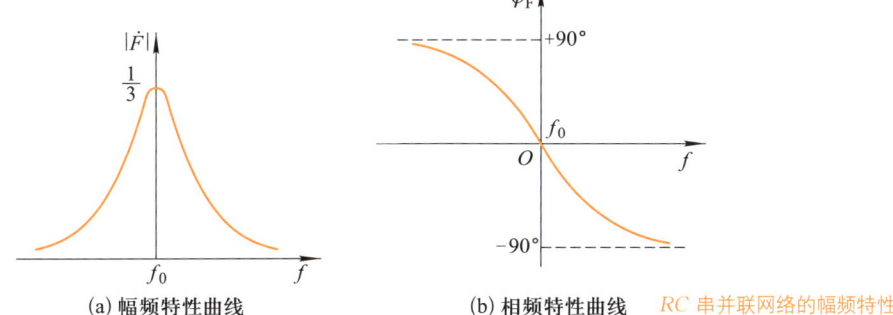

(a) 幅频特性曲线 　　　(b) 相频特性曲线　　*RC* 串并联网络的幅频特性和相频特性曲线

图 5-5

从图 5-5 可见，当输入信号的频率 $f = f_0$ 时，$\dot{F}$ 的值最大，$|\dot{F}| = |\dot{F}|_{\max} =$ 1/3，*RC* 串并联网络呈阻性，输出电压最大，而 $\dot{F}$ 的相位角 $\varphi_F = 0°$，此时输出

信号与输入信号为同相。当输入信号的频率 $f \neq f_0$ 时,输出电压衰减很快,且 $\varphi_F \neq 0°$,存在相位差。所以,RC 串并联网络只有在 $f = f_0$ 时才能实现振荡电路的选频功能。

2. RC 正弦波振荡电路

👁 **问题的提出**

RC 正弦波振荡电路的工作原理是什么?

将 RC 串并联选频网络和放大电路结合起来,即构成 RC 正弦波振荡电路,放大电路可采用集成运放。在图 5–6a 所示电路中,集成运放构成同相比例放大电路,RC 串并联选频网络接在集成运放的输出端与同相输入端之间,构成正反馈;R_f、R_1 接在集成运放的输出端与反相输入端之间,构成负反馈。正反馈与负反馈电路构成一个电桥电路,如图 5–6b 所示,故这种 RC 振荡电路又称为**文氏桥式振荡电路**。

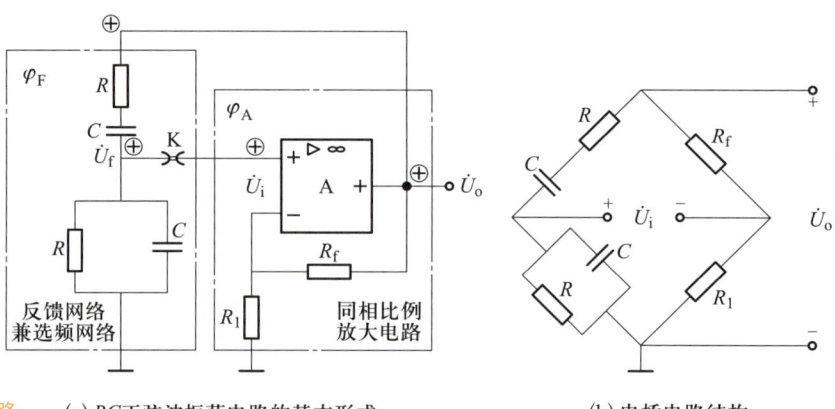

图 5–6 RC 正弦波振荡电路   (a) RC 正弦波振荡电路的基本形式   (b) 电桥电路结构

首先判断图 5–6a 所示电路是否引入正反馈,其方法是假设反馈端点(K 点)断开,引入一个极性为正的输入信号 $\dot{U}_i$。根据瞬时极性法和 RC 串并联网络在 $f = f_0$ 时呈阻性的特点,可判断反馈信号 $\dot{U}_f$ 与输入信号 $\dot{U}_i$ 的极性相同,即 $\dot{U}_f$ 与 $\dot{U}_i$ 的极性均为正,所以该电路满足正弦波振荡的正反馈条件。

由图 5–6a 可见,集成运放的输入与输出之间不产生相移,即 $\varphi_A = 0°$;将 RC 串并联网络的 $\dot{U}_f$ 作为放大器的输入信号,当 $f = f_0$ 时,$\varphi_F = 0°$。所以电路的总相移为

$$\varphi_A + \varphi_F = 0°$$

可见,电路总相移满足式(5–3)要求的相位平衡条件。对于 f_0 以外的其他频率的信号,RC 串并联网络的相移不为零,则不满足相位平衡条件。

由此可得出 RC 正弦波振荡电路的有关参数:

(1) 振荡频率

电路的振荡频率可认为只由 RC 串并联网络的参数决定,振荡频率为

$$f_0 = \frac{1}{2\pi RC} \tag{5-8}$$

（2）起振条件

根据起振条件 $|\dot{A}\dot{F}|>1$，而 $|\dot{F}|=\dfrac{1}{3}$，所以要求同相比例放大电路的闭环电压放大倍数 A_{uf} 略大于 3。如果不能满足 $|\dot{A}\dot{F}|>1$，则电路不能振荡；如果 $|\dot{A}\dot{F}|\gg1$，则输出波形失真而接近于方波。

对于图 5-6a 所示电路来说，由于集成运放构成了同相比例放大电路，其闭环电压放大倍数为

$$A_{uf}=1+\frac{R_{f}}{R_{1}}\geqslant3$$

因此，可得出该电路的具体振荡情况：

① 若 $R_{f}\geqslant2R_{1}$，则电路能顺利起振。

② 若 $R_{f}<2R_{1}$，则电路不能振荡。

③ 若 $A_{uf}\gg3$，即 $R_{f}\gg2R_{1}$，则输出波形近似为方波。

▋知识延伸▋
移相式正弦波振荡电路

移相式正弦波振荡电路由一级基本放大器和三节 RC 超前移相电路组成，如图 5-7 所示。由于反相放大器的 $\varphi_{A}=180°$，若要求满足相位平衡条件，还需要三节 RC 超前移相电路使 $\varphi_{F}=180°$，则电路的总相移为 $\varphi_{A}+\varphi_{F}=360°$。再通过电位器 R_{P} 调节放大器的增益以满足幅值平衡条件。

当稳幅振荡时，移相式正弦波振荡电路的振荡频率为

$$f_{0}\approx\frac{1}{2\pi\sqrt{6}RC} \tag{5-9}$$

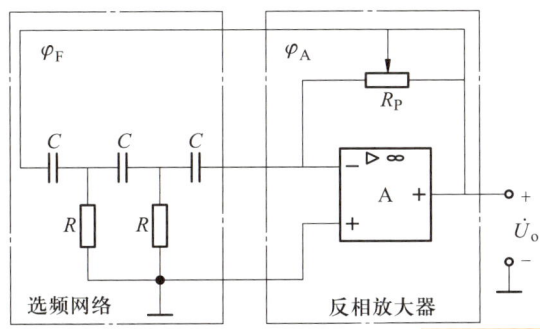

图 5-7 移相式正弦波振荡电路

3. 常用的稳幅措施

为了改善输出电压波形，使输出幅值稳定，可以采用以下措施。

① 采用热敏电阻。在图 5-6 所示的电路中，选择负温度系数热敏电阻

(NTC)作为反馈电阻 R_f。振荡电路起振时，输出幅值较小，电阻的功耗较小，温度较低，阻值较大，于是电压放大倍数值较大，有利于起振。当输出幅值增大后，电阻的功耗增大，NTC 温度上升阻值下降，放大倍数下降，使输出电压的幅值稳定，达到自动稳幅的目的。

② 利用二极管的非线性性能实现自动稳幅。如图 5-8 所示，电路中的 VD_1、VD_2 用以改善输出电压波形，稳定输出幅值。刚起振时，由于输出电压 $\dot{U}_o$ 很小，VD_1、VD_2 接近于开路，R_1、VD_1、VD_2 并联电路的等效电阻近似等于 R_1，此时 $A_{uf}=1+(R_1+R_2)/R_3>3$，使电路产生振荡。随着 $\dot{U}_o$ 的增大，VD_1、VD_2 轮流导通，R_1、VD_1、VD_2 并联电路的等效电阻减小，A_{uf} 随之下降，使 $A_{uf}=3$，$\dot{U}_o$ 的幅值趋于稳定。

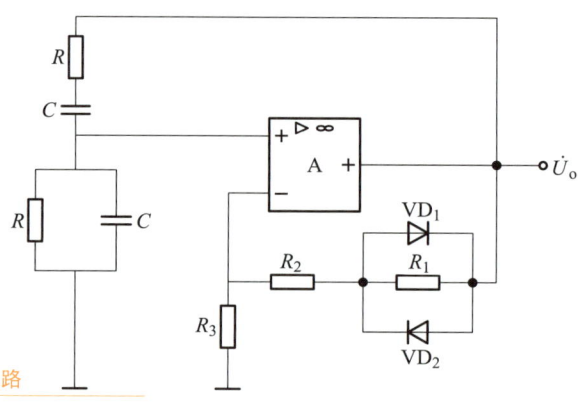

图 5-8　二极管稳幅的 RC 正弦波振荡电路

4. RC 正弦波振荡器特点

RC 正弦波振荡器特点是电路结构简单、容易起振、频率调节方便，但振荡频率不能太高，一般适用于 $f_0<1\,\mathrm{MHz}$ 的场合。这是由于如果选频网络中的 R 太小，会使放大电路负载加重；而若 C 过小，易受寄生电容影响，使振荡不稳定，导致振荡频率受到限制。

▌学做实例▌
RC 正弦波振荡电路的设计与仿真

设计一个 RC 正弦波振荡电路，电路参数和实物图如图 5-9 所示。

（1）电路的起振、停振与稳幅振荡的仿真

按照实际设计的参数要求绘制 RC 正弦波振荡电路仿真电路，如图 5-10 所示。调整电位器 R_P 的大小可以改变负反馈的强弱，从而改变放大倍数 A_{uf} 的大小，实现电路的起振、停振和稳幅振荡，电路的仿真波形如图 5-11 所示。

在图 5-11a 所示波形中，当电位器 R_P 调至总标称值的 20% 时，即 $R_P=22\,\mathrm{k\Omega}\times20\%=4.4\,\mathrm{k\Omega}$，此时放大电路的闭环增益为

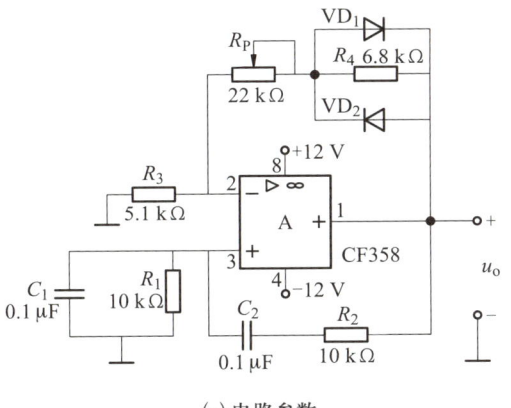

(a) 电路参数

(b) 实物图

图 5 - 9
RC 正弦波振荡电路的
电路参数和实物图

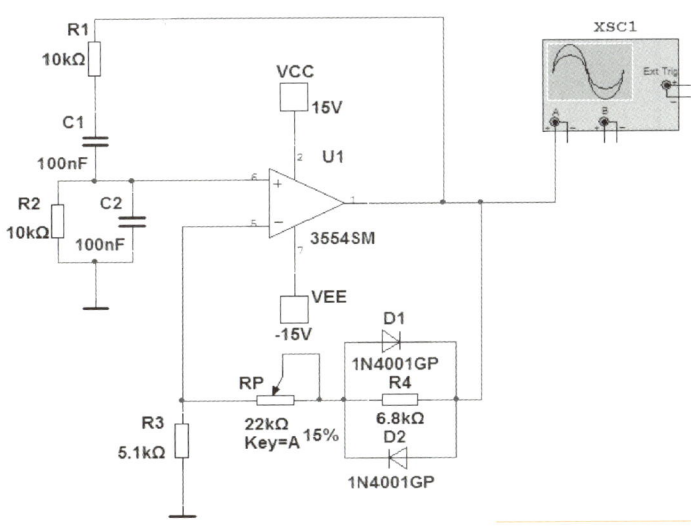

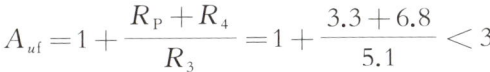

图 5 - 10　*RC* 正弦波振荡仿真电路

$$A_{uf} = 1 + \frac{R_P + R_4}{R_3} = 1 + \frac{4.4 + 6.8}{5.1} > 3$$

满足起振条件;在图 5 - 11b 所示波形中,电位器 R_P 调至 15%,即 $R_P = 22\ \text{k}\Omega \times 15\% = 3.3\ \text{k}\Omega$,此时放大电路的闭环增益为

$$A_{uf} = 1 + \frac{R_P + R_4}{R_3} = 1 + \frac{3.3 + 6.8}{5.1} < 3$$

微课: 认识 *RC*
正弦波振荡电
路

所以电路停振。

(2) 振荡频率 f_0 的仿真

① 振荡频率 f_0 的理论计算。在图 5 - 9 所示电路中, $R = 10\ \text{k}\Omega$, $C = 0.1\ \mu\text{F}$, 则理论上的振荡频率 f_0 为

$$f_0 = \frac{1}{2\pi RC} \approx \frac{1}{2 \times 3.14 \times 10 \times 10^3 \times 0.1 \times 10^{-6}}\ \text{Hz} = \frac{1}{6.28 \times 10^{-3}}\ \text{Hz} \approx 159\ \text{Hz}$$

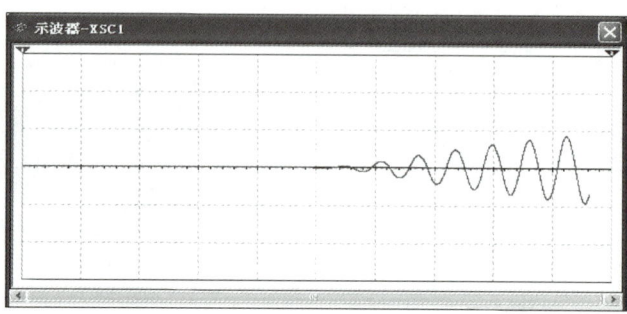

(a) $R_P=20\%$时，起振

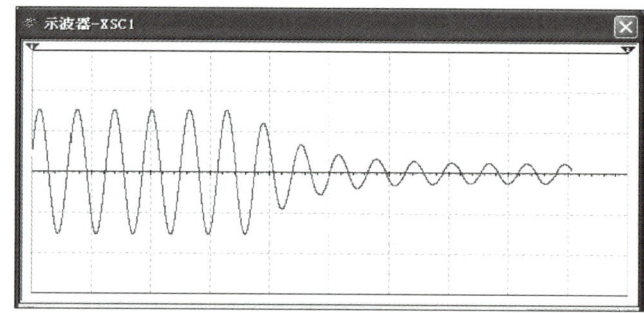

(b) $R_P=15\%$时，停振

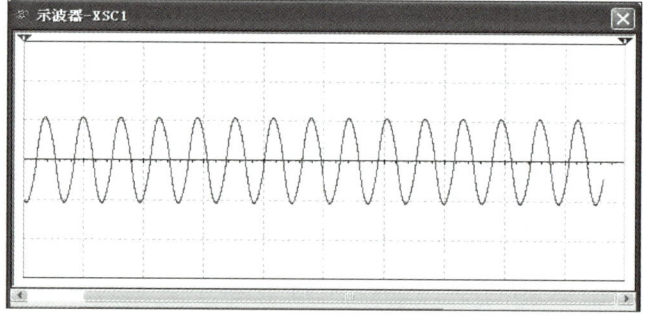

图 5 - 11　电路的仿真波形

(c) $R_P=20\%\sim45\%$时，稳幅振荡

② 振荡频率 f_0 的仿真测试。当稳幅振荡时，开启示波器的频率测试功能，如图 5 - 12 所示。通过探针 1、探针 2 对应测出一个波形的振荡周期为 $T = T_2 - T_1 = 6.215$ ms，则

$$f_0 = \frac{1}{T} = \frac{1}{6.215} \text{ms} \approx 0.161 \text{ kHz} = 161 \text{ Hz}。$$

可见，振荡频率 f_0 的仿真测试与理论计算十分接近，从而验证了电路设计的正确性。

三、*LC* 正弦波振荡电路的分析

正弦波振荡电路除用 *RC* 谐振回路外，还可采用 *LC* 谐振回路作为选频网

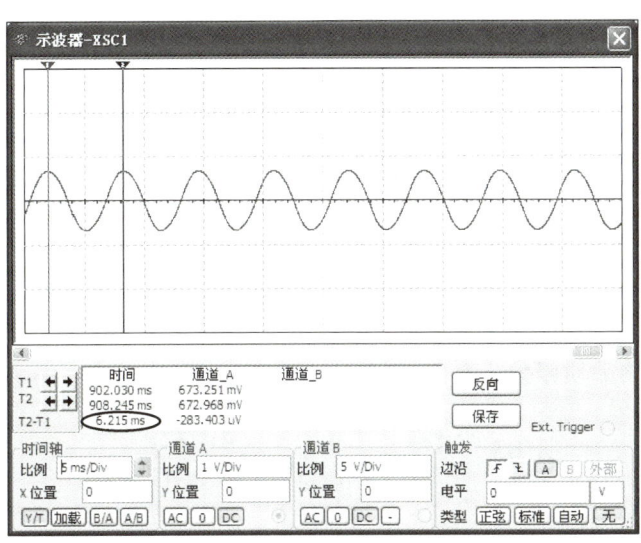

图 5 – 12　示波器的频率测试功能

络,此时振荡电路称为 LC 正弦波振荡电路,它主要用来产生高频振荡信号,信号频率一般在 1 MHz 以上。常见的 LC 正弦波振荡电路有变压器反馈式、电感三点式和电容三点式三种。由于 LC 正弦波振荡电路的选频网络采用的是 LC 并联回路,所以下面重点讨论 LC 并联回路的频率特性。

1. LC 并联回路的频率特性

LC 并联回路如图 5 – 13 所示。图中 R 表示电感和电路其他损耗的总等效电阻,$\dot{I}_s$ 为幅值不变、频率可变的正弦波电流源信号。

由图 5 – 13 可求出 LC 并联回路总阻抗为

$$Z = \frac{\dfrac{1}{\mathrm{j}\omega C}(R + \mathrm{j}\omega L)}{\dfrac{1}{\mathrm{j}\omega C} + (R + \mathrm{j}\omega L)}$$

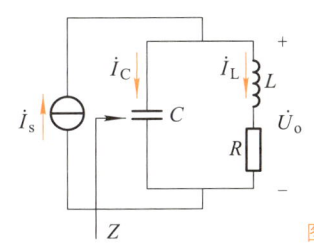

图 5 – 13　LC 并联回路

一般情况下,$\omega L \gg R$,故

$$Z \approx \frac{\dfrac{1}{\mathrm{j}\omega C} \cdot \mathrm{j}\omega L}{R + \mathrm{j}\left(\omega L - \dfrac{1}{\omega C}\right)} = \frac{\dfrac{L}{C}}{R + \mathrm{j}\left(\omega L - \dfrac{1}{\omega C}\right)}$$

当 Z 的虚部为零,即 $\omega L = \dfrac{1}{\omega C}$ 时,回路发生并联谐振。此时电路呈纯电阻性,则并联谐振角频率为

$$\omega_0 = \frac{1}{\sqrt{LC}}$$

217

谐振频率为

$$f_0 = \frac{1}{2\pi\sqrt{LC}} \tag{5-10}$$

谐振时的回路阻抗与品质因数 Q 的关系为:当并联谐振时阻抗 Z_0 最大,即

$$Z_0 = \frac{L}{RC}$$

谐振回路**品质因数**定义为

$$Q = \frac{\omega_0 L}{R} = \frac{1}{R\omega_0 C} = \frac{1}{R}\sqrt{\frac{L}{C}} \tag{5-11}$$

故

$$Z_0 = Q\omega_0 L = \frac{Q}{\omega_0 C} = Q\sqrt{\frac{L}{C}} \tag{5-12}$$

> **◉ 重要结论**
>
> LC 并联回路谐振时,阻抗呈纯阻性,且 Q 值越大,谐振时阻抗 Z_0 越大。

(1) LC 并联回路的频率特性

引入 Q 后,Z 可改写为 $Z = \dfrac{Z_0}{1+jQ\left(\dfrac{\omega}{\omega_0} - \dfrac{\omega_0}{\omega}\right)}$,由此可得出 LC 并联回路的幅频特性和相频特性,如图 5–14 所示。

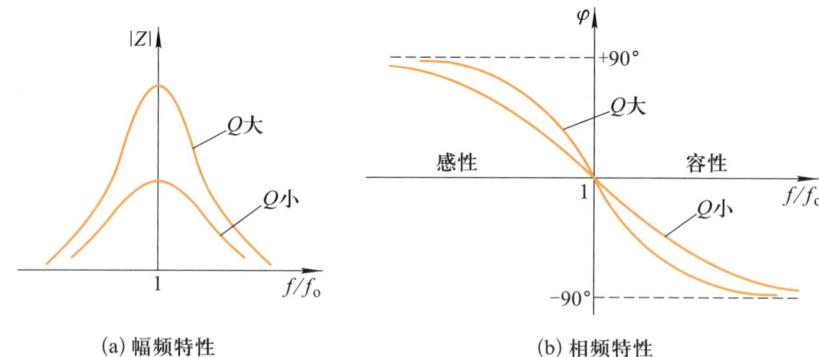

图 5–14
LC 并联回路的幅频特性和相频特性

(a) 幅频特性　　(b) 相频特性

(2) LC 并联回路选频特性分析

由图 5–14 可见,当信号频率 $f = f_0$ 时,Z 最大且为纯阻性,$\varphi = 0°$;当 $f \neq f_0$ 时,Z 减小。当 $f/f_0 < 1$,即 $f < f_0$ 时,Z 呈感性,$\varphi > 0°$;当 $f > f_0$ 时,Z 呈容性,$\varphi < 0°$。同时 Q 值越大,谐振阻抗 Z_0 也越大,幅频特性越尖锐,相位随频率变化的程度也越急剧,说明电路选择有用信号(频振频率 f_0 信号)的能力越强,即选频效果越好。

2. 变压器反馈式 *LC* 正弦波振荡电路

LC 正弦波振荡电路的基本形式为变压器反馈式(互感耦合式)*LC* 正弦波振荡电路,如图 5-15 所示。

(1) 电路组成

变压器反馈式 *LC* 正弦波振荡电路由下列三部分组成:

① 放大电路:图 5-15 中由 VT 组成分压偏置式共发射极放大电路,耦合电容 C_b 和发射极旁路电容 C_e 容量较大,交流阻抗小,可视为短路。

② 选频网络:选频网络由 L 和 C 构成,作为三极管集电极负载。

③ 反馈网络:变压器二次绕组 N_2 作为反馈绕组,将输出的一部分经 C_b 反馈到输入端。变压器二次绕组 N_3 接输出负载。

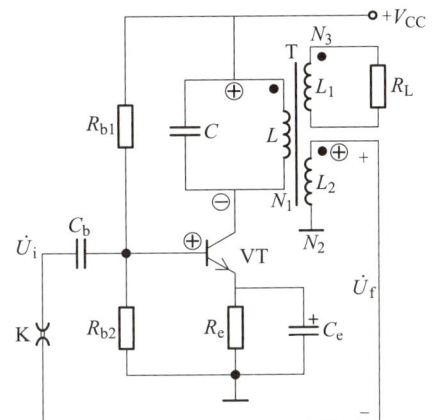

图 5-15
变压器反馈式 *LC*
正弦波振荡电路

(2) 电路振荡的判断

① 相位起振条件的判断:在反馈输入端 K 处断开,用瞬时极性法进行判断。设 VT 基极上的瞬时极性为正,则集电极为负,L 的瞬时极性为上正下负。由同名端的概念可知,L_2 上端瞬时极性为正,反馈至 K 处的瞬时极性为正,故为正反馈,满足电路起振的相位平衡条件。

② 振幅起振条件的判断:应用时,只要设置合适的静态工作点,增减 N_2 的匝数或改变同一磁棒上 N_1、N_2 的相对位置,调节反馈系数的大小,使反馈量合适,即可满足起振条件。

(3) 振荡频率 f_0 的估算

振荡电路的振荡频率近似为 *LC* 并联回路的固有谐振频率,即

$$f_0 = \frac{1}{2\pi\sqrt{LC}}$$

其中,L 为谐振回路总电感量,C 为谐振回路总电容量。

变压器反馈式 *LC* 正弦波振荡电路易于起振,通过可变电容器可使输出正弦波信号的频率连续可调。但变压器反馈式 *LC* 正弦波振荡电路的振荡频率不太高,一般为几兆赫至十几兆赫。

🔒 **例 5-1** 分析图 5-16 所示的变压器反馈式 *LC* 振荡电路分析。

解:对于图 5-16 所示的 *LC* 振荡电路,首先看组成振荡电路的各个部分是否齐全合理,三极管构成共发射极放大电路,偏置合理,集电极连接的是 *LC* 并联谐振回路,反馈线圈 L_2 与 L_1 耦合,负载电阻与 L_3 耦合。

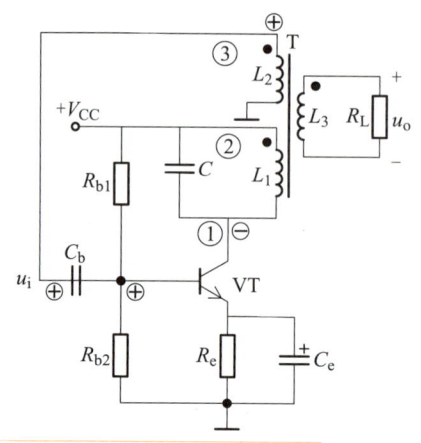

图 5‑16　例 5‑1 图

为了分析相位条件,假设 LC 并联回路谐振时呈现纯阻性,用瞬时极性法设三极管的基极极性为正,集电极极性则为负,所以 L_1 同名端的电流流入,反馈线圈 L_2 同名端的瞬时极性为正,说明电路是正反馈,满足相位条件。如果是负反馈,则可以通过改变同名端加以解决。

反馈电压的大小,可以通过反馈线圈的匝数来加以控制,如果反馈电压太小,可以适当增加反馈线圈 L_2 的匝数,即可满足振荡的幅值条件。

▎应用实例▎

超外差收音机的本机振荡电路

超外差收音机变频级中的本机振荡电路如图 5‑17 所示。电路中的三极管 VT 兼作变频器,L_1、L_2、C_1、C_2 组成变频器的输入回路,C_8、L_5、L_6 组成变频器的中频输出回路,它们在振荡频率上因回路严重失谐而均可看作短路,故本机振荡电路的简化电路如图 5‑18 所示。

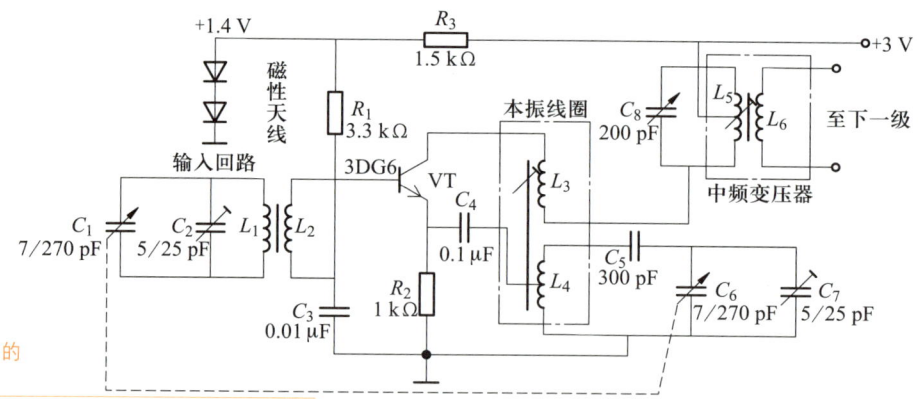

图 5‑17
超外差收音机变频级中的
本机振荡电路

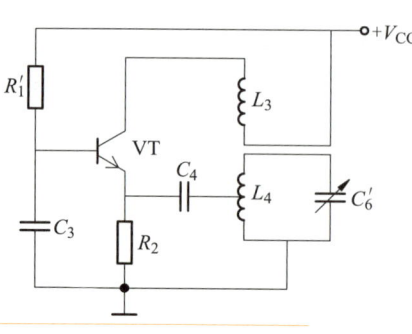

图 5‑18
本机振荡电路的
简化电路

在图 5‑18 所示电路中,R_1' 是偏置电阻,C_6' 为振荡回路谐振电容,由图 5‑17 中的 C_5、C_6 和 C_7 等效而成,即

$$C_6' = \frac{(C_6 + C_7)C_5}{(C_6 + C_7) + C_5}$$

本电路是一个谐振线圈带抽头的变压器反馈式 LC 正弦波振荡电路。L_4 和

C_6' 为并联回路,决定振荡频率 f_0。三极管 VT 组成共基极放大电路,C_3 为基极旁路电容。L_3 为集电极负载,输出电压通过耦合反馈到 L_4、C_6' 耦合回路,经 C_4 加到 VT 的发射极上,由于三极管的射极输入电阻很低,必须采用抽头式电感 L_4 以减小三极管低输入电阻对 LC 并联回路的影响,保证回路有高 Q 值,并满足起振条件。

3. 电感三点式振荡电路

(1) 电路组成及原理

电感三点式振荡电路又称**哈特莱振荡电路**,如图 5-19 所示,谐振回路的三个端点 1、2、3 分别与三极管的三个电极相连,故称电感三点式。反馈信号 $\dot{U}_f$ 取自电感 L_2 两端电压,故此电路又称电感反馈式 LC 振荡电路。

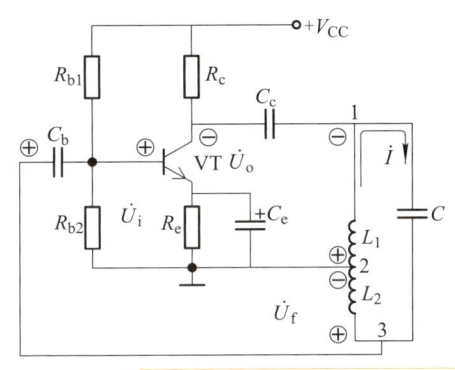

图 5-19
电感三点式振荡电路

① 放大电路:本电路采用分压偏置,由三极管 VT 构成共发射极放大电路;C_b、C_c 为隔直电容保护 VT 的基极。

② 选频网络:由电感 L_1、L_2 和电容 C 构成 LC 并联回路。

③ 反馈网络:在 L_2 上产生反馈电压 $\dot{U}_f$,经 C_b 送至三极管的基极。

(2) 振荡条件和振荡频率

在图 5-19 所示电路中,设基极瞬时极性为正,则共发射极放大电路的集电极极性为负,与基极反相,即 $\varphi_A = 180°$。LC 并联回路为放大电路的负载,当 LC 并联回路谐振时,集电极负载呈纯阻性。相对于电感的 2 端(公共端),1 端与 3 端极性相反,相当于输出电压 $\dot{U}_o$ 与反馈电压 $\dot{U}_f$ 反相,即 $\varphi_F = 180°$。由于满足 $\varphi_A + \varphi_F = 360°$,即 $\dot{U}_i$ 与 $\dot{U}_f$ 同相,故电路在 LC 并联回路谐振频率上形成正反馈,从而满足相位平衡条件。由此可得电路的振荡频率为

$$f_0 \approx \frac{1}{2\pi\sqrt{LC}} = \frac{1}{2\pi\sqrt{(L_1 + L_2 + 2M)C}} \tag{5-13}$$

式中,L 为回路的总电感;M 为电感 L_1 与 L_2 间的互感系数。

(3) 电路特点

① 易起振:因 L_1 与 L_2 之间耦合很紧,互感性强,故正反馈较强。

② 频率调节方便:采用可变电容器即可调节振荡频率。

③ 信号波形较差:电感对高次谐波的感抗大,因而输出振荡电压的谐波分量增大,波形较差。

电感三点式振荡电路常用于对波形要求不高的设备中,其振荡频率通常在几十兆赫以下。

想一想

LC 振荡电路与 RC 振荡电路的区别是什么?

4. 电容三点式振荡电路

电容三点式振荡电路又称**考皮兹电路**,如图 5 - 20 所示。三极管 VT 接成共发射极电路,C_b 为耦合电容,C_e 为旁路电容。

(1) 电路组成及原理

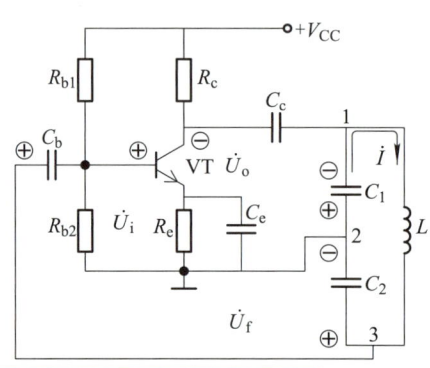

图 5 - 20
电容三点式振荡电路

由图 5 - 20 所示电路可知,电容三点式振荡电路与电感三点式振荡电路的结构类似,只是将电感三点式电路中的电感 L_1、L_2 分别用 C_1、C_2 替代,电容 C 用电感 L 替代。反馈信号 $\dot{U}_f$ 取自电容 C_2 两端的电压,故此电路又称为电容反馈式 LC 振荡电路。C_e 为射极旁路电容;C_b、C_c 为隔直电容,保护三极管的基极。

(2) 振荡条件和振荡频率

由图 5 - 20 所示电路可看出,输入 $\dot{U}_i$ 与输出 $\dot{U}_o$ 信号相位相反,即 $\varphi_A = 180°$;当回路谐振时,1 端与 3 端极性相反,即 $\varphi_F = 180°$。 由于满足 $\varphi_A + \varphi_F = 360°$,即 $\dot{U}_i$ 与 $\dot{U}_f$ 同相,故电路在 LC 回路谐振频率上形成正反馈,从而满足相位平衡条件。由此可得电路的振荡频率为

实操演示:LC 正弦波振荡电路的测试

$$f_0 = \frac{1}{2\pi\sqrt{LC}} = \frac{1}{2\pi\sqrt{L\dfrac{C_1 C_2}{C_1 + C_2}}} \qquad (5 - 14)$$

式中,C 为回路的总电容。

(3) 电路特点

① 输出波形好:由于反馈信号取自电容 C_2 两端的电压,故反馈信号中高次谐波分量小。

② 振荡频率较高:因电容 C_1、C_2 的容量可以选得较小,故振荡频率可达 100 MHz 以上。

③ 频率调节不方便:调节频率的同时反馈系数(即反馈量)也会同时改变。

(4) 改进型电容三点式振荡电路

为克服一般电容三点式振荡电路频率调节不方便的缺点,设计改进型电容三点式振荡电路如图 5 - 21 所示,可在电感支路中串入一个容量很小的微调电容 C_3,该电路又称**克拉泼电路**。谐振电路的总电容为

$$C = \frac{1}{\dfrac{1}{C_1} + \dfrac{1}{C_2} + \dfrac{1}{C_3}}$$

当 $C_3 \ll C_1$ 且 $C_3 \ll C_2$ 时，$C \approx C_3$。所以，该电路的振荡频率为

$$f_0 = \frac{1}{2\pi\sqrt{LC}} \approx \frac{1}{2\pi\sqrt{LC_3}}$$

可见，改进型电容三点式振荡电路的频率由 L、C_3 决定，与 C_1、C_2 几乎无关，C_1、C_2 仅实现正反馈作用，它们的容量可以选得相对大些，从而减小与之并联的三极管输入电容和输出电容的影响，提高频率的稳定度。由于改进型电容三点式振荡电路的频率稳定度较高，所以在实际应用广泛。

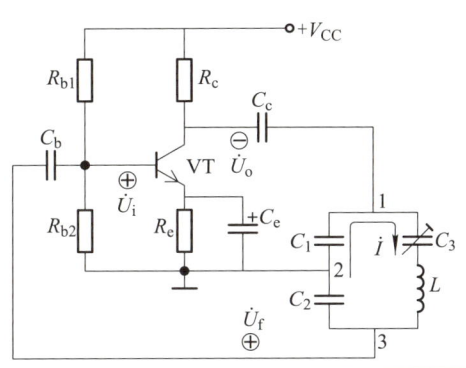

图 5－21　改进型电容三点式振荡电路

四、石英晶体振荡器

随着电子技术的发展，振荡电路对振荡频率的稳定度和精确度的要求越来越高。用石英晶体作为选频元器件而构成的振荡器，可满足一些对频率要求极为严格的应用场合，比如计算机的时钟信号发生器、标准频率计等。

1. 石英晶体的结构

石英是一种各向异性的晶体，其化学名为 SiO_2。从石英晶体上按一定方位角切割下来的薄片称为晶片（可为圆形、正方形或矩形等），在晶片表面上涂敷上银层作为电极，加上引线后封装而制成石英晶体元器件。石英晶体的外壳可为金属，也可为玻璃。石英晶体结构示意图如图 5－22 所示。

图片：石英晶振

图片：贴片晶振

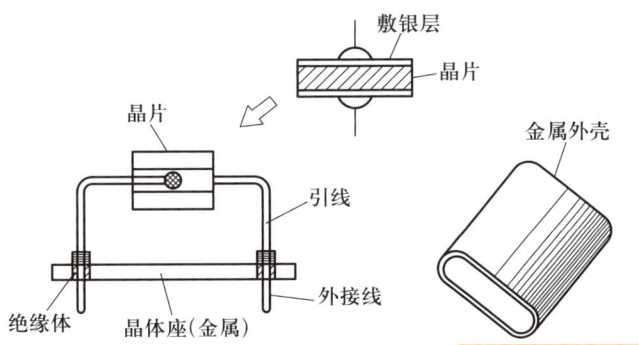

图 5－22　石英晶体结构示意图

2. 晶体的压电效应

（1）压电效应与压电谐振

当在晶片上施加外力，使之产生机械形变时，两个电极上则会产生极性相反、数值相等的电荷；反之，若在两个电极间施加电压，晶片会产生由电压极性

决定的机械形变,这种现象称为压电效应。

改变交变电压频率,晶片的振动幅度和流过晶片回路的交变电流都会随之改变。当外加交变电压的频率与晶片的固有振动频率(由晶片尺寸决定)相等时,晶片机械振动的幅度将急剧增大,通过晶体的交变电流最大,这时称为压电谐振,故石英晶体又称为**石英谐振器**。

(2) 基频晶体与泛音晶体

石英晶体的振动具有多谐性,若利用基频振动工作的石英晶体,称为基频晶体。一般 30 MHz 以下频率使用基频晶体,若要更高的频率,需使用泛音晶体。若利用基频谐波的泛音振动工作的石英晶体,称为泛音晶体。此时晶体使用的频率实际是基频的谐波成分,例如三次谐波就叫三次泛音晶体。泛音晶体一般利用三次和五次谐波的泛音振动,而很少利用九次谐波以上的泛音振动。

3. 石英谐振器符号及其性能参数

(1) 符号与基频等效电路

石英谐振器的符号如图 5－23a 所示,它的等效电路如图 5－23b 所示,其电抗-频率特性如图 5－23c 所示。在图 5－23b 所示电路中,C_0 表示石英晶片的静态电容及支架、引线等分布电容之和;L_q 用来模拟晶片振动时的惯性,C_q 模拟晶片的弹性,晶片振动时的摩擦损耗用电阻 r_q 来等效。石英谐振器的 L_q 很大(几十毫亨),C_q 很小(不足百皮法),品质因数 Q_q 很高($10^4 \sim 10^6$),且它们的数值极其稳定。另外 C_0 远大于 C_q,故频率稳定度高。

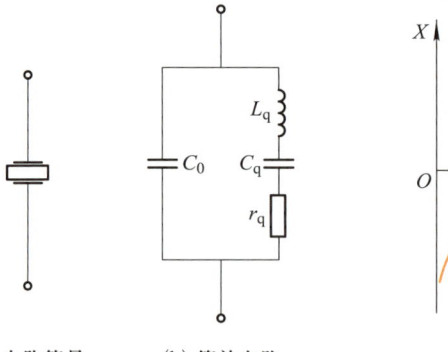

图 5－23　石英谐振器　　(a) 电路符号　　(b) 等效电路　　(c) 电抗-频率特性

(2) 谐振角频率

由图 5－23c 可见,石英谐振器有两个谐振角频率。

① 串联谐振角频率 ω_s:当 L、C、R 支路发生串联谐振时,$X_{L_q} = X_{C_q}$,$X = 0$,石英晶体的串联谐振角频率为

$$\omega_s \approx \frac{1}{\sqrt{L_q C_q}} \tag{5－15}$$

此时，C_0 忽略不计。

② 并联谐振角频率 ω_p：当频率高于 ω_s 时，石英晶体 L_q、C_q 串联支路呈电感性，电路发生并联谐振，并联谐振的角频率为

$$\omega_p = \frac{1}{\sqrt{L_q \dfrac{C_q C_0}{C_q + C_0}}} = \omega_s \sqrt{1 + \frac{C_q}{C_0}} \qquad (5-16)$$

（3）负载电容

在实际振荡电路中，晶体两端往往并联着负载电容 C_L，如图 5-24 所示。此时，并联的总电容为 $(C_0 + C_L)$，相应地，并联谐振频率由 f_p 减小到 f_N。f_N 值为

$$f_N \approx f_s \left[1 + \frac{C_q}{2(C_0 + C_L)} \right] \qquad (5-17)$$

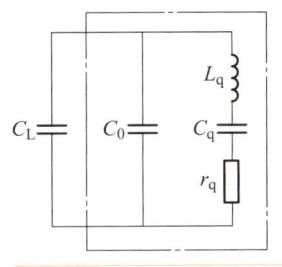

图 5-24
并联 C_L 晶体等效电路

C_L 越大，f_N 值就越接近 f_s。一般情况下，基频晶体的负载电容为 30 pF 或 50 pF，标注在石英晶体外壳上的振荡频率（晶体标称频率）就是并接 C_L 后的 f_N 值。

4. 石英晶体振荡电路分析

（1）石英晶体振荡电路分类

根据石英晶体在振荡电路中的作用不同，晶体振荡电路可分为并联型晶体振荡电路和串联型晶体振荡电路。

使石英晶体工作在略高于 f_s 呈感性的频段内，用来代替电容三点式振荡电路中 LC 并联回路的电感，相应构成的振荡电路称为并联型石英晶体振荡电路；使石英晶体工作在 f_s 上，等效为串联谐振电路，用作高选择性的短路元器件，相应构成的振荡电路称为串联型石英晶体振荡电路。

石英晶体不能工作在低于 f_s 和高于 f_p 呈容性的频段内，否则，频率稳定度将明显下降。

（2）串联型石英晶体振荡电路

① 电路组成及相位起振条件：串联型石英晶体振荡电路如图 5-25 所示。图中 VT_1 组成共基极放大电路，VT_2 组成共集电极电路。设 VT_1 发射极瞬时极性为正，集电极亦为正，VT_2 发射极为正，经石英晶体反馈到 VT_1 发射极瞬时极性为正，石英晶体构成正反馈电路，$\varphi_F = 0°$，满足相位起振条件。

② 振幅起振条件：在图 5-25 中，电位器 R_p 用以改变正反馈信号的幅值，使之满足振幅起振条件，使电路起振。R_5 不能过小，否则振荡波形会产生失真。

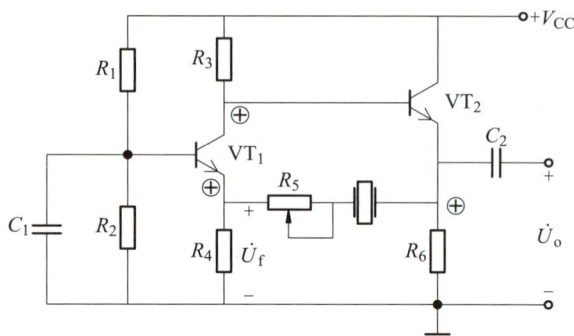

图 5 - 25
串联型石英晶体振荡电路

（3）并联型石英晶体振荡电路

① 电路组成：目前应用最广的并联型石英晶体振荡电路是类似电容三点式振荡电路的皮尔斯晶体振荡电路，如图 5 - 26a 所示。其中，C_b 为旁路电容，C_c 为耦合电容，L_c 为高频扼流线圈。三极管接成分压偏置式共基极放大电路，以稳定直流工作点。

图 5 - 26a 所示电路中 C_1、C_2 串联后与石英晶体并联，为晶体的负载电容，若它们的等效电容值等于晶体规定的负载电容值，那么振荡电路的振荡频率就是晶体的标称频率。但实际上，由于种种原因，石英谐振器的频率往往与标称频率略有偏差，故工程上常用采用微调电容的晶体振荡电路，如图 5 - 26b 所示。

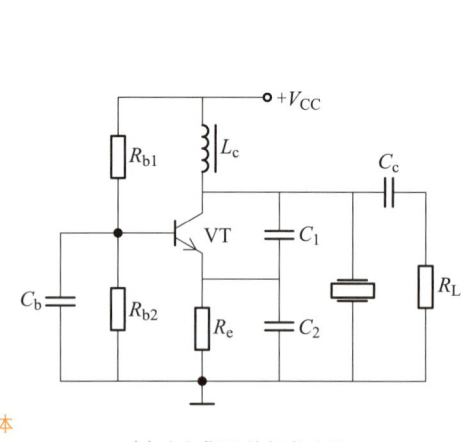

图 5 - 26
并联型石英晶体
振荡电路

（a）皮尔斯晶体振荡电路　　　　　（b）采用微调电容的晶体振荡电路

② 频率微调方法：图 5 - 26b 中，C_T 为微调电容，用来改变并联在晶体上的负载电容，从而改变振荡频率。C_T 和 C_3 并联后与石英晶体串联，以减弱三极管与晶体的耦合，从而进一步减小三极管参数变化对回路的影响。但 C_T 的频率调节范围很小，故在实际电路中，还可采用微调电感或同时采用微调电容

和微调电感来调节频率。

（4）石英晶体振荡电路应用注意事项

在频率稳定度要求很高的场合,为克服温度变化对频率的影响,应将石英晶体或整个振荡电路设置于恒温槽内。采用恒温措施可将频率稳定度提高到10^{-10}数量级。

在使用过程中,石英晶体的激励功率不能过大,否则会使频率稳定性、老化特性、寄生频率特性等变差,甚至可能使晶片振毁。

▍知识拓展▍
无线通信技术

1. 无线通信系统概述

振荡电路是通信系统,特别是无线通信系统的发射载体,是无线通信设备的重要组成部分。

无线通信(或称无线电通信)的类型很多,可以根据传输方法、频率范围、用途等进行分类。不同的无线通信系统,其设备组成和复杂程度虽然有较大差异,但它们的基本组成不变。

（1）无线通信系统基本组成

无线通信系统基本组成的方框图如图 5-27 所示。

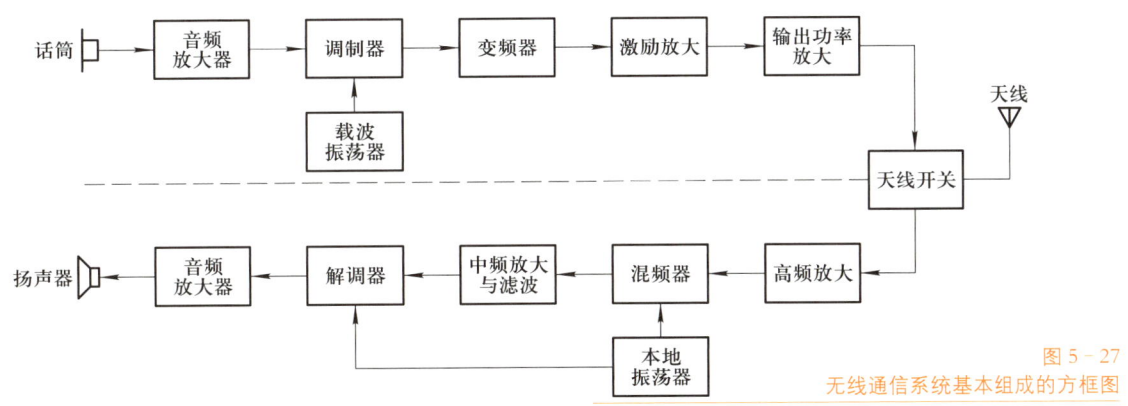

图 5-27
无线通信系统基本组成的方框图

（2）无线通信系统的结构

在图 5-27 所示电路中,虚线以上部分为发送设备(发信机),虚线以下部分为接收设备(收信机),天线及天线开关为收、发共用设备。无线通信系统的信道为自由空间,话筒和扬声器属于通信的终端设备,分别为无线通信系统的信源和信宿。

2. 信号

在通信系统中,需要处理的无线电信号主要有三种：基带(消息)信号、高频载波信号和已调信号。所谓基带信号,就是没有进行调制之前的原始信号,也称调制信号;所谓高频载波信号,就是载波振荡器产生的可以驮载调制信号的等幅高频信号;所谓已调信号,就是在载波上加有调制信号信息的混合信号。

3. 频率特性

任何信号都具有一定的频率或波长,这里所讲的频率特性就是无线电信号的频率或波长。电磁波辐射的频谱与波谱很宽,如图 5-28 所示。

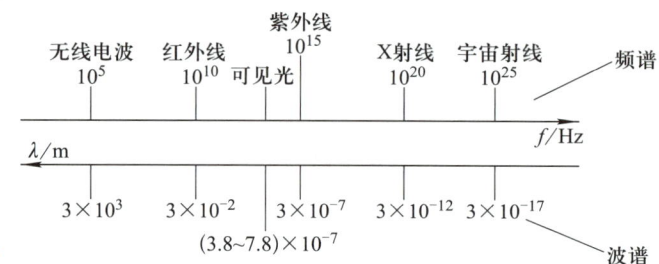

图 5-28　电磁波辐射的频谱与波谱

图 5-28 所示的无线电波是一种波长比较长的电磁波,但其占据的频率范围却很广。在自由空间中,波长与频率之间的关系为

$$c = f \cdot \lambda$$

> **注意**
>
> 不同频段信号的产生、放大和接收的方法不同,传播的能力和方式不同,因而其应用范围也不同。

式中　　c——光的传播速度,3×10^8 m/s;

　　　　f——频率,Hz;

　　　　λ——波长,m。

无线电波的频(波)段划分见表 5-1,中频无线电波也可以认为是一种频率相对较低的电磁波。对无线电波的频率或波长进行分段,分别称为频段或波段。

表 5-1　无线电波的频(波)段划分

波 段 名 称		波长范围	频率范围	频段名称	主要传播方式和用途
长波(LW)		$10^3 \sim 10^4$ m	30～300 kHz	低频(LF)	地波;远距离通信
中波(MW)		$10^2 \sim 10^3$ m	300 kHz～3 MHz	中频(MF)	地波、天波;广播、通信、导航
短波(SW)		10～100 m	3～30 MHz	高频(HF)	天波、地波;广播、通信
超短波(VSW)		1～10 m	30～300 MHz	甚高频(VHF)	直线传播、对流层散射;通信、电视广播、调频广播、雷达
微波	分米波(USW)	10～100 cm	300 MHz～3 GHz	特高频(UHF)	直线传播、散射传播;通信、中继与卫星通信、雷达、电视广播
	厘米波(SSW)	1～10 cm	3～30 GHz	超高频(SHF)	直线传播;中继和卫星通信、雷达
	毫米波(ESW)	1～10 mm	30～300 GHz	极高频(EHF)	直线传播;微波通信、雷达

需要说明的是:"高频"是一个相对的概念,表 5-1 中的"高频"是一个狭义的概念,指的是短波波段,其频率范围为 3～30 MHz。而广义的"高频"指的是射频(RF),即可以辐射到空间的电磁频率,其频率范围非常宽,频率范围在

$300\ \text{kHz} \sim 30\ \text{GHz}$ 的电磁波都可以认为属于"高频"范畴。

4. 传播特性

传播特性是指无线电信号的传播方式、传播距离、传播特点等。无线电信号的传播特性主要根据其所处的频段或波段来区分。传播方式是电磁波从发射天线辐射出去后,不仅电磁波的能量会扩散,接收机只能收到其中极小的一部分,而且在传播过程中,电磁波的能量会被地面、建筑物或高空的电离层吸收或反射,或者在大气层中产生折射或散射等现象,从而造成到达接收机时的强度大大衰减。根据无线电波在传播过程所发生的现象,无线电波的传播方式主要分为直射(视距)传播、绕射(地波)传播、折射和反射(天波)传播及散射传播等,如图 5-29 所示。决定传播方式和传播特点的关键因素是无线电信号的频率。

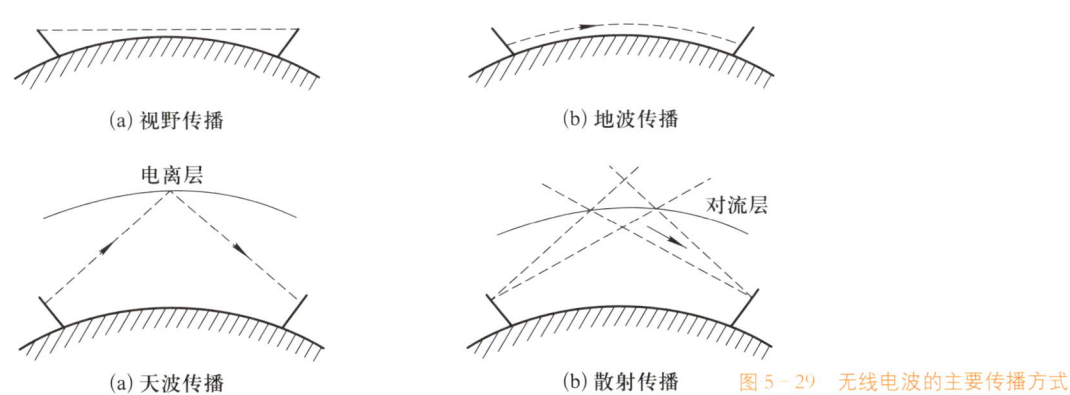

(a) 视野传播　　　　　　　　(b) 地波传播

电离层　　　　　　　　对流层

(a) 天波传播　　　　　　　　(b) 散射传播　图 5-29　无线电波的主要传播方式

无线电传播一般都要采用高频(射频),其主要原因就是高频适于天线辐射和无线传播。只有当天线的尺寸大到可以与信号波长相比拟时,天线的辐射效率才会较高,从而能使无线电信号以较小的信号功率传播较远的距离,接收天线也才能有效地接收信号。

> **👁 想一想**
>
> 为什么无线电传播一般都要采用高频信号?

5. 调制与解调

在无线电技术中,调制与解调占有十分重要的地位。假如没有调制与解调技术,就没有无线电通信,也就没有今天的移动电话、传真、广播、电视、国际互联网。

调制就是使一个信号(如光、高频电磁振荡等)的某些参数(如振幅、频率等)按照另一个欲传输信号(如声音、图像等)的特点变化的过程。例如某中波广播电台的频率为 $540\ \text{kHz}$,这个频率是指载波的频率,它是由高频电磁振荡产生的等幅正弦波频率。用所要传的语言或音乐信号去改变高频振荡的幅度,使高频振荡的幅度随语言或音乐信号的变化而变化,这个控制过程就称为调制。其中语言或音乐信号叫作调制信号,调制后的载波就载有调制信号所包含的信息,称为**已调波**。

调制／解调在无线电通信中应用最广,简单通信系统的原理框图如图 5－30 所示。载波振荡器负责产生载波信号,把要传送的信号与高频振荡信号一起送入调制器后,高频振荡信号被调制,经放大后由天线以电磁波的形式辐射出去。其中调制器有两个输入端和一个输出端,这两个输入分别为被调制信号和调制信号,一个输出就是合成的、已调制的载波信号(以上过程即为发信机的工作原理)。收信机在接收到的高频电磁波中解调出调制信号。

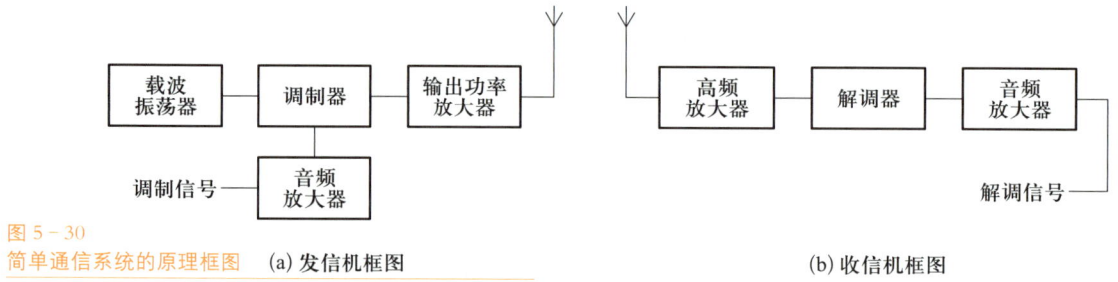

图 5－30
简单通信系统的原理框图　　(a) 发信机框图　　　　　　　　　　　　　　　　　(b) 收信机框图

为什么语言或音乐信号要调制成高频振荡信号呢? 因为要使信号的能量以电场和磁场的形式向空中发射出去传向远方,需要较高的振荡频率方能使电场和磁场迅速变化;同时信号的波长要与天线的长度相匹配。语言或音乐信号的频率太低,无法产生迅速变化的电场和磁场;相应地,它们的波长又太大,即使选用声音的最高频率 20 kHz 来计算,其波长仍为 15 000 m,实际上是不可能架设这么长的天线的。那么要把信号传递出去,必须提高频率,缩短波长。可是超过 20 kHz 的高频信号,人耳就听不见了。为了解决这个矛盾,只有采用把音频信号"搭乘"在高频载波上,借助于高频电磁波将低频信号发射出去,传向远方。

按照被调制信号参数的不同,调制的方式也不同。通常将单一频率的高频信号用一个正弦函数来表示, $u = A\sin(2\pi ft + \varphi)$, A 表示正弦信号的振幅, f 表示信号的频率, φ 表示信号的相位,这三个参数都可以通过一定的电路由低频信号来进行改变。如果被控制的参数是高频振荡的幅值,则称这种调制方式为幅值调制,简称**调幅**(AM);如果被控制的参数是高频振荡的频率或相位,则称这种调制方式为频率调制或相位调制,简称**调频**(FM)或**调相**(PM)。

幅值调制(AM)的特点是载波的频率始终保持不变,它的振幅却是变化的。其幅值变化曲线与要传递的低频信号是相似的。它的振幅变化曲线称之为包络线,代表了要传递的信息,如图 5－31 所示。幅值调制在中、短波广播和通信中应用广泛。幅值调制的不足是抗干扰能力差,因为各种工业干扰和天电干扰都会以调幅的形式叠加在载波上,成为干扰和杂波。

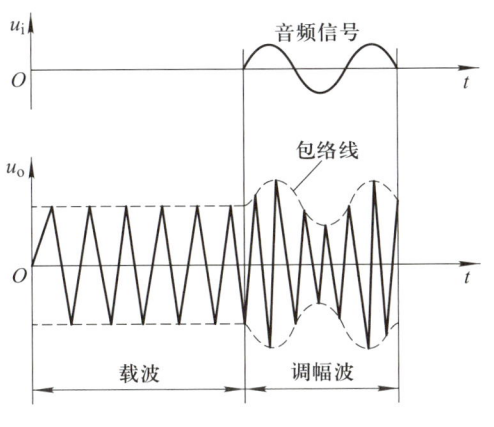

图 5 - 31　幅值调制

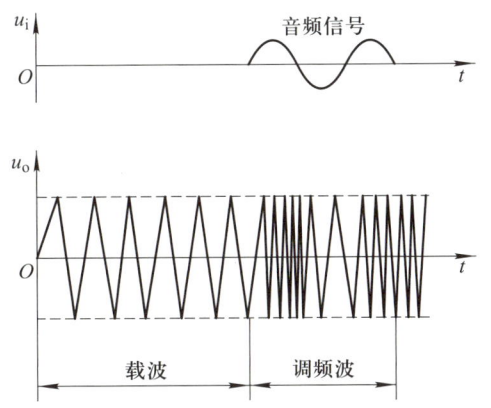

图 5 - 32　频率调制

　　频率调制(FM)的特点是载波的频率随低频信号变化而变化,它的幅值保持不变。如图 5 - 32 所示,频率调制(FM)占用较宽的带宽,所以通常使用在频率较高的场合,同时幅值保持不变,所以具有较高的抗干扰能力,其典型应用就是调频收音机及电视中的声音传送。

　　解调是调制的逆过程,它的作用是从已调波信号中取出原来的调制信号。对于幅值调制来说,解调是从它的幅值变化提取调制信号的过程。例如收音机里对调幅波的解调通常是利用二极管的单向导电特性,将调幅高频信号去掉一半,再利用低通滤波器滤去高频分量,就可以得到与包络线形状相同的音频信号,如图 5 - 33 所示。对于频率调制来说,解调是从它的频率变化提取调制信号的过程。频率解调要比幅值解调复杂,用普通检波电路是无法解调出频率调制信号的,必须采用频率检波方式,如各类鉴频器电路。

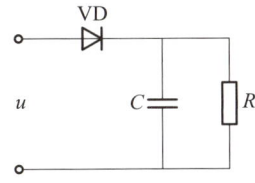

图 5 - 33　解调

　　随着计算机的发展和普及,调制与解调在计算机通信中也有着十分重要的作用。通过称为"Modem"的调制解调器,能将计算机的数字信号转换成能沿着电话线传递的模拟信号,在接收端由调制解调器将它转换回数字信号。其中,数字信息转换成模拟信号称为调制,模拟信号转换回数字信息称为解调。信息经计算机及调制解调器后上了"信息高速公路",世界各地的人们可以用计算机相互传递信息,远程通信已不再是困难的事情了。

视频：RC 正
弦波振荡电路

▌技能训练▌
RC 桥式振荡电路的仿真与测试

1. 训练目的

（1）会调试振荡电路的振荡波形。

（2）会用示波器观测振荡波形及其振荡频率。

（3）会排除振荡电路的常见故障。

2. 设备与器件

计算机一台。

3. 原理与测试方法

（1）测试电路

从结构上看，正弦波振荡电路是没有输入信号的，它实质上是一个只带有选频网络的正反馈放大电路。用 *R*、*C* 元件组成选频网络的放大电路，称为 *RC* 正弦波振荡电路，一般用来产生频率范围为 1 Hz～1 MHz 的信号。

根据计算，振荡频率为

$$f_0 = \frac{1}{2\pi RC}$$

振荡电路起振的幅值条件为

$$|\dot{A}| > 3$$

该电路可方便地连续改变振荡频率，便于加负反馈稳幅，容易得到良好的振荡波形。采用 Multisim 10 仿真的 *RC* 正弦波振荡电路仿真实验电路如图 5 - 34 所示。

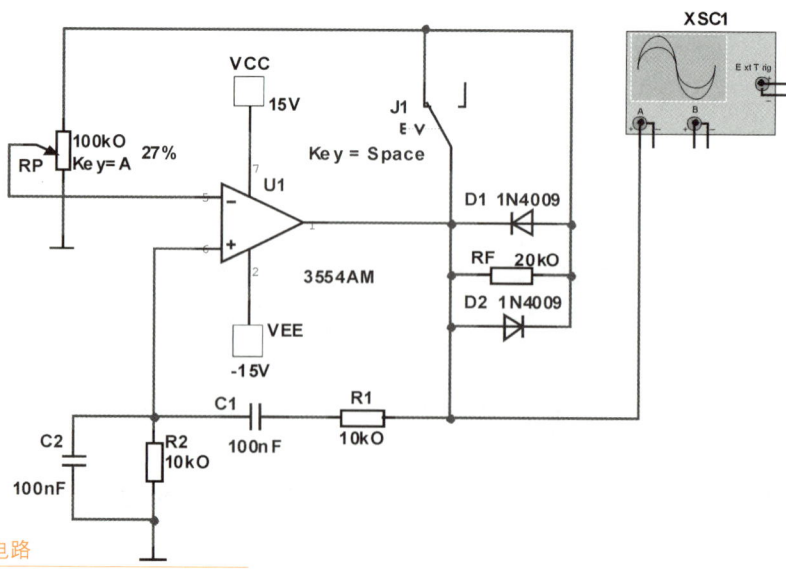

图 5 - 34
RC 正弦波振荡电路仿真实验电路

（2）观察振荡电路的起振过程和稳幅电路的作用

按空格键使开关 J_1 接通(向左)，然后开启示波器面板，用示波器观察输出信号，并调节电位器 R_P(单步调节最小值设置为 1%)，使示波器中有振荡波形出现。然后调小 R_P 到刚好不出现停振现象的位置。此时，振荡电路正处于临界起振状态。观察 u_o 波形变化及其失真情况，填入表 5 - 2。

表 5 - 2　负反馈对输出波形的影响

R_P	负反馈强弱	u_o 波形情况
增大	强	
减小	弱	
增大	适中	

① 起振条件分析　如果将电位器 R_P 上半部分称为 R_3，下半部分称为 R_4。若要满足振荡电路起振的相位条件和幅值条件，理论上 R_3 和 R_4 应满足什么关系？而实际观察到的结果如何？是否与理论分析一致？

② 稳幅电路的作用　在上述电位器 R_P 的调节过程中，很难获得一个不失真的正弦波输出，即振荡电路不是输出波形失真(放大倍数过大)，就是出现停振现象。为了使 RC 正弦波振荡器能够得到一个理想的波形，还需要采取稳幅措施。在电路中，按空格键使开关 J_1 断开(向右)，振荡电路接入稳幅电路。此时，调节 R_P 就很容易获得一个不失真的正弦波输出。试问稳幅电路是如何工作的？

（3）振荡波形的测量

测量振荡波形的幅值和频率，将结果填入表 5 - 3，并与理论值作比较。

表 5 - 3　振荡波形的幅度和频率

U_{om} 的测量值	f_0 的测量值	f_0 的理论值

实操演示：RC 正弦波振荡电路的测试

观察改变 R_1、C_1、R_2 和 C_2 对振荡波形的影响，将结果填入表 5 - 4。

表 5 - 4　改变 R_1、C_1、R_2 和 C_2 对振荡波形频率的影响

f_0	$R_1 = R_2 = 10\ \text{k}\Omega$, $C_1 = C_2 = 100\ \text{nF}$	$R_1 = R_2 = 1\ \text{k}\Omega$, $C_1 = C_2 = 100\ \text{nF}$	$R_1 = R_2 = 10\ \text{k}\Omega$, $C_1 = C_2 = 0.01\ \mu\text{F}$
测量值			
理论值			

根据以上结果，说明 R_1、R_2 及 C_1、C_2 对振荡频率各有怎样的影响。

4. 实训报告及思考

（1）由给定的电路参数计算振荡频率，并与测量值比较，分析误差产生的原因。

（2）总结改变负反馈深度对振荡电路起振的幅值条件及输出波形的影响。

（3）如果元器件完好，接线正确，电源电压正常，而示波器看不到输出波形，讨论可能是什么问题？该怎样解决？

（4）示波器有输出波形，但输出波形有明显的失真，应如何解决？

知识点检测 1

1. 正弦波振荡电路反馈网络的相移 $\varphi_F = 180°$，那么它的放大电路相移 φ_A 应为（　　）。

A. 90°　　　　　　　　　B. 180°　　　　　　　　　C. 360°

2. 选择合适的答案填入空内。

（1）制作频率为 20 Hz～20 kHz 的音频信号发生电路，应选用（　　）。

（2）制作频率非常稳定的测试用信号源，应选用（　　）。

（3）制作频率为 2～20 MHz 的收信机载波振荡器，应选用（　　）。

A. RC 桥式正弦波振荡电路

B. LC 正弦波振荡电路

C. 石英晶体正弦波振荡电路

3. 选择合适的答案填入空内。

（1）LC 并联网络在谐振时呈（　　），在信号频率大于谐振频率时呈（　　），在信号频率小于谐振频率时呈（　　）。

（2）当信号频率等于石英晶体的串联谐振频率时，石英晶体呈（　　）；当信号频率在石英晶体的串联谐振频率和并联谐振频率之间时，石英晶体呈（　　）；其余情况下石英晶体呈（　　）。

（3）当信号频率 $f = f_0$ 时，RC 串并联网络呈（　　）。

A. 容性　　　　　　　　　B. 阻性　　　　　　　　　C. 感性

任务 2　非正弦波振荡电路的分析

> **任务目标**
> 1. 学习方波发生器的分析方法。
> 2. 学习三角波发生器的分析方法。

一、方波发生器的分析

方波发生器是一种常见的非正弦波发生电路中，它是指在无输入信号的情况下，电路就会自行产生幅度、频率一定的方波输出信号。

1. 电路组成

方波发生器电路如图 5‑35 所示，它由迟滞电压比较器和积分运算电路组成。其中，迟滞电压比较器是由运算放大器引入正反馈构成的。输出端的稳压二极管 VZ 决定输出方波的幅值，由 R、C 构成的积分运算电路决定了方波的频率，电阻 R_3 为稳压二极管的限流电阻。

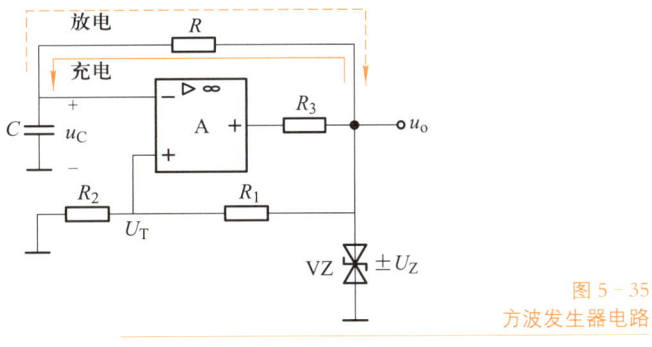

图 5‑35
方波发生器电路

在图 5‑35 所示电路中，迟滞电压比较器的输出电压 $u_o = \pm U_Z$，上下门限电压为

$$U_{T+} = \frac{R_2}{R_1 + R_2} U_Z, \quad U_{T-} = \frac{R_2}{R_1 + R_2}(-U_Z)$$

2. 工作原理

当电路达到稳定振荡状态后，电容 C 交替充电和放电，实现输出状态的自动转换。方波发生器的工作波形如图 5‑36 所示。

动画：方波发生器

当 u_o 为高电平 $+U_Z$ 时，通过电阻 R 对电容 C 充电，充电电流的方向如图 5‑35 中实线所示。此时同相输入端的电压为上门限电压 U_{T+}，随着 C 两端电压 u_C 不断上升，当 $u_C > U_{T+}$ 时，u_o 翻转为低电平 $-U_Z$；则同相输入端的电压随之变为下门限电压 U_{T-}，电容 C 开始放电，放电电流的方向如图 5‑35

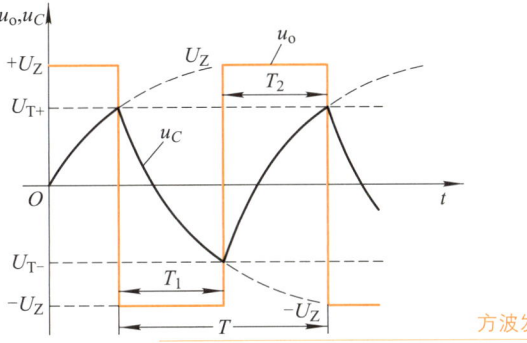

图 5‑36
方波发生器的工作波形

中虚线所示，u_C 不断下降，当 $u_C < U_{T-}$ 时，u_o 又翻转为高电平 $+U_Z$，开始新一轮的振荡过程。

3. 振荡周期、频率及占空比

振荡周期由充放电时间常数 RC 决定，其计算公式为

$$T = T_1 + T_2 = 2RC\ln\left(1 + \frac{2R_2}{R_1}\right) \tag{5-18}$$

则振荡频率为

$$f = \frac{1}{T} = \frac{1}{2RC\ln\left(1 + \frac{2R_2}{R_1}\right)} \tag{5-19}$$

改变 R、C 或 R_1、R_2 的值,即可调节振荡频率。

通常将输出电压高电平(或正脉冲)的时间 T_2 与周期 T 之比定义为**占空比** q,即

$$q = \frac{T_2}{T} \times 100\% \tag{5-20}$$

由图 5-36 可知,该电路波形的 $T_1 = T_2$,占空比 $q = 50\%$,输出波形为方波。

4. 占空比可调的矩形波发生器

在方波发生器中,若能采取措施改变输出波形的占空比,使之大于或小于 50%,则电路变为矩形波发生器。如图 5-37a 所示为矩形波发生器的电路图,它利用二极管的单向导电性使电容 C 充放电通路不同,则充放电的时间常数也不同,从而可改变输出电压的占空比,其工作波形如图 5-37b 所示。

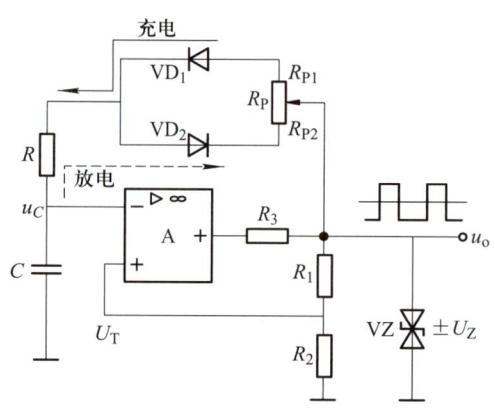

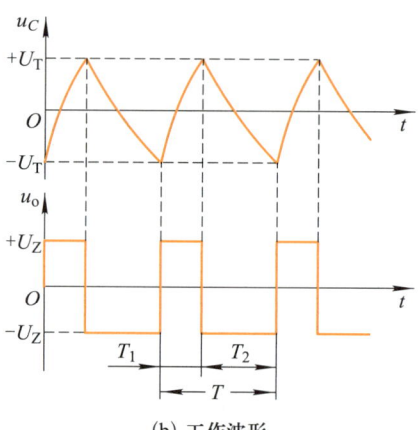

图 5-37 矩形波发生器 　　　(a) 电路图 　　　　　　　　　　　 (b) 工作波形

动画:矩形波发生器

当 $u_o = +U_Z$ 时,u_o 通过 R_{P1}、VD_1 和 R 对电容正向充电,若忽略二极管导通时的等效电阻,则时间常数 $\tau_1 \approx (R_{P1} + R)C$。

当 $u_o = -U_Z$ 时,u_o 通过 R_{P2}、VD_2 和 R 对电容反向充电,若忽略二极管导通时的等效电阻,则时间常数 $\tau_2 \approx (R_{P2} + R)C$。

通过分析 RC 电路的工作过程,可得

$$T_1 = \tau_1 \ln\left(1 + \frac{2R_2}{R_1}\right), \qquad T_2 = \tau_2 \ln\left(1 + \frac{2R_2}{R_1}\right)$$

振荡周期为

$$T = T_1 + T_2 = (R_P + 2R)C\ln\left(1 + \frac{2R_2}{R_1}\right) \tag{5-21}$$

输出波形的占空比为

$$q = \frac{T_1}{T} \times 100\% = \frac{R + R_{P1}}{2R + R_P} \times 100\% \qquad (5-22)$$

例 5-2　图 5-37a 所示电路中，已知 $R_1 = R_P = 100 \text{ k}\Omega$，$R_2 = 20 \text{ k}\Omega$，$R = 10 \text{ k}\Omega$，$C = 0.1 \ \mu\text{F}$，$\pm U_Z = \pm 6 \text{ V}$。试求：

(1) 输出电压的幅值和振荡频率是多少？

(2) 占空比的调节范围是多少？

解：(1) 输出电压 $u_o = \pm 6 \text{ V}$。

振荡周期为

$$T = (R_P + 2R)C\ln\left(1 + \frac{2R_2}{R_1}\right)$$

$$= \left[(100 + 2 \times 10) \times 10^3 \times 0.1 \times 10^{-6} \times \ln\left(1 + \frac{2 \times 20 \times 10^3}{100 \times 10^3}\right)\right] \text{s}$$

$$\approx 4.04 \times 10^{-3} \text{ s} \approx 4 \text{ ms}$$

振荡频率为

$$f = \frac{1}{T} = 0.25 \text{ kHz} = 250 \text{ Hz}$$

(2) 将 $R_P = 0 \sim 100 \text{ k}\Omega$ 代入式 (5-22)，可得占空比的最小值和最大值分别为

$$q_{min} = \frac{R}{2R + R_P} \times 100\% = \frac{10 \text{ k}\Omega}{(2 \times 10 + 100)\text{k}\Omega} \times 100\% \approx 8.3\%$$

$$q_{max} = \frac{R + R_P}{2R + R_P} \times 100\% = \frac{(10 + 100)\text{k}\Omega}{(2 \times 10 + 100)\text{k}\Omega} \times 100\% \approx 91.7\%$$

占空比的调节范围在 $8.3\% \sim 91.7\%$ 之间。

二、三角波发生器的分析

三角波发生器是指在无输入信号的情况下，能自行产生某种幅值、频率一定的三角波的电路。

1. 电路组成

三角波发生器是在迟滞电压比较器的后边加接一个积分运算电路而构成的，其电路图与组成框图如图 5-38 所示。

2. 工作原理

在方波发生器中，电容两端电压 u_C 可以产生一个近似三角波信号，但由于电容不是恒流充放电，u_C 波形线性度较差，一般不能作为标准三角波信号。而图 5-38a 所示电路中的电容 C 为恒流充放电，所以产生的三角波线性度较好。

互动测试：非正弦波发生器组成

237

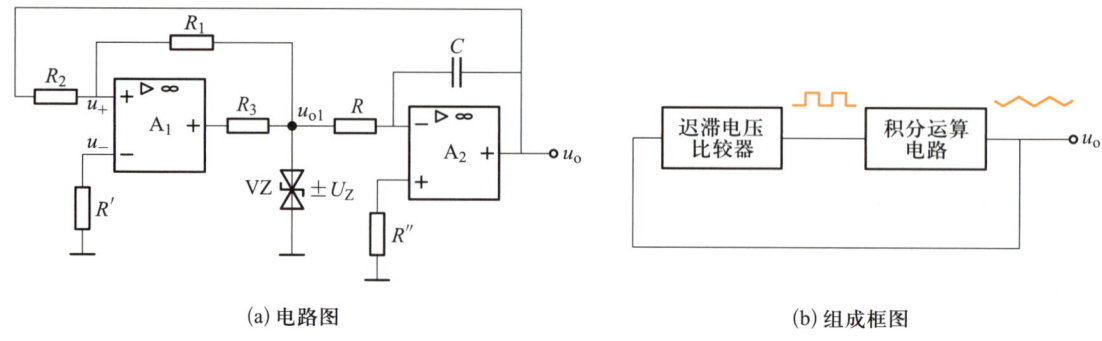

(a) 电路图　　　　　　　　　　(b) 组成框图

图 5-38　三角波发生器

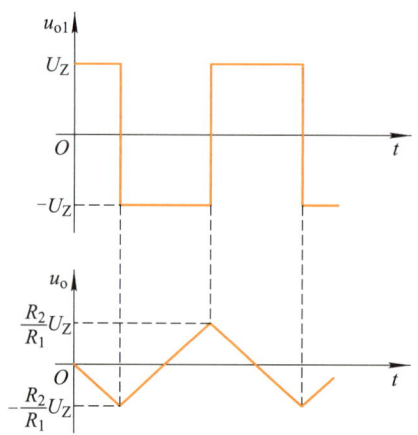

图 5-39
三角波发生器的
工作波形

在图 5-38a 所示电路中,同相电压比较器 A_1 的输出有高低电平两种情况,即 $u_{o1} = \pm U_Z$。设接通电源的瞬间输出为高电平,即 $u_{o1} = +U_Z$,电容开始充电。因为积分运算电路 A_2 虚地,所以充电电流为恒流 $i_C = U_Z/R$,$u_o = -u_C$ 随之线性下降。经 R_2 反馈后,使 A_1 同相输入端电压 u_+ 逐渐减小,当 u_o 下降到使 u_+ 稍小于零时,过零电压比较器 A_1 输出发生翻转,使输出为低电平,即 $u_{o1} = -U_Z$。

A_1 输出 u_{o1} 变为低电平 $-U_Z$ 后,电容开始放电,$u_o = u_C$ 随之线性上升,当 u_o 上升到某值使 u_+ 稍大于零时,A_1 输出 u_{o1} 又翻转为高电平 $+U_Z$,由此可得三角波发生器的工作波形如图 5-39 所示。

3. 输出电压的幅值和频率

第一级电压比较器 A_1 输出电压的幅值由稳压二极管的稳压值决定,具有两值性,即 $u_{o1} = \pm U_Z$;第二级积分运算电路 A_2 的三角波输出电压 u_o 的幅值也具有两值性。根据过零比较器 A_1 的特点,u_o 的幅值可由下式求出

$$u_+ = u_- = \frac{R_2}{R_1+R_2} u_{o1} + \frac{R_1}{R_1+R_2} u_o = 0$$

则有

$$u_o = -\frac{R_2}{R_1} u_{o1} = \pm \frac{R_2}{R_1} U_Z \tag{5-23}$$

经分析,输出电压的周期为

$$T = \frac{4R_2 R}{R_1} C \tag{5-24}$$

动画:三角波
发生器

则频率为

$$f = \frac{1}{T} = \frac{R_1}{4R_2 RC} \qquad (5-25)$$

例 5-3 在图 5-38a 所示电路中,已知 $R_1 = 15$ kΩ, $R_2 = 10$ kΩ, $R = 3$ kΩ, $\pm U_Z = \pm 6$ V, $C = 0.01$ μF,求输出三角波的电压幅值、振荡周期和频率。

解: 根据式(5-23)有

$$U_{om} = \pm \frac{R_2}{R_1} U_Z = \pm \frac{10}{15} \times 6 \text{ V} = \pm 4 \text{ V}$$

根据式(5-24)有

$$T = \frac{4R_2 R}{R_1} C = \left(\frac{4 \times 10 \times 10^3 \times 3 \times 10^3}{15 \times 10^3} \times 0.01 \times 10^{-6} \right) \text{ s}$$

$$= 8 \times 10^{-5} \text{ s} = 0.08 \text{ ms}$$

则

$$f = \frac{1}{T} = \frac{1}{0.08 \text{ ms}} = 12.5 \text{ kHz}$$

4. 锯齿波发生器

在三角波发生器的基础上稍加变化就可以构成锯齿波发生器。三角波与锯齿波的区别在于三角波波形上升和下降的斜率相同,锯齿波波形上升和下降的斜率不同。因此,修改电容充放电的路径,使充电时间常数和放电时间常数不同,就可得到正负向的锯齿波,电路如图 5-40 所示。

动画:锯齿波发生器

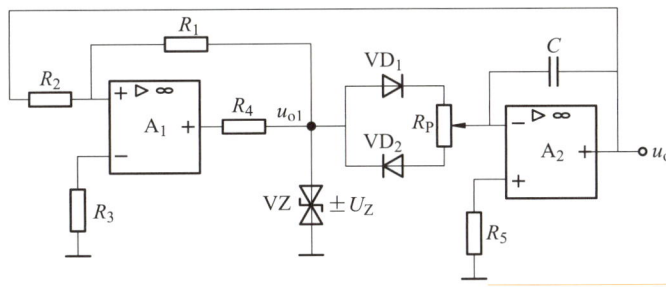

图 5-40 锯齿波发生器电路

在图 5-40 中,利用二极管的单向导电性可使电容充放电路径不同。VD_1、VD_2、R_P、C 构成积分运算电路的充放电电路,由 VD_1、VD_2 控制充放电路径,调节 R_P 可改变充放电时间常数。R_P 滑动端调在下方,充电时间常数大于放电时间常数,得到负向锯齿波;R_P 滑动端调在中间,充电时间常数等于放电时间常数,得到三角波;R_P 滑动端调在上方,充电时间常数小于放电时间常数,得到正向锯齿波。锯齿波发生器的工作波形如图 5-41 所示。

实操演示:方波、三角波发生器的测试

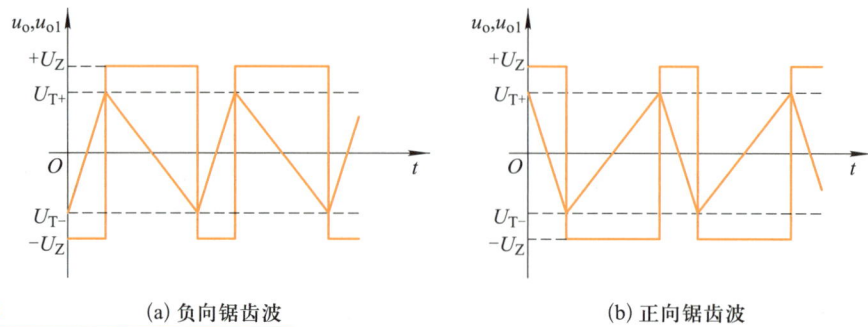

图 5－41
锯齿波发生器的工作波形　　　　　　　　　(a) 负向锯齿波　　　　　　　　　(b) 正向锯齿波

▌相关知识▌

集成函数信号发生器 ICL8038

随着大规模集成电路的迅速发展,函数信号发生器已被制作成专用集成电路,各种的信号频率可以通过调节外接电阻和电容的参数值进行调节,为快速而准确地实现函数信号发生器提供了极大的方便。

1. ICL8038 简介

ICL8038 是美国哈里斯(Harris)公司生产的一种性能优良的单片函数信号发生器专用集成电路。它只需要外接少量阻容元器件,就可以产生正弦波、三角波、方波。其频率范围为 0.1 Hz～300 kHz,方波占空比可调,正弦波失真度可调,工作电压范围宽,输出信号幅值大于 1 V,使用十分方便。

ICL8038 的内部结构框图如图 5－42 所示,由恒流源 I_1 和 I_2、电压比较器 A 和 B、触发器、缓冲器和三角波变正弦波电路等组成,ICL8038 的引脚排列图如图 5－43 所示。

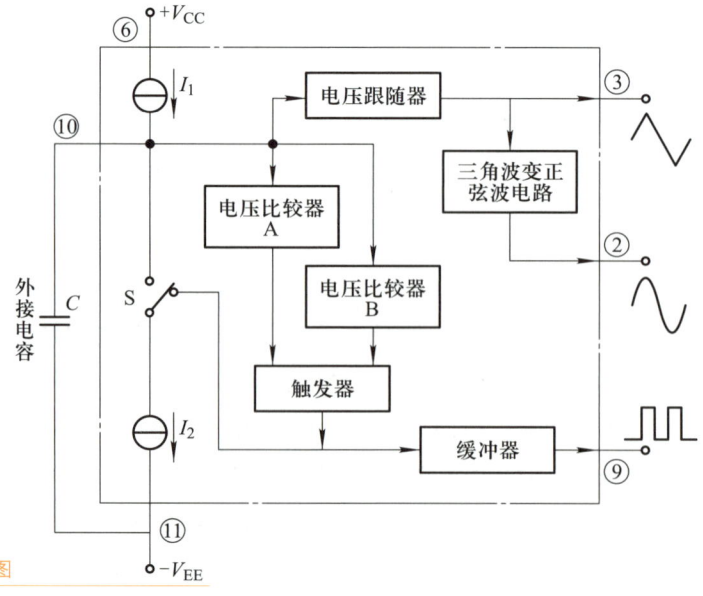

图 5－42　ICL8038 的内部结构框图

ICL8038 采用 DIP14 封装,其引脚功能如下:

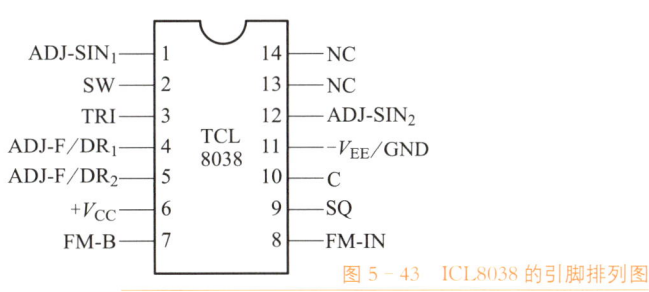

图 5-43　ICL8038 的引脚排列图

ADJ - SIN_1 ,ADJ - SIN_2:正弦波波形调整端。通常 ADJ - SIN_1 开路或接直流电压,ADJ - SIN_2 外接电阻到 V_{EE},用以改善正弦波波形和减小失真。

SW:正弦波输出端。

TRI:三角波输出端。

ADJ - F/ DR_1 ,ADJ - F/ DR_2:输出信号重复频率和占空比(或波形不对称度)调节端。通常 ADJ - F/ DR_1 端通过电阻 R_A 接到 V_{CC},ADJ - F/ DR_2 端通过 R_B 接到 V_{CC},改变阻值可调节频率和占空比。

+ V_{CC}:正电源端。

FM - B:调频工作的直流偏置电压输入端。

FM - IN:调频电压输入端。

SQ:方波输出端。

C:外接电容端,外接电容连接到 V_{EE},用以调节输出信号的频率与占空比。

- V_{EE}/ GND:负电源端或接地端。

NC:空脚。

2. 应用电路

采用 ICL8038 组成的简易函数信号发生器如图 5-44 所示。此函数信号发生器的频率可在 10 Hz~100 kHz 范围内连续变化,ICL8038 的外围阻容网络由 R_{P1}、C_1~C_4 组成,它们决定了函数信号发生器的振荡频率。波段开关 S_1

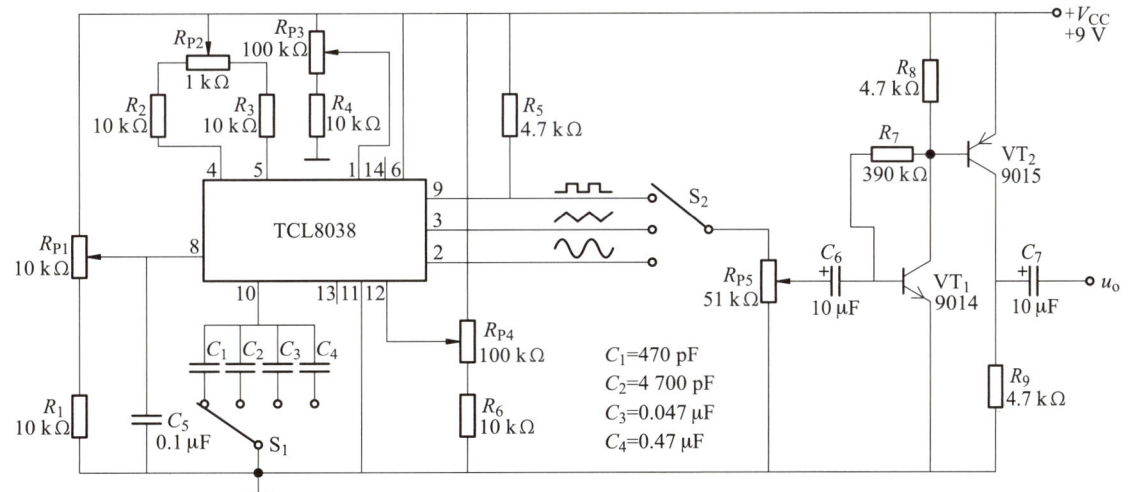

图 5-44　采用 ICL8038 组成的简易函数信号发生器

选择接通 4 个不同挡位的电容以粗调选择频段,而 R_{P1} 则完成频率范围的细调,以获得所需的输出频率。S_2 用于选择输出波形为正弦波、三角波和方波。

图 5－44 所示的简易函数信号发生器性能指标完全可以满足一般条件的要求。需要注意的是,ICL8038 产生的三种波形信号电压幅值只有 1 V 左右,带负载能力较差,需要接后续放大电路才能使输出信号电压幅值得到提高。这里采用三极管组成的直接耦合放大电路,可根据输出信号幅值的需要调整电位器 R_{P5},波形信号由第一级 VT_1 放大后,再经射极跟随器 VT_2 输出。这样既保证了信号幅值的需求,又能保证与负载的有效连接。

知识点检测 2

1. 方波发生器输出波形的占空比 q 为(　　)。

A. 50% B. 60% C. 90%

2. 三角波发生器输出波形的线性度(　　)。

A. 差 B. 好 C. 一般

3. 锯齿波波形上升和下降的斜率(　　)。

A. 相同 B. 不同 C. 为 0

4. 三角波波形上升和下降的斜率(　　)。

A. 相同 B. 不同 C. 为 45°

 **应会制作**

【项目制作】　函数信号发生器的制作与调试

1. 项目制作目的

(1) 掌握函数信号发生器的设计、组装及调试技能。

(2) 熟悉波形发生电路的应用,加深对模拟电子技术知识的理解。

(3) 通过函数信号发生器的安装调试,进一步训练工程实践能力。

2. 项目内容及要求

完成一个以集成运放 LM324 为核心的函数信号发生器的设计与制作。

(1) 制作要求

① 画出实际设计电路的原理图和印制电路板图。

② 列出元器件清单。

③ 完成元器件的检测。

④ 完成元器件的预处理。

⑤ 基于印制电路板的元器件焊接与电路装配。

⑥ 在制作过程中发现问题并能解决问题。

（2）能力要求

① 能够独立地分析函数信号发生器的工作原理。

② 能够掌握函数信号发生器的性能指标并对其进行调试。

3. 认识电路及工作原理

函数信号发生器原理图如图 5 – 45 所示，其印制电路板图如图 5 – 46 所示。

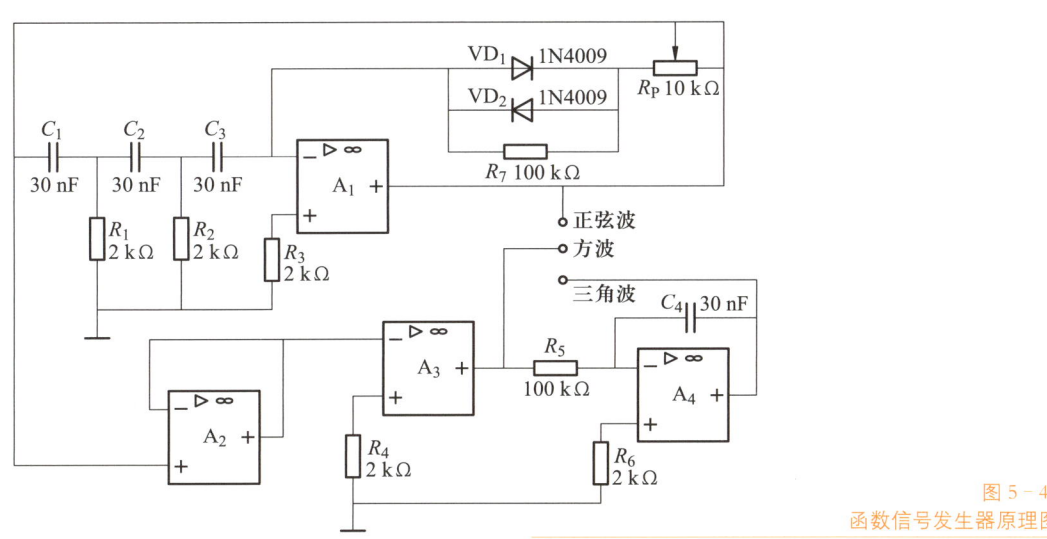

图 5 – 45
函数信号发生器原理图

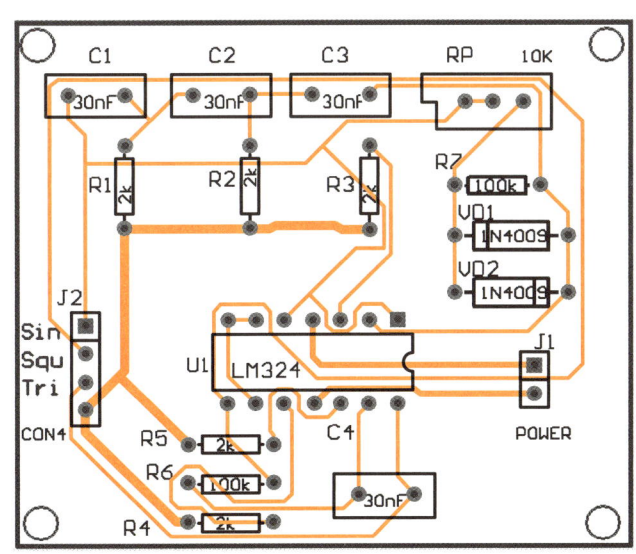

图 5 – 46
函数信号发生器的印制电路板图

函数信号发生器的具体工作原理如下：

（1）由集成运放 A_1 作反相器（$\varphi_A = 180°$），它和三级 RC 超前移相器（$\varphi_F = 180°$）构成移相式正弦波振荡器，满足振荡的相位条件；通过 R_P 电位器调节增益来满足振幅条件。

(2) 电路中两个反向并联的二极管 VD_1、VD_2 起着稳幅作用,利用电流增大时二极管动态电阻减小、电流减小时二极管动态电阻增大的特点,加入非线性环节,从而使输出电压稳定。

(3) 由集成运放 A_2 作为跟随器使用,A_3、A_4 组成三角波振荡电路,从 A_3 的输出端可得到方波。

(4) RC 移相式振荡电路参数决定了振荡频率 f_0 的大小,即

$$f_0 \approx \frac{1}{2\pi\sqrt{6}RC} \approx \frac{1}{2 \times 3.14 \times \sqrt{6} \times 2 \times 10^3 \times 30 \times 10^{-9}} \text{Hz}$$
$$\approx 1\,083\ \text{Hz} = 1.08\ \text{kHz}$$

4. 清点并检测元器件

函数信号发生器的元器件清单如表 5－5 所示。对照原理图,核对元器件数量、规格型号等,若不符合应及时调换。

表 5－5　函数信号发生器的器元件清单

序号	名　称	规　格　型　号	数量	清点检测结果	备　注
1	集成运放	LM324	1		
2	IC 插座	双列 14 引脚	1		
3	开关二极管	1N4009	2		
4	有机芯微调电阻器	WSW 10 kΩ	1		
5	电阻	RJX － 0.25 － 100 kΩ － Ⅱ	2		
6	电阻	RJX － 0.25 － 2 kΩ － Ⅱ	5		
7	电解电容	30 nF/25 V	4		

5. 实践制作工具及仪器仪表

电烙铁 1 把,焊锡丝若干,镊子 1 把,普通万用表 1 只,示波器 1 台,直流稳压电源 1 台。

6. 实践制作、装配与测试

(1) 识读函数信号发生器电路的原理图和印制电路板图。

(2) 清点、检测元器件,对照印制电路板图检查印制电路板质量情况。

(3) 在印制电路板上找到相对应元器件的位置,再将元器件引脚按尺寸要求弯曲成形。

(4) 采用边插装边焊接的方法依次正确插装焊接好元器件(注意集成运放的引脚顺序以及二极管、电解电容的正、负极)。

(5) 检查焊点无虚焊、搭焊后通电检测。

(6) 连接示波器探头至正弦波、方波、三角波输出端口处测试波形,并分别

记录三种波形的幅值和频率的大小。

7. 编写项目制作报告

按要求进行电路的装配和测试,做好记录,完成项目报告。项目报告应包括设计思路、电路原理分析、原理图、装配图、调试情况及存在的问题、解决方法等。

8. 项目制作考核与评价

函数信号发生器的制作与调试考核见表 5 – 6。

表 5 – 6　函数信号发生器的制作与调试考核

任务内容	配分	评 分 标 准		自评	互评	教师评
准备工作	20	① 核对元器件总数	5 分			
		② 元器件参数测量	10 分			
		③ 质量鉴定	5 分			
电路的装配	50	① 元器件焊接	20 分			
		② 导线焊接	15 分			
		③ 电路装配质量	15 分			
电路的调试	20	① 调试前的检查	4 分			
		② 通电观察振荡波形	10 分			
		③ 测试与故障排除	6 分			
安全、文明操作	10	违反一次	扣 5 分			
定额时间为 3 学时,超过时间扣 10 分						
开始时间		结束时间		总评分		

知识归纳

1. 振荡电路是一种不需要外接输入信号就能将直流电源转换成具有一定频率、一定幅值和一定波形的交流能量输入的电路。振荡电路按振荡波形可分为正弦波振荡电路和非正弦波振荡电路。

2. 正弦波振荡电路能自行起振且输出稳定的振荡信号,一般由放大电路、反馈网络、选频网络、稳幅电路组成。

3. 正弦波振荡电路按照选频网络所用元器件的不同,分为 RC 正弦波振荡电路、LC 正弦波振荡电路和石英晶体正弦波振荡电路。RC 正弦波振荡电路适用于低频信号;LC 正弦波振荡电路适用于高频信号,其中又有变压器反馈式、电感反馈式和电容反馈式等几种基本形式;石英晶体正弦波振荡电路具有很高的频率稳定性。

4. 要使正弦波振荡电路产生振荡,既要使电路满足幅值起振条件,又要满

245

足相位起振条件。

5. RC 正弦波振荡电路的振荡频率不高,通常在 1 MHz 以下,用作低频和中频正弦波信号发生电路(1 Hz~1 MHz)。文氏桥式 RC 正弦波振荡电路的振荡频率为 $f_0 \approx \dfrac{1}{2\pi\sqrt{RC}}$,常用在通频带较宽且要求连续可调的场合;$RC$ 移相式正弦波振荡电路的振荡频率为 $f_0 \approx \dfrac{1}{2\pi\sqrt{6}RC}$(三节 RC)其频率范围为几赫到几十千赫,一般用于频率固定且稳定性要求不高的场合。

6. LC 正弦波振荡电路有变压器反馈式、电感三点式、电容三点式三种。改进型电容三点式电路频率稳定性高。LC 正弦波振荡电路的振荡频率为 $f_0 \approx \dfrac{1}{2\pi\sqrt{LC}}$,$f_0$ 愈大,所需 L、C 值愈小,因此常用作几十千赫以上高频信号源。

7. 石英晶体振荡器是利用石英谐振器的压电效应来选频的。它与 LC 正弦波振荡电路相比,Q 值要高得多,主要用于要求频率稳定性高的场合。

8. ICL8038 的典型应用是构成多功能信号发生器,它已经广泛应用于各种电子玩具、电子钟、报警装置和自动控制等场合。

9. 调制就是使一个信号(如光、高频电磁振荡等)的某些参数(如振幅、频率等)按照另一个欲传输信号(如声音、图像等)的特点变化的过程。

自测题 5

1. 判断题

(1) 在图 5-47 所示方框图中,若 $\varphi_F = 180°$,则只有当 $\varphi_A = \pm 180°$ 时,电路才能产生正弦波振荡。(　　)

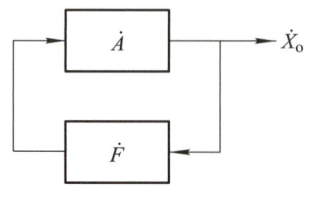

(2) 只要电路中引入了正反馈,就一定会产生正弦波振荡。(　　)

(3) 振荡电路中的集成运放均工作在线性区。(　　)

(4) 非正弦波振荡电路与正弦波振荡电路的振荡条件完全相同。(　　)

图 5-47
自测题 5 题 1 图

(5) 在图 5-47 所示方框图中,产生正弦波振荡的相位条件是 $\varphi_F = \pm\varphi_A$。(　　)

(6) 因为 RC 串并联选频网络作为反馈网络时的 $\varphi_F = 0°$,单管共集电极放大电路的 $\varphi_A = 0°$,满足正弦波振荡的相位条件 $\varphi_A + \varphi_F = 2n\pi$($n$ 为整数),故合理连接它们则可以构成正弦波振荡电路。(　　)

（7）在 RC 桥式正弦波振荡电路中，若 RC 串并联选频网络中的电阻均为 R，电容均为 C，则其振荡频率 $f_0 = 1/RC$。（　　）

（8）电路只要满足 $|\dot{A}\dot{F}| = 1$，就一定会产生正弦波振荡。（　　）

（9）负反馈放大电路不可能产生自激振荡。（　　）

（10）在 LC 正弦波振荡电路中，不用通用型集成运放作为放大电路的原因是其上限截止频率太低。（　　）

2. 电路如图 5–48 所示，试求：

（1）R_P 的下限值；

（2）振荡频率的调节范围。

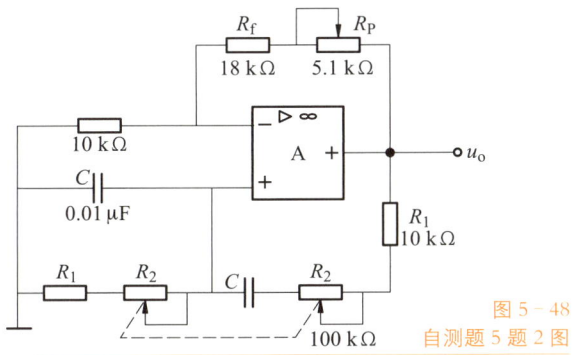

图 5–48
自测题 5 题 2 图

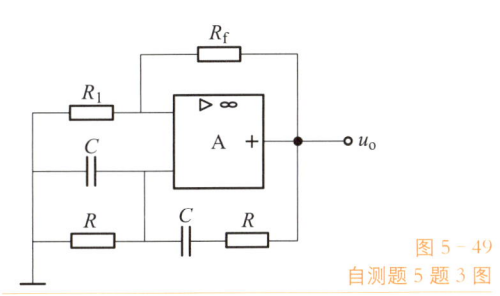

图 5–49
自测题 5 题 3 图

3. 电路如图 5–49 所示，试回答：

（1）为使电路产生正弦波振荡，标出集成运放的"＋"和"－"极；并说明电路是哪种正弦波振荡电路。

（2）若 R_1 短路，则电路将发生什么现象？

（3）若 R_1 断路，则电路将发生什么现象？

（4）若 R_f 短路，则电路将发生什么现象？

（5）若 R_f 断路，则电路将发生什么现象？

4. 已知振荡电路参数如图 5–50 所示，问：

（1）若使电路起振，R_f 应调至多大？

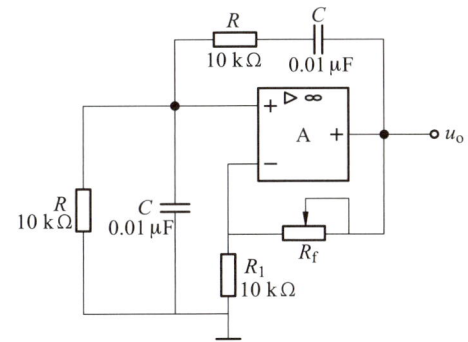

图 5–50　自测题 5 题 4 图

247

（2）输出信号的振荡频率 f_0 是多少？

（3）若希望振荡频率变为 10 kHz，电阻不变，试确定电容 C。

5. 分别标出图 5‑51 所示各电路中变压器的同名端，使之满足正弦波振荡的相位条件。

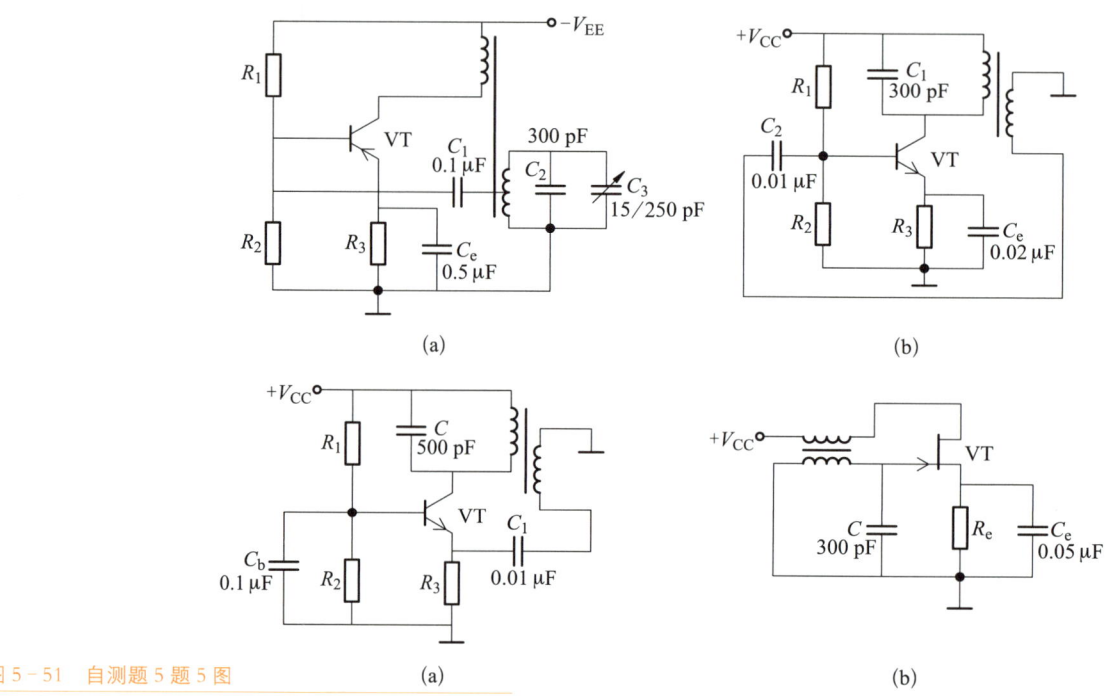

图 5‑51　自测题 5 题 5 图

6. 在如图 5‑52 所示的多波段 RC 串并联选频网络中，已知电容 $C_1 \sim C_4$ 的取值分别为 $0.01\,\mu\text{F}$、$0.1\,\mu\text{F}$、$1\,\mu\text{F}$、$10\,\mu\text{F}$，电阻 $R = 50\,\Omega$，电位器 $R_P = 10\,\text{k}\Omega$。试问：

（1）振荡频率 f_0 的调节范围是多少？

（2）该电路一般用在什么仪器设备中？

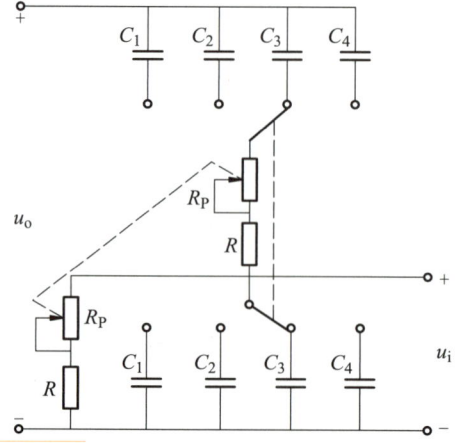

图 5‑52　自测题 5 题 6 图

附　　录

附录 A　半导体分立器件型号命名方法

1. 中国半导体分立器件型号命名方法

按照中华人民共和国国家标准《半导体分立器件型号命名方法》(GB/T 249—2017)，半导体分立器件型号的命名由五部分组成。具体符号及意义见表 A‑1。

表 A‑1　中国半导体分立器件型号组成部分的符号及意义

第一部分		第二部分		第 三 部 分				第四部分	第五部分
用阿拉伯数字表示器件的电极数目		用汉语拼音字母表示器件的材料和极性		用汉语拼音字母表示器件的类别				用阿拉伯数字表示登记顺序号	用汉语拼音字母表示规格号
符号	意义	符号	意义	符号	意义	符号	意义		
2	二极管	A	N 型,锗材料	P	小信号管	D	低频大功率管	反映了极限参数、直流参数和交流参数 等的差别	
		B	P 型,锗材料	V	检波管	A	高频大功率管		
		C	N 型,硅材料	W	稳压管	T	闸流管(可控整流器)		
		D	P 型,硅材料	C	变容管				
3	三极管	A	PNP 型,锗材料	Z	整流管	Y	体效应管		
		B	NPN 型,锗材料	L	整流堆	B	雪崩管		
		C	PNP 型,硅材料	S	隧道管	J	阶跃恢复管		
		D	NPN 型,硅材料	N	噪声管	CS	场效晶体管		
		E	化合物材料	K	开关管	BT	特殊晶体管		
				X	低频小功率管	FH	复合管		
				G	高频小功率管	PIN	PIN 管		

例如,3AG11C 表示 PNP 型锗材料高频小功率三极管。但是,场效晶体管、半导体特殊器件、复合管和 PIN 管等器件的型号只由第三、第四和第五部分组成。这些型号不能提供器件的额定参数,至于最大电流、最大电压等详细参数可以参阅有关产品目录或者通过互联网检索。

2. 国际电子联合会半导体器件型号命名方法

大部分欧洲国家采用国际电子联合会半导体器件型号命名方法。其组成部分、符号及其含义如表 A‑2 所示。

表 A - 2　国际电子联合会半导体分立器件型号命名方法的组成部分、符号及其含义

第一部分		第 二 部 分				第三部分		第四部分	
用字母表示半导体器件的材料		用字母表示半导体类型				用数字或字母加数字表示登记顺序号		用字母表示器件的规格号	
符号	意义	符号	意义	符号	意义	符号	意义	符号	意义
A	锗材料	A	检波、开关、混频二极管	M	封闭磁路中的霍尔元件	三位数字	通用半导体器件的登记序号（同一类型器件使用同一记号）	A B C D …	同一型号器件按某一参数进行分档的标志
		B	变容二极管	P	光敏器件				
B	硅材料	C	低频小功率三极管	Q	发光器件				
		D	低频大功率三极管	R	小功率晶闸管				
C	砷化镓	E	隧道二极管	S	小功率开关管				
		F	高频小功率三极管	T	大功率晶闸管				
D	锑化铟	G	复合器件、其他器件	U	大功率开关管	一个字母加两位数字	专用半导体器件的登记序号（同一类型器件使用同一记号）		
		H	磁敏二极管	X	倍增二极管				
R	复合材料	K	开放磁路中的霍尔元件	Y	整流二极管				
		L	高频大功率三极管	Z	稳压二极管				

第三部分表示登记顺序号。登记顺序号相邻型号的特性可能会相差很大,而且型号中的符号均不反映器件的类别是 PNP 还是 NPN,极性的判别需要查阅手册或进行检测。

3. 美国半导体器件型号命名方法

美国电子工业协会(EIA)制定的半导体分立器件型号命名方法的组成部分、符号及含义见表 A-3。

表 A-3　美国电子工业协会(EIA)半导体分立器件型号命名方法的组成部分、符号及含义

第一部分		第二部分		第三部分		第四部分		第五部分	
用符号表示用途的类别		用数字表示 PN 结的数目		美国电子工业协会(EIA)注册标志		美国电子工业协会登记顺序号		用字母表示器件分挡	
符号	意义	符号	意义	符号	意义	符号	意义	符号	意义
JAN 或 J	军用品	1	二极管	N	该器件已在美国电子工业协会注册登记	多位数字	该器件在美国电子工业协会的登记顺序号	A B C D …	同一型号的不同挡别
		2	三极管						
无	非军用品	3	三个 PN 结器件						
		4	n 个 PN 结器件						

示例 1：JAN2N2904

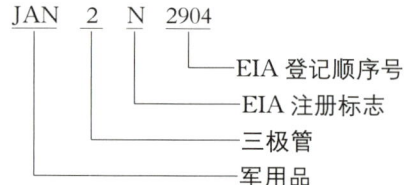

示例 2：1N4001

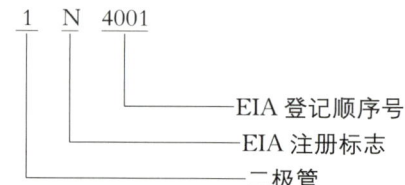

4. 日本半导体器件型号命名方法

日本半导体器件是按照日本工业标准 JIS 规定命名的,其型号组成部分的符号及其意义如表 A‑4 所示。

表 A‑4　日本半导体分立器件型号命名方法

第一部分		第二部分		第三部分		第四部分		第五部分	
用数字表示类型或有效电极数		日本电子工业协会(EIAJ)注册标志		用字母表示器件的极性及类型		用数字表示在日本电子工业协会登记顺序号		用字母表示对原来型号的改进产品	
符号	意义	符号	意义	符号	意义	符号	意义	符号	意义
0	光电(光敏)二极管、晶体管及组合器件	S	表示该器件是已在日本电子工业协会(EIAJ)注册登记的半导体分立器件	A	PNP 型高频管	两位以上的整数	表示在日本电子工业协会登记顺序号。不同公司性能相同器件可以使用同一登记顺序号,其数字越大表示产品越新	A B C D E F ⋮	用字母表示该产品是对原来型号的改进产品
1	二极管			B	PNP 型低频管				
2	三极管、具有两个 PN 结的其他器件			C	NPN 型高频管				
3	具有四个有效电极或具有三个 PN 结的器件			D	PNP 型低频管				
$n-1$	具有 n 个有效电极或具有 $n-1$ 个 PN 结的器件			F	P 控制极晶闸管				
				G	N 控制极晶闸管				
				H	N 基极单结晶体管				
				J	P 沟道场效晶体管				
				K	N 沟道场效晶体管				
				M	双向晶闸管				

示例 3：2SD764

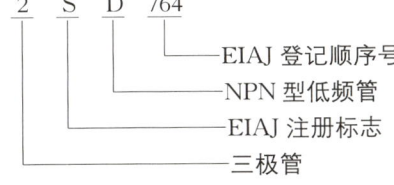

示例 4：2SC502A

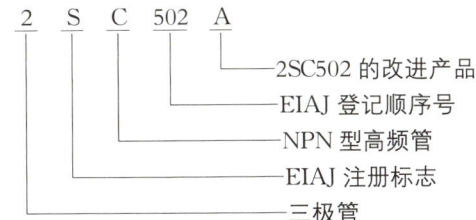

5. 国外部分公司及其产品代号

国外部分公司及其产品代号见表 A‑5。

表 A‑5　国外部分公司及其产品代号

公司名称	代号	公司名称	代号
美国无线电公司(RCA)	CA	美国悉克尼特公司(SIC)	NE
美国国家半导体公司(NSC)	LM	日本电气工业公司(NEC)	μPC
美国摩托罗拉公司(MOTO)	MC	日本日立公司(HITACHI)	RA
美国仙童公司(FSC)	μA	日本东芝公司(TOSHIBA)	TA
美国德州仪器公司(TI)	TL	日本三洋公司(SANYO)	LA, LB
美国亚德诺半导体公司(ANA)	AD	日本松下公司(PANASONIC)	AN
美国英特希尔公司(INL)	IC	日本三菱公司(MITSUBISHI)	M

附录 B 常用集成运放国内外型号对照表

类 别		国内标准型号	国际标准型号	国内产品型号	国外产品型号
通用型	I	F001		CE314 BG301 5G922 FC31 FC1	μA702 μPC51 LM702
		F002	CF702	4E315	
	II	F004		5G23	BE809
		F003		X51	μA709 μPC55 LM709
		F005	CF709	4E304	
		其他		8FC2 8FC3 FC3 X52	
	III	F006		4E322	μA741 TA7504 LM741
		F007	CF741	5G24 XFC5	
		F009		8FC4	
		其他	CF101	SG101	LM101
				XFC-77 BG303 NG04	
专用型	低功耗型	F010		X54 XFC-75 FC54	
		F011	CF253	SG101	μPC253
		F012		5G26	
		F013		FC6	
		其他		8FC7 7XC4 XFC-75	
	高精度型	F030		4E325	AD508
		F031		XFC-10	
		F033	CF725	8FCS	μA725
		F034		XFC-78	
	高速型	F050		4E502 XFC7-1	μA772
		F052	CF118	X55 7XC5 XFC55	LM118
		F054		4E321 FC92 XFC7-2	
		F055	CF715	8FC6 5G27	μA715
		其他		XFC-76	
	宽带型	F733		SG012 XFC-79 BG323	
		其他		7XC7 BG302 FC9	
	高阻型	F072		DG3140 F3140 TD04 TD05	CA3140
		其他		X56 BG313 5G28	
	高压型	F1536		FC10	MC1536
		其他		BG315 B001	
	多重型	F124	CF124	DG124	LM124
		F747	CF747	DG747 BG320	μA747
		其他		DG358 F158 5G353	

附录 C 敏感元器件及传感器型号命名方法

《敏感元器件及传感器型号命名方法》由电子行业标准 SJ/T 11167—1998 规定。

第一部分		第二部分		第三部分														第四部分
主称		类别		用途或特征														序号
字母	含义	字母	含义	热敏电阻器		压敏电阻器		光敏电阻器		湿敏元件		气敏电阻器		磁敏元件		力敏元件		序号
				数字	用途、特征	字母	用途、特征	字母	用途、特征	字母	用途、特征	字母	用途、特征	字母	用途、特征	数字	用途、特征	
M	敏感元件	Z	正温度系数热敏电阻	1	普通用	W	稳压用	1	紫外线	Z	电阻式	Y	烟敏	Z	电阻器	1	硅应变片	
				2	稳压用	G	高压保护用	2	紫外线									
		F	负温度系数热敏电阻	3	微波测量用	P	高频用	3	紫外线	R	电容式							
				4	旁热用	N	高能用	4	可见光									
		Y	压敏电阻器	5	测温用	K	高可靠用	5	可见光							2	硅应变片	
		S	湿敏元件	6	控温用	L	防雷用	6	可见光	J	阶跃式	K	可燃性	W	电位器			
		Q	气敏元件	7	消磁用	H	灭弧用	7	红外线									
		G	光敏电阻器	8	线性用	Z	消噪用	8	红外线	G	场效晶体管式							
		C	磁敏电阻器	9	恒温用	B	补偿用	9	红外线							3	硅杯	
		L	力敏电阻器	0	特殊用	C	消磁用	0	特殊用									

1. 图示

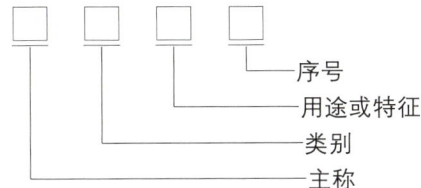

```
□    □    □    □
              └─ 序号
         └──── 用途或特征
    └───────── 类别
└────────────── 主称
```

2. 举例

例 1：MF21——稳压用负温度系数热敏电阻器。

例 2：MYL1——防雷用压敏电阻器。

主要参考文献

[1] 童诗白,华成英.模拟电子技术基础[M].6 版.北京：高等教育出版社,2022.

[2] 杨素行.模拟电子技术基础简明教程[M].4 版.北京：高等教育出版社,2022.

[3] 李福军.模拟电子技术项目教程[M].武汉：华中科技大学出版社,2010.

[4] 张少华,陈洁.模拟电子技术与应用[M].西安：西安电子科技大学出版社,2022.

[5] 徐丽香.模拟电子技术[M].4 版.北京：电子工业出版社,2023.

[6] 李雅轩,刘南平.模拟电子技术[M].4 版.西安：西安电子科技大学出版社,2018.

[7] 王彰云,谢兰清.电子应用技术项目教程[M].4 版.北京：电子工业出版社,2023.

[8] 华成英.模拟电子技术基础(第六版)学习辅导与习题解答[M].6 版.北京：高等教育出版社,2023.

[9] 赵全利.Multisim 电路设计与仿真：基于 Multisim 14.0 平台[M].北京：机械工业出版社,2021.

[10] 罗杰,陈大钦.电子技术基础实验：电子电路实验、设计及现代 EDA 技术[M].4 版.北京：高等教育出版社,2016.

[11] 周兴,胥淮.模拟电子技术实验与实训[M].北京：电子工业出版社,2020.

[12] 孙余凯.稳压电源设计与技能实训教程[M].北京：电子工业出版社,2007.

[13] 曹光跃.模拟电子技术及应用[M].2 版.北京：机械工业出版社,2014.

[14] 蒋黎红,黄培根.电子技术基础实验 & Multisim 10 仿真[M].北京：电子工业出版社,2010.

[15] 龚晶.模拟电子技术实验[M].北京：机械工业出版社,2022.

[16] 贺力克,邱丽芳.模拟电子技术项目教程[M].2 版.北京：机械工业出版社,2015.

[17] 华永平.模拟电子技术与应用[M].北京：电子工业出版社,2010.

[18] 韩雪涛.彩色图解电子元器件识别、检测与维修速成[M].北京：化学工业出版社,2018.

[19] 杨承毅.图表新说元器件[M].北京：人民邮电出版社,2012.

[20] 胡斌,胡松.图表细说电子技术识图[M].2 版.北京：电子工业出版社,2011.